ELEMENTS USUELS

DES

SCIENCES NATURELLES

EXTRAIT DU CATALOGUE
DE LA LIBRAIRIE CLASSIQUE INTERNATIONALE
A. FOURAUT
Rue Saint-André-des-Arts, 47, à Paris.

Ouvrages de L. POURRET

Nouveau dictionnaire français contenant: 1º tous les mots de la langue orthographiés *d'après la 7e et dernière édition* (1878) *du Dictionnaire de l'Académie française*, définis et expliqués à l'aide de **2300 figures**; 2º la prononciation figurée de tous les mots qui offrent quelque difficulté; 3º l'indication de tous les grands faits historiques; 4º celle des personnages célèbres de tous les pays et de tous les temps; 5º la géographie ancienne et moderne; 6º la mythologie gréco-latine. Nouvelle édition, augmentée : 1º du *Tableau étymologique* des racines étrangères et des mots français qui en dérivent; 2º d'un *Recueil de 72 figures synoptiques*. 1 vol. de 960 pages, in-18 jésus, cart. 2 60
— relié en demi-chagrin . . . . 4 »

Si jamais l'emploi des figures dans les livres classiques a été justifié, c'est assurément dans un dictionnaire, livre de fonds, qu'il faut mettre de toute nécessité entre les mains de tous les élèves. En effet, une définition nette, simple, claire, précise, donnant une idée exacte et complète de l'objet défini, s'il s'agit d'un objet matériel, machine, outil, plante, animal, etc., est une vraie impossibilité, même pour les gros dictionnaires de bibliothèque. Ce qu'il faut, en ce cas, non pas substituer, mais ajouter à la définition, c'est une figure exacte, qui parle éloquemment aux yeux et se grave dans le souvenir. Cette explication de la définition par la figure est le côté le plus original du dictionnaire de M. Pourret, qui définit, du reste, avec une concision pleine d'élégance et de clarté, et qui a su condenser, dans un volume de la dimension usitée pour les ouvrages de ce genre, des notions grammaticales, historiques, géographiques, biographiques, aussi complètes qu'il soit possible de le désirer.

Ce dictionnaire convient, non seulement aux élèves de tout âge et de toutes les classes, mais encore aux gens du monde, aux personnes de toutes les conditions, aux familles.

Dictionnaire étymologique ou *Vocabulaire des racines et des dérivés de la langue française*, précédé de *Notions générales sur l'étymologie et la dérivation*; à l'usage de tous les établissements d'instruction; ouvrage imprimé en deux couleurs. 1 vol. de 526 pages, in-18 jésus, cart. . . . . 3 »
— relié en demi-chagrin 4 50

Le livre que nous offrons aujourd'hui au public a été inspiré à son auteur par la pensée de fournir aux écoles de tous les degrés les notions d'étymologie inscrites dans les nouveaux programmes. Au cours de l'exécution de son travail, M. Pourret s'est aisément aperçu qu'un traité élémentaire d'étymologie serait nécessairement stérile et sans portée, s'il ne servait d'introduction à un dictionnaire étymologique : ainsi est né le présent ouvrage, qui contient, outre les *origines de chacun des mots de notre langue* (partie imprimée en noir), *la série complète des dérivés fournis par chacune des racines étrangères* (partie imprimée en rouge). Tel qu'il est, exécuté avec la conscience et la précision que M. Pourret apporte dans tous ses travaux, il n'est plus appelé à figurer seulement dans les mains des élèves de tout âge, mais aussi dans la bibliothèque de toutes les personnes curieuses des origines de la langue française.

ÉLÉMENTS USUELS

DES

SCIENCES NATURELLES

(ZOOLOGIE — BOTANIQUE — MINÉRALOGIE
ET GÉOLOGIE)

SUIVIS DES

PREMIÈRES NOTIONS DE PHYSIQUE ET DE CHIMIE

A L'USAGE DES ÉCOLES PRIMAIRES,
DES ÉCOLES PRIMAIRES SUPÉRIEURES, DES ÉCOLES NORMALES PRIMAIRES,
DES PENSIONS, ETC.

PAR

L. POURRET

Ouvrage renfermant **253 figures**

PAR

L. TOTAIN

PARIS

LIBRAIRIE CLASSIQUE INTERNATIONALE

A. FOURAUT

47, Rue Saint-André-des-Arts 47

1892

Ouvrages de L. POURRET (*Suite*).

Lectures familières sur le travail industriel, divisées en trois parties : 1° la force ou la physique industrielle (définition et nature de la force); 2° la matière ou l'histoire naturelle industrielle (les minéraux, les végétaux, les animaux); 3° le travail ou l'industrie (les industries minérales, les industries végétales, les industries animales); ouvrage renfermant 55 figures; à l'usage des écoles primaires, des pensions, des collèges, etc. 1 vol. in-12, cart. 1 50

La publication de ce livre est, dans la pensée de l'auteur, une réaction contre une habitude qui tend, selon lui, un peu trop à se généraliser : celle de mettre les notions scientifiques à la portée de tous en faisant de la science fausse, soit par l'impropriété des termes, soit par les notions erronées empruntées à des époques où ni la science ni le langage scientifique n'étaient encore formés.

Le procédé de M. Pourret est tout autre. Il fait de la science familière, mais de la science vraie, de la science moderne, de la science scientifique, si l'on veut bien nous permettre cette expression, et, pour mettre son livre à la portée de tous, il ne compte que sur la simplicité et la clarté du style.

Quant à rendre attachants les sujets parfois arides qu'il a dû aborder, il y est parvenu par le ton de conversation familière qu'il a adopté, par la gaieté même (gaieté sobre et réservée, comme il convient) qui anime ses récits et ses expositions, par les anecdotes dont il les a semés.

En somme, ce petit livre renferme une masse incroyable de notions instructives, même pour les personnes les plus instruites, et ne fatigue pas un instant l'attention du lecteur.

Formulaire mathématique ou **Recueil de formules** donnant la solution de toutes les questions usuelles sur les nombres, les surfaces et les volumes; suivi de deux appendices : 1° formules de physique et de mécanique. 2° calculs par les logarithmes; ouvrage renfermant 283 problèmes; à l'usage de tous les établissements d'instruction et de toutes les personnes qui connaissent les 4 règles de l'arithmétique. 1 vol. in-12, cart. 1 »

— **Solutions des problèmes**. 1 vol. in-12, cart. . . . . . » 40

Tout exemplaire non revêtu de la griffe de l'éditeur sera réputé contrefait.

A. Fouraut

ÉLÉMENTS
DES
SCIENCES NATURELLES

INTRODUCTION

DE L'HISTOIRE NATURELLE. — DES CORPS BRUTS ET DES CORPS ORGANISÉS

1. Définition de l'histoire naturelle. — Selon une ancienne acception du mot *histoire*, histoire naturelle veut dire exposition des faits de la nature.

2. Utilité de l'histoire naturelle. — L'histoire naturelle nous révèle de nouveaux moyens pour utiliser les végétaux, qui sont indispensables à notre existence, en nous y faisant découvrir de nouvelles substances et de nouvelles propriétés ; elle nous enseigne à trouver et à reconnaître au sein de la terre les diverses substances minérales si nombreuses, si variées, qui sont la matière première de presque toutes nos industries ; enfin, en nous faisant connaître la nature et les fonctions de nos propres organes, elle nous prépare à trouver le moyen de prévenir et de corriger les troubles qui surviennent fréquemment dans notre santé, laquelle n'est en réalité que le bon état des organes et l'équilibre de leurs fonctions.

3. Corps inorganiques. — Une pierre est un corps brut, un corps inorganique, un corps sans vie. Comme de pareils corps ne se nourrissent pas, ils ne peuvent croître et se développer, sinon quelquefois par des substances étrangères qui s'ajoutent à leur surface, et point par un travail intérieur qui changerait en leur propre substance des matières venues du dehors.

Le corps brut ne vit, ni ne croît, ni ne se meut.

4. Végétaux. — Une graine, ou plutôt la plante venue de la graine est un corps organisé, vivant, qui se nourrit des aliments empruntés au sol et à l'atmosphère, qui les transforme, par un admirable travail intérieur, en sa propre substance.

C'est un corps qui vit et grandit, mais qui est condamné, par sa nature, à l'immobilité complète, ne pouvant, de lui-même, se déplacer ni se mouvoir.

Le végétal croît, vit et meurt, mais ne se meut pas et ne sent pas.

5. Animaux. — Un chien, un oiseau sont des êtres qui se déplacent de leur propre volonté, grandissent, s'agitent, crient, courent à travers champs, s'envolent dans les airs.

Ce sont des animaux.

L'animal est un être vivant qui croît, vit, se meut et sent.

Il y a donc trois espèces de corps ou trois *règnes* dans la nature : les corps bruts ou les minéraux, les végétaux et les animaux.

QUESTIONNAIRE.

1. Qu'est-ce que l'histoire naturelle ? — 2. A quoi est-elle utile ? — 3. Qu'est-ce qu'un corps brut ? — 4. Qu'est-ce qu'un végétal ? — 5. Qu'est-ce qu'un animal ?

PREMIÈRE PARTIE

ZOOLOGIE

NOTIONS PRÉLIMINAIRES

CLASSIFICATIONS

6. Classification naturelle. — Le nombre des animaux est immense, on pourrait provisoirement dire infini, puisqu'on en découvre presque tous les jours de nouveaux.

L'étude des animaux, si on la faisait au hasard et en prenant un à un chaque individu, serait impossible; mais il existe, entre certains animaux, des ressemblances frappantes, qui dispensent de recommencer une étude complète sur chacun d'entre eux.

Il est sûr, par exemple, que si nous avions étudié bien attentivement les formes générales, les organes, les habitudes et les mœurs d'un chat, ils présenteraient des différences si peu sensibles avec les formes générales, les organes, les habitudes et les mœurs d'un autre chat, qu'il serait inutile d'étudier celui-ci à part.

L'histoire d'un chat pourra donc être adoptée, sans inconvénient, pour l'histoire de tous les chats.

D'autre part, il y a entre le chat et le tigre des rapports tellement évidents qu'il sera inutile de recommencer l'histoire du chat quand on voudra faire celle du tigre, et qu'il suffira, pour être complet, de signaler les différences qui distinguent celui-ci de celui-là.

Classer les animaux par groupes, en se servant de leurs ressemblances pour les rapprocher et de leurs différences pour les distinguer, c'est tout le secret de la classification naturelle.

On arrive ainsi à former des groupes, des divisions e

sous-divisions de groupes, et il ne reste plus ensuite qu'à ordonner toutes ces séries d'animaux, en s'élevant du plus simple au plus compliqué ou en descendant du plus compliqué au plus simple, pour avoir une échelle bien complète de l'animalité.

7. Classification artificielle. — Dans le classement des animaux, on a soin aujourd'hui de tenir compte de l'importance réelle des ressemblances et des différences, pour avoir une classification naturelle; on se contentait autrefois de certains caractères extérieurs, bien apparents, le nombre des pattes ou des ailes, par exemple, la présence ou l'absence des cornes, la vie terrestre ou aquatique, etc. : on n'avait ainsi qu'une *classification artificielle*, c'est-à-dire arbitraire, où l'on mettait côte à côte les animaux les plus disparates en réalité. Le lézard, en effet, a quatre pattes comme le bœuf, la mouche a deux ailes comme l'aigle et la chauve-souris, le papillon a deux cornes comme le cerf, la baleine vit dans l'eau comme l'huître, etc.

8. Groupes de la classification naturelle. — C'est en procédant par groupements naturels qu'on a réussi à classer tous les animaux en groupes de moins en moins ou de plus en plus étendus, conformément au tableau suivant, dont nous expliquerons la signification par des exemples :

GROUPES GÉNÉRAUX.	EXEMPLE.
Règne.	Animaux.
Embranchements.	Vertébrés.
Classes.	Mammifères.
Ordres.	Carnassiers.
Familles.	Digitigrades.
Genres.	Chien.
Espèces.	Chien domestique.

9. Groupes intermédiaires. — Dans certains cas, l'extrême importance des groupes a nécessité des coupures intermédiaires; c'est ainsi qu'entre l'ordre et la famille on intercale parfois la tribu, le sous-genre entre le genre et l'espèce, et qu'au-dessous de l'espèce elle-même on distingue des variétés.

10. Classification générale du règne animal. — L'application de cette méthode au règne animal y a fait distinguer cinq embranchements :

RÈGNE ANIMAL.

1er embranchement . . . . . . Vertébrés.
2e — . . . . . . Annelés.
3e — . . . . . . Mollusques.
4e — . . . . . . Rayonnés.
5e — . . . . . . Protozoaires.

QUESTIONNAIRE.

1. Qu'est-ce qui rend nécessaire une classification ? — 2. En quoi consistent la classification naturelle et la classification artificielle ? — 3. Quel est l'ordre des groupes dans la classification naturelle ? — 4. Quels sont les groupes intermédiaires qu'on emploie quelquefois ? — 5. Quels sont les embranchements adoptés dans le règne animal ?

LIVRE PREMIER

PREMIER EMBRANCHEMENT DES ANIMAUX

VERTÉBRÉS

11. Caractères distinctifs des vertébrés. — Ce qui distingue les animaux vertébrés, ce sont naturellement les vertèbres, ou, pour mieux dire, c'est la charpente intérieure dont la chaîne des vertèbres forme la pièce principale, pour servir de soutien aux parties molles dont l'ensemble de leur corps est entièrement formé.

12. Classes des vertébrés. — On divise les vertébrés en cinq classes :

1re classe . . . . Mammifères.
2e — . . . . Oiseaux.
3e — . . . . Reptiles.
4e — . . . . Amphibiens.
5e — . . . . Poissons.

QUESTIONNAIRE.

1. Quel est le caractère général des vertébrés ? — 2. En combien de classes divise-t-on les vertébrés et quelles sont-elles ?

PREMIÈRE SECTION

PREMIÈRE CLASSE DES VERTÉBRÉS

MAMMIFÈRES

13. Caractère distinctif des mammifères. — Le nom des *mammifères* veut dire porte-mamelles; leur caractère distinctif est, en effet, l'alimentation de leurs petits par un liquide particulier, le lait, sécrété par des glandes spéciales, les mamelles, qui existent chez toutes les femelles des mammifères.

14. Lait. — Le lait est un aliment liquide, aliment complet, comme disent les naturalistes, qui contient de l'eau, du sucre, du caséum (matière dont on fait du fromage), du beurre et divers sels moins importants que les éléments que nous venons de mentionner.

15. Place des mammifères dans l'échelle animale. — Les mammifères, par leur intelligence et par leur instinct, par la perfection de leurs organes, par le développement de leurs sens, sont placés tout au premier rang dans le règne animal.

16. Ordres des mammifères. — Extrêmement nombreux, ils ont été classés en douze ordres, dont la plupart sont très nettement caractérisés.

1er ordre.	. . . .	Bimanes.
2e	—	Quadrumanes.
3e	—	Chéiroptères.
4e	—	Insectivores.
5e	—	Rongeurs.
6e	—	Carnivores.
7e	—	Amphibies.
8e	—	Pachydermes.
9e	—	Ruminants.
10e	—	Édentés.
11e	—	Cétacés.
12e	—	Didelphes.

QUESTIONNAIRE.

1. Quel est le caractère distinctif des mammifères ? — 2. Qu'est-ce que le lait ? De quels éléments est-il composé ? — 3. Quel est

le rang des mammifères dans l'échelle animale ? — 4. En combien d'ordres les divise-t-on et quels sont ces ordres ?

CHAPITRE PREMIER

PREMIER ORDRE DES MAMMIFÈRES

BIMANES

17. Caractère principal de l'ordre des bimanes. — Bimane veut dire animal à deux mains, c'est-à-dire à deux organes formés chacun de cinq doigts mobiles, dont un, le pouce, est opposable à chacun des quatre autres, c'est-à-dire que son extrémité libre peut être amenée tour à tour au contact de l'extrémité de chacun des autres doigts.

18. Famille, genre et espèce uniques de l'ordre des bimanes. — L'ordre des bimanes ne contient en réalité qu'une seule famille : l'homme; cette famille ne contient qu'un seul genre : l'homme; ce genre ne contient qu'une seule espèce : l'homme.

QUESTIONNAIRE.

1. Quel est le caractère principal de l'ordre des bimanes ? — 2. Qu'est-ce qu'une main ? — 3. Combien y a-t-il de familles, de genres, d'espèces dans l'ordre des bimanes ?

§ 1er

FORMES GÉNÉRALES ET MOUVEMENTS DU CORPS HUMAIN

19. Station bipède. — La *station bipède* de l'homme, c'est-à-dire l'habitude qu'il a réellement seul, parmi les mammifères, de se tenir debout sur deux pieds, exige un grand développement de ces deux organes, pour lui fournir une large base de sustentation.

20. Mouvements de déplacement. — Chez l'homme il existe jusqu'à trois manières de se déplacer : la marche, la course, le saut. Trois autres, la natation, le vol, la reptation, sont particulières à certaines espèces d'animaux.

Qu'il s'agisse de marche, de course ou de saut, il y a un fait qui se produit toujours : c'est le déplacement successif du centre de gravité, la perte momentanée de l'équilibre, la chute commencée et aussitôt arrêtée par un déplacement de la base de sustentation.

21. Marche. — La marche est une série de chutes commencées. Un homme qui marche est un homme qui se penche en avant comme s'il voulait tomber, mais qui avance le pied gauche pour que la verticale de son centre de gravité passe par la nouvelle base de sustentation, se penche de nouveau, va de nouveau tomber, mais se retient encore en avançant le pied droit resté en arrière, etc.

Dans toute cette succession de mouvements, l'homme ne quitte jamais la terre, chacun des pieds n'abandonnant le sol que lorsque l'autre y est appuyé; il n'y a donc pas de chute réelle.

22. Course. — Il n'en est plus de même dans la course. Ici il y a chute continuelle, alternativement sur chaque pied, qui ne touche le sol que pour l'abandonner aussitôt, avant que l'autre y ait touché. Le coureur tombe donc alternativement sur chaque pied, en déplaçant les jambes en avant comme dans la marche.

23. Saut. — Dans le saut enfin, les deux pieds abandonnent le sol à la fois et y retombent ensemble. On peut aussi sauter sur un seul pied, toujours le même : la course, à proprement parler, n'est qu'une série de sauts en avant, dans laquelle on change de pied à chaque bond.

24. Cause des mouvements. — Chacun a vu manœuvrer des pantins : cinq pièces de bois représentant la tête et les quatre membres; une sixième pièce figurant le corps et sur laquelle les cinq autres sont chevillées; des ficelles attachées aux pièces mobiles et mettant, lorsqu'on les tire, la tête, les bras et les jambes en mouvement.

L'homme est comme un pantin très compliqué, qui se meut lui-même en tirant les ficelles innombrables dont se composent ses muscles.

25. Muscles et tendons. — Ces muscles, en effet, qui composent la majeure partie du corps de l'homme et de tous les animaux vertébrés, ne sont que des paquets, ou plutôt des faisceaux de fibres blanchâtres, colorées en rouge par le sang, élastiques, dures, résistantes. C'est la chair musculaire, la viande, en langage vulgaire.

Ces faisceaux de fibres se terminent par de forts tendons, ce qu'on appelle vulgairement et très improprement des nerfs (nous aurons à parler des vrais nerfs). Ces tendons sont eux-mêmes fortement attachés sur les os du squelette, de sorte que lorsque les fibres viennent à se contracter, les muscles se raccourcissent, attirent les tendons, et ceux-ci déplacent les os, qui, en se mouvant, exécutent tous les gestes et les mouvements si variés que peuvent accomplir les diverses parties de notre corps.

Les exercices corporels font affluer le sang dans les muscles, et les muscles s'entretiennent et se développent en s'incorporant les aliments que le sang leur amène.

On s'explique ainsi pourquoi les personnes indolentes, qui ne marchent pas, qui ne travaillent pas des bras, qui ne font pas de gymnastique, qui sont habituellement assises ou couchées, peuvent prendre de la graisse, mais ont les muscles peu développés et sont dépourvues de vigueur.

QUESTIONNAIRE.

1. Qu'est-ce que la station bipède? — 2. Combien l'homme et les animaux exécutent-ils de mouvements de déplacement? — 3. Quel est le mécanisme de la marche? de la course? du saut? — 4. Qu'appelle-t-on muscles et tendons et quel est leur rôle? — 5. Comment les muscles se développent-ils et comment s'émacient-ils?

§ 11

CHARPENTE DU CORPS HUMAIN

26. Nature des os et des cartilages. — Le squelette (fig. 1) ou charpente osseuse des animaux vertébrés est en pierre, en une espèce de pierre qui ne se trouve pas seulement dans le corps de l'homme et dans ceux des animaux, mais aussi dans le sol : le phosphate de chaux.

Ce corps, composé de chaux et d'acide phosphorique (oxygène et phosphore, le même dont on fait les allumettes chimiques), se trouve en très petite quantité chez les tout jeunes enfants. La matière des os, alors appelés cartilages, est molle, friable; c'est la même matière qu'on appelle vulgairement des tendrons dans la viande de boucherie.

Plus tard, le phosphate de chaux, primitivement disséminé en très petits noyaux dans la matière des cartilages, s'étend de plus en plus. Le squelette s'ossifie alors, c'est-à-dire devient solide, en retenant seulement un peu de cartilage à de rares endroits où les os doivent conserver une grande flexibilité.

L'os ainsi formé se couvre d'une couche membraneuse qu'on appelle *périoste*. Comme il doit avoir une grande légèreté en même temps qu'une grande solidité, il est plein de vides, de *lacunes*, et même, s'il est gros, rond et allongé, il a un grand vide central rempli de moelle.

27. Articulations. — Les os ne sont pas isolés dans le corps ; ils sont, au contraire, solidement liés entre eux ; s'emboîtant l'un dans l'autre par des articulations, les unes mobiles comme les charnières d'une boîte, les autres fixes comme les assemblages des pièces de menuiserie.

Nous avons vu comment les muscles s'assemblent sur les os à articulations mobiles pour les mettre en mouvement.

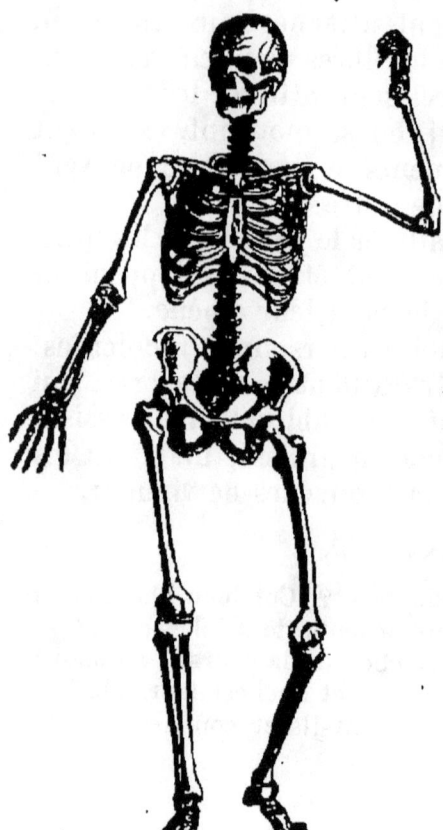

Fig. 1. Squelette humain.

28. Divisions du squelette. — La charpente humaine, ainsi formée d'os articulés fixes ou mobiles, se compose de trois parties générales : la tête, le tronc et les membres.

29. Tête du squelette. — La tête du squelette, ce qu'on appelle vulgairement tête de mort, se compose de deux parties : le crâne et la face (fig. 2), comprenant ensemble vingt-deux os, dont huit pour le crâne et quatorze pour la face.

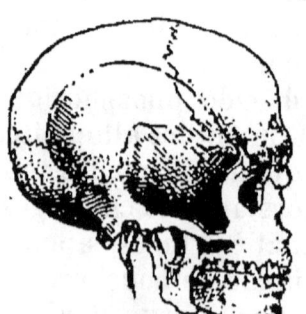

Fig. 2. Tête du squelette.

30. — Les huit os du crâne, fortement soudés ensemble, emboîtés l'un dans l'autre par une multitude de fines échancrures, sont : le frontal ou coronal (os du front, os qui porte la couronne), placé en avant, au-dessus des yeux ; les deux pariétaux ou os muraux (os formant les murs du crâne), placés tout en haut et se joignant sur le sommet de la tête ; les deux temporaux ou os des tempes, au-dessous des pariétaux et en arrière du frontal, sur les côtés de la tête ; l'occipital enfin ou os de l'occiput, qui forme la partie postérieure et inférieure du crâne.

Chez les tout petits enfants, ces différents os sont unis par de simples cartilages, qui s'ossifient graduellement. Il existe même, aux endroits où trois os devraient se joindre, par exemple entre les deux pariétaux et le frontal, des espaces qui restent longtemps vides et qu'on sent mous en les pressant légèrement avec le doigt : ce sont les fontanelles.

Plus tard, tout cet ensemble prend une surprenante solidité ; car la boîte crânienne enveloppe et protège le cerveau, siège de toutes nos sensations et de toutes nos facultés.

31. — Les quatorze os dont se compose la face ont une disposition, une forme d'ensemble absolument différente de celle du crâne.

Au lieu que celui-ci forme une boîte unie, la face, siège de trois de nos sens sur cinq, est toute criblée et déchiquetée.

En bas, c'est la cavité buccale ou de la bouche, formée par la mâchoire inférieure mobile et par la mâchoire supérieure fortement adhérente, vraie enclume renversée, sur laquelle heurte la mâchoire inférieure pour piler les aliments.

Un peu plus haut, ce sont les fosses nasales, donnant entrée à l'air nécessaire à la respiration, et tapissées par l'organe de l'odorat.

Plus haut enfin, immédiatement au-dessous de l'os frontal, ce sont les orbites, cavités profondes destinées à loger les yeux, organes de la vision.

32. Colonne vertébrale. — On dit colonne pour signifier que cette partie du squelette supporte l'ensemble de la charpente osseuse comme une colonne supporte un édifice.

La colonne vertébrale, qu'on appelle aussi *épine dorsale*,

est formée de trente-trois vertèbres ou osselets, distribués entre cinq régions, savoir:

La région cervicale (région du cou). 7
La région dorsale (région du dos). 12
La région lombaire (région des lombes ou des reins) 5
La région sacrée (région de l'os sacrum). 5
La région coccygienne (région du coccyx). 4
                                     Total. 33

Il faut noter toutefois que les cinq vertèbres sacrées, distinctes au début de la vie, sont plus tard soudées en un os unique, le sacrum.

33. — Une *vertèbre* complète (toutes ne le sont pas) comprend d'abord un corps, disque épais percé d'un trou rond qui donne passage à la moelle épinière (fig. 3).

L'ensemble des trous de chaque vertèbre, superposés bord à bord, forme le long canal médullaire, qui se prolonge dans toute l'étendue de l'épine, sauf dans les os du coccyx, qui sont pleins.

Le contact entre deux vertèbres contiguës se fait, non pas entre les os, qui s'useraient par le frottement et donneraient à la colonne une trop grande rigidité, mais par deux couches de cartilage.

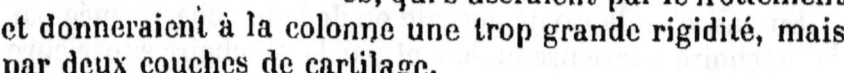
Fig. 3. Vertèbre complète.

Toutefois ces couches s'ossifient graduellement par les progrès de l'âge; c'est ce qui fait que les vieillards éprouvent une si grande peine à plier leur corps, à se courber, à se relever.

Sur le corps de chaque vertèbre se trouvent trois saillies ou apophyses, dont une en arrière, l'apophyse épineuse, formant, avec la série des autres, une sorte de crête longitudinale, l'épine du dos, très visible chez les personnes maigres, et deux crêtes latérales.

Outre que ces apophyses servent de points d'attache à certains muscles, elles limitent la flexion du corps, et l'empêchent de se rejeter en arrière au point de compromettre la sûreté des viscères enfermés dans la poitrine.

Les deux autres apophyses, les apophyses transverses, situées sur les côtés du corps de la vertèbre, servent également à fixer les muscles et à limiter les mouvements latéraux.

Les deux premières vertèbres du cou ont des formes toutes particulières : la première, l'atlas, est un simple anneau cylindrique qui s'enchâsse sur la seconde, l'axis (l'axe), dont la partie supérieure a la forme d'un gond. Cette disposition donne à toute la tête une grande facilité de se mouvoir de droite à gauche et de gauche à droite, comme fait une girouette sur son pivot.

Ce qui accroît cette mobilité, c'est que la tête, au lieu d'être attachée étroitement sur la colonne vertébrale, n'est, en quelque sorte, retenue en place que par son poids, qui est considérable à la vérité.

Nous avons compté l'atlas comme la première vertèbre en commençant par le haut ; mais nous ne devons pas négliger de dire que certains savants considèrent aujourd'hui le crâne comme une sorte de grosse vertèbre épanouie, soufflée en quelque sorte ; auquel cas, il faut nécessairement lui assigner le premier rang, et porter à trente-quatre le nombre des anneaux de la chaîne.

Signalons enfin sur les bords du corps de chaque vertèbre quatre demi-canaux, deux en haut et deux en bas, qui, superposés, forment des canaux complets ou *trous de conjugaison*, donnant passage aux cordons nerveux ou ramifications de la moelle épinière.

34. Thorax. — La cage thoracique est formée : en arrière, par une portion de la colonne vertébrale, qui lui sert de support principal, comme à toutes les autres parties du squelette ; sur les côtés, par douze paires de côtes, qui sont les barreaux de la cage ; en avant enfin, par le sternum, qui sert de point d'appui aux extrémités antérieures des côtes.

L'ensemble du thorax a la forme générale d'un cône dont le sommet porte la tête et dont la base est reliée à l'abdomen.

Le thorax doit conserver une certaine élasticité, de façon à changer à tout instant sa capacité. Or la partie de la colonne vertébrale qui limite le thorax en arrière ne peut exécuter que des mouvements insignifiants ; le sternum, qui le ferme en avant, est une pièce unique, rigide, sans aucune espèce de divisions et d'articulations ; les côtes sont des arcs osseux, de vraies pierres, grêles, il est vrai, mais qu'on ne pourrait déformer d'une façon un peu notable que par un effort assez violent qui en amènerait la rupture.

L'extension et la contraction du thorax ne peuvent donc être obtenues par les déformations des pièces osseuses qui le composent; mais les côtes sont unies au thorax par des pièces molles et extensibles.

35. — Toutefois l'union des côtes au sternum par l'intermédiaire des cartilages ne se fait pas pour toutes de la même façon; tandis que les sept premières paires à partir du haut, dites *vraies côtes*, sont directement unies au sternum par des cartilages distincts qui prolongent la côte dont ils font partie, les cinq autres paires ou *fausses côtes* aboutissent à un cartilage commun lié lui-même au sternum.

36. **Membres supérieurs**. — L'homme a quatre membres, comme les quadrupèdes; mais il n'a que deux jambes, c'est-à-dire deux membres qui posent sur le sol; les deux autres, étant placés en haut, sont, pour cette raison, appelés des membres supérieurs.

On y distingue trois parties générales : le bras, si admirablement attaché dans sa partie supérieure, qu'il peut tourner presque en tous sens en exécutant le moulinet; l'avant-bras, se pliant sur le bras jusqu'à le toucher; la main, qui n'est qu'un composé de vingt-sept petits os dont la plupart sont doués d'une mobilité merveilleuse.

37. — Nous allons décrire à part chacune de ces parties; mais auparavant il faut que nous disions un mot des os de l'*épaule*, composée de deux pièces osseuses, l'omoplate et la clavicule, qui n'appartiennent pas au membre, mais qui lui servent de point d'appui et d'arc-boutant pour le relier au thorax, de frein pour l'empêcher de s'en écarter.

38. — L'*omoplate* est un grand os plat, de forme triangulaire, fortement attaché au thorax et dont la pointe supérieure externe, creusée en godet, reçoit la tête de l'humerus ou premier os du bras.

Comme cette dernière partie de l'omoplate est nécessairement écartée du thorax pour laisser du jeu au membre supérieur, l'omoplate aurait trop peu de solidité et trop de mobilité, le bras ne trouverait donc pas un appui assez ferme sans la clavicule, sorte d'étai chargé de donner de la fermeté à l'omoplate.

39. — La *clavicule* est un os grêle, rond, courbé en arc. Placé en avant du thorax, sa convexité en dehors, il est attaché d'une part au sternum, et de l'autre à l'omoplate, empêchant ainsi l'épaule de s'écarter en dehors et de se plier en avant.

40. — Le bras (nous parlons du bras osseux, du bras du squelette uniquement) est tout entier composé d'un seul os, l'*humérus*, gros os long et rond, dont les deux extrémités sont renflées et dont l'extrémité supérieure forme une grosse tête ronde, robuste, polie, qui s'enchâsse dans la cavité de l'omoplate.

L'extrémité inférieure est une petite poulie dont la gorge reçoit la tête de l'avant-bras, qui peut ainsi jouer sur l'humérus comme un battant de porte joue sur ses gonds.

41. — Dans l'*avant-bras* nous trouvons deux os dont chacun a un rôle important : le cubitus et le radius. Ils sont liés l'un à l'autre par des ligaments solides, mais un peu lâches, extensibles, de sorte que le *cubitus*, fortement enchâssé par une languette ronde dans la poulie de l'humérus, ne peut que se rapprocher ou s'éloigner de celui-ci, tandis que le *radius* peut accomplir, autour du cubitus, de faibles mouvements de rotation.

Le cubitus, gros en haut, aminci en bas, est chargé de rattacher l'avant-bras au bras et de servir de pivot au radius.

Le rôle de celui-ci, qui est au contraire gros par le bas et aminci par le haut, est de porter la main, de la relier au cubitus.

Résumons-nous : l'épaule est attachée au thorax par l'omoplate aidée de la clavicule ; le bras se rattache à l'épaule par l'articulation de l'humérus et de l'omoplate ; l'avant-bras se rattache au bras par l'articulation du cubitus et de l'humérus ; la main est unie au radius, qui est lié au cubitus.

42. — On a dit avec raison que la vraie supériorité physique de l'homme sur les animaux est dans la conformation de sa *main*. Examinons de près le mécanisme de ce magnifique instrument.

On distingue dans la main trois parties générales formées par des rangées de petits os : le carpe ou poignet, le métacarpe ou sous-poignet et les doigts.

43. — Le *carpe*, directement uni au radius d'une part et au métacarpe de l'autre, est formé de deux rangées de quatre petits os ne possédant qu'une très faible mobilité, unis qu'ils sont par de robustes ligaments. Ce n'est pas encore ici que nous trouverons la précieuse mobilité qui distingue la main de l'homme.

44. — La mobilité commence au *métacarpe*, mais elle est bien faible encore; car si les cinq os du métacarpe sont longs, grêles et suffisamment écartés, leurs mouvements sont limités par les tendons, les muscles et la peau dont ils sont liés et comme emmaillotés.

L'un d'eux cependant, celui qui porte le pouce, est très mobile autour de son articulation avec le carpe, et la peau très lâche qui l'unit aux autres os du métacarpe lui permet de s'en écarter considérablement et d'exécuter en tous sens des mouvements étendus. C'est uniquement à cette cause que le pouce doit sa grande mobilité.

Les quatre autres os du métacarpe, solidement attachés au carpe d'une part, liés entre eux par l'autre extrémité, forment une sorte de plancher dont le côté supérieur s'appelle le dos de la main et le côté inférieur la paume de la main.

45. — Ici la mobilité est complète. La peau, découpée profondément jusqu'au métacarpe, enveloppe chaque doigt isolément et lui laisse son entière liberté. Chaque doigt, sauf le pouce, est formé de trois petits os longs appelés phalanges, unis bout à bout entre eux et à l'os correspondant du métacarpe.

Les doigts se meuvent en tous sens autour de leur point d'appui sur le métacarpe; de plus, toutes leurs phalanges peuvent se replier ensemble ou isolément vers la paume de la main.

La facilité naturelle de ces mouvements est déjà grande; mais l'exercice peut l'accroître d'une façon vraiment surprenante : il n'y a pas de comparaison à faire entre l'agilité des doigts d'un pianiste et la lenteur relative du mouvement des doigts chez les personnes qui ignorent la pratique des instruments à clavier.

Quant au pouce, il n'est composé, il est vrai, que de deux phalanges ; mais la mobilité de l'os du métacarpe auquel il est fixé lui en fait comme une troisième.

L'avantage principal du pouce humain, c'est que son extrémité libre peut s'appliquer également contre l'extrémité de chacun des autres doigts; c'est ce qu'on appelle le pouce opposable, faculté qui n'est complète que dans la main de l'homme.

46. Membres inférieurs. — Si l'on ne tenait compte, en examinant les quatre membres du squelette humain, que du nombre et de la disposition des os qui les composent, on trouverait la plus grande analogie entre les membres supérieurs et les membres inférieurs.

Dans ces derniers, la hanche remplace l'épaule des premiers, la cuisse représente le bras, la jambe figure l'avant-bras, et le pied a une extrême ressemblance avec la main.

Mais les fonctions de ces deux ordres de membres, à peu près identiques chez la plupart des mammifères quadrupèdes, parce qu'ils ne leur servent qu'à la locomotion, sont essentiellement distinctes chez l'homme, dont les membres supérieurs servent à la préhension ou action de saisir, et les inférieurs à la locomotion seulement.

Ces différences d'emploi entraînent nécessairement des différences d'organisation.

47. — La *hanche*, qui, ainsi que nous venons de le dire, est comme l'épaule de la jambe, est formée par un grand os plat, l'*os iliaque*, jouant, par rapport au membre inférieur, un rôle semblable à celui de l'omoplate pour le membre supérieur.

Dans le jeune âge, cet os est formé de trois os distincts, qui finissent par se souder entre eux.

Les deux os iliaques sont articulés en arrière sur le sacrum et unis en avant par deux prolongements grêles, qui sont distincts chez les enfants, et ne laissent pas d'avoir quelque analogie avec les clavicules.

Le tout ensemble forme le *bassin*, cavité conique qui sert de support à l'ensemble des viscères de l'abdomen.

48. — Un autre prolongement, inférieur et latéral, est creusé d'une cavité qui reçoit la tête du fémur ou os de la cuisse, comme une cavité analogue de l'omoplate reçoit la tête de l'humérus ou os du bras.

Dans le squelette, la cuisse est composée d'un seul os, le *fémur*, os énorme dont l'ensemble, aux dimensions près, rappelle l'humérus de la manière la plus frappante. Il s'articule, par une tête arrondie, avec l'os iliaque, et, dans sa partie inférieure, avec le tibia.

49. — Cette dernière articulation, qui, à certains égards, rappelle celle du coude, en diffère par la présence d'un petit os supplémentaire, la *rotule*, qui s'insère entre l'os de la cuisse et un os de la jambe comme une goupille entre les deux parties d'une charnière.

50. — On distingue dans la jambe deux os : le *tibia*, qui représente le cubitus, et le *péroné*, qui joue un rôle analogue à celui du radius.

Ces deux os, fortement unis l'un à l'autre, ne peuvent se mouvoir que d'avant en arrière, en se pliant vers la cuisse, comme l'avant-bras se plie sur le bras, tandis que le bras et la cuisse sont mobiles en tous sens autour de leur articulation supérieure.

Le tibia est le support du péroné, qui est un os très grêle, renflé à ses deux extrémités.

51. — L'analogie entre le membre inférieur et le membre supérieur continue : le pied, c'est la main de la jambe, et, comme la main, il se compose de trois séries de petits os, (26 en tout) : le tarse, analogue au carpe ; le métatarse, rappelant le métacarpe ; les orteils ou doigts des pieds.

52. — Le *tarse* est composé de sept os, dont un seul, l'*astragale*, est articulé avec les os de la jambe, entre les *malléoles* ou chevilles, qui sont des proéminences du tibia et du péroné.

A sa partie inférieure, l'astragale repose sur un autre os du tarse, le *calcanéum*, qui est l'os du talon, et qui porte, pour ainsi dire, tout le poids du corps.

53. — Le *métatarse* se compose de cinq os, représentant les cinq os du métacarpe et encore moins mobiles.

54. — Les *orteils* comprennent quatorze os, exactement disposés comme ceux des doigts de la main, mais infiniment moins mobiles. Le pouce, qui, comme celui de la main, n'a que deux phalanges, tandis que les quatre autres orteils en ont trois chacun, n'est pas opposable aux autres doigts.

Il est bon de noter toutefois que le défaut de mobilité des orteils est aggravé par l'usage des chaussures étroites et des talons hauts, qui déforme le pied, écrase les doigts, les atrophie, c'est-à-dire les empêche de prendre leur développement naturel.

QUESTIONNAIRE.

1. Quelle est la matière des os ? — 2. Quelle est la composition du phosphate de chaux ? — 3. Qu'appelle-t-on **cartilages** ? Comment se transforment-ils ? — 4. Qu'est-ce que le **périoste**? — 5. A quoi servent les lacunes des os ? — 6. Qu'entend-on par articulations ? — 7. Comment divise-t-on le squelette ? — 8. Combien la tête contient-elle d'os et de combien de parties se compose-t-elle ? — 9. Quelle est la forme du crâne et de quels os est-il composé ? — 10. Comment sont placés ces os ? — 11. Qu'appelle-t-on fontanelles ? — 12. Quelle est la fonction du crâne ? — 13. Quelle est la forme de la face et de combien d'os se compose-t-elle? — 14. De quels os est formée la cavité buccale? — 15. Quel est le rôle des fosses nasales ? — 16. Quel est le rôle des orbites ? — 17. Qu'est-ce que la colonne vertébrale et pourquoi l'appelle-t-on ainsi ? — 18. Quelles régions y distingue-t-on et combien de vertèbres dans chacune ? — 19. Quelles parties distingue-t-on dans une vertèbre ? — 20. Qu'est-ce que le canal médullaire et comment est-il formé ? — 21. Quel est le rôle des apophyses dans les vertèbres ? — 22. Quelles sont les deux premières vertèbres cervicales ? Quelle est leur forme ? — 23. Quelle est la première vertèbre véritable ? — 24. Qu'appelle-t-on trous de conjugaison et à quoi servent-ils ? — 25. Quels sont le rôle et la forme du thorax ? De quels os est-il formé ? — 26. Quels sont le nombre, le rôle et la forme des côtes ? Comment sont-elles rendues mobiles ? — 27. Qu'appelle-t-on vraies côtes et fausses côtes ? — 28. Quels sont les caractères des membres supérieurs ? — 29. De quelles parties se composent-ils ? Quelle est la nature de leurs mouvements ? — 30. Quelle est la forme et quel est le rôle de l'omoplate et de la clavicule ? — 31. Quel est l'os du bras ? Quelle est sa forme et quelle est la nature de ses articulations ? — 32. Quels sont les os de l'avant-bras? Quels sont leurs rapports et comment sont-ils articulés? — 33. En quoi consiste la supériorité de la main de l'homme ? — 34. Quelles sont les parties de la main ? — 35. Comment sont composés le carpe et le métacarpe ? — 36. Qu'est-ce qui assure la grande mobilité du pouce? — 37. Combien les doigts ont-ils de phalanges ? — 38. Quelle est

la nature des mouvements des doigts, des phalanges et du pouce ? — 39. Quels sont les rapports de ressemblance et de différence entre les membres supérieurs et les membres inférieurs, et entre les parties dont ils sont composés ? — 40. Quel est l'os de la hanche et quel est son rôle ? — 41. Qu'est-ce que le bassin et quel est son rôle ? — 42. Quel est l'os de la cuisse et à quoi s'articule-t-il ? — 43. Qu'est-ce que la rotule et à quoi sert-elle ? — 44. Quels sont les os de la jambe et comment sont-ils unis et articulés ? — 45. Quelles sont les analogies du pied et de la main ? — 46. Qu'est-ce que le tarse ? l'astragale ? le calcanéum ? — 47. Combien y a-t-il d'os dans le métatarse ? — 48. Combien y a-t-il d'os dans les orteils et combien de phalanges dans chacun ? — 49. Quel est l'effet des chaussures étroites ou mal faites ?

§ III

FONCTIONS GÉNÉRALES DE L'ÊTRE HUMAIN

55. Fonctions de nutrition. — Le corps de l'homme, comme celui de tous les animaux du reste, est composé de parties solides qu'on appelle des *tissus*, et dont la substance, continuellement dépensée par un travail tout à fait analogue à une combustion, a constamment besoin d'être réparée. Or, comme l'être vivant ne peut prendre en lui-même ni les substances réparatrices qui lui sont nécessaires, ni le *combustible* qui doit alimenter le foyer vital, il les prend au dehors, les introduit dans son être, leur fait subir diverses préparations intimes et se les assimile, c'est-à-dire les ajoute à sa propre substance.

56. — Ainsi se produisent, croissent et s'entretiennent les tissus dont sont composés nos organes et les *appareils* formés d'organes associés, concourant ensemble à une même fonction, tels que l'appareil digestif, l'appareil respiratoire, etc.

L'ensemble des fonctions qui concourent à l'entretien des tissus, des organes et des appareils constitue ce qu'on appelle les *fonctions de nutrition*; elles se rapportent directement et uniquement à l'individu lui-même.

Il existe d'autres fonctions qui mettent l'homme en rapport avec le monde extérieur, et qu'on appelle des *fonctions de relation*; nous allons étudier séparément les unes et les autres, en commençant par les fonctions de nutrition, qui comprennent : la digestion, la circulation, la respiration, l'exhalation, la sécrétion, l'assimilation et l'excrétion.

QUESTIONNAIRE.

1. Qu'appelle-t-on tissus ? — 2. Comment les tissus sont-ils créés, entretenus et développés ? — 3. Qu'appelle-t-on appareils ? — 4. Qu'entend-on par fonctions de nutrition et de relation ? — 5. Quelles sont les fonctions de nutrition ?

A. DIGESTION

57. Aliments. — Nous avons dit comment l'homme est obligé de prendre hors de lui-même les éléments dont se composent les tissus de son propre corps. Ces éléments, peu nombreux du reste, existent dans les minéraux ; mais ce n'est presque jamais là que l'homme va les chercher : en règle générale, il faut que les aliments dont se nourrissent les animaux aient été préparés, élaborés d'avance par les végétaux.

En fin de compte, l'homme et les animaux ne se nourrissent que de matières organiques, et ce sont les végétaux qui sont chargés d'*organiser* les éléments inorganiques ou minéraux. Quand les animaux, pour se nourrir, dévorent d'autres animaux, ils ne font pas même alors d'exception à cette règle ; car les matières animales qui leur servent de nourriture proviennent indirectement de matières végétales, c'est-à-dire de matières organisées par les végétaux.

Ce que nous avons dit précédemment montre que les matières que l'homme emprunte au monde extérieur ne servent pas toutes à fournir les éléments qui doivent s'ajouter à ses tissus : il y a les aliments proprement dits, qui servent à cet usage et qu'on appelle *aliments plastiques,* puis les *combustibles,* qui servent à leur coction, à leur transformation, et qu'on appelle *aliments respiratoires.*

58. Aliments plastiques. — Il existe dans la nature un gaz qu'on appelle l'azote (ou destructeur de la vie), parce qu'il donne la mort à ceux qui le respirent seul pendant un certain temps ; mais il est si nécessaire à la vie, fait partie tellement essentielle des aliments proprement dits, qu'au lieu de les appeler aliments plastiques, on les appelle souvent aliments azotés.

Dans les aliments plastiques, du reste, qui ne peuvent exister sans azote, on ne trouve pas seulement ce corps, mais du carbone ou charbon pur, de l'oxygène et de l'hydrogène, les deux gaz dont l'eau est composée, comme l'air est un mélange d'oxygène et d'azote.

Il ne faudrait pas croire néanmoins qu'on peut faire vivre l'homme ou n'importe quel animal en lui fournissant pour toute nourriture un mélange de quatre gaz ; non, il faut que ces corps, qui font la base de son alimentation, soient combinés, élaborés, organisés, comme ils le sont dans l'albumine, substance visqueuse qui constitue le blanc d'œuf et le sérum du sang ; dans la fibrine ou matière de la chair musculaire ; dans la caséine, qui nage dans le lait ; dans le gluten, qui se trouve dans la fécule de froment, etc.

Un fait reconnu par ceux qui se sont occupés de ces questions, c'est que l'homme et les animaux qui veulent se conserver en bon état de santé doivent, autant que possible, varier leur alimentation. C'est ainsi qu'on a constaté que les lapins nourris exclusivement avec des feuilles de choux, ou avec des carottes, ou avec de l'avoine, etc., ne tardent pas à périr ; que les populations qui se nourrissent à peu près exclusivement ou de maïs, ou de pommes de terre, ou de riz, ou de viande de bœuf, contractent des maladies spéciales.

59. Aliments respiratoires. — Les combustibles ou aliments respiratoires se réduisent en somme au carbone, qui est du charbon pur, et à l'hydrogène, qui n'est que du gaz de l'éclairage avec du carbone en moins.

Dans notre corps comme dans les foyers de nos cuisines, de nos appartements et de nos ateliers, quand on dit que l'hydrogène brûle, on veut dire qu'il s'associe à l'oxygène pour produire de l'eau ; quand le carbone brûle, il s'unit également à l'oxygène pour produire de l'acide carbonique, le même gaz qui pétille dans le vin de Champagne et dans l'eau de Seltz.

Il suit de là que tous les aliments respiratoires sont des carbures d'hydrogène, c'est-à-dire des combinaisons de carbone et d'hydrogène, comme les fécules, le sucre, l'alcool, les huiles et tous les corps gras ; mais l'alcool, qui fait partie de cette liste, n'est utile qu'à la condition d'être suffisamment tempéré par l'eau et pris en quantité très modérée ; car ce n'est pas plus un aliment proprement dit que le pétrole. Pris pur et immodérément, il est même très funeste à la santé.

60. Aliments complets. — En somme, les meilleurs de tous les aliments ne sont ni les aliments purement plastiques, ni les aliments purement respiratoires ; ce sont les aliments complets, c'est-à-dire à la fois plastiques et respiratoires.

Tels sont : la chair musculaire suffisamment mêlée de graisse, la farine de froment, le lait, les œufs, etc.

Il faut particulièrement remarquer, dans cette énumération, le lait, les œufs et la farine, qui sont les premiers aliments préparés par la nature pour le petit mammifère, le petit oiseau encore enfermé dans la coquille de l'œuf, l'embryon de végétal contenu dans le grain.

61. Aliments accessoires. — Les aliments que nous avons mentionnés jusqu'ici sont la base nécessaire de l'alimentation ; il en est d'autres qui, mêlés aux aliments essentiels, jouent un rôle secondaire, mais utile, soit en favorisant le travail de la digestion, soit de quelque autre manière. Tels sont : le chlorure de sodium (sel marin), l'acide phosphorique (phosphore et oxygène), la soude (sodium et oxygène), la potasse (potassium et oxygène), le carbonate de chaux (matière du marbre, de la craie, de la pierre à bâtir), etc.

62. Préhension des aliments. — La nature des aliments nous étant connue, nous allons assister à la suite très longue des opérations qui doivent les préparer pour les rendre assimilables, c'est-à-dire transformables en tissus vivants.

C'est d'abord la préhension, qui n'est pas précisément un des actes de la digestion, mais qui la rend possible en amenant les aliments à la portée des organes qui vont les travailler.

La manière de saisir les aliments et de les porter dans la bouche est très variée chez les divers animaux.

Un papillon aspire sa nourriture avec un tube, la trompe, dont la nature l'a pourvu ; un poulpe la saisit avec ses tentacules, qui sont des sortes de bras gélatineux ; un crabe la serre avec ses pinces ; l'éléphant la prend avec le bout de son nez, le cheval avec ses lèvres, le crapaud avec sa langue, le perroquet avec ses griffes, l'homme avec ses mains.

63. Mastication. — L'aliment est maintenant dans la bouche, qui est le premier organe de l'appareil de la digestion ; s'il est liquide, il passe directement de là dans l'estomac ; s'il est solide, il va subir d'abord une trituration qui le préparera à d'autres opérations.

Pour faire bien comprendre la mastication, il est nécessaire de dire quelques mots de la cavité où elle va s'opérer : de la bouche, qui est comme le mortier dans lequel la trituration aura lieu ; des dents, qui sont les pilons chargés de l'exécuter ; des mâchoires, dans lesquelles les dents sont implantées.

64. 1° Bouche. — La *bouche* est une cavité fermée, ou mieux une cavité fermable ; car, en réalité, elle a deux ouvertures : la commissure des lèvres en avant, entrée de la bouche que les lèvres ferment comme deux battants horizontaux ; l'entrée commune du pharynx et des fosses nasales, que le voile du palais ferme en se baissant comme un rideau épais.

Sur les côtés la bouche est limitée par la face interne des joues, en haut par la voûte du palais, en bas par la langue.

65. 2° Mâchoires. — Les mâchoires, nous l'avons dit, sont les supports des dents, et comme il y a deux rangées de dents, l'une en haut et l'autre en bas, il y a aussi deux mâchoires, courbées en fer à cheval, l'une supérieure et l'autre inférieure. La première est solidement fixée dans les os du crâne ; la deuxième est mobile autour de deux articulations placées en arrière, au-dessous des oreilles.

On pourrait comparer la mâchoire supérieure à une enclume et la mâchoire inférieure à un marteau, mais à un marteau bien plus parfait que celui des forgerons. Celui-ci, en effet, ne sert qu'à frapper, tandis que l'autre, qui porte des têtes, les dents, nombreuses et très variées de formes, qui peut du reste se mouvoir de bas en haut et de haut en bas, de gauche à droite et de droite à gauche, et même un peu d'avant en arrière et d'arrière en avant, tranche, déchire et broie.

66. 3° Dents. — Il y a donc trois espèces de dents : les *incisives* (coupeuses), pour trancher (fig. 4) ; les *canines* (dents de chien), pour déchirer (fig. 5) ; les *molaires* (dents en meules), pour broyer (fig. 6).

Le nombre et la forme des dents, en rapport avec le genre d'alimentation des animaux, avec la forme et la dimension de leur appareil digestif, avec la nature de leurs tissus et de leurs organes, avec leurs habitudes et leurs instincts, etc., etc., sont un des caractères les plus commodes pour les distinguer entre eux; si bien qu'un homme d'un génie immortel, le grand Cuvier, a pu, par un vrai miracle de divination, reconstituer, à l'aide d'une seule dent, un animal tout entier. Chez l'homme adulte, les dents sont au nombre de trente-deux, savoir :

Fig. 4.
Incisive.

Fig. 5.
Canine.

Fig. 6.
Molaire.

Molaires 12
Fausses molaires. 8
Canines. 4
Incisives 8
Total. . . . 32

Chez l'enfant, les dents, qui ne se montrent que très lentement et les unes après les autres, sont au nombre de vingt-huit seulement; les quatre autres, appelées *dents de sagesse*, ne viennent que très tardivement, et il est même des vieillards qui en restent privés.

Les vingt premières dents qui poussent chez les enfants ne sont pas définitives et ne tardent guère à tomber, pour faire place à des dents plus solides; pour cette raison, on les appelle des *dents de lait* ou *dents de première dentition*. Les dents définitives sont les *dents de deuxième dentition ou de remplacement*.

Quelles que soient, du reste, la forme et la destination des dents, elles sont composées de deux parties : la racine, qui est cachée dans l'alvéole, cavité creusée dans le bord de la mâchoire; la couronne, partie visible hors de l'alvéole.

Le corps de la dent, racine et couronne, est en ivoire, matière très dure, composée d'un tiers de gélatine et de deux tiers de phosphate et de carbonate de chaux; c'est une sorte d'os plus dur que les os ordinaires.

La couronne, seule exposée au contact des liquides qui existent naturellement dans la bouche ou qu'on y introduit comme aliments, et dans lesquels l'ivoire pourrait se dissoudre à la longue, est protégée par une couche d'émail très dur, poli, brillant et insoluble dans les acides.

67. Insalivation. — Pendant que les dents divisent et triturent les aliments solides, trois paires de glandes, dont deux placées sous la langue (glandes sublinguales), deux dans les angles des mâchoires (glandes maxillaires), deux au-devant des oreilles (glandes parotides), versent constamment dans la masse alimentaire un liquide spécial, la salive, qui a l'avantage de faciliter le broyage des aliments en les ramollissant, et possède en outre une propriété bien autrement curieuse : celle de transformer les fécules, qui sont insolubles dans l'eau, en glucose ou sucre d'amidon, parfaitement soluble.

Comme les aliments ne peuvent être digérés qu'à condition d'être dissous, jamais nous ne pourrions digérer le pain ni aucun autre aliment féculent, si notre bouche était dépourvue de salive.

La salive, qui n'opère pas seulement dans la bouche, mais suit les aliments dans l'estomac, où elle continue son travail, est donc indispensable à l'alimentation respiratoire.

68. Déglutition. — Pendant la mastication, la bouche était restée fermée en avant par les lèvres, en arrière par le voile du palais.

Quand la matière est suffisamment broyée, les lèvres et les joues ramènent sur le dos de la langue la bouchée ainsi préparée, le voile du palais se soulève, la langue se retire en arrière, il se fait dans l'arrière-bouche un effort d'aspiration, et le *bol alimentaire*, c'est-à-dire la bouchée amoncelée et comme moulée sur la langue, pénètre dans le pharynx ou cavité de l'arrière-bouche, et de là dans l'estomac, en suivant un tube membraneux nommé œsophage.

69. — Pendant cette opération, il importe au plus haut point de fermer aux aliments le passage du canal de la respiration, lequel, comme l'œsophage lui-même, s'ouvre dans le pharynx ; c'est le rôle de l'épiglotte, rideau membraneux qui, pendant la déglutition, s'abaisse sur la glotte, ouverture supérieure de ce canal.

70. Chymification ou digestion stomacale. — Ce n'est

que dans l'estomac que commence la vraie digestion des aliments plastiques.

L'estomac est une poche membraneuse, très extensible. Il s'y fait un double travail : les liquides immédiatement assimilables, à mesure qu'ils pénètrent dans la cavité par l'ouverture supérieure ou cardia, sont aussitôt absorbés par les parois spongieuses de la poche et pénètrent directement dans les veines, où ils se mêlent à la masse du sang.

C'est le cas des alcools, des sucres mangés en nature, des fécules déjà transformées en glucose par la salive ou successivement amenées à cet état dans l'estomac par la continuation du même travail.

Quant aux aliments plastiques, sur lesquels la salive ne saurait exercer aucune action, ils sont aussitôt soumis à celle du *suc gastrique*, liquide acide versé abondamment par les parois de l'estomac (fig. 7). Ce liquide attaque les matières alimentaires, les liquéfie et les transforme en une bouillie d'un blanc grisâtre appelée *chyme*.

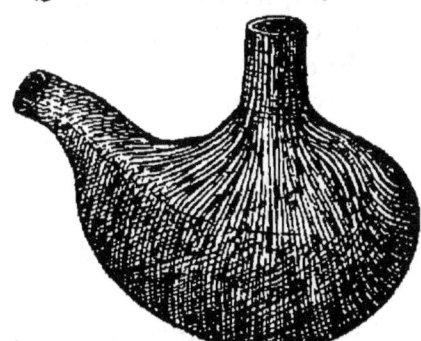

Fig. 7. Estomac humain.

Cette bouillie est en réalité composée de trois éléments différents : les aliments respiratoires non encore absorbés ni liquéfiés; les matières inertes toujours mêlées aux aliments et qui échapperont à l'assimilation; les aliments plastiques liquéfiés et devenus assimilables.

Ces derniers sont à leur tour absorbés par les parois de l'estomac et versés dans le torrent de la circulation du sang; les graisses, non attaquées et mêlées aux matières inertes, solides ou pâteuses, franchissent le pylore, ouverture inférieure de l'estomac, et pénètrent dans l'intestin, où la digestion va se continuer.

La digestion stomacale ne dure pas moins de deux ou trois heures.

Pour ne pas la troubler, il importe, pendant le temps où elle s'opère, d'éviter les exercices violents, les bains, le froid excessif, tout ce qui empêcherait la concentration de la chaleur autour de l'estomac.

71. Chylification ou digestion intestinale. — L'intestin, où va maintenant s'achever la digestion par la liquéfaction des aliments respiratoires, est un tube membraneux, diversement replié sur lui-même dans la cavité de l'abdomen, et toujours très long, mais d'une longueur variable, suivant la nature de l'alimentation.

Chez les herbivores, qui absorbent des aliments végétaux contenant beaucoup de matières inertes et exigeant une longue élaboration, l'intestin acquiert des proportions extraordinaires; il atteint, par exemple, chez le mouton, jusqu'à vingt-huit fois la longueur du corps.

Les matières animales dont se nourrissent les carnassiers étant, au contraire, presque complètement assimilables, leur intestin est beaucoup plus court; ainsi celui du lion n'a que trois fois la longueur du corps.

L'homme enfin, qui est omnivore, ou plus exactement *herbicarnivore,* a un intestin d'une longueur moyenne : sept fois environ la longueur du corps.

Ce long tube (fig. 8) est divisé en deux parties de longueur et de grosseur inégales : l'intestin grêle et le gros intestin.

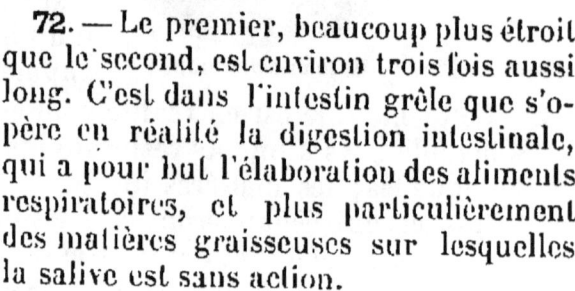

Fig. 8. Tube intestinal.

72. — Le premier, beaucoup plus étroit que le second, est environ trois fois aussi long. C'est dans l'intestin grêle que s'opère en réalité la digestion intestinale, qui a pour but l'élaboration des aliments respiratoires, et plus particulièrement des matières graisseuses sur lesquelles la salive est sans action.

Ce travail s'opère par le mélange aux aliments de deux liquides différents, la bile et le suc pancréatique, le premier fourni par le foie et le second par le pancréas.

73. — Le *foie* est une grosse glande d'un rouge brun, toute composée de fines granulations qu'on peut sentir sous la dent, en y mettant quelque attention, lorsqu'on mange du foie de boucherie.

Comme toutes les glandes, le foie est chargé d'isoler, de collectionner un liquide spécial, la *bile,* liquide visqueux, d'un vert sombre et d'une amertume proverbiale (on dit amer *comme le fiel*, mais le fiel et la bile, c'est tout un).

On a contesté le rôle de la bile, sous ce prétexte que certains animaux, comme l'éléphant, le cheval, le chameau, le cerf, en sont dépourvus et s'en passent très bien.

Il paraît prouvé néanmoins que la bile, empruntée au sang par le foie, amassée dans un petit sac, la vésicule du fiel, et versée dans l'intestin grêle, a pour effet de produire de la glucose, en agissant sur les corps gras.

Il est certain du moins que lorsque le foie fonctionne mal et que la bile manque à la digestion, le sang en contient au contraire de grandes quantités, ce qui explique le teint des chlorotiques et des gens qui ont la jaunisse.

Si, au contraire, la bile est sécrétée en excès, il en passe une certaine quantité dans les urines, où l'on trouve alors du sucre. C'est ce qu'on observe chez les personnes atteintes de glycosurie ou diabète sucré.

74. Pancréas et suc pancréatique. — Le pancréas, sauf son volume beaucoup plus considérable, a la plus grande analogie avec les glandes salivaires et sécrète un liquide visqueux, incolore, écumeux, semblable à la salive et ayant comme elle la propriété de transformer les fécules en sucre. Mais le suc pancréatique a une autre action étrangère à la salive : il émulsionne, comme on dit, les matières grasses, c'est-à-dire les liquéfie en leur donnant une apparence laiteuse.

Grâce au double travail de la bile et du suc pancréatique, ce qu'il restait d'aliment utile dans les matières venues de l'estomac se trouve à peu près complètement liquéfié et en état d'être absorbé par les parois de l'intestin grêle, tandis que le résidu solide de la digestion va continuer sa marche dans le gros intestin.

75. — Le liquide alimentaire ainsi isolé dans l'intestin grêle, et maintenant propre à accroître la masse du sang, a reçu le nom de *chyle* ; le travail qui le produit s'appelle la chylification.

76. Rate. — Nous plaçons ici, faute de savoir où le mettre, un corps glanduleux, mou, spongieux, de couleur violâtre, qui se trouve à gauche de l'estomac, et dont le rôle reste un véritable mystère.

On a cru autrefois que la rate était un obstacle à la course, et l'on attribuait à l'absence accidentelle de la rate l'agilité des grands coureurs. De là l'expression proverbiale *courir comme un dératé,* qui se dit encore aujourd'hui.

77. Absorption. — Quand les aliments ont été suffisamment élaborés pour servir à la nutrition générale, ils sont reçus par les veines, qui se chargent de les entraîner dans le grand torrent de la circulation.

Nous avons dit comment les veines pompent directement dans l'épaisseur des parois de l'estomac les liquides nourriciers préparés par cet organe; dans l'intestin grêle, les choses se passent un peu moins simplement.

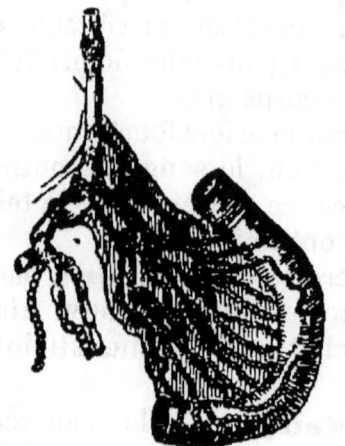
Fig. 9. Vaisseaux chylifères.

78. — Le *chyle,* produit de la digestion intestinale, est reçu dans les parois de l'intestin, non par les veines, mais par des vaisseaux spéciaux appelés *vaisseaux chylifères* (fig. 9), s'abouchant l'un à l'autre comme les affluents d'un cours d'eau et finissant par former un tube unique, le *canal thoracique,* qui verse le chyle dans une veine située à gauche, vers le haut de la poitrine.

79. Défécation. — Les forces admirables et mystérieuses de la nature ont maintenant dépouillé les aliments de presque tous leurs principes assimilables; le peu qu'il en reste sera encore absorbé par les parois du gros intestin, à travers lequel les résidus de la digestion vont poursuivre leur marche, grâce aux contractions et aux dilatations progressives de ses parois gaufrées et ondulées.

80. — Dès son origine, le gros intestin prend brusquement un diamètre trois fois aussi grand que celui de l'intestin grêle, qui débouche dans le *cœcum* (l'aveugle) (fig. 10), partie du gros intestin fermée en cul-de-sac et terminée par une sorte d'aigrette mince appelée *appendice vermiforme,* c'est-à-dire prolongement en forme de ver.

Fig. 10. Cœcum.

L'autre extrémité du gros intestin est fermée par un muscle

circulaire, le *sphincter*, qui est là pour empêcher les évacuations continuelles et involontaires des matières fécales.

81. — Tout l'intestin, que sa forme très allongée et les mouvements des matières qui le parcourent exposeraient à de fréquents déplacements, s'il restait flottant dans l'abdomen, est soigneusement maintenu en place par une sorte de toile blanche, le péritoine, dont les replis, qu'on appelle le mésentère, s'enfoncent même entre les diverses parties du tube intestinal, pour les séparer et les contenir.

QUESTIONNAIRE.

1. Où l'homme et les animaux prennent-ils leurs aliments ? — 2. Quel est le rôle des végétaux au point de vue de l'alimentation ? — 3. Qu'appelle-t-on aliments plastiques et aliments respiratoires ? — 4. Quelle est la composition des aliments plastiques ? — 5. Citer quelques exemples d'aliments plastiques. — 6. Nécessité de varier les aliments. — 7. Quelle est la composition des aliments respiratoires ? — 8. Que résulte-t-il de la combinaison de leurs éléments avec l'oxygène ? — 9. Qu'appelle-t-on aliments complets ? En citer des exemples. — 10. Qu'appelle-t-on aliments accessoires ? En citer des exemples. — 11. Qu'appelle-t-on préhension des aliments ? Citer quelques exemples. — 12. Quel est le but de la mastication et comment s'opère-t-elle ? — 13. Quelle est la conformation de la bouche ? — 14. Quels sont la conformation, le rôle, le mode d'action des mâchoires ? — 15. Combien y a-t-il d'espèces de dents et quel est leur rôle respectif ? — 16. Combien en existe-t-il de chaque espèce chez l'homme adulte ? chez l'enfant ? — 17. Qu'appelle-t-on dents de sagesse ? dents de lait ou de première dentition ? dents de remplacement ou de deuxième dentition ? — 18. Qu'appelle-t-on racine et couronne des dents ? — 19. Qu'est-ce que l'ivoire ? l'émail ? — 20. Qu'appelle-t-on glandes salivaires ? Quel est leur nombre et leur situation ? — 21. Quel est le rôle de la salive dans la digestion ? — 22. Qu'est-ce que la déglutition et comment s'opère-t-elle ? — 23. Qu'appelle-t-on bol alimentaire ? — 24. Quel est le rôle de l'épiglotte pendant la déglutition ? — 25. Que se passe-t-il dans l'estomac pendant la digestion stomacale ? — 26. Quel est le rôle du suc gastrique ? — 27. Qu'est-ce que le chyme ? — 28. Quelle est la durée ordinaire de la digestion stomacale ? Quelles précautions faut-il prendre pendant qu'elle s'opère ? — 29. Qu'est-ce que l'intestin ? Quelle est sa longueur ? Comment le divise-t-on ? — 30. Où et comment s'opère la digestion intestinale ? — 31. Qu'est-ce que le foie ? la bile ? — 32. Quel est le rôle de la bile ? Quels sont ses rapports avec certaines maladies ? — 33. Qu'est-ce que le pancréas ? le suc pancréatique ? — 34. Quelle est la double action du suc pancréatique ? — 35. Qu'est-ce que

la rate ? A quoi sert-elle ? — 36. Comment se fait l'absorption du chyle et qu'appelle-t-on vaisseaux chylifères ? canal thoracique ? — 37. Comment s'opère la marche des matières fécales dans le gros intestin ? — 38. Qu'est-ce que le cæcum ? — 39. Quel est le rôle du sphincter ? — 40. Qu'appelle-t-on péritoine ? mésentère ? Quel est leur rôle ?

B. CIRCULATION

82. Rôle et nature du sang. — Nous venons de voir, en parlant de la digestion, que les aliments ne peuvent pénétrer les organes et s'ajouter à leur substance qu'en passant à l'état liquide.

Le sang contient les matières nutritives et les charrie à travers le corps. C'est lui, du reste, qui cède aux divers organes toutes les humeurs nécessaires à leurs diverses fonctions : la salive, les sucs digestifs, les larmes, l'urine, etc.

83. Couleur du sang. — Le sang, indispensable à la vie animale, existe chez tous les animaux, mais n'a pas chez tous la même coloration.

Chez l'homme et chez tous les vertébrés, il est d'un rouge intense ; il est rouge également chez quelques rares animaux inférieurs ; mais, dans la plupart des cas, en dehors de la grande classe des vertébrés, il est blanc, incolore plutôt, quelquefois légèrement teinté de jaune, de vert, de lilas.

Il ne faut pas croire cependant que la couleur caractéristique de notre sang soit due à l'existence d'une matière colorante dissoute dans un liquide ; le sang est incolore, mais il contient une multitude de corps solides, infiniment petits et infiniment nombreux, qui, étant colorés en rouge, font croire que le liquide dans lequel ils nagent possède lui-même cette couleur.

Le sang, en effet, qui contient tous les éléments nécessaires à l'entretien de nos organes, albumine, caséine, sucre, matières grasses, phosphate de soude, carbonate de chaux, fer, sel de cuisine, etc., etc., a pour base nécessaire une grande quantité d'eau, dans laquelle ces diverses matières sont, les unes en dissolution, les autres en suspension, c'est-à-dire nageant à l'état solide.

84. Composition du sang. — Considéré en masse, le sang se compose d'un liquide jaunâtre et transparent, le sérum, et d'une multitude de globules aplatis, rouges, de forme et de grosseur variables suivant les espèces, mais toujours très petits.

On peut juger de leur forme et de leur grosseur relative par le petit tableau comparatif qui suit :

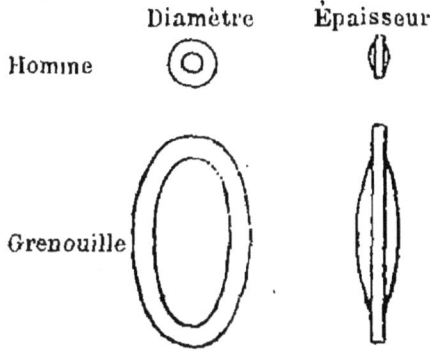

Fig. 11. Globules du sang.

Les globules du sang de l'homme (fig. 11) nagent parfois isolés, souvent empilés comme des pièces de monnaie. Ils sont ronds, renflés au milieu, ont une dimension d'environ un cent-vingtième de millimètre en diamètre et d'environ un six-centième de millimètre en épaisseur.

85. Mouvement général du sang. — Le sang, en circulation perpétuelle, vient prendre dans les parois de l'estomac et dans les vaisseaux chylifères les masses d'aliments nécessaires à nos organes, les distribue partout et retourne, par le chemin opposé, vers ces centres d'approvisionnement.

Mais il y a deux complications sérieuses : c'est d'abord que les liquides versés dans le sang par l'estomac et les vaisseaux chylifères ne sont pas directement assimilables, et ont besoin auparavant d'être brûlés, c'est-à-dire combinés avec l'oxygène ; c'est ensuite que le sang, qui doit se distribuer dans toutes les parties du corps, ne porte pas en lui-même son propre moteur, et qu'il doit être tour à tour aspiré et refoulé par une véritable pompe, le cœur, dont nous parlerons plus loin.

Chez les animaux à circulation complète, comme l'homme et les mammifères, le sang est donc d'abord refoulé par le cœur dans tout le corps ; puis, après avoir servi et s'être réapprovisionné au moyen des suppléments que lui fournit l'alimentation, ramené au cœur par aspiration ; repoussé par le cœur vers les poumons pour y être revivifié, autrement dit, brûlé ; appelé de nouveau au cœur, de nouveau renvoyé dans le corps, etc.

Résumons :

1er temps : Refoulement du sang vers le corps ;
2e   —   Aspiration du sang au cœur ;
3e   —   Refoulement du sang vers les poumons ;
4e   —   Nouvelle aspiration du sang au cœur.

Quand nous disons 1er, 2e, 3e, 4e temps, il faut noter qu'il n'y a, en réalité, que deux temps doubles ; car les deux refoulements se font ensemble et les deux aspirations également.

Il n'y a pas une, mais deux circulations (fig. 12) : la grande, qui se fait du cœur au corps et du corps au cœur ; la petite, qui a lieu des poumons au cœur et du cœur aux poumons.

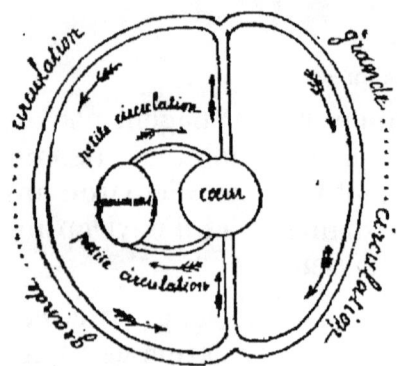

Fig. 12. Circulation du sang.

Nous les représentons, pour en graver le principe dans la mémoire, par la figure ci-contre, qui n'a, bien entendu, aucun rapport de forme avec l'appareil circulatoire.

Avant de parler des deux circulations, disons un mot des vaisseaux ou canaux qui servent au déplacement du liquide.

86. Artères et veines. — On dit parfois que les artères sont des vaisseaux qui portent du cœur vers le corps le sang artériel ou sang revivifié par l'oxygène, et que les veines sont des vaisseaux qui portent du corps vers le cœur le sang veineux ou sang désoxygéné ; ce n'est pas tout à fait exact. En réalité, les artères sont des tuyaux de refoulement qui portent au corps ou aux poumons le sang venant du cœur, et les veines des tubes d'aspiration qui amènent au cœur le sang du corps et des poumons.

Il en résulte, comme on peut le voir, avec un peu d'attention, que si les **artères de la grande circulation transportent du sang artériel** et **ses veines du sang veineux**, **les artères de la petite circulation transportent du sang veineux** et **ses veines du sang artériel**.

Retenons donc bien ceci, si nous voulons parler avec exactitude :

Artères, canaux de refoulement s'éloignant du cœur.

Veines, canaux d'aspiration se dirigeant vers le cœur.

87. Cœur. — Le cœur (fig. 13), que nous avons comparé à une pompe, est, ainsi que nous l'avons dit, le moteur de la circulation.

Il existe chez la plupart des animaux, mais avec de grandes modifications : ayant quatre loges chez les mammifères et les oiseaux ; trois chez les reptiles et les batraciens ; deux chez les poissons et les mollusques ; se réduisant à une poche, à un renflement, quand il existe, chez les animaux inférieurs.

Chez l'homme, c'est un muscle robuste, en forme de cône renversé, renfermé dans un sac membraneux, le péricarde.

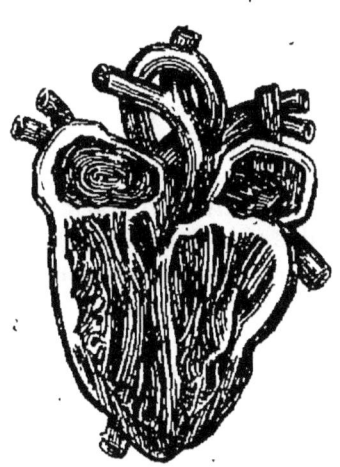

Fig. 13. Cœur humain.

88. — A l'intérieur, il est divisé en quatre chambres par une cloison horizontale et une cloison verticale. Les chambres supérieures s'appellent des oreillettes et les chambres inférieures des ventricules.

89. — Le cœur gauche, comprenant l'oreillette et le ventricule gauches, est le cœur artériel, c'est-à-dire ne reçoit que du sang artériel ; le cœur droit, comprenant l'oreillette et le ventricule droits, est le cœur veineux, c'est-à-dire ne reçoit que du sang veineux.

90. — Remarquons maintenant que, dans les parois qui séparent les oreillettes des ventricules, il existe des valvules, qui sont de véritables soupapes s'ouvrant de haut en bas seulement.

91. — Premier mouvement : les deux oreillettes se dilatent ensemble, à mesure que les ventricules se contractent, en fermant les soupapes qui établissent la communication entre chaque ventricule et chaque oreillette.

Naturellement, les oreillettes reçoivent du sang, savoir : l'oreillette gauche du sang artériel qui ne peut venir que des poumons, et l'oreillette droite du sang veineux amené du corps; les ventricules chassent du sang, savoir : le ventricule gauche du sang artériel dans le corps, et le ventricule droit du sang veineux vers le poumon.

Deuxième mouvement : les deux oreillettes se contractent et ouvrent les valvules, les deux ventricules se dilatent.

Les oreillettes chassent le sang par l'ouverture des valvules, savoir : l'oreillette gauche du sang artériel dans le ventricule gauche, et l'oreillette droite du sang veineux dans le ventricule droit.

En somme, les oreillettes reçoivent le sang veineux du corps et le sang artériel du poumon, les ventricules chassent le sang veineux vers le poumon et le sang artériel vers le corps.

QUESTIONNAIRE.

1. Quel est le rôle du sang? — 2. Quelle est sa couleur et à quoi est-elle due? — 3. Quelle est la composition du sang? — 4. Quelle est la forme et quelles sont les dimensions des globules du sang? — 5. A quoi sert la circulation du sang? — 6. Quelle est la marche du sang dans son mouvement de circulation? — 7. Qu'entend-on par grande et petite circulation? — 8. Quel est le rôle des artères et celui des veines? — 9. Quelles sont les diverses formes du cœur chez les divers animaux? — 10. Qu'est-ce que le péricarde? — 11. Comment est divisé le cœur? — 12. Quel est le rôle du cœur gauche et celui du cœur droit? — 13. Quel est le rôle des valvules? — 14. Comment se succèdent les mouvements du cœur et quels sont leurs résultats? — 15. Quels sont les rôles respectifs des oreillettes et des ventricules?

C. RESPIRATION

92. But de la respiration. — Le travail accompli sur les aliments dans la bouche, l'estomac et l'intestin a eu pour résultat de séparer de ces aliments les matériaux qui ne peuvent servir à la nutrition; mais ceux mêmes qui ont été retenus et versés dans la masse du sang ne pourraient y servir utilement sans être associés à un élément qui leur fait encore défaut : l'oxygène.

C'est l'air atmosphérique, mélange d'oxygène, d'azote et d'un peu d'acide carbonique, qui leur fournit cet élément nécessaire. Quant à l'opération qui fait passer l'oxygène dans le sang, elle s'appelle la respiration.

93. Divers modes de respiration. — Cette fonction, nécessaire à la plupart des animaux, ne s'exécute pas chez tous de la même façon : les uns respirent à l'aide de poumons, organes que nous allons décrire suffisamment à propos de l'homme ; d'autres, au moyen de branchies, sortes d'appareils à filtrer propres à certains animaux aquatiques ; d'autres enfin, par des trachées, dont les insectes nous fourniront l'occasion de nous entretenir.

Donc il existe trois modes de respiration : la respiration pulmonaire, la respiration branchiale et la respiration trachéenne. Il conviendrait d'y ajouter la respiration par la peau ou respiration cutanée, qui paraît exister seule chez les animaux tout à fait inférieurs, et qui existe aussi, mais d'une manière accessoire, chez les animaux les plus élevés, l'homme par exemple.

94. Poumons. — Organes essentiels de la respiration pulmonaire, les poumons existent chez l'homme et chez tous les mammifères, chez tous les oiseaux, chez tous les reptiles, chez tous les vertébrés, en un mot, à l'exception des poissons ; chez la plupart des araignées et chez quelques mollusques.

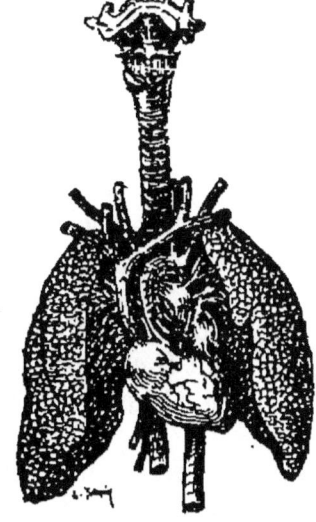

Fig. 14.
Poumons de l'homme.

Les poumons de l'homme (fig. 14), au nombre de deux, sont suspendus dans la poitrine, enveloppés d'une membrane, la plèvre, qui tapisse l'intérieur du thorax et dont l'inflammation, maladie souvent dangereuse, s'appelle une pleurésie.

La masse des poumons est une matière spongieuse, toute criblée de cellules dont les parois, très minces, reçoivent les dernières ramifications des veines qui vont au cœur et des artères qui viennent du cœur, les premières emportant du sang revivifié et les autres amenant du sang désoxygéné.

Mais, pour oxygéner du sang, il faut de l'oxygène ; c'est pourquoi les petites cellules sont constamment pleines d'air versé par de petits tubes qui sont les dernières ramifications des bronches, lesquelles sont elles-mêmes les ramifications de la trachée-artère, aboutissant au larynx, qui s'ouvre dans la bouche.

95. Trachée-artère et bronches. — La trachée-artère est un tube cartilagineux formé d'anneaux incomplets et tapissé, à l'intérieur, d'une membrane muqueuse.

La partie inférieure de ce tube, qui va en s'amincissant par le bas, se divise en deux branches, les bronches, qui pénètrent chacune dans un poumon, s'y ramifient à l'infini et se terminent en culs-de-sac dans les parois des cellules pulmonaires.

96. Larynx. — Ce n'est, à proprement parler, que la partie supérieure, notablement renflée, de la trachée-artère.

Les parois de ce tube gros et court sont composées de lames cartilagineuses et forment en avant une saillie plus ou moins prononcée, connue sous le nom vulgaire de pomme d'Adam.

Nous reparlerons du larynx à propos de la voix, dont il est l'instrument principal.

97. Mécanisme de la respiration. — On a vu que le cœur aspire et refoule le sang en se dilatant et en se contractant : les poumons aspirent et expirent l'air par des mouvements de la même nature. C'est un véritable jeu de soufflet, produit par les causes suivantes.

Une forte cloison, le diaphragme, qui existe tout en bas de la poitrine et la sépare de l'abdomen, peut se contracter et se dilater, de manière à diminuer et à augmenter la capacité du thorax, qui, au moyen de ses cartilages, jouit, comme nous l'avons dit, d'une certaine élasticité.

D'autre part, les grandes côtes, qui sont inclinées vers le sol, sont liées entre elles par des muscles attachés en haut vers la base du cou.

Quand ces muscles se contractent, ils se raccourcissent, relèvent les côtes et les placent dans une position horizontale, en augmentant ainsi la capacité du thorax.

98. Inspiration. — Les poumons, gonflés de gaz et comprimés par les côtes, suivent les mouvements du thorax, se dilatant quand il se dilate, se resserrant quand il se resserre.

Or la dilatation des poumons entraîne celle de ses cellules, et cette dernière appelle l'air extérieur, exactement comme fait un soufflet, quand on augmente sa capacité en écartant les deux poignées.

Voilà le premier temps de la respiration ; c'est l'*inspiration*.

99. — Maintenant la poitrine se resserre, le poumon se contracte, la capacité des cellules diminue, une partie des gaz qu'elles contenaient (je dis exprès des gaz et non de l'air) est chassée au dehors ; c'est le second temps ou *expiration*.

100. — On a calculé que, dans les conditions normales, c'est-à-dire lorsque quelque maladie ou un essoufflement accidentel ne viennent pas modifier le jeu des poumons, l'homme exécute par minute seize inspirations et autant d'expirations, et absorbe environ 12 000 litres d'air par jour. C'est donc 12 mètres cubes d'air pur que nous devons fournir à nos poumons en 24 heures, si nous ne voulons altérer notre sang et notre santé ; je dis d'air pur, car l'air respiré, c'est-à-dire rejeté par les poumons, devient impropre à entretenir la vie, ainsi que nous allons l'expliquer, et l'on étouffe dans cet air vicié comme on étoufferait dans l'eau.

101. Hématose. — Par ce mot on désigne la revivification du sang qui, amené au poumon, se compose de sang usé, altéré par la vie, et de sang incomplet fourni par la digestion.

L'oxygène apporté par l'air est donc nécessaire pour brûler ces matières ; mais l'azote l'est aussi pour tempérer l'oxygène, qui donnerait un sang trop vif, trop ardent, trop actif, comme le vin est trop fort si l'on n'y ajoute pas d'eau.

L'oxygène se mêle au sang veineux à travers les parois des veines, s'associe au carbone pour former de l'acide carbonique, qui reste en partie dissous dans le sang, et se dégage en partie pour être rejeté par les poumons, avec l'acide carbonique que l'air lui-même avait amené.

Une partie de l'oxygène se combine également avec l'hydrogène et forme de la vapeur d'eau, qui se dégage et qui est expulsée par l'expiration.

Résumé : production et absorption d'acide carbonique, dégagement et expulsion de vapeur d'eau et d'acide carbonique.

Quand, pour des raisons quelconques, l'oxygène vient à manquer aux poumons, l'hématose est supprimée, le sang veineux retourne au cœur et dans toutes les parties du corps, il y a asphyxie bientôt suivie de mort lorsque cet état se prolonge.

On peut rétablir la vie d'une personne incomplètement asphyxiée en insufflant de l'air dans ses poumons, bouche à bouche ou à l'aide d'un soufflet spécial, et en imprimant en même temps, avec les mains, un mouvement de soufflet à la poitrine, pour produire artificiellement les dilatations et les contractions supprimées par la suspension de la vie.

On a pu ainsi faire revivre des noyés dont la respiration avait cessé depuis deux heures.

102. Chaleur animale. — Les poumons sont, en somme, un véritable foyer qui brûle le sang. D'ailleurs cette combustion, c'est-à-dire la combinaison du sang avec l'oxygène, commencée et en grande partie achevée dans les poumons, se continue dans toutes les parties du corps, où le sang charrie un peu d'oxygène non combiné.

De là résulte une très notable élévation de la température, qui, chez l'homme et les mammifères, atteint de 36 à 40 degrés.

103. — Il existe des animaux chez lesquels cette température s'abaisse, en hiver, au point de les engourdir et de les jeter dans une sorte de léthargie ou de mort apparente.

C'est le cas de beaucoup d'insectes, de presque tous les reptiles et d'un petit nombre de mammifères, parmi lesquels nous citerons : l'ours, la marmotte, le hérisson, la chauve-souris, etc.

104. Rôle des vêtements. — Les animaux qui habitent les pays froids sont généralement protégés contre la température extérieure par d'épaisses fourrures qui s'épaississent encore en hiver.

L'homme, qui habite à peu près tous les climats habitables et qui est dépourvu de cette protection naturelle contre le froid, s'est créé, par son industrie, une ressource factice : ce sont les vêtements fabriqués avec des poils d'animaux ou avec des fibres végétales, et qui, étant mauvais conducteurs du calorique, empêchent la chaleur du corps de rayonner, c'est-à-dire de se disperser dans l'atmosphère.

Dans les pays chauds, les vêtements, pourvu qu'ils soient

suffisamment légers, ne sont guère moins utiles; car ils empêchent la chaleur extérieure d'élever à l'excès la température du corps.

En somme, la température du corps humain est sensiblement la même en tous pays et en toute saison.

105. Phonation. — Le principal rôle de l'air qui pénètre, par le larynx, la trachée-artère et les bronches, jusque dans les derniers recoins des poumons, est de vivifier ou de revivifier le sang; il a aussi un rôle secondaire qui, bien qu'appartenant plutôt aux fonctions de relation qu'aux fonctions de nutrition, a sa place indiquée ici, puisque nous venons de décrire l'appareil respiratoire : c'est d'agir dans la *phonation*, c'est-à-dire dans l'émission de la voix.

106. Glotte. Cordes vocales. — Le lieu propre de la production des sons de la voix, c'est le larynx; l'instrument propre de la phonation, ce sont les cordes vocales, c'est-à-dire quatre plis fibreux qui bordent la glotte et que nous avons la faculté de tendre ou de relâcher à volonté.

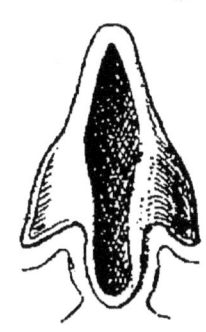

Fig. 15. Glotte.

La glotte (fig. 15) n'est elle-même, en somme, qu'une fente étroite, une sorte de boutonnière dont les cordes vocales forment les bords.

Quand l'air passe avec une force convenable entre les cordes vocales suffisamment tendues, ces cordes entrent en vibration comme ferait une languette d'instrument, et les parois du larynx, qui sont formées de pièces cartilagineuses très dures, vibrent à l'unisson, en accroissant le son à la manière d'un tuyau de clarinette.

C'est donc en tendant ou détendant convenablement nos cordes vocales que nous modifions à volonté le ton de notre voix, et que nous parvenons à monter et à descendre la gamme.

Les personnes qui ont la voix juste sont celles qui savent donner à leurs cordes vocales les tensions voulues pour produire certains tons, et l'on a la voix fausse lorsqu'on manœuvre mal cet instrument que la nature a placé dans notre larynx.

107. Parole. — Outre la faculté d'émettre la voix, nous

avons celle de l'articuler, c'est-à-dire de la modifier, à son passage dans la bouche, par certaines dispositions des joues, des lèvres, des dents et surtout de la langue, sans compter le nez, qui joue un certain rôle dans ce phénomène.

L'homme ne possède pas seul la faculté d'articuler la parole; quelques oiseaux, le perroquet surtout, imitent très bien les sons de notre voix, et apprennent à prononcer quelques phrases, mais sans en comprendre le sens, ce qui réduit pour eux ce don de la parole à une imitation curieuse, mais sans portée, tandis que la parole est très certainement le plus puissant moyen de progrès et de civilisation que l'homme possède. Sans elle, très vraisemblablement, très certainement, nous nous distinguerions à peine des singes.

108. Surdi-mutité. — Certains hommes cependant, privés de l'ouïe depuis leur naissance et n'ayant jamais entendu parler, n'ont jamais pu apprendre à parler; ils prennent part néanmoins à tous les bienfaits de notre civilisation, parce qu'on peut, au moyen de certaines méthodes d'instruction, les initier à la parole écrite et mimée, sinon à la parole parlée.

On réussit même aujourd'hui à les faire parler et on les instruit à lire la parole des autres sur leurs lèvres, ce qui, sans leur donner la faculté d'entendre et de s'entendre, les met presque à notre niveau, puisqu'ils ont le don de *voir* la parole.

QUESTIONNAIRE.

1. A quoi sert la respiration? — 2. Quels sont, chez les animaux, les divers modes de respiration? — 3. Quels sont les animaux pourvus de poumons? — 4. Où sont placés les poumons de l'homme? Comment sont-ils conformés? — 5. Qu'est-ce que la trachée-artère? les bronches? le larynx? — 6. Comment s'opère la respiration? — 7. Quelles sont les causes de la dilatation et de la contraction de la poitrine, de l'inspiration et de l'expiration? — 8. Combien de fois l'homme respire-t-il par minute? — 9. Combien absorbe-t-il de litres d'air par jour? — 10. Qu'appelle-t-on hématose? Comment s'opère-t-elle? — 11. Quelle est la cause de l'asphyxie? Comment la guérit-on? — 12. Quelle est la cause et quel est le degré de la chaleur animale chez l'homme et quelques animaux? — 13. A quoi servent les vêtements de l'homme? — 14. Qu'entend-on par phonation? — 15. Qu'appelle-t-on glotte? cordes vocales? Quel

est leur rôle dans la phonation ? — 16. Qu'est-ce qui produit la justesse et la fausseté de la voix? — 17. Comment se forme la parole ou voix articulée ? — 18. En quoi la parole des oiseaux parlants diffère-t-elle de celle de l'homme ? — 19. Quelle est la cause de la surdi-mutité ?

D. SÉCRÉTIONS

109. Origine des liquides sécrétés. — Le sang, avons-nous dit, c'est de l'eau contenant des matières solides en suspension et un plus grand nombre en dissolution.

Plusieurs d'entre ces solides servent à la nutrition des tissus, d'autres restent en dissolution d'une façon permanente; mais que deviennent-ils avec le liquide qui les charrie ?

Assurément, la même eau qui circule dans les vaisseaux sanguins au début de la vie ne saurait continuer à les parcourir jusqu'à la mort; la vie n'est qu'un changement continuel, et le sang, loin de faire exception à cette règle, est, de tous les éléments de notre être, celui qui subit les transformations les plus complètes et les plus rapides.

L'eau du sang, continuellement renouvelée par l'eau du chyle et par celle du chyme, suinte perpétuellement à travers des parois, entraînant avec elle une partie des matières dissoutes dans sa masse.

Les liquides ainsi extravasés sont recueillis par des appareils spéciaux qui ont la propriété mystérieuse de séparer, d'isoler les divers liquides suivant la nature des matières qui les composent.

110. Glandes. — Ces appareils sécréteurs ou, pour mieux dire, les principaux, les mieux connus de ces appareils sont les glandes.

On appelle ainsi des amas de très petites vésicules ou petits sacs reliés entre eux par des canaux et souvent disposés en grappes.

Les glandes possèdent une force d'aspiration ou de succion qui a pour effet d'amener dans les canaux et les vésicules les liquides séparés du sang.

Les glandes, dans notre corps, sont aussi variées que les liquides mêmes qu'elles sécrètent; contentons-nous de rappeler les plus importantes :

Les *glandes salivaires,* qui sécrètent la salive; les

glandes lacrymales, qui sécrètent les larmes; les *glandes synoviales*, qui sécrètent la synovie, liquide visqueux chargé de graisser les articulations mobiles pour en faciliter le glissement et en empêcher l'usure; les *reins*, qui sécrètent l'urine; le *foie* et le *pancréas*, qui, nous l'avons déjà dit, sécrètent la bile et le suc pancréatique; les *mamelles*, qui sécrètent le lait.

111. Follicules ou glandes simples. — Ces glandes, réduites à un simple sac continué par un simple canal, ont les deux caractères des véritables glandes : faculté de sécrétion, orifice extérieur déversant le liquide sécrété.

Nous citerons : les *follicules de l'estomac*; les *glandes ou follicules sudoripares*, qui sécrètent la sueur; les *glandes de Meibomius* ou *follicules sébacés*, qui sécrètent une humeur grasse que les personnes malpropres laissent s'amasser et se solidifier au bord de leurs paupières.

112. Ganglions vasculaires ou fausses glandes. — Leur apparence est celle d'une glande; mais on ignore leurs vraies fonctions. En tout cas, les cavités des ganglions n'ont pas d'ouverture extérieure, ce qui suffit pour qu'on ne puisse pas les considérer comme des glandes véritables.

QUESTIONNAIRE.

1. D'où proviennent les liquides sécrétés? — 2. Par quels organes sont-ils sécrétés? — 3. Comment sont conformées les glandes? — 4. Quelle est leur action? — 5. Quelles sont les glandes les plus importantes? — 6. Qu'entend-on par glandes simples ou follicules? — 7. Quels sont les principaux follicules? — 8. Qu'entend-on par ganglions vasculaires ou fausses glandes? — 9. En quoi les ganglions diffèrent-ils des vraies glandes?

E. ASSIMILATION

113. Définition de l'assimilation. — La digestion, la respiration, la sécrétion des éléments destinés à l'entretien des organes préparent la matière à recevoir la vie, mais n'en font pas de la matière vivante.

Pour opérer ce dernier et admirable phénomène, il faut arriver à l'assimilation, c'est-à-dire au dépôt, dans la profondeur intime de nos organes, des substances assimilables, à leur arrangement en tissus.

114. Tissus organiques. — Les tissus dont se composent

nos organes sont très nombreux et très variés ; nous mentionnerons, en les classant d'après la nature et l'agencement de leurs parties constitutives, les principaux d'entre eux, savoir : le tissu cellulaire, le tissu musculaire, le tissu nerveux et le tissu utriculaire.

115. Tissu cellulaire. — Ce tissu, blanc, demi-transparent, est formé de filaments diversement et irrégulièrement entrecroisés, en mailles lâches. Ces mailles sont remplies par des lames molles et transparentes qui forment de grandes cellules occupées par une matière spongieuse, mais laissant des lacunes nombreuses et quelquefois très grandes.

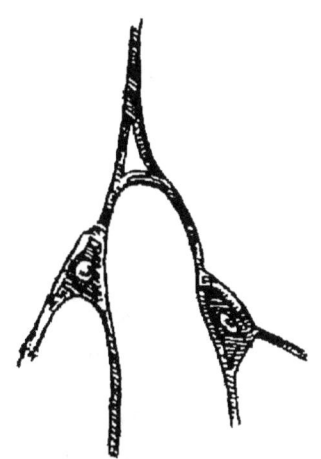

Fig. 16. Tissu cellulaire.

Le tissu cellulaire (fig. 16), léger et perméable aux liquides, occupe une très grande partie de notre corps.

116. Tissu musculaire. — Celui-ci est le contre-pied du précédent.

Généralement coloré en rouge par la présence de vaisseaux sanguins nombreux et déliés, il est formé de fibres élastiques, résistantes, disposées comme les fibres d'un paquet de filasse soigneusement peignée.

Nous avons vu que les muscles, qui constituent la chair musculaire des animaux, sont les principaux organes du mouvement.

117. Tissu nerveux. — Nous aurons plus loin l'occasion de parler des nerfs ; bornons-nous ici à dire que leur tissu, de couleur grisâtre, est formé de cellules molles et de fibres peu résistantes, le tout contenu dans des gaines nécessaires pour lui donner un peu de consistance.

118. Tissu utriculaire. — Qu'on imagine un assemblage de petites vessies, de petites outres (*utriculus*, en latin, veut dire petite outre) juxtaposées, accolées, plus ou moins adhérentes les unes aux autres, et l'on aura une idée très juste du tissu utriculaire.

119. Épiderme. — On aurait peut-être quelque peine pour reconnaître du tissu utriculaire dans l'épiderme, cette pellicule transparente, mince, élastique, qui recouvre la peau comme d'une sorte de vernis; l'épiderme est bien cependant du tissu utriculaire, mais qui s'est déformé et s'est aplati en se desséchant et en perdant le liquide contenu dans les petites outres; on le reconnaît facilement en regardant un morceau d'épiderme avec un microscope.

QUESTIONNAIRE.

1. Qu'entend-on par assimilation? — 2. Quels sont les principaux tissus organiques? — 3. Qu'est-ce que le tissu cellulaire? musculaire? nerveux? — 4. Qu'est-ce que le tissu utriculaire? — 5. Qu'est-ce que l'épiderme?

F. EXCRÉTION

120. — La digestion a pour conséquence obligée la défécation ou expulsion des résidus; l'assimilation a pour conséquence également nécessaire l'excrétion, qui est aussi, à sa manière, une expulsion des résidus, c'est-à-dire des matières ayant subi, dans les tissus, des changements qui les rendent impropres à la vie.

Les résidus du travail de l'assimilation, ce sont les urines, la sueur, les mucosités du nez, le cérumen des oreilles, etc.

Ces résidus sont empruntés en partie au sang, en partie aux tissus, si bien que notre corps est toujours en voie de renouvellement. On a cru pouvoir dire que ce renouvellement est complet au bout de sept ans; mais rien n'est plus hasardé qu'une pareille affirmation.

QUESTIONNAIRE.

1. Qu'est-ce que l'excrétion? — 2. Exemples de matières excrétées. — 3. Quelle est la durée assignée arbitrairement au renouvellement de tous nos tissus?

§ IV

FONCTIONS DE RELATION

121. — La vie des êtres destinés à naître, à croître et à périr sur place, sans conscience de leur propre existence ni connaissance du monde extérieur, se résume dans les fonctions de nutrition; c'est le cas des végétaux.

Les animaux les plus simplement organisés, à plus

forte raison les animaux supérieurs, et surtout l'homme, qui est placé très haut au-dessus de tous les êtres vivants, ne peuvent se concentrer en eux-mêmes; ils éprouvent des besoins physiques, des appétits qui les portent à chercher hors d'eux les moyens de les satisfaire; ils sont doués d'une volonté inquiète qui les porte à étendre au dehors les manifestations de leurs facultés; ils possèdent un instinct, une intelligence, des affections morales qui les associent plus ou moins à ce qui se passe autour d'eux et loin d'eux; ils reçoivent, par leurs organes, des perceptions lointaines et portent plus loin encore leur curiosité et leurs aspirations.

L'homme et les animaux supérieurs accomplissent donc, suivant les besoins de leur être, des fonctions de relation, c'est-à-dire des fonctions qui les mettent en rapport avec le monde extérieur.

Comme le système nerveux est l'appareil général qui leur procure les sensations du monde externe, c'est par le système nerveux que nous commencerons l'étude des fonctions de relation.

QUESTIONNAIRE.

1. Pourquoi les végétaux sont-ils dépourvus des fonctions de relation? — 2. Pourquoi les animaux sont-ils pourvus des mêmes fonctions? — 3. Quel est l'appareil général qui préside aux fonctions de relation?

A. SYSTÈME NERVEUX

122. Divisions du système nerveux. — On distingue très bien aujourd'hui, dans le système nerveux, deux divisions générales: le *système cérébro-spinal*, qui n'existe que chez les vertébrés, et dont la masse centrale est contenue dans une enveloppe osseuse comprenant le crâne et l'épine dorsale; le *système ganglionnaire* ou *grand sympathique*, qui paraît exister chez tous les animaux et qui, chez l'homme et les vertébrés, a sa masse centrale disposée sur deux lignes, en dehors et de chaque côté de la colonne vertébrale.

Le système cérébro-spinal comprend: l'encéphale (cerveau et cervelet), la moelle épinière, les nerfs.

123. Encéphale. — Voici le viscère le plus noble de l'homme; car dans sa masse, très volumineuse si on la compare à la masse cérébrale des animaux, se passent tous les mystérieux phénomènes de la sensibilité, de l'intelligence, de la volonté; de là partent toutes les impulsions servant à la manifestation de nos facultés physiques, morales et intellectuelles.

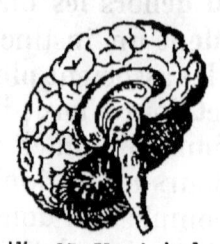

Fig. 17. Encéphale.

Aussi l'encéphale (fig. 17), protégé par une boîte osseuse très solide, est-il soigneusement enveloppé d'une triple membrane destinée à adoucir, à amortir les contacts avec les os du crâne. Ces membranes sont, du dehors au dedans : la *dure-mère*, fibreuse et résistante; l'*arachnoïde*, transparente et légère comme une toile d'araignée; la *pie-mère*, molle, inconsistante, manquant même par places.

124. — L'encéphale, avons-nous dit, comprend deux parties distinctes : le cerveau et le cervelet.

Moulé dans la boîte crânienne, le *cerveau* a une forme ovoïde irrégulière, arrondie en dessus, plane en dessous; il est divisé, dans sa longueur, en deux parties qu'on appelle improprement *hémisphères*. Sa face supérieure et latérale est marquée de sillons diversement contournés et plus ou moins profonds, appelés *circonvolutions*, et sa face inférieure est divisée en trois *lobes*. Tout cela semble avoir une influence capitale, quoique encore obscure, sur les facultés de l'homme.

La substance du cerveau est la même que celle des nerfs; elle a la même couleur blanc grisâtre et la même consistance molle.

125. — Moins volumineux que le cerveau, arrondi comme lui, le *cervelet* est également composé de deux hémisphères. Sa surface ne porte pas de circonvolutions, mais bien des sillons réguliers et parallèles, ce qui paraît capital au point de vue de ses fonctions.

126. **Moelle épinière.** — On peut considérer cette partie du système cérébro-spinal comme un simple prolongement de l'encéphale, comme une portion de la masse du cerveau et du cervelet qui aurait, pour ainsi dire, coulé dans le canal vertébral.

On distingue même, dans cette sorte de câble nerveux, comme un prolongement du sillon qui divise l'encéphale en deux lobes; ce sillon, en effet, règne dans toute la longueur de la moelle épinière et la divise en deux parties bien marquées, sur lesquelles naissent les paires de nerfs qui, après avoir traversé les vertèbres, vont se ramifier dans toutes les parties du corps.

127. Nerfs. — Ces cordons nerveux, ainsi nés de l'axe cérébro-spinal, sont au nombre de quarante-trois paires, dont douze ont leur point d'attache sur la masse encéphalique elle-même, et les trente et une autres naissent de la moelle épinière.

Ils sont formés de faisceaux cylindriques rappelant un peu les muscles, mais avec cette différence que les fibres musculaires sont dures et résistantes, tandis que les fibres nerveuses sont molles et dépourvues de toute solidité.

Toutefois, à cause même de son défaut de solidité, la substance nerveuse est enveloppée, nous l'avons dit, d'une gaine assez résistante, nécessaire pour en prévenir les ruptures et les déformations.

Après que les nerfs se sont divisés et subdivisés à l'infini, pour distribuer partout les ordres de la volonté et les impulsions cérébrales, les derniers filets nerveux, extrêmement ténus, s'anastomosent, c'est-à-dire s'abouchent bout à bout, de façon à former un circuit analogue à celui que forment les veines et les artères.

128. Grand sympathique ou système nerveux ganglionnaire. — Il ne faut pas croire, comme on l'a dit à tort, que les nerfs du grand sympathique, uniquement destinés aux fonctions de la vie organique, végétative, inconsciente, ne puissent transmettre aucune espèce de sensation; car on devrait admettre alors que les animaux invertébrés, dont le système nerveux est entièrement ganglionnaire, sont dépourvus de la sensibilité nécessaire à leur conservation. Mais il est vrai que les sensations transmises au cerveau par le grand sympathique sont obscures et faibles; aussi les nerfs de ce système, particulièrement distribués aux organes profonds, aux viscères, au cœur, aux poumons, à l'estomac, aux intestins, aux divers appareils glanduleux, ont pour principal objet de provoquer, dans ces organes, les mouvements involontaires qui sont nécessaires à l'accomplissement de leurs fonctions.

Cela dit sur le système nerveux, qui est comme l'appareil

moteur des fonctions de relation, nous allons aborder le détail des principales d'entre celles-ci, qui sont : la sensibilité, la volonté, l'intelligence et l'instinct.

QUESTIONNAIRE.

1. Quel est le rôle du système nerveux ? — 2. Qu'entend-on par système cérébro-spinal ? par système ganglionnaire ou grand sympathique ? — 3. Quelles sont les divisions du système cérébro-spinal ? — 4. Quelles sont les fonctions de l'encéphale ? ses enveloppes ? ses divisions ? — 5. Qu'entend-on par hémisphères et circonvolutions du cerveau ? sillons du cervelet ? — 6. Qu'est-ce que la moelle épinière ? — 7. Qu'appelle-t-on nerfs ? Comment les nerfs sont-ils conformés et distribués ? — 8. Qu'est-ce que le grand sympathique ? Quelles sont ses fonctions ?

B. SENSIBILITÉ

129. Nature et objet de la sensibilité. — On dit généralement que la sensibilité est la faculté de recevoir des impressions physiques et d'en avoir conscience. Expliquons ceci en quelques mots.

Tous les animaux, à des degrés variables, sont doués de cette faculté de sentir, dont le siège est le cerveau et dont les nerfs sont le véhicule.

Cette faculté se manifeste de différentes manières, ou, si l'on veut, les sensations éprouvées sont de nature différente suivant les organes qui ont reçu l'impression communiquée au cerveau ; toutefois, étudiées de près, les impressions se réduisent à une impulsion, à un choc, à un contact de certaines matières avec nos organes.

Chez l'homme et les mammifères, on a pu classer les diverses sensations, et l'on a trouvé que la sensibilité peut se manifester de cinq manières différentes : par le toucher, le goût, l'odorat, l'ouïe et la vue.

A mesure que l'on descend l'échelle animale, les sens deviennent de plus en plus obtus, disparaissent l'un après l'autre, et lorsqu'on arrive aux derniers échelons, on ne trouve plus qu'un seul sens, le toucher. Ses manifestations sont même si obscures qu'on ne sait plus, bien souvent, si l'on est en présence d'un être qui vit et sent, ou d'un être qui vit et végète sans avoir conscience de lui-même et du monde extérieur ; si l'on a affaire, en un mot, à un animal ou à un végétal.

130. Toucher. — C'est à la fois le sens le plus général et le moins précis. Chargé particulièrement de révéler les propriétés des corps par leur contact immédiat, le toucher nous en fait connaître la forme, les dimensions, la consistance, la température, c'est-à-dire nous indique s'ils sont ronds ou carrés, gros ou petits, durs ou mous, chauds ou froids.

Ce sens s'exerce par toutes les parties du corps où viennent s'épanouir les derniers ramuscules des nerfs de la vie sensitive, mais particulièrement par la peau, qui enveloppe tout le corps comme un gant enveloppe la main, et par les muqueuses, qui sont des membranes ou plutôt une grande membrane molle, humide, doublant le corps à l'intérieur comme la peau le couvre à l'extérieur.

Comme il s'agit surtout ici du toucher externe, qui nous met en rapport avec le monde extérieur, nous allons parler de la peau, qui est l'organe général de ce sens.

131. Peau. — Cette enveloppe extensible, épaisse, résistante, est composée de deux couches : le *derme* et *l'épiderme*.

132. — L'épiderme, ainsi que nous l'avons dit déjà, est une mince lame transparente, formée d'utricules aplatis et desséchés, qui s'étend sur la peau comme un vernis protecteur. Il est insensible et affaiblit un peu la sensibilité de la peau.

Il est des animaux, comme les crustacés (crabes, écrevisses, etc.), chez lesquels l'épiderme devient dur et épais, forme une véritable cuirasse et détruit toute sensibilité de la peau, ou, pour mieux dire, l'empêche de se mettre en rapport avec les corps extérieurs et d'en recevoir les impressions.

133. — Quant au derme, c'est une membrane épaisse, souple, blanchâtre, toute parsemée, sur sa face extérieure, de papilles ou petites proéminences dans lesquelles les nerfs viennent s'épanouir et qui, en certaines parties du corps, sont d'une sensibilité exquise.

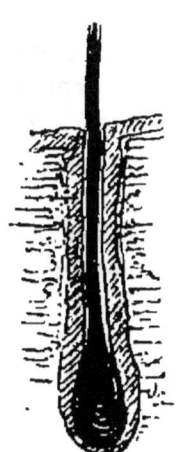

Fig. 18. Poil.

134. Poils. — Il nous est impossible de ne pas mentionner ici les poils, fils déliés qui naissent dans l'épaisseur du derme et, chez la plupart des mammifères, couvrent toute la peau, formant souvent une toison épaisse, en hiver surtout et dans les pays froids.

Le poil (fig. 18) naît dans une capsule, sorte de poche située assez profondément; traverse le derme et l'épiderme; se prolonge plus ou moins au dehors en un tube, tantôt simple, tantôt bifurqué, de matière cornée, qui est exactement la matière des cornes et des ongles.

Le poil, ne recevant pas de nerf, est complètement insensible.

135. Organes du toucher. — La *main* est, chez l'homme, le principal organe du toucher, l'organe actif, pourrait-on dire, celui dont nous nous servons de préférence et presque exclusivement quand nous voulons explorer par le tact les objets extérieurs ; mais beaucoup d'animaux touchent avec des organes différents : l'éléphant avec son nez, les insectes avec leurs palpes, des mollusques avec leurs tentacules, etc.

136. Odorat. — Quand on dit que le toucher est le seul de nos cinq sens qui perçoive la sensation directe des corps, on ne parle pas d'une manière bien exacte. En réalité, aucun de nos sens ne reçoit d'impressions que par des contacts directs : quand, par exemple, nous flairons, de loin ce nous semble, les parfums d'un parterre, nous percevons en réalité l'odeur des émanations des fleurs, c'est-à-dire des corps volatils qui s'introduisent directement dans notre nez et y produisent la sensation de l'odeur.

Il y a donc contact vrai et direct, non pas de la fleur, mais d'un corps gazeux, et l'impression de ce corps, par l'habitude que nous avons acquise de reconnaître par les odeurs les corps d'où elles émanent, nous fait supposer l'existence de la fleur.

Fig. 19. Fosses nasales.

137. Fosses nasales. — Le sens de l'odorat ne réside pas, comme celui du tact, dans le corps tout entier, mais bien dans une membrane muqueuse qui tapisse les fosses nasales (fig. 19).

Ces fosses, au nombre de deux et séparées par une cloison cartilagineuse, sont sans cesse humectées par une humeur spéciale qui a la propriété d'arrêter les émanations odorantes au passage, pour les retenir au contact des papilles sensibles qui couvrent la muqueuse.

On n'a pas trouvé d'organe de l'odorat chez les animaux inférieurs; il est certain cependant que les abeilles sont attirées de très loin par des fleurs qu'elles n'ont pu voir, par du miel que l'on distillait dans le fond de quelque cour; elles ont dû, par conséquent, être averties à de grandes distances; mais est-ce bien par le sens de l'odorat? On ne sait.

138. Goût. — Le toucher s'exerce presque uniquement sur des corps solides, l'odorat exclusivement sur des corps gazeux, le goût seulement sur des corps liquides.

Il est certain cependant que lorsqu'on introduit dans sa bouche un morceau de sucre ou un fragment de racine de gentiane, qui sont des corps solides, on éprouve une saveur douce dans le premier cas, amère dans le second; mais à la condition que ces corps se dissolvent totalement ou en partie au contact de la salive.

Le goût est un sens précieux qui nous sert d'avertissement pour distinguer les aliments salutaires à la santé de ceux qui lui sont nuisibles. En règle générale, il faut s'abstenir des aliments désagréables au goût, parce qu'on peut d'avance les considérer comme malsains.

Le siège exclusif du sens du goût est la bouche, qui participe tout entière, par les lèvres, le palais, les faces latérales des joues, à l'appréciation des saveurs; mais c'est la langue qui est l'organe principal de ce sens.

139. Langue. — Cet organe est un corps épais, musculeux, fixé seulement par une partie de sa base inférieure et très mobile en tous sens.

140. — La langue (fig. 20) est couverte, dans toute sa surface libre, d'une membrane

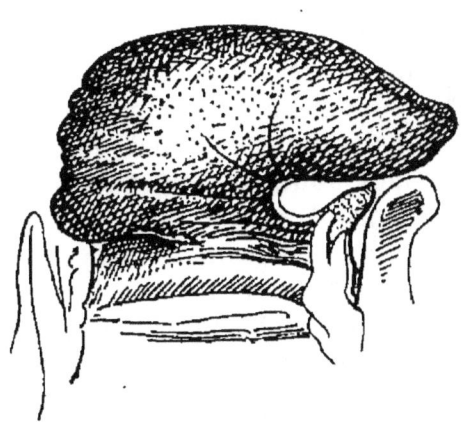

Fig. 20. Langue.

muqueuse sillonnée de nombreux vaisseaux sanguins, et

toute parsemée de papilles (fig. 21) terminées, les unes par une tête arrondie, les autres par une fine houppe de filaments où viennent aboutir des filets nerveux d'une grande délicatesse.

Fig. 21. Papilles de la langue.

C'est là que les corpuscules sapides, mis au contact des nerfs, procurent des sensations variées, mais tellement bien caractérisées que l'homme arrive, après un suffisant exercice, à distinguer le vin de Bordeaux du vin de Bourgogne et jusqu'aux vins d'un même cru produits en des années différentes.

141. Ouïe. — L'oreille (fig. 22), organe de l'ouïe, est un appareil très compliqué logé dans les os du crâne et comprenant trois parties bien distinctes : l'oreille externe, l'oreille moyenne, l'oreille interne. Nous allons les décrire séparément.

142. Oreille externe. — Par oreille externe on n'entend pas seulement la partie qui fait saillie hors du crâne, mais toute la partie de l'appareil auditif que l'air extérieur parcourt sans produire aucune sensation et aucune vibration de membranes sonores. L'oreille externe est la région des réflexions de l'air, l'oreille moyenne la région des vibrations, l'oreille interne la région des sensations.

On distingue, dans l'oreille externe, le pavillon et la conque, qui sont réellement externes, et le conduit auriculaire, qui est percé dans l'os, et qui met la conque en communication avec l'oreille moyenne.

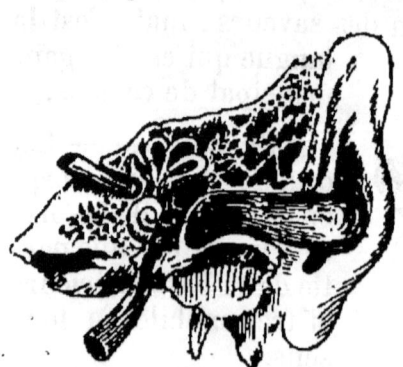

Fig. 22. Coupe de l'oreille.

L'oreille, après tout, est un instrument de musique; il ne faut donc pas être surpris d'y rencontrer, comme dans certains instruments, des lames et des membranes vibrantes, destinées, les unes à produire, les autres à augmenter le son.

143. — Le *pavillon* de l'oreille est dans le premier cas. Formé d'un cartilage mince, souple, élastique, que recouvre une peau mince, sèche et bien tendue, il a pour mission de recueillir, de rassembler les ondes sonores, c'est-à-dire l'air mis en vibration par les corps sonores, et de les réfléchir vers la conque. Le pavillon est, pour les sons, ce qu'un réflecteur de lampe est pour la lumière.

Chez l'homme, cette partie de l'oreille externe est réduite presque à rien; chez certains animaux, au contraire, le cheval, par exemple, et l'âne surtout, le pavillon, conformé en cornet, est très développé, et ces animaux ont la faculté de le diriger vers le côté d'où le bruit leur arrive, pour recueillir plus sûrement les ondes sonores.

Dans l'oreille humaine, où le pavillon existe à peine, la conque en est à peine distincte. Chez les animaux que nous venons de citer, la distinction est plus facile : tandis que le pavillon est mobile, ainsi que nous l'avons expliqué, la conque est fixée sur le rocher et reçoit dans sa concavité arrondie les sons réfléchis par le pavillon, pour les réfléchir de nouveau, en les condensant, vers le *conduit auriculaire*.

144. — Celui-ci, destiné à diriger le son à travers l'épaisseur du crâne, est tapissé d'une peau molle, constamment humectée d'un liquide épais, huileux, le cérumen.

Il ne faut pas croire que le cérumen soit une simple excrétion dont la nature nous débarrasse par le conduit de l'oreille; c'est, au contraire, une sécrétion très utile, très nécessaire, pour arrêter les poussières et les petits corps étrangers qui, sans cela, pénétreraient plus profondément dans l'oreille et y provoqueraient des accidents dont la surdité ne serait peut-être pas le plus grave. Mais les poussières, en s'accumulant dans le cérumen, y forment nécessairement une couche dure qu'il importe de ne pas laisser trop épaissir. A moins de maladie particulière, le cérumen se sécrète en faible quantité, et il n'est besoin que de quelques soins de propreté pour débarrasser le conduit auriculaire de la matière en excès : un cure-oreille en os, un bout de linge tortillé y suffisent; mais il ne faut jamais se servir de ses ongles, et moins encore d'une épingle ou d'un instrument piquant ou seulement de forme irrégulière.

145. Oreille moyenne. — Aucune ouverture ne met en communication l'oreille externe et l'oreille moyenne; le conduit auriculaire se termine brusquement en cul-de-sac; et l'oreille moyenne forme, dans l'épaisseur du rocher, une cavité fermée, dans laquelle il faut considérer : le tympan, la caisse et les osselets.

146. — Le *tympan* est comme une peau de tambour exactement tendue sur la caisse et vibrant sous les chocs répétés de l'air.

147. — La *caisse* est un réservoir d'air qui transmet, par l'intermédiaire du tympan, les vibrations de l'air externe à l'oreille interne.

Comme il est nécessaire, pour le bon fonctionnement du tympan, que celui-ci ne soit comprimé ni à l'intérieur par l'air de la caisse, ni à l'extérieur par l'air atmosphérique, dont les pressions (nous le verrons plus tard) varient à chaque instant, il a fallu établir une communication entre la caisse et l'air extérieur : c'est le rôle de la *trompe d'Eustache* (Eustache, ou plutôt Eustachi, est l'anatomiste qui a découvert les fonctions de cet organe). La trompe d'Eustache est donc un conduit qui s'ouvre, d'une part, dans la partie inférieure de la caisse, et, de l'autre, en arrière des fosses nasales.

148. — La caisse de l'oreille a, comme celle du violon, son âme, qui est formée de quatre *osselets* (fig. 23), le *marteau*, l'*enclume*, l'*étrier*, l'*os lenticulaire*, qui, se déplaçant suivant l'intensité des sons reçus par le tympan, font varier la tension de cette membrane et de celles qui tapissent l'oreille interne, dont il nous reste à parler.

149. Oreille interne. — Jusqu'ici nous avons mis des membranes en mouvement; il nous reste à produire cette chose infiniment mystérieuse : la sensation.

L'oreille interne, où se passe en définitive ce mystère de l'audition, se compose de trois parties : le vestibule, les canaux semi-circulaires, le limaçon.

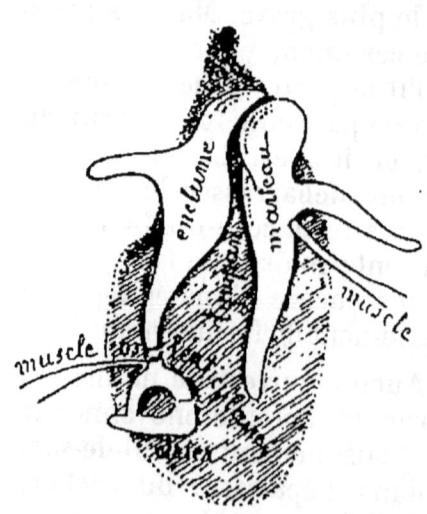

Fig. 23. Osselets de l'oreille.

150. — Le *vestibule* est un espace de forme ovale, en communication avec la caisse par un trou appelé *fenêtre ovale*, fenêtre bouchée par une membrane qui est comme la table inférieure du violon, recevant les vibrations du tympan par l'intermédiaire de l'air et des osselets.

151. — Le vestibule est en communication avec trois tubes courbés en demi-cercles, et qu'on appelle, pour cette raison, *canaux semi-circulaires*.

152. — En bas, il est en rapport avec le *limaçon*, cavité contournée en spirale exactement comme une coquille de limaçon.

Il ne serait pas facile de dire à quoi servent les demi-cercles des canaux semi-circulaires et la spirale du limaçon, d'autant mieux que ces parties manquent complètement chez certains animaux pourvus néanmoins de la faculté d'entendre, et dont l'oreille interne se réduit alors au vestibule.

153. — Ce qui est certain, c'est que, chez l'homme et les animaux supérieurs, l'audition a lieu simultanément dans les trois parties de l'oreille interne; car on y voit s'épanouir, au milieu d'un liquide spécial, les ramifications d'un nerf particulier, le *nerf acoustique*, chargé de porter directement au cerveau les impressions produites par les sons.

154. Vue. — Nous répéterons, à propos de la vue, ce que nous avons dit à propos des autres sens : il n'y a que des sensations directes; nos organes ne peuvent être impressionnés que par le contact immédiat des corps.

Il y aurait cependant des raisons de douter à propos de la vue : d'abord, tandis que le son, qui n'est que de l'air en vibration, ne se produit pas dans les endroits où l'air n'existe pas, par exemple sous la cloche de la machine pneumatique, la lumière se propage à travers ce qu'on appelle le vide. Mais est-ce bien le vide? Non, assurément, c'est seulement l'absence de l'air et de tout corps tangible; de même que le son est la vibration de l'air, la lumière est la vibration d'un fluide infiniment plus subtil que l'air et que tous les gaz connus, l'éther, fluide universel, répandu partout, comblant le vide entre les astres les plus éloignés.

La transmission des rayons lumineux se fait à travers des espaces en quelque sorte infinis, par exemple du soleil à la terre, à une distance de plus de 40 millions de lieues.

155. Œil. — La perception de la lumière, c'est-à-dire des vibrations de l'éther, s'opère au moyen d'un organe spécial, l'*œil* (fig. 24), double chez l'homme et chez tous les vertébrés;

en nombre variable chez les insectes, qui en ont quelquefois des multitudes; au nombre de huit chez les arachnides; n'existant pas chez les animaux tout à fait inférieurs.

L'œil peut être défini : une chambre noire sensible.

Si l'on ferme bien exactement les volets d'une chambre et que l'on pratique dans ces volets une très petite ouverture, les rayons lumineux, en pénétrant par ce trou, iront dessiner sur le mur opposé l'image renversée des objets extérieurs.

Si dans le trou un peu agrandi on place une lentille convergente, c'est-à-dire un verre semblable à ceux qu'on met dans les lunettes des presbytes, l'image, recueillie sur un écran, à peu de distance du volet, sera rapetissée, mais rendue beaucoup plus nette, à condition que l'on place bien exactement l'écran au foyer de la lentille, c'est-à-dire à l'endroit précis où se croisent les rayons qui la traversent.

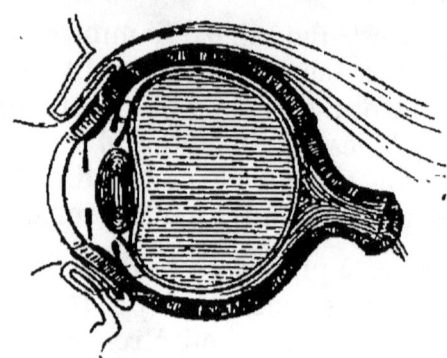

Fig. 24. Coupe de l'œil.

L'œil, c'est très exactement une petite chambre noire, de forme sphérique, ayant son volet, son trou, sa lentille, son écran sur lequel se dessine l'image renversée des objets extérieurs.

156. — Cette petite sphère creuse est formée, à l'extérieur, d'une membrane fibreuse, opaque, la *sclérotique*, dont une partie seulement est visible : c'est le blanc de l'œil.

157. — Dans sa partie antérieure, la sclérotique est percée d'un trou rond, occupé par une membrane mince, la *cornée transparente*, bombée comme un verre de montre : c'est la fenêtre de la chambre noire.

158. — Le volet, situé un peu en arrière, c'est l'*iris*, dont le milieu est percé d'un trou rond, la *pupille*, qui sert au passage des rayons lumineux. Mais ce volet, formé d'un tissu diversement coloré, en brun, en jaune plus ou moins foncé, en gris, en bleu, etc. (de là les yeux noirs, bien que l'iris ne soit jamais noir, les yeux jaunes, gris, bleus), ce volet a la propriété de se contracter plus ou moins, selon que la lumière est plus ou moins vive, de façon à laisser entrer dans la chambre de l'œil une quantité d'autant plus grande de rayons que la lumière est moins intense.

On peut se rendre compte de ce phénomène en observant l'ouverture de sa pupille en pleine lumière devant une glace, fermant les yeux pendant deux minutes et regardant de nouveau dans la glace : on verra sa pupille singulièrement agrandie. Quand on regarde le soleil en face, ce qu'il ne faut jamais faire, du reste, car on court le risque de s'aveugler, la pupille se contracte au point de disparaître presque complètement. Lorsqu'on passe brusquement du grand jour dans un lieu obscur, on n'y voit presque pas du tout, parce que la pupille est trop étroite, et ce n'est que peu à peu qu'elle se dilate et permet de distinguer les objets.

159. — La cornée d'une part et l'iris de l'autre forment un espace isolé qu'on appelle la *chambre antérieure* de l'œil, et qui est rempli d'un liquide très limpide, l'*humeur aqueuse*.

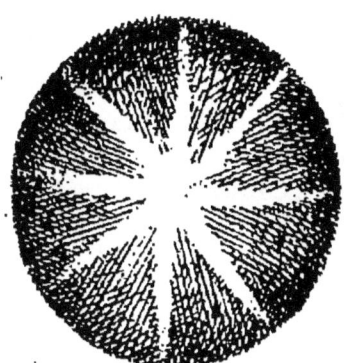
Fig. 25. Cristallin.

160. — Derrière la pupille se trouve enchâssé le *cristallin* (fig. 25), véritable lentille formée de fibres rayonnantes, et qui a mission de concentrer les rayons lumineux sur la rétine, comme la lentille d'une chambre noire les concentre sur l'écran.

161. — En arrière du cristallin s'étend la *chambre postérieure* de l'œil, toute tendue de noir par la *choroïde*, comme il convient à une chambre noire, où il importe, pour la netteté de l'image, que les rayons ne soient pas réfléchis par les murs. Elle est remplie d'un liquide épais, gluant, mais transparent, l'*humeur vitrée*.

162. — Enfin, le fond de la chambre postérieure est tapissé par la *rétine* ou écran de l'œil, membrane molle, blanchâtre, sur laquelle vient se dessiner l'image des objets extérieurs, dont la sensation, aussitôt reçue par les ramifications du *nerf optique* épanoui dans la rétine, est portée au cerveau et produit le sentiment de la vision.

Les chambres noires des photographes sont, en quelque sorte, de grands yeux dans lesquels la rétine est remplacée par un écran enduit d'une matière qui fixe l'image lumineuse, au lieu que l'écran de l'œil ne reçoit que des images momentanées, s'effaçant aussitôt que les objets qui les ont produites ont disparu. Et même cette différence n'est pas tout à fait aussi radicale qu'on pourrait l'imaginer, les images produites sur la rétine n'étant pas tout à fait aussi fugaces que nous l'avons laissé croire.

Quand on regarde le soleil en face, on voit ensuite, de quelque côté qu'on porte la vue, un cercle coloré, qui n'est que l'image du soleil fixée pour quelque temps sur la rétine. Si l'on fait tourner rapidement un charbon incandescent, on voit, non pas une succession de points lumineux, mais un ruban de feu continu, preuve que les impressions reçues ne s'effacent pas aussi rapidement que le charbon se déplace, et que ces impressions, en s'ajoutant l'une à l'autre, dessinent sur la rétine une véritable ligne lumineuse, etc.

163. Myopie. — Chez les myopes, la cornée et le cristallin étant trop bombés, l'image lumineuse se forme en avant de la rétine, et celle-ci ne recevant les rayons qu'après qu'ils se sont entre-croisés, l'image est vague, confuse, mal arrêtée.

164. Presbytisme. — Dans le presbytisme, au contraire, maladie fréquente chez les vieillards et qui provient de l'état flasque des organes, la cornée et le cristallin sont trop peu bombés, le foyer est porté au delà de la rétine, qui reçoit les rayons avant qu'ils se soient entre-croisés, et le résultat est le même.

On corrige la myopie à l'aide de verres concaves, qui reculent le foyer, et le presbytisme au moyen de verres convexes, qui le rapprochent.

165. Goutte sereine. — **Cataracte.** — Il existe d'autres maladies de l'œil interne : l'amaurose ou goutte sereine, qui est une paralysie incurable de la rétine ; la cataracte ou opacité des cristallins, qu'on guérit aujourd'hui en extirpant les cristallins et les remplaçant par une paire de lunettes à verres très bombés.

166. Strabisme. — Le strabisme, maladie des louches, provient de ce que les six muscles attachés sur la face extérieure du globe de l'œil et chargés de le faire tourner en tous sens ne tirent pas bien également, l'un ou plusieurs d'entre eux étant trop lâches ou trop tendus, ce qui fait que, tandis qu'un œil regarde à droite ou en dedans, l'autre est tourné à gauche ou en dehors.

167. Vision binoculaire. — Il nous faudrait dire maintenant pourquoi, recevant deux images, puisque nous avons deux yeux, nous ne percevons qu'un seul objet. Est-ce une superposition qui s'opère toute seule, par la simple disposition des yeux ? Est-ce un simple fait d'habitude ? On ne sait. Un fait certain, en tout cas, c'est qu'on peut percevoir séparément les deux images et se procurer la sensation de deux objets distincts, en déplaçant légèrement avec l'index l'un de ses globes oculaires.

Un fait plus curieux peut-être, et qui n'a pas été relevé, croyons-nous, c'est que lorsqu'on regarde distraitement, ou, pour mieux dire, lorsqu'on voit sans regarder, on perçoit également une double sensation. Ce fait semblerait prouver que la superposition des deux images ne s'opère que par un effort de la volonté dirigeant convenablement l'axe visuel de chacun des deux yeux.

168. Paupières. — Cils. — Sourcils. — Larmes. — Nous devons, en terminant cette histoire de la vision, accorder une mention à certains accessoires du globe oculaire : aux paupières, voiles membraneux qui le protègent et lui assurent un repos nécessaire en suspendant son travail pendant le sommeil; aux cils et aux sourcils, qui, arrêtant au passage les poussières et les corps étrangers, épargnent ainsi à un organe si délicat des souffrances et des dangers ; aux larmes, qui, en humectant le globe oculaire, en facilitent le glissement, et dont l'excès, abondant surtout pendant les fortes émotions, se déverse par les fosses nasales, à travers des ouvertures appelées points lacrymaux, etc.

QUESTIONNAIRE.

1. Qu'est-ce que la sensibilité ? — 2. Combien l'homme possède-t-il de sens ? Quels sont-ils ? — 3. Tous les animaux possèdent-ils tous les sens ? — 4. Quel est le rôle du toucher ? — 5. Quel est son siège ? — 6. Qu'est-ce que la peau ? De quelles parties se compose-t-elle ? — 7. Qu'est-ce que l'épiderme ? A-t-il la même forme chez tous les animaux ? — 8. Qu'est-ce que le derme? Quel est le rôle des papilles ? — 9. Où naissent les poils? Quelle est leur nature ? — 10. Quel est l'organe actif du toucher chez l'homme et les animaux? — 11. Quel est le genre d'impressions que produit la sensation des odeurs ? — 12. A quoi servent les mucosités des fosses nasales ? — 13. L'odorat existe-

t-il chez tous les animaux ? — 14. Le goût s'exerce-t-il sur les solides ? — 15. A quoi sert le goût ? — 16. Quels sont le siège et le principal organe du goût ? — 17. Qu'est-ce que la langue ? Comment est-elle conformée ? — 18. Quel est l'organe de l'ouïe ? — 19. De quelles parties se compose l'oreille ? — 20. Qu'est-ce que l'oreille externe ? — 21. De quelles parties se compose-t-elle ? — 22. Quel est le rôle du pavillon ? de la conque ? du conduit auriculaire ? — 23. Qu'est-ce que le cérumen ? A quoi sert-il ? — 24. Quels soins de propreté demande le conduit auriculaire ? — 25. Quelles sont les parties de l'oreille moyenne ? — 26. Qu'est-ce que le tympan ? A quoi sert-il ? — 27. Qu'est-ce que la caisse ? Quel est son rôle ? — 28. Qu'est-ce que la trompe d'Eustache ? A quoi sert-elle ? — 29. Quels sont les noms et quel est le rôle des osselets ? — 30. Quelles sont les parties de l'oreille interne ? — 31. Quelle est la forme du vestibule ? des canaux semi-circulaires ? du limaçon ? — 32. Comment est distribué le nerf acoustique dans l'oreille interne ? — 33. La vision s'exerce-t-elle à distance, sans corps interposé ? — 34. Qu'est-ce que l'éther ? — 35. Qu'est-ce que l'œil ? Existe-t-il, et en quel nombre, chez les divers animaux ? — 36. Quels sont les rapports de l'œil et d'une chambre noire ? — 37. Quelle est la membrane externe de l'œil ? — 38. Qu'est-ce que la cornée ? — 39. Quel est le rôle de l'iris et de la pupille ? — 40. En quoi consiste la faculté d'accommodation de la pupille ? — 41. Qu'appelle-t-on chambre antérieure de l'œil et humeur aqueuse ? — 42. Quel est le rôle du cristallin ? — 43. Qu'appelle-t-on chambre postérieure ? choroïde ? humeur vitrée ? — 44. L'image rétinienne est-elle instantanée ? — 45. Quelle est la cause de la myopie ? Comment la corrige-t-on ? — 46. Quelle est la cause du presbytisme ? Comment le corrige-t-on ? — 47. Qu'est-ce que la goutte sereine ? — 48. Qu'est-ce que la cataracte ? Comment la guérit-on ? — 49. Qu'est-ce que le strabisme ? — 50. Quels sont les effets de la vision binoculaire ? — 51. Quel est le rôle des paupières ? des cils ? des sourcils ? des larmes ?

C. VOLONTÉ, INSTINCT, INTELLIGENCE

169. Volonté. — Cette merveilleuse faculté de porter son être vers un but, d'écarter ou d'attirer à soi, avec intention et conscience, les objets extérieurs, d'aspirer à la réalisation de certains faits prévus, n'est point particulière à l'homme. Nous ne concevrions pas un animal inconscient et indifférent ; ce qui distingue véritablement le végétal de l'animal, c'est que celui-ci peut exécuter des mouvements spontanés et volontaires, si élémentaire que soit son organisation. Lorsque, en descendant l'échelle animale, nous commençons à nous demander si un être vivant a ou n'a pas la faculté de se mouvoir volontairement, nous nous demandons aussi s'il est un animal ou un simple végétal.

Toutefois cette faculté, commune à tous les animaux, est infiniment plus développée, plus active, plus noble chez l'homme que chez l'animal qui, par son organisation, est le plus voisin de l'espèce humaine.

Les actes volontaires des animaux, toujours spontanément conçus, instinctivement exécutés, sans longue préparation, sont loin de pouvoir être comparés aux actes de volonté accomplis, non par l'homme individuel seulement, mais par des hommes associés, qui, pour atteindre un but placé à l'infini, ont accepté des lois, organisé un gouvernement et des institutions, exécuté d'immenses travaux, établi des écoles de tous ordres pour transmettre de génération en génération, en les développant, la somme des connaissances acquises par l'observation et la réflexion.

170. Instinct. — Nous dirons de l'instinct exactement le contraire de ce que nous avons dit de la volonté : il est, chez l'homme, beaucoup moins développé que chez la plupart des animaux. Il ne faut pas en être surpris; car l'instinct n'est qu'une volonté spontanée, irréfléchie, inconsciente dirions-nous, si l'on pouvait admettre en effet une volonté inconsciente.

Il est tout au moins certain que, dans cette force souvent irrésistible qui porte les animaux vers certains objets et les éloigne de certains autres, l'intelligence et la réflexion n'ont qu'une part très minime, très incertaine, très obscure.

Il est certain aussi que l'instinct s'affaiblit à mesure que le développement de l'éducation le rend moins nécessaire. Si l'homme a peu d'instinct; s'il ne distingue pas sa route à travers les airs comme le pigeon ou l'hirondelle; s'il ne devine pas, comme les animaux, les herbes ou les fruits qui peuvent servir à son alimentation et ceux qui seraient nuisibles à sa santé; si même l'homme civilisé est dépourvu de cette espèce de flair qui guide le sauvage à travers les bois, c'est que l'homme, l'homme civilisé surtout, servi par son intelligence et par les connaissances qu'il a acquises, s'est déshabitué de l'usage de son instinct naturel, et que celui-ci s'est atrophié comme s'amaigrit et s'atrophie un organe toujours condamné au repos.

171. Intelligence. — On a dit que ce qui distingue l'homme de l'animal, c'est que le premier est doué de la faculté de réfléchir et de comprendre, au lieu que le second en est dépourvu.

C'est aller trop loin que de prétendre qu'un chien, par exemple, ne réfléchit jamais avant d'agir, et qu'il ne comprend pas les signes et la voix de son maître, auquel il obéit si promptement et si fidèlement.

Les animaux possèdent une véritable intelligence, qu'on ne saurait comparer toutefois à l'intelligence humaine. La preuve que, sous ce rapport encore, l'animal nous est infiniment inférieur, c'est que l'animal ignore le progrès. Les travaux mêmes qu'accomplissent si bien le castor, l'oiseau, l'abeille, pour se construire une hutte, un nid, une ruche, ces animaux les exécutent, non pas sans intelligence assurément, mais en mettant en œuvre plus d'instinct encore que d'intelligence, sans plan tracé par un architecte, sans modifications amenées par le progrès ou imposées par la différence des climats, etc.

QUESTIONNAIRE.

1. Qu'est-ce que la volonté ? — 2. La volonté existe-t-elle chez tous les animaux ? — 3. En quoi la volonté de l'homme diffère-t-elle de celle des animaux ? — 4. Qu'est-ce que l'instinct ? — 5. Pourquoi l'instinct est-il affaibli chez l'homme ? — 6. Qu'est-ce que l'intelligence ? — 7. Les animaux sont-ils dépourvus d'intelligence ? — 8. Quelle est la preuve de l'infériorité de l'intelligence chez les animaux ?

§ V

VARIÉTÉS DE L'ESPÈCE HUMAINE

172. — Il n'y a qu'une espèce humaine; mais il existe, dans cette espèce, des races ou plus exactement des variétés, toutes pourvues des facultés générales qui distinguent l'homme, à des degrés différents.

Les savants, qui ont découvert que l'intelligence de l'homme, et même celle des animaux en général, est en rapport avec le développement de leur cerveau et, par conséquent, avec la forme et les dimensions de la boîte osseuse qui contient l'encéphale, ont constaté des différences notables entre les crânes des quatre grandes variétés humaines : variété blanche ou race caucasique, variété jaune ou race mongolique, variété noire ou race éthiopique, variété cuivrée ou race américaine.

173. Variété blanche ou race caucasique. — L'histoire de l'homme se résume presque tout entière dans celle de cette grande race, qui paraît originaire des régions de l'Asie occidentale, d'où elle a progressivement envahi le globe entier, portant partout ses arts et sa civilisation.

La race blanche, à laquelle appartiennent les Européens, se distingue à première vue par la blancheur de sa peau; ses cheveux longs et le plus souvent lisses; son visage ovale à pommettes peu ou point saillantes; son front haut et large, signe certain du grand développement du cerveau; ses yeux placés sur une même ligne horizontale.

174. Variété jaune ou race mongolique. — Cette race d'hommes, établie dans l'Asie centrale, d'où elle paraît originaire, possède une civilisation très ancienne, mais qui n'a pas reçu un développement en rapport avec sa durée, bien que les Chinois, qui appartiennent à cette variété, aient réalisé quelques inventions très remarquables.

Les hommes jaunes ont la peau jaunâtre et brune, les cheveux longs, lisses et noirs, la barbe rare, la face aplatie et, ce qui les fait reconnaître tout de suite, les deux yeux inclinés du côté du nez. Ils sont de petite taille et peu robustes.

175. Variété noire ou race éthiopique. — Il y a, en réalité, deux variétés noires, l'une propre à l'Afrique et l'autre à l'Océanie.

L'une et l'autre se distinguent par la couleur noire de la peau, des cheveux crépus, un nez écrasé, des mâchoires et des pommettes saillantes, un crâne comprimé.

Les malheureux nègres africains ont été longtemps considérés par les blancs orgueilleux comme une race inférieure, voisine du singe, et faite pour servir à l'état d'esclavage; on est revenu, heureusement, à des idées plus humaines, on a appris à considérer tous les hommes comme des frères, quelle que soit leur couleur, et les derniers esclaves sont sur le point de disparaître du globe.

Les nègres australiens sont incontestablement les

hommes les plus en retard sur la marche de la civilisation, et c'est surtout chez eux qu'à l'heure actuelle on trouve encore des anthropophages.

176. Variété cuivrée ou race américaine. — Le nom d'Indiens, qu'on donne quelquefois aux indigènes d'Amérique, est une fausse appellation, provenant de ce que l'Amérique a été d'abord connue, en Europe, sous la dénomination d'Indes occidentales.

Les hommes cuivrés ont certains rapports de ressemblance avec les hommes blancs. Peut-être ne se hasarde-t-on pas beaucoup en affirmant qu'ils ont la même origine, soit que les Indiens d'Amérique aient autrefois passé le détroit de Behring en canots; soit, ce qui est plus probable et à peu près certain, que ce détroit n'ait pas toujours existé, qu'il ait remplacé un isthme reliant l'ancien et le nouveau monde, à une époque trop ancienne pour que l'histoire en ait gardé le souvenir.

Les naturels d'Amérique possèdent une intelligence remarquablement développée. Ils ont le visage ovale, le front assez vaste, les yeux horizontaux, les cheveux longs et noirs, la barbe rare, le teint rougeâtre, la taille élevée. Ils sont généralement doués d'une grande force musculaire et d'une extrême agilité de mouvements.

QUESTIONNAIRE.

1. Tous les hommes sont-ils de la même espèce ? — 2. Y a-t-il des variétés dans l'espèce humaine ? Quelles sont-elles ? — 3. Quels sont les caractères distinctifs de la race caucasique ? de la race mongolique ? de la race éthiopique ? de la race américaine ?

CHAPITRE II

DEUXIÈME ORDRE DES MAMMIFÈRES

QUADRUMANES

§ 1er

CARACTÈRES GÉNÉRAUX DES QUADRUMANES

177. Étymologie du mot singe. — Le nom de singe, venu du latin *simius*, veut dire camard.

La plupart des animaux dont il s'agit ici ont, en effet,

le nez épaté, comme écrasé, pas plus cependant que certains nègres ; mais quelques-uns ont l'appendice nasal développé au point de ressembler à des masques de carnaval. Pour ceux-là le nom de camus est on ne peut plus mal appliqué.

178. Caractère principal. — Les mammifères de cet ordre possèdent un caractère vraiment unique dans toute la série animale, et par conséquent tout à fait distinctif : c'est d'avoir quatre mains, c'est-à-dire une main à l'extrémité de chaque membre.

Comme on le sait, la main diffère du pied en ce que, pourvue de doigts allongés, elle a le pouce opposable, c'est-à-dire susceptible de s'appliquer contre chacun des autres doigts. On a donc donné le nom de *quadrumanes* ou animaux à quatre mains aux mammifères qui ont quatre pouces opposables ; le nom de singes n'a pas été abandonné, mais il a été réservé à l'une des familles de l'ordre.

179. Dentition et genre d'alimentation. — Tous les quadrumanes ont, comme l'homme, trois espèces de dents : incisives, canines et molaires.

Ce caractère semble indiquer qu'ils sont omnivores comme l'homme. De fait, à l'état de domesticité, ils mangent volontiers à peu près tout ce que nous mangeons, et même boivent du vin jusqu'à l'intempérance ; car ils contractent facilement nos vices.

Ceux qui vivent en liberté dans les bois, où on les rencontre souvent en troupes nombreuses, se nourrissent généralement de fruits et de racines ; quelques-uns cependant mangent des insectes, et la plupart sont friands d'œufs d'oiseaux, qu'ils n'ont pas de peine à dénicher, vu leur extrême agilité.

180. Attitudes et mouvements. — L'organisation des quadrumanes présente certaines singularités. Leurs deux mains antérieures, leur crâne relativement développé, leur face qui, dans certaines espèces, est ovale et rappelle, dans sa forme générale, une face humaine, leurs oreilles aplaties comme les nôtres leur donnent une ressemblance plus ou moins grande avec l'homme. Il est tels singes, appelés pour cette raison singes anthropomorphes, c'est-à-dire singes à forme humaine, dont l'aspect ne diffère pas extrêmement de celui de certains nègres.

La facilité qu'ils ont de se servir de leurs pieds comme nous faisons de nos mains leur permet d'exécuter des mouvements d'une prodigieuse agilité, et, en se suspendant aux branches des arbres par leurs membres inférieurs et la tête en bas, de prendre des attitudes extrêmement bizarres.

181. Queue prenante. — Il faut ajouter, pour compléter ce tableau, que certains d'entre eux possèdent une queue extrêmement longue et très vigoureuse, qu'ils enroulent fortement aux branches, ce qui leur permet de se balancer comme s'ils étaient suspendus à une corde, et même de s'élancer dans l'espace à de grandes distances.

182. Instinct d'imitation. — Beaucoup de quadrumanes exécutent de curieuses grimaces; presque tous ont un grand penchant à imiter les mouvements et les attitudes de l'homme, ce qui donne un trait de plus à leur ressemblance avec nous.

183. Éducation. — La plupart des quadrumanes sont susceptibles d'éducation, et quelques-uns possèdent assez d'adresse et d'intelligence pour arriver à rendre des services analogues à ceux que l'on demande aux domestiques. On en a vu servir leurs maîtres à table.

Ils deviennent, en général, stupides et méchants en vieillissant.

184. Division de l'ordre en familles. — L'ordre des quadrumanes comprend quatre familles : les singes, les ouistitis, les makis et les lémuriens, dont quelques zoologistes font un ordre à part.

QUESTIONNAIRE

1. Que signifie le mot singe ? — 2. Pourquoi cette dénomination est-elle fausse ? — 3. Quel est le vrai caractère des quadrumanes ? — 4. Que signifie ce mot ? — 5. Combien les quadrumanes ont-ils d'espèces de dents ? — 6. Quel est leur genre d'alimentation ? — 7. En quoi les quadrumanes ressemblent-ils à l'homme ? — 8. Quels sont les attitudes et les mouvements caractéristiques des quadrumanes ? — 9. Sont-ils susceptibles d'éducation ? — 10. Quelles sont les familles dont se compose l'ordre des quadrumanes ?

§ II

FAMILLE DES SINGES

185. Caractères généraux des singes. — Les singes, par le développement de leur cerveau, par leur intelligence, par la forme générale de leur corps, par la faculté qu'ils ont de se soutenir et même de marcher, pas longtemps cependant et d'une façon lente et pénible, sur leurs membres postérieurs, sont de tous les animaux ceux qui se rapprochent le plus de l'homme.

Ils ont, en général, les membres grêles, les bras très longs, la face nue, parfois colorée en noir, en rouge et même en bleu.

Leur pouce est opposable, mais ordinairement très court, nul même quelquefois. Ils ont les ongles plats comme nous.

Fig. 26. Chimpanzé.

Plusieurs genres de singes sont entièrement dépourvus de queue; la plupart ont, au contraire, une queue très longue et prenante, rarement une queue touffue analogue à celle du renard.

186. Pays habités par les singes. — Tous les singes habitent exclusivement les contrées chaudes de l'Afrique, de l'Asie et de l'Amérique. Une seule espèce, du genre macaque, habite l'Europe, et se rencontre dans les environs de Gibraltar.

187. Singes de l'ancien et du nouveau continent. — On fait, en général, une très grande différence entre les singes de l'ancien et ceux du nouveau continent, si grande que bien des naturalistes n'ont pas hésité à admettre deux tribus de singes, l'une habitant l'Afrique et l'Asie, l'autre l'Amérique.

Sans entrer dans les raisons très sérieuses qui ont fait adopter cette division, disons que les singes les plus voisins de l'homme, les singes *anthropomorphes*, sont propres à l'ancien monde, au lieu que ceux qui s'éloignent le plus de l'espèce humaine par leur conformation et par leur degré d'intelligence habitent tous l'Amérique.

Parmi les premiers nous citerons : l'*orang-outang*, le plus intelligent de tous les singes ; le *chimpanzé* (fig. 26), le plus grand de tous ; le *nasique*, au nez monstrueux ; la *guenon* et le *macaque*.

Parmi les seconds, nous mentionnerons : les *saïmiris*, les *sakis*, les *sajous* ou *sapajous*, les *sagouins*, quadrumanes de petite taille et presque tous de forme très élégante, mais qui méritent à peine d'être classés parmi les vrais singes.

QUESTIONNAIRE.

1. Quels sont les caractères généraux des singes ? — 2. Quels sont les pays habités par les singes ? — 3. Existe-t-il des singes en Europe ? — 4. Quelle différence fait-on entre les singes de l'ancien et ceux du nouveau continent ? — 5. Quels sont les principaux genres de singes de l'ancien continent ? — 6. Quels sont les principaux genres de singes du nouveau continent ?

§ III

FAMILLE DES OUISTITIS

188. Caractères généraux de la famille des ouistitis. — Les ouistitis, qui habitent le Brésil et la Guyane, sont tous des animaux de très petite taille, qu'on hésite presque à classer parmi les quadrumanes ; car leurs pouces sont à peine opposables, et tous leurs doigts, sauf les pouces, qui ont des ongles plats, sont garnis de véritables griffes crochues.

Ces jolis animaux, fort intelligents et fort éducables, malgré leurs caprices et leurs colères d'enfants gâtés, ont une belle queue touffue, mais non prenante, et en général le pelage très étoffé, le visage rond et plat imitant une petite tête d'enfant mutin.

189. Ouistiti commun. — Rien de joli comme cette miniature de singe, qui n'a pas plus de 60 centimètres de long, y compris la queue, laquelle est au moins égale à la longueur du corps.

On l'élève assez communément aujourd'hui en domesticité dans nos pays; malheureusement, très frileux de sa nature, il contracte facilement des bronchites qui tournent rapidement à la phtisie pulmonaire.

Il habite les bois du Brésil et se nourrit presque uniquement d'insectes et probablement d'œufs d'oiseaux; car, en captivité, il gobe les œufs avec une habileté et une prestesse merveilleuses.

190. Tamarin. — Tout aussi petit, mais un peu moins élégant peut-être que l'ouistiti commun, le tamarin habite la Guyane et le Brésil, et a les mêmes mœurs, les mêmes qualités, les mêmes défauts.

Il s'en distingue par sa fourrure ébouriffée, ses larges oreilles, son front bombé, et surtout par l'espèce de longue crinière qui encadre son visage.

QUESTIONNAIRE.

1. Quels sont les caractères généraux de la famille des ouistitis? — 2. Quels pays habitent-ils? — 3. Quelle est la taille de l'ouistiti commun? — 4. Quel est son genre de nourriture? — 5. En quoi le tamarin se distingue-t-il de l'ouistiti commun?

---

§ IV

FAMILLE DES LÉMURIENS OU MAKIS

191. Caractères et aspect des lémuriens. — Si, chez les animaux dont nous avons à parler maintenant, il fallait chercher une ressemblance même éloignée avec l'homme, on serait bien embarrassé. On les rapprocherait plus volontiers de certains animaux d'un ordre inférieur, de certains insectivores, par exemple, et même de certains rongeurs.

Pour cette raison, mais plus encore à cause de plusieurs différences anatomiques, quelques zoologistes ont retiré cette famille de l'ordre des quadrumanes et en ont fait un ordre à part.

Le nom de quadrumanes leur convient cependant on ne

peut mieux; car ils ont, aux quatre membres, des doigts très longs et un pouce très mobile, très opposable, plus opposable même que chez la plupart des singes.

Ces doigts sont renflés en forme de pelote aplatie et recouverts incomplètement par l'ongle. L'index porte une griffe au lieu d'un ongle plat.

Quelques-uns n'ont pas de queue; elle est très longue chez d'autres, mais elle n'est jamais prenante.

Leurs membres postérieurs sont notablement plus longs que leurs membres antérieurs, ce qui leur donne une démarche rappelant celle des singes; mais ce qui les distingue bien, à première vue, des singes et des ouistitis, c'est qu'au lieu d'avoir un visage, une face ronde et aplatie, ils ont un museau allongé, plus ou moins pointu, qui n'est pas sans ressemblance avec celui des renards, raison pour laquelle on les a quelquefois appelés singes à museau de renard.

192. Genres principaux de lémuriens. — Madagascar et les îles voisines sont les pays du monde qui possèdent le plus grand nombre de lémuriens. On y rencontre: le *maki commun*, jolie bête, douce, timide, proprette, frileuse, qu'on élève très bien en captivité; l'*indri*, le plus grand, le plus robuste, l'un des plus agiles des lémuriens, et que les Malgaches dressent à la chasse comme nous faisons de nos chiens.

Le *lori*, qui habite Ceylan, est au contraire un animal lent, triste, nocturne, qui a de grandes analogies avec les makis, avec lesquels on l'a longtemps confondu.

Les *galagos* sont les plus petits de tous les quadrumanes. Il est telle espèce habitant le Sénégal qui ne dépasse pas la grosseur d'un rat. Ils sont pourvus de très grandes oreilles, qui leur servent d'oreiller quand ils veulent dormir.

Le *tarsier*, qui habite Sumatra, a de grandes analogies avec le galago.

QUESTIONNAIRE.

1. Quels sont les caractères de la famille des lémuriens ? — 2. Les lémuriens sont-ils réellement des quadrumanes ? — 3. Quels sont les principaux genres de cette famille ?

§ V

FAMILLE DES GALÉOPITHÈQUES

193. Principaux caractères des galéopithèques. — Si l'on a hésité à classer les makis parmi les quadrumanes, l'hésitation a été plus grande encore pour les galéopithèques, dont le nom signifie chats-singes. Ici, en effet, on ne peut plus alléguer l'existence de quatre mains ; car il n'y a plus de pouces réellement opposables, mais bien cinq longs doigts palmés, c'est-à-dire reliés entre eux par une membrane, à peu près comme ceux d'un canard, et garnis d'ongles crochus.

D'autre part, il n'était pas facile de ranger ces singuliers animaux avec les chauves-souris, à cause de leur face quelque peu aplatie, rappelant celle des makis, et de la disposition des membranes qui leur servent d'ailes ou de quelque chose d'approchant. Ces membranes, chez les galéopithèques, garnissent l'espace entre les quatre membres, la main non comprise, tandis que, chez les chauves-souris, elles remplissent l'espace entre les doigts démesurément allongés, et s'étendent au delà de la partie postérieure du corps.

Les membranes que nous venons de citer, et qu'on appelle souvent des ailes, ne sont pas des ailes véritables ; car les galéopithèques s'en servent, non pas pour voler, mais seulement en guise de parachute leur permettant de s'élancer très loin ou de très haut sans faire une chute violente.

On ne leur a pas moins donné les noms de *chats volants*, d'*écureuils volants*, de *singes volants*, dénominations doublement inexactes.

Les mœurs des galéopithèques rappellent tout à fait celles des chauves-souris. Comme elles, les galéopithèques se nourrissent de fruits et d'insectes, s'accrochent aux branches des arbres par leurs longues griffes, dorment pendant le jour et cherchent leur nourriture pendant la nuit.

QUESTIONNAIRE.

1. Quels sont les caractères distinctifs de la famille des galéopithèques ? — 2. Sont-ils de véritables quadrumanes ? — 3. Sont-ils des chéiroptères ? — 4. A quoi leur servent les membranes qui unissent leurs membres ? — 5. Quels pays habitent-ils ? — 6. Quels sont les divers noms qu'on leur a donnés ? — 7. Quelles sont leurs mœurs ?

CHAPITRE III

TROISIÈME ORDRE DES MAMMIFÈRES

CHÉIROPTÈRES

194. Caractères généraux des chéiroptères. — On pourrait définir les chéiroptères des mammifères volants. Ce qui distingue, en effet, les animaux de cet ordre, c'est qu'ils se soutiennent parfaitement en l'air, comme les oiseaux eux-mêmes, à l'aide d'ailes membraneuses occupant tout l'espace compris entre leurs bras, les doigts de leurs membres supérieurs, leurs membres postérieurs, jusqu'à l'extrémité de leur queue, pour les espèces qui sont pourvues d'une queue.

Les membres supérieurs, complètement engagés, sauf le pouce, qui reste libre et qui est muni d'un ongle long et crochu, sont remarquables par la longueur des os du bras, et plus encore par celle des doigts.

Les chéiroptères ont des yeux très petits; ils se dirigent cependant si bien la nuit, que quelques naturalistes leur ont attribué un sixième sens leur servant à se guider au milieu des ténèbres.

D'autres ont dit que ces animaux singuliers se dirigent par la merveilleuse finesse de leur ouïe, qui leur permettrait de percevoir le moindre écho du bruit qu'ils font en battant l'air avec leurs ailes.

Il paraît au moins certain que la finesse de leur oreille est prodigieuse, ce qu'on attribue, sans autre explication, à la double conque que possède cet organe.

195. Mœurs des chéiroptères. — Ces animaux sont tous nocturnes ou crépusculaires. Le jour, ils restent dans les cavernes, les vieilles masures, les arbres touffus; suspendus par les griffes de leurs membres postérieurs, la tête en bas; souvent accrochés les uns aux autres, de façon à former des grappes vivantes qui, au moindre accident, s'égrènent dans l'air en poussant des cris perçants.

Dans les pays froids, les chéiroptères sont des animaux hibernants, c'est-à-dire passant l'hiver dans un état d'engourdissement complet.

196. Divisions des chéiroptères. — On a découpé,

dans l'ordre des chéiroptères, de nombreuses familles, ou même des sous-ordres; nous nous contenterons, faute de pouvoir entrer dans tous ces détails, d'y distinguer trois groupes principaux, sur lesquels nous dirons quelques mots seulement: les vespertilions, les roussettes, les vampires.

197. Vespertilions ou chauves-souris. — Ce sont, de tous les chéiroptères, ceux que nous connaissons le mieux; car il en existe plusieurs espèces qui habitent nos pays.

Ces animaux, vraiment hideux, ont des ailes noires qui s'agitent sans bruit, le soir, à travers nos champs, au milieu de nos rues et jusque dans nos habitations, où il n'est pas rare qu'ils s'introduisent, en poursuivant les insectes dont ils font leur proie. On en a même trouvé dans nos cuisines occupés à dévorer nos viandes; car ce sont des animaux doués d'un insatiable appétit, l'oreillard notamment (fig. 27), un des plus communs et un des plus bizarres par le développement de ses oreilles.

Fig. 27. Oreillard.

Un fait curieux, c'est la tendresse des chauves-souris pour leurs petits. Au repos, elles les tiennent doucement serrés avec leurs ailes contre leur poitrine, tandis qu'ils sont occupés à dormir ou à teter; le soir, quand la mère sort à la recherche de sa nourriture, comme elle ne fait pas de nid et n'a pas proprement d'habitation fixe, elle les porte sur son dos, non sans danger toutefois; car plus d'un lâche prise à quelque mouvement brusque de sa mère et se brise en tombant sur le sol.

198. Roussettes. — C'est parmi les roussettes que se trouvent les plus grands de tous les chéiroptères. Quelques-unes, en effet, ne mesurent pas moins de 1 mètre 50 d'envergure, c'est-à-dire d'une extrémité à l'autre de leurs ailes étendues. D'autres, il est vrai, n'ont pas plus de 10 centimètres.

Les roussettes, malgré leur aspect terrible, sont des animaux complètement inoffensifs et qui se nourrissent exclusivement de fruits.

Elles habitent l'Inde, l'Égypte, Madagascar, etc., et pas du tout l'Europe.

199. Vampires. — On attribue à ces chéiroptères l'habitude de sucer le sang des hommes et des animaux. Le fait, affirmé, nié, affirmé de nouveau, paraît être certain ; mais ce qui semble improbable, c'est qu'on puisse mourir de la blessure faite par les très petites dents de ces animaux.

Les vampires, d'ailleurs, ne sont guère plus gros que des rats. Ils habitent l'Amérique du Sud.

QUESTIONNAIRE.

1. Quel est le caractère distinctif des chéiroptères ? — 2. Quelle est la conformation de leurs ailes ? — 3. Quelle est la forme de leurs membres ? — 4. Comment se dirigent-ils dans les ténèbres ? — 5. Quelles sont leurs mœurs ? — 6. Comment divise-t-on cet ordre ? — 7. Quelles sont les mœurs des chauves-souris ? des roussettes ? des vampires ?

CHAPITRE IV

QUATRIÈME ORDRE DES MAMMIFÈRES

INSECTIVORES

200. Caractères généraux des insectivores. — Un caractère qui distingue très nettement les insectivores des trois ordres précédents, c'est que les animaux qui font partie de ces trois ordres ont tous des mamelles pectorales ou placées sur la poitrine, tandis que les insectivores ont des mamelles abdominales ou placées sous le ventre.

Étant insectivores, c'est-à-dire mangeurs d'insectes, leurs molaires, comme celles de tous les mammifères qui ont une alimentation de ce genre, sont garnies de pointes coniques ; mais celles de beaucoup de chéiroptères sont dans le même cas.

Les insectivores ont encore des clavicules, pièces osseuses qui vont disparaître chez les mammifères des ordres suivants.

Les membres des insectivores sont peu développés ; ils ont tous une démarche plus ou moins lente, ce qui fait que leurs espèces seraient depuis longtemps détruites, s'ils ne se cachaient pendant le jour, allant pendant la nuit seulement en quête de leur nourriture. Plusieurs même restent engourdis pendant toute la saison d'hiver.

201. Classification des insectivores. — On divise

généralement l'ordre des insectivores en trois familles : hérissons, musaraignes, taupes.

202. Hérissons. — Tout le monde connaît ces curieux animaux d'Europe dont le corps, sauf la tête et les pattes, est entièrement hérissé de piquants.

Le hérisson, qui a des jambes très courtes, une démarche excessivement lente, se cache, pendant le jour, dans des terriers qu'il se creuse dans les bois, et y passe tout l'hiver dans un engourdissement complet.

Quand, par hasard, il se trouve attaqué par un chien, par un renard ou par quelque autre animal, il n'a d'autre défense que d'enfermer son museau et ses pattes entre ses dards, de se rouler en boule et d'attendre les attaques de ses ennemis, qui s'ensanglantent la gueule en essayant de le mordre et finissent presque toujours par se décourager.

On détruit souvent ces bêtes innocentes : c'est là une cruauté, non seulement inutile, mais nuisible ; car ils rendent de véritables services à l'agriculture en faisant la chasse aux insectes.

203. Musaraignes. — Il faut en dire autant de ces gentils animaux (fig. 28), gros comme des souris, dont ils ont à peu près l'aspect extérieur, extérieur seulement, avec un tout petit museau beaucoup plus effilé et des pattes encore plus courtes.

Fig. 28. Musaraigne.

Les musaraignes habitent les trous des vieux murs, les creux des racines des vieux arbres, etc. Elles se nourrissent de vers et d'insectes.

204. Taupe. — On ne saurait dire que la taupe (fig. 29) soit aussi un animal innocent, au point de vue des intérêts de l'homme. Elle ne se contente pas de manger des vers, des insectes et des limaces ; elle nuit à la végétation en bouleversant le sol par les immenses galeries qu'elle y creuse. La guerre que lui font les taupiers, c'est-à-dire ceux dont le métier est de détruire les taupes, trouve sa justification ; car il n'est pas

Fig. 29. Taupe.

rare de voir de grands espaces de prés desséchés par le travail de ces intrépides fouisseurs.

Leur museau prolongé en forme de groin, leurs pattes antérieures qui ressemblent à des mains armées d'ongles aigus leur rendent ce travail facile.

On a dit longtemps que les taupes étaient aveugles. Leur vie souterraine, en effet, rend leurs yeux à peu près inutiles; elles ont des yeux cependant, extrêmement petits, il est vrai, mais qui leur servent dans les cas très rares où elles sortent de leurs taupinières.

L'entrée de ces repaires est marquée par des tas de terre, qui ne sont que les déblais de leurs travaux de mine.

QUESTIONNAIRE.

1. Quels sont les caractères généraux des insectivores ? — 2. Quel est leur genre d'alimentation ? — 3. Quelle est la disposition de leurs mamelles ? — 4. Quelle est la forme de leurs molaires ? — 5. Quelles sont leurs mœurs ? — 6. Comment divise-t-on cet ordre ? — 7. Quels sont es caractères et quelles sont les mœurs des hérissons ? des musaraignes ? des taupes ?

CHAPITRE V

CINQUIÈME ORDRE DES MAMMIFÈRES

RONGEURS

205. Signification du mot rongeurs. — Il est, dans toute l'histoire naturelle des animaux, peu de termes plus justes et plus expressifs que celui-ci. Les animaux appelés rongeurs rongent, en effet, leur nourriture, c'est-à-dire la divisent en l'usant peu à peu, au lieu de la mâcher comme font les autres mammifères.

206. Dentition des rongeurs. — Les mâchoires et les dents des rongeurs sont accommodées à leur façon de manger, ou, si l'on aime mieux, ils mangent ainsi en rongeant, à cause de la forme et de la disposition de leurs mâchoires et de leurs dents.

Leur mâchoire inférieure, au lieu de se mouvoir latéralement, c'est-à-dire de droite à gauche et de gauche à droite, comme chez les animaux qui broient leurs aliments, se déplace, pendant la mastication, d'arrière en avant et d'avant en arrière.

Jusqu'ici nous avons rencontré, chez les animaux dont nous avons parlé, trois sortes de dents : les incisives, qui servent à trancher; les canines, qui déchirent; les molaires, qui broient.

Chez les rongeurs, il n'y a pas de canines; de plus, entre les incisives, qui sont très développées, et les molaires, à surface presque plane, il existe un vide.

207. Genre d'alimentation des rongeurs. — Avec de pareilles dents, les rongeurs ne sauraient guère manger de la chair (quelques uns cependant sont carnivores); mais ils peuvent, en revanche, ronger des corps très durs, du bois, par exemple. En général, ils se nourrissent de matières végétales : herbes, fruits, racines, écorces ; quelques-uns dévorent des insectes.

Ils sont presque tous de petite taille et passent pour avoir une intelligence passablement bornée.

208. Classification des rongeurs. — On a essayé de classer en familles l'ordre des rongeurs; mais les genres y sont si nombreux, si disparates, que ce classement, fort variable suivant les divers naturalistes et, en tout cas, fort obscur, ne peut avoir une place ici.

Nous nous contenterons donc de dire quelques mots des genres de rongeurs qui nous paraissent les plus intéressants, savoir : l'écureuil, le loir, le rat, le hamster, la marmotte, le castor, la gerboise, le chinchilla, le porc-épic, le lièvre et le cobaye.

Fig. 30. Écureuil.

209. Écureuil. — Tous les mouvements de l'écureuil (fig. 30) sont empreints d'une grâce et d'une vivacité remarquables.

Il passe sa vie presque entière perché sur les arbres, où, pour élever ses petits, il fait un nid de mousse.

Les espèces du genre écureuil sont nombreuses; citons: l'*écureuil commun*, à pelage roux, à ventre blanc, qui habite le centre et le midi de l'Europe; le *petit-gris*, qui habite le nord, et dont le pelage gris cendré est fort apprécié comme fourrure; le *polatouche* ou *écureuil volant*, qui ne vole pas, malgré son nom, mais qui, par une disposition de la peau rappelant la membrane des galéopithèques, peut s'élancer à terre du haut des arbres sans crainte de se blesser, la descente étant ralentie par cette espèce de parachute naturel.

Les polatouches habitent l'extrême nord de l'ancien et du nouveau continent.

210. Loirs. — Les loirs sont des écureuils en miniature. Une espèce de ce genre, le *lérot*, commune dans nos jardins, où elle exerce parfois de terribles ravages, n'a pas plus de 12 ou 13 centimètres.

Tous les loirs ont un pelage touffu et soyeux, de couleur brune, qu'ils entretiennent dans un état de grande propreté. Ils se font des nids de mousse dans les trous des murs et des vieux arbres, et se logent parfois jusque dans nos habitations.

Ils vivent, pour la plupart, sur les arbres, rarement à terre, et se nourrissent de fruits. Quelques-uns mangent aussi des œufs, et on les accuse même de dévorer de petits oiseaux dans leurs nids.

Ils passent l'hiver dans un état d'engourdissement; mais ils ont soin d'entasser dans leur repaire des provisions qui leur servent à prendre des forces avant de s'endormir, après qu'ils sont sortis de leur sommeil et avant de quitter leur trou; peut-être aussi entre deux sommes, quand ils sont éveillés par l'adoucissement momentané de la température.

211. Rat. — Sous ce nom de rat, les naturalistes désignent, non pas seulement le rat commun, mais aussi la souris, le mulot et bien d'autres espèces.

Les rats, trop connus pour que nous nous arrêtions à les décrire, sont peut-être les plus terribles ennemis du genre humain. Sans parler des histoires ou des légendes qui attribuent à ces animaux malfaisants la destruction de villes entières, sans rappeler les famines qu'ils ont produites parfois dans certaines contrées en dévastant les champs, il est certain qu'on citerait difficilement un autre animal qui cause de pareils dégâts dans nos récoltes et jusque dans nos provisions domestiques. Et ce qu'il y a de vraiment terrible dans l'histoire de ces grands ravageurs, c'est la facilité avec laquelle ils changent de climats. Le *rat noir*, qui semble aujourd'hui disparu, nous est venu d'Asie à la suite des Vandales; le *surmulot*, qui l'a remplacé après l'avoir dévoré, nous a été apporté par les croisés; nos propres vaisseaux ont importé la *souris* et diverses espèces de rats en Amérique, où ce fléau était auparavant inconnu, etc.

212. Hamsters. — Très voisins des rats et encore plus grands que les surmulots, les hamsters sont aussi de très redoutables ravageurs. Ils se distinguent des rats, auxquels ils ressemblent d'ailleurs beaucoup, par leur queue plus courte, et surtout par leurs abajoues, c'est-à-dire par les poches qu'ils ont de chaque côté de la mâchoire, et qui leur servent de sacs pour le transport des grains dont ils remplissent leurs terriers.

Le nord de l'Asie, la Russie, l'Allemagne elle-même sont infestés par cet animal, à peu près inconnu chez nous.

213. Marmotte. — Voici, au contraire, un animal fort inoffensif et qui ne demanderait qu'à rester tranquille dans les terriers où il se cache avec toute sa famille, si les habitants de la Savoie n'avaient imaginé de lui donner une sorte d'éducation, pour le faire servir à leurs représentations en plein vent.

En somme, la marmotte, qui habite la Suisse et la Savoie, est un animal lourd, trapu, médiocrement intelligent. Il s'engourdit pendant l'hiver.

214. Castor. — Le castor (fig. 31) n'est pas sans quelque ressemblance extérieure avec la marmotte; mais il en diffère prodigieusement au point de vue de l'intelligence, si toutefois il faut juger de l'intelligence du castor, non par son *éducabilité*, qui est nulle, mais par les travaux admirables qu'il exécute.

Fig. 31. Castor.

Le castor, qui vit par grandes troupes, a un genre de vie à moitié terrestre, à moitié aquatique. Comme il aime les eaux paisibles, mais sans cesse renouvelées, il construit de fortes digues à travers les cours d'eau, avec de gros arbres qu'il abat, qu'il met en place, qu'il entrelace de branchages, dont il comble les intervalles avec de la boue. Il exécute tout ce travail à l'aide de ses deux pattes antérieures, qui lui servent de bras; de ses dents incisives, qui lui tiennent lieu de scie; de sa queue aplatie et écailleuse, qui remplace une truelle.

La construction de la digue, c'est le grand ouvrage d'utilité publique exécuté en commun par toute la tribu, qui comprend généralement de dix à douze familles; ce grand travail achevé, chaque famille se met à l'œuvre isolément et se construit, sur le bord du lac factice, une hutte commode ayant deux ouvertures, l'une du côté de la terre, pour les excursions dans la campagne, et l'autre sous l'eau, pour les ébattements dans la rivière.

En dehors des huttes, la troupe construit des magasins généraux où sont entassées les écorces, les branches et les racines destinées aux besoins de la communauté.

Les castors ont une fourrure très épaisse et très fine dont l'homme fait très grand cas. Aussi leur fait-on une guerre impitoyable, et leur race tend-elle à disparaître rapidement. Il n'en existe presque plus aujourd'hui que dans les parties les plus désertes de l'Amérique du Nord. Autrefois ils étaient nombreux en Europe, notamment sur les bords du Rhône, où, assure-t-on, on en rencontre encore quelques-uns à l'état isolé, et sur les bords de la Bièvre, petite rivière qui se jette dans la Seine après avoir traversé une partie de Paris. Le nom que porte encore ce petit cours d'eau, qui est aujourd'hui presque transformé en égout, est même l'ancien nom du castor.

Fig. 32. Gerboise.

215. Gerboises. — Nous citons ces rongeurs (fig. 32), propres à l'Asie et à l'Afrique, surtout à cause de la conformation singulière de leurs membres. Leurs pattes de devant presque réduites à rien, leurs pattes de derrière démesurément longues au contraire les contraignent à rester debout sur leur train de derrière, et, comme la marche leur est impossible, ils se déplacent en sautant à l'aide de leur queue, qui est grosse, longue, robuste, et qui leur sert comme de ressort.

216. Chinchilla. — C'est, avec moins d'élégance dans les formes, une sorte d'écureuil qui habite le Chili et vit par grandes troupes dans de vastes souterrains. Sa magnifique fourrure grise est une des plus estimées.

217. Porc-épic. — Le pelage du porc-épic est tout à fait l'opposé d'une fourrure; car il est formé ou tout au moins mêlé de très longs piquants, durs, pointus, noirs et blancs. On trouve le porc-épic en Italie et dans la plupart des contrées chaudes de l'Europe. Il se nourrit, pendant la belle saison, de fruits et de racines, et s'engourdit en hiver.

218. Lièvre. — Pour les naturalistes, le lièvre n'est pas seulement le *lièvre commun* (fig. 33), mais aussi le *lapin*, animaux, du reste, assez connus dans nos pays pour que nous puissions nous dispenser d'en parler longuement. On a parfaitement réussi à élever le lapin en domesticité, pour le faire servir à l'alimentation ; on a moins bien réussi avec le lièvre, animal qui aime trop la liberté pour s'accommoder de la captivité.

Fig. 33. Lièvre commun.

219. Cobaye. — On l'appelle communément *cochon d'Inde*, bien qu'il n'ait aucune espèce de rapport avec le cochon et qu'il soit originaire, non pas de l'Inde, mais de l'Amérique. Il a un pelage assez agréable, des formes assez élégantes; mais il existe peu d'animaux aussi dépourvus d'intelligence. On élève facilement les cobayes en domesticité, sans toutefois en obtenir aucune des gentillesses des animaux apprivoisés.

QUESTIONNAIRE.

1. Quelle est l'origine du nom des rongeurs? — 2. Quelles espèces de dents possèdent-ils? Comment s'en servent-ils? — 3. Quel est leur genre d'alimentation? — 4. Quels sont les principaux genres de rongeurs? — 5. Quelles sont les mœurs de l'écureuil? du loir? du rat? du hamster? de la marmotte? du castor? de la gerboise? du chinchilla? du porc-épic? du lièvre? du cobaye?

CHAPITRE VI

SIXIÈME ORDRE DES MAMMIFÈRES

CARNIVORES

§ 1er

CARACTÈRES DES CARNIVORES

220. Alimentation et dentition des carnivores. — *Carnivore* signifie *dévoreur de chair*; c'est dire que les mammifères auxquels on a appliqué ce nom expressif se nourrissent exclusivement ou presque exclusivement de la chair des autres animaux.

221. — Après avoir signalé chez les rongeurs l'absence des canines, qui leur seraient inutiles, nous retrouvons ces dents, au contraire, très développées, très aiguës, très puissantes, chez les carnivores, qui ont besoin de happer solidement, de retenir et de déchirer leur proie; mais la présence des canines n'exclut pas celle des incisives, qui leur sont nécessaires pour trancher les chairs, ni celle des molaires, qui leur sont indispensables pour les broyer.

En résumé, les carnivores, en raison de leur genre d'alimentation, possèdent les plus solides et les plus vigoureuses mâchoires de tout le règne animal.

222. Intestin des carnivores. — Leur intestin est gros et court, par une raison bien simple : comme ils ne se nourrissent que de substances animales, qui ne sont pas seulement assimilables, qui sont, en quelque façon, assimilées d'avance, ayant à peu près la nature et la composition de leurs propres tissus, la digestion intestinale leur est presque inutile et se fait facilement dans un faible parcours.

223. Membres et ongles des carnivores. — Dévorant des proies vivantes, les carnivores ont besoin d'être de robustes chasseurs; aussi ont-ils des membres courts et solides, des doigts vigoureux, des ongles forts et crochus qu'ils enfoncent comme des crochets de fer dans le corps de leur proie pour la retenir.

224. Divisions de l'ordre des carnivores. — On distingue les carnivores en deux familles : les plantigrades et les digitigrades.

QUESTIONNAIRE.

1. Que signifie le mot carnivore? — 2. Quel est le genre d'alimentation des carnivores? — 3. Quelles espèces de dents possèdent les carnivores? — 4. Pourquoi les carnivores ont-ils l'intestin très court? — 5. Quelle est la forme des membres et des ongles des carnivores? — 6. Comment divise-t-on l'ordre des carnivores?

§ II

FAMILLE DES PLANTIGRADES

225. Caractères généraux et mœurs des plantigrades. — Ainsi que l'indique leur nom, les plantigrades marchent en s'appuyant sur la plante des pieds, qui est très développée et ressemble plus ou moins à celle de l'homme ; aussi la plupart des animaux de cette famille ont-ils une certaine facilité pour se tenir debout sur leurs pieds de derrière, comme font les ours que l'on fait danser.

La plupart des plantigrades, habitant les pays froids, sont pourvus d'une épaisse fourrure et s'engourdissent pendant l'hiver. Leur démarche est lourde et lente; ils sont nocturnes, c'est-à-dire qu'ils se cachent pendant le jour et sortent la nuit pour chercher leur nourriture.

Les genres dont se compose cet ordre sont assez nombreux; nous nous contenterons de citer les trois principaux, qui sont : les ours, les ratons et les blaireaux.

226. Ours. — Avec son épaisse fourrure, la lenteur de ses mouvements, ses attitudes naïves, son œil doux et intelligent, ses habitudes solitaires au sein des forêts épaisses ou sur le sommet des montagnes, l'ours pourrait passer pour un animal inoffensif, d'autant mieux que, se nourrissant de fruits et de miel plus souvent que de chair vivante, il n'a aucune raison, ce semble, pour se montrer sanguinaire.

Tous les ours sont féroces au fond, et l'apparence d'éducation qu'on leur donne, l'obéissance dont ils font preuve pour exécuter lourdement, pataudement les exercices qu'on leur a appris ne les empêchent nullement de se montrer sanguinaires à l'occasion.

Il existe, du reste, trois espèces d'ours féroces à des degrés différents : l'*ours brun* des Alpes et des Pyrénées (fig. 34), le

Fig. 34. Ours brun.

plus intelligent et le plus éducable de tous ; l'*ours noir* de Russie, dont la magnifique fourrure est l'objet d'un commerce important ; l'*ours blanc*, le plus farouche des trois. Il habite les régions polaires du globe, se nourrit de poissons, fait la guerre aux phoques et nage dans la perfection.

227. Ratons. — Les ratons ne diffèrent guère des ours que par leur taille beaucoup plus petite. Mêmes formes générales, même démarche avec moins de lourdeur, mêmes habitudes, même genre d'alimentation. Le raton a été longtemps appelé, non sans apparence de raison, *ours d'Amérique*. Sa fourrure est estimée.

228. Blaireau. — Lourd, trapu, trottinant péniblement sur ses pattes courtes, le blaireau offrirait une proie facile aux autres animaux de l'ordre des carnivores, s'il ne vivait presque toujours caché au fond de terriers longs et sinueux d'où il n'est pas facile de le débucher. Malgré cette vie triste et solitaire, il n'échappe pas toujours aux attaques de ses ennemis, et notre blaireau d'Europe va disparaissant de jour en jour.

Son épaisse fourrure, ses longs poils dont on fait des

pinceaux pour les peintres sont à peu près le seul parti que l'on tire de sa dépouille; car sa chair est plus que médiocre à manger.

Le blaireau, peu difficile sur le choix de sa nourriture, mange indistinctement des fruits, des racines, des insectes, des grenouilles, des rats et d'autres petits quadrupèdes.

QUESTIONNAIRE.

1. Que signifie le mot plantigrade ? — 2. Quels sont les caractères généraux et les mœurs des plantigrades ? — 3. Quels sont les caractères distinctifs et les mœurs du genre ours ? — 4. Quelles sont les espèces du genre ours ? — 5. Quels sont les caractères distinctifs du genre raton ? — 6. Quels sont les caractères distinctifs et les mœurs du genre blaireau ?

§ III

FAMILLE DES DIGITIGRADES

229. Caractères généraux et mœurs des digitigrades. — La plante des pieds, si grandement développée chez les plantigrades, est réduite presque à rien chez les digitigrades, ce qui fait que ceux-ci marchent sur leurs doigts : c'est, du reste, ce que signifie leur nom.

Nous avons vu que beaucoup de plantigrades, bien qu'ils appartiennent, par leurs dents, à l'ordre des carnivores, ne dédaignent pas les fruits et les racines, et que plusieurs même ont une alimentation purement végétale; les digitigrades, au contraire, sont résolument carnassiers; si quelques-uns, comme le chien, réduits à l'état domestique, finissent par accepter un peu de notre nourriture végétale, c'est là une perversion de goût produite par une longue habitude.

230. Divisions de la famille des digitigrades. — On distingue, dans cette famille, un grand nombre de genres, parmi lesquels nous mentionnerons : les chats, les chiens, les putois, les martes, les loutres et les civettes.

231. Chats. — Ce grand genre de carnivores digitigrades renferme incontestablement les plus robustes, les plus agiles, les plus voraces, les plus féroces de tous les animaux.

On caractérise les animaux du genre chat : par leur tête

ronde; par leurs grands yeux ronds, souvent d'une expression terrible, et dont la pupille, très rétractile, réduite à une fente pendant le jour, largement ouverte pendant la nuit, leur permet de voir dans les ténèbres; par leur langue rude comme une râpe; par leur corps allongé et bas sur les jambes; par leurs ongles forts, tranchants, crochus, rétractiles, c'est-à-dire susceptibles de rentrer dans les chairs à la volonté de l'animal.

232. — Mentionnons, parmi les nombreuses espèces du genre chat : le *lion* (fig. 35), dont les poètes ont fait le roi des

Fig. 35. Lion.

animaux, moins peut-être à cause de sa force et de son courage, qui sont cependant très grands, qu'à cause de la majesté sauvage de son regard et de ses attitudes; le *tigre*, qui, par

Fig. 36. Panthère.

sa férocité, son agilité incomparables, peut passer pour le plus redoutable de tous les animaux; la *panthère* (fig. 36), qui, avec les formes et les mœurs du tigre, a une taille moins élevée et une vigueur moins grande; le *jaguar*, ce tigre d'Amérique à la fourrure splendide, non moins féroce et presque aussi vigoureux que le tigre de l'Inde; le farouche léopard d'Afrique, à la robe tachetée; le *lynx* (fig. 37), remarquable par les pinceaux de poils qui terminent ses oreilles, célèbre par l'acuité de sa vue, qui lui permet, disait-on autrefois, de voir à travers les murs; le *chat domestique*, dont tout le monde connaît la douceur hypocrite, les caresses entremêlées de coups de griffes; l'*hyène* enfin, animal d'aspect et de mœurs ignobles, avec son train de derrière bas sur jambes, son appétit vorace qui va jusqu'à lui faire déterrer les cadavres pour s'en repaître.

Fig. 37. Lynx.

233. Chiens. — Pour caractériser le genre chien, qui ne comprend pas seulement le chien domestique, mais aussi un grand nombre d'espèces sauvages, il faut prendre le contre-pied de ce que nous avons dit du genre chat.

Tête plus ou moins allongée, langue douce au toucher, jambes relativement longues et grêles, ongles ni tranchants ni rétractiles, dents molaires à couronne émoussée, mâchoires médiocrement fortes.

Les chiens, complètement digitigrades, n'ont souvent que quatre doigts à chaque pied. Lorsque le pouce existe, il est peu développé, et, placé beaucoup plus haut que les autres doigts, ne porte jamais sur le sol; on donne vulgairement le nom d'ergot au pouce des chiens.

Les chiens ont, en général, une intelligence bien plus développée que les chats, et le chien domestique, sous ce rapport, peut être placé immédiatement après les singes anthropoïdes, sinon sur le même rang.

Les principales espèces du genre chien sont : le chien domestique, le loup, le chacal et le renard.

234. — On a écrit de gros volumes sur le *chien domes-*

tique et ses variétés, si prodigieusement nombreuses qu'il est difficile souvent d'y reconnaître des animaux de la même espèce. Il est certain, en effet, que si l'on s'en tient aux premières apparences, il y a moins de rapport entre un havanais et un lévrier, entre un carlin et un terre-neuve qu'entre un loup et un chien de berger.

Faute de pouvoir donner ici à cette intéressante matière les développements qu'elle mériterait, nous nous contenterons de mentionner les principales variétés du chien domestique.

C'est d'abord le *chien sauvage*, qu'on donne quelquefois comme le type primitif de toutes les variétés de l'espèce, mais qui paraît être, au contraire, un chien domestique ayant recouvré son indépendance.

Du reste, cette question de l'origine du chien domestique, ou plutôt *domestiqué*, est fort obscure. Les uns adoptent pour type le loup, d'autres le chacal, la plupart admettent une espèce entièrement distincte qui aurait cessé d'exister à l'état sauvage.

Viennent ensuite, parmi les variétés de notre chien domestique : le *chien de berger* et le *chien de Sibérie*, qui diffèrent à peine du loup; le *lévrier* ; le *chien des Alpes* ; le *chien d'arrêt* (fig. 38) ; l'*épagneul*; le *basset*; le *caniche*, le plus intelligent, le plus doux, le plus aimant de tous, celui que les aveugles préfèrent pour se faire conduire ; le *chien de Terre-Neuve*, qui a sauvé tant de vies humaines et qui est si doux dans sa force.

Fig. 38. Chien d'arrêt.

235. — Un fait remarquable, et qui semble contredire l'opinion de ceux qui font descendre du *loup* le chien domestique, c'est que le loup, qu'on a tant de peine à distinguer du chien, est au nombre des moins domesticables de tous les mammifères. On peut le tenir en captivité, on ne réussit jamais, par les meilleurs traitements, à assouplir son caractère, à diminuer sa férocité. Le loup n'a de relations avec l'homme que pour dévaster ses troupeaux, et, malgré

la communauté de race, il est l'ennemi le plus acharné du chien domestique.

236. — Le *chacal* ou *loup doré*, comme on l'appelle vulgairement, ne diffère presque pas du vrai loup. Il vit en troupes nombreuses, en Asie surtout. Comme l'hyène, il se nourrit volontiers de cadavres.

237. — Le *renard* préfère la volaille vivante et porte souvent la dévastation dans nos poulaillers, ce qui ne l'empêche pas de ravager nos vignes à l'occasion; car il est grand amateur de raisin. Sa finesse est telle, qu'on a fait de lui le type de la ruse; son museau pointu, ses yeux hypocrites, ses airs dissimulés ont contribué à lui créer cette réputation.

238. Putois. — Ce nom, qui veut dire *puant*, s'applique à des animaux qui, en effet, portent sous la queue deux poches pleines d'une matière grasse, onctueuse, exhalant une odeur infecte.

Fig. 39. Putois commun.

Ces animaux, très sanguinaires, ont le museau pointu, le corps allongé, les jambes si courtes que, lorsqu'ils marchent ou courent, ils semblent ramper sur le sol. Outre le *putois commun* (fig. 39), qui fait une guerre acharnée aux petits mammifères, même à certains oiseaux, et se repaît surtout de leur sang, ce genre comprend : le *furet*, qu'on dresse à la chasse du lapin; la *belette*, funeste à nos poulaillers; l'*hermine*, dont la peau blanche tachée de noir fournit une des plus belles fourrures que l'on connaisse.

239. Martes ou **Martres**. — Les martes, tout aussi sanguinaires que les putois, leur ressemblent tellement d'ailleurs qu'on les confond souvent avec eux.

240. — La *marte commune* est fort rare en France; mais on donne souvent son nom à la *fouine*, une autre espèce du même genre, laquelle fait de terribles ravages dans nos basses-cours.

En réalité, la fouine, animal d'une sveltesse, d'une agilité, d'une souplesse de mouvements admirables, est un peu plus petite de taille et notablement plus allongée de forme que la marte commune.

241. — La *zibeline*, autre espèce du genre marte propre à la Sibérie, a la taille, les formes, les couleurs même de la marte commune; mais sa fourrure, plus épaisse et plus soyeuse, est infiniment plus recherchée.

242. Loutres. — Avec une taille beaucoup plus forte, les loutres sont aux étangs et aux cours d'eau ce que les fouines sont aux poulaillers. Les ravages causés dans les eaux dormantes par ces terribles mangeurs de poissons vont parfois jusqu'à la destruction complète.

Pour détruire ainsi la population des étangs, les loutres doivent être et sont en effet d'intrépides nageuses. On les voit très rarement à terre, où elles ne peuvent que se traîner péniblement; elles passent en pleine eau tout le temps qu'elles ne passent pas dans leurs terriers, toujours creusés au voisinage immédiat de l'eau.

Comme la généralité des mammifères destinés à avoir l'eau pour habitation ordinaire, les loutres ont les doigts réunis par des membranes qui leur servent de rames, ce qu'on appelle en zoologie avoir les pieds palmés.

243. — Outre la loutre commune, qui habite exclusivement les eaux douces, il existe une *loutre de mer* dont la taille est énorme et dont la fourrure est extrêmement belle. Celle de la loutre commune est aussi fort estimée; on en fait particulièrement des casquettes.

244. Civette. — Entre le putois, dont les poches sous-caudales se remplissent d'une matière infecte, et la civette, qui recueille, au même endroit, un parfum extrêmement pénétrant se vendant presque au prix de l'or, la différence n'est pas bien grande pour les naturalistes.

Les civettes habitent l'Inde et l'Afrique. Elles s'apprivoisent sans trop de peine, et on les élève en domesticité pour recueillir leur précieux parfum.

245. — On place souvent dans le même genre la *genette*, dont la ressemblance avec la civette commune est en effet frappante, mais qui est dépourvue de poche à onguent.

La genette habite l'Europe, l'Afrique et l'Asie.

QUESTIONNAIRE.

1. Quel est le sens du mot digitigrade ? — 2. Quel est le mode d'alimentation des digitigrades ? — 3. Quels sont les principaux genres de cette famille ? — 4. Quels sont les principaux carac-

tères et les principales espèces du genre chat? — 5. Quels sont les caractères généraux et les principales espèces du genre chien ? — 6. Quel est le type primitif du chien domestique ? — 7. Quelles sont les principales variétés du chien domestique ? — 8. Quelles sont les mœurs du loup ? du chacal? du renard ? — 9. Quelles sont les formes caractéristiques, les mœurs, les principales espèces du genre putois ? — 10. Quelles sont les formes caractéristiques et les mœurs de la marte commune? de la fouine? de la zibeline? — 11. Quelles sont les formes générales et les mœurs des animaux du genre loutre ? — 12. Quels sont les caractères et les espèces du genre civette ?

CHAPITRE VII

SEPTIÈME ORDRE DES MAMMIFÈRES

AMPHIBIES

246. Signification du mot amphibie. — Il n'existe qu'un très petit nombre de véritables amphibies, c'est-à-dire d'animaux pouvant vivre indifféremment et indéfiniment sous l'eau et dans l'air; mais les animaux pouvant vivre alternativement dans l'un et dans l'autre élément, à la condition de venir, par intervalles, respirer dans l'air, sont, au contraire, nombreux; tel est le cas pour les mammifères dont nous allons parler.

247. Caractères des amphibies. — Les amphibies, en effet, dont le nom signifie animaux à deux vies, habitent ordinairement les eaux, mais viennent fréquemment à terre, sans jamais s'éloigner du rivage ; car ils ne peuvent que se traîner sur le sol.

Leurs mâchoires, leur dentition, la forme de leur tête et de la partie antérieure de leur corps rappellent les carnassiers; mais leurs membres antérieurs sont très courts et ont leurs doigts entièrement engagés dans une membrane, de sorte que leurs mains sont de véritables nageoires semblables à celles des poissons.

La ressemblance des pieds postérieurs avec des nageoires est encore plus complète. Les membres postérieurs, en effet, complètement engagés sous la peau, sont invisibles, et les pieds, aplatis en forme de rames, sont appliqués de chaque côté de la queue, qui a la forme d'une queue de poisson.

248. Division de l'ordre des amphibies. — On distingue, dans cet ordre, deux familles : celle des phoques et celle des morses.

249. Phoques. — Les phoques ont une tête ronde sans oreilles externes, de grands yeux expressifs, une longue et rude moustache. Ce sont, en général, des animaux intelligents, qui, élevés en captivité, s'attachent à leur maître, accourent à sa voix, exécutent même à son commandement certains exercices.

Les phoques ont une peau épaisse, résistante, dont l'industrie tire un très grand parti. Ils ont aussi une graisse abondante, d'où l'on extrait de grandes quantités d'huile. C'est ce qui fait que cette famille intéressante, activement chassée, menace de disparaître.

Les genres de la famille des phoques sont fort nombreux; nous nous contenterons d'en citer quelques-uns.

250. — Le *phoque commun* (fig. 40), dont le pelage gris jaunâtre blanchit quand l'animal devient vieux, se trouve

Fig. 40. Phoque commun.

assez fréquemment dans la Manche, où il est connu sous le nom de *veau marin*.

251. — Le *phoque à ventre blanc*, communément appelé *moine*, est noir en dessus, blanc en dessous. C'est un des plus jolis genres de la famille.

252. — Citons enfin, sans plus de détails : le *phoque à trompe* ou *éléphant marin*, qui est le plus grand de tous; le *phoque à crinière* ou *lion marin*, dont le nom indique la particularité distinctive.

253. Morses. — Ce qui distingue les morses des phoques,

en dehors de leur taille énorme, c'est qu'ils portent à leur mâchoire supérieure deux grandes incisives rappelant les défenses des éléphants.

La nature, pour loger ces défenses, a dû agrandir démesurément les alvéoles destinés à les recevoir ; si bien que la lèvre supérieure, soulevée par la saillie de ces alvéoles, forme un énorme bourrelet, et que le nez lui-même, repoussé en haut, a ses narines presque retournées vers le ciel.

Ces terribles amphibies habitent exclusivement les mers voisines du pôle nord ; on les y rencontre tantôt dans les eaux, où ils nagent avec une agilité merveilleuse, tantôt sur les glaces fixes ou flottantes, où ils viennent dormir.

Les morses, beaucoup moins intelligents que les phoques, sont beaucoup plus forts et plus courageux. On leur fait la chasse pour utiliser leur peau, leur huile et leurs défenses, qui sont de l'ivoire tout à fait semblable à celui des défenses de l'éléphant.

On ne connaît qu'un seul genre de morse et, dans ce genre, qu'une seule espèce, vulgairement désignée sous le nom de *vache marine* ou de *cheval marin*.

QUESTIONNAIRE.

1. Quelle est la signification du mot amphibie ? — 2. Quels sont les caractères distinctifs et les principaux genres de la famille des phoques ? — 3. Quels sont les caractères distinctifs et les principaux genres de la famille des morses ?

CHAPITRE VIII

HUITIÈME ORDRE DES MAMMIFÈRES

PACHYDERMES

§ 1er

CARACTÈRES ET DIVISIONS DE L'ORDRE DES PACHYDERMES

254. Caractères. — Pachyderme veut dire animal à peau épaisse. On ne pouvait choisir un plus mauvais caractère pour désigner un ordre ; car, outre qu'il y a bien d'autres animaux que ceux dont nous parlons qui ont la peau épaisse, il est évident que l'épaisseur de la peau est, par elle-même, un caractère secondaire et peu important.

Il y a, du reste, dans toute l'histoire naturelle des animaux, peu d'ordres plus mal formés, plus disparates que celui-ci. Quand on a dit que les pachydermes, animaux à peau épaisse, n'ont pas de clavicule, que leurs doigts courts ne peuvent servir à saisir, on sent bien qu'on n'a presque rien dit ; mais on est fort embarrassé, tant les genres d'animaux qu'on a fait entrer dans cet ordre ont souvent peu de rapports entre eux.

La chair de la plupart des pachydermes sert ou peut servir à l'alimentation de l'homme. Leur peau est généralement utilisée. Beaucoup de pachydermes sont domestiqués et employés comme bêtes de somme.

255. Divisions. — On distingue trois familles de pachydermes, dont chacune est bien caractérisée, mais qui ont malheureusement peu de rapport entre elles : les proboscidiens, les pachydermes ordinaires et les solipèdes.

QUESTIONNAIRE.

1. Que veut dire le mot pachyderme ? — 2. L'épaisseur de la peau est-elle un bon caractère distinctif ? — 3. L'ordre des pachydermes est-il bien naturel ? — 4. Quels sont les caractères de cet ordre ? — 5. Quelle utilité tire-t-on des pachydermes ? — 6. Comment divise-t-on l'ordre des pachydermes ?

§ II

FAMILLE DES PROBOSCIDIENS

256. Caractères distinctifs des proboscidiens. — Le nom de ces pachydermes signifie animaux à trompe ; il rappelle la forme de leur nez, qui ressemble à un énorme tube de matière élastique, percé, à l'intérieur, de deux longs canaux, qui sont les narines.

Cet organe, doué d'une extrême mobilité, à cause de la multitude de petits muscles dont il est formé, sert à de nombreux usages.

Il tient lieu de bras, et l'animal peut s'en servir à exercer de violents efforts, jusqu'à déraciner des arbres.

A son extrémité inférieure, il est armé d'un doigt très délicat, qui sert à palper, à saisir, à porter la nourriture dans la bouche, située derrière la trompe ; avec un peu d'exercice, un proboscidien peut, avec ce doigt, ouvrir et refermer une tabatière, déboucher une bouteille, etc.

La trompe sert encore à pomper l'eau et à la porter à la bouche, et l'animal n'a pas d'autre manière de boire dans les étangs ou les cours d'eau; car ses jambes énormes l'empêcheraient de se baisser pour se désaltérer, et son cou trop court ne lui permettrait pas d'atteindre la surface du liquide sans plier les jambes.

Nous avons dit que les membres des proboscidiens sont très massifs; il faut qu'ils le soient pour supporter un corps énorme, car c'est à la famille des proboscidiens qu'appartiennent les plus grands de tous les animaux terrestres.

Les doigts des proboscidiens, au nombre de cinq à chaque membre, sont tellement engagés dans une peau épaisse et coriace qu'ils en sont dépourvus de toute mobilité, et que les ongles seuls sont visibles au dehors.

Enfin, les proboscidiens, qui se nourrissent exclusivement de matières végétales, ont les deux mâchoires dépourvues de canines, et la mâchoire supérieure seule munie de deux incisives démesurément longues et courbées en arcs plus ou moins étendus, de chaque côté de la trompe.

257. Divisions de la famille des proboscidiens. — Cette famille comprend deux genres: l'un vivant, le genre éléphant, et l'autre entièrement disparu, le genre mastodonte.

258. Éléphant. — C'est de beaucoup le plus volumineux, le plus lourd de tous les animaux qui vivent actuellement sur la terre. Il n'est pas rare de rencontrer, dans l'Inde, des éléphants qui pèsent 7000 kilogrammes.

Dans son aspect d'ensemble, l'éléphant, avec sa tête énorme, son front haut, ses petits yeux, son nez immense, ses oreilles vastes, larges et tombantes, les quatre énormes piliers qui servent de support à l'énorme masse de son corps, est une bête assez informe.

Sa grosse peau, calleuse, toute crevassée, nue ou semée de quelques rares poils rudes, ne contribue pas à lui donner de l'élégance.

Il est doué, en revanche, d'une intelligence remarquable et d'une force terrible, redoutable à quiconque ose s'attaquer à lui; car il n'attaque jamais personne, ayant une répugnance invincible pour toute nourriture animale.

C'est surtout en Asie qu'on élève l'éléphant en domesticité, et c'est alors une bête de somme incomparable; car il ne plie pas sous une charge de 1000 kilogrammes, porte sans effort des palanquins occupés par une demi-douzaine de personnes et jusqu'à des pièces de canon qu'on tire de là comme d'un bastion, sans qu'il paraisse s'en émouvoir.

Il y a longtemps qu'on a fait de cet animal naturellement pacifique un animal guerrier. Les anciens le dressaient au combat et chargeaient son dos de tours en bois pleines de soldats, faisant ainsi de leurs éléphants des citadelles mouvantes.

259. — Il existe deux espèces vivantes d'éléphants : l'*éléphant d'Afrique*, rarement élevé en captivité, mais qu'on chasse pour s'emparer de ses défenses longues de 3 mètres et plus et pesant jusqu'à 60 kilogrammes; l'*éléphant de l'Inde* (fig. 41), qu'on chasse plus ordinairement pour l'élever en captivité, et dont les défenses sont beaucoup moins développées, si petites même chez les femelles qu'elles ne dépassent pas les lèvres.

Fig. 41. Éléphant de l'Inde.

260. — Une espèce fossile, le *mammouth*, est mieux connue qu'aucune autre espèce d'animal fossile; car on l'a trouvée entièrement conservée dans les glaces de Sibérie. Un peu plus gros que les espèces vivantes, le mammouth n'avait pas la peau nue, mais couverte d'une bourre épaisse, ce qui fait supposer qu'il a vécu à une époque où la contrée qu'il habitait était déjà notablement refroidie.

261. Mastodonte. — Le mastodonte, fossile également, n'est connu que par son squelette; mais on a pu reconnaître, à des signes certains, qu'il était pourvu d'une grande trompe et qu'il ne différait en rien des éléphants. Sa taille est cependant notablement plus grande, et ses dents sont, non seulement sillonnées comme chez les éléphants, mais parsemées de mamelons coniques, ce qui lui a fait donner le nom qu'il porte, *mastodonte* voulant dire dents mamelonnées.

Ce dernier caractère a suffi à la plupart des naturalistes pour faire du mastodonte un genre distinct du genre éléphant.

QUESTIONNAIRE.

1. Que signifie le mot proboscidien? — 2. A quoi sert la trompe des proboscidiens? — 3. Quelle est la conformation des membres des proboscidiens? — 4. Quelles espèces de dents possèdent les proboscidiens? — 5. Comment divise-t-on la famille des proboscidiens? — 6. Quels sont la taille des éléphants, leur aspect général, leur force, leurs mœurs? — 7. Combien y a-t-il d'espèces d'éléphants? — 8. En quoi le mammouth diffère-t-il des autres éléphants? — 9. Quels sont les caractères du genre mastodonte?

§ III

FAMILLE DES PACHYDERMES ORDINAIRES

262. Caractères généraux des pachydermes ordinaires. — La peau des pachydermes ordinaires est quelquefois nue, d'autres fois couverte de poils plus ou moins rudes, mais toujours très épaisse.

La forme des pieds, variable du reste d'un genre à l'autre, éloigne beaucoup ces pachydermes de ceux de la famille précédente; car le nombre des doigts est réduit chez eux à quatre, à trois ou même à deux.

Quand le nombre des doigts est de deux ou de quatre, ils sont divisés en deux parties par un sillon assez profond pour leur faire un pied fourchu, ce qui les rapproche des ruminants. On ne peut toutefois les classer dans cet ordre; car ils ne ruminent pas, n'ayant qu'un estomac simple.

263. Divisions de la famille des pachydermes ordinaires. — On compte, dans cette famille, quatre principaux genres vivants, les cochons, les hippopotames, les rhinocéros, les tapirs, et un genre fossile, les paléothériens.

264. Cochon. — Ce nom, qu'on réserve, dans le langage vulgaire, au porc ou sanglier domestique, s'applique, en histoire naturelle, à un très grand nombre d'espèces animales, toutes remarquables par leurs formes lourdes et trapues, un museau prolongé en groin rappelant un peu, par sa forme, la trompe des éléphants, mais tout différent par ses dispositions et ses usages; car c'est bien un museau complet et non pas un simple nez, comme chez les proboscidiens. Le groin des cochons, doué d'une très grande vigueur, leur sert à labourer la terre, pour y chercher leur nourriture.

Ces animaux ont quatre canines fortes, les inférieures surtout, qui, dans la plupart des espèces, font saillie hors de la bouche et sont des armes redoutables.

Ils ont toujours quatre doigts aux pieds de devant et presque toujours aux pieds de derrière; mais les deux doigts extérieurs, notablement plus courts que ceux du milieu, n'atteignent souvent pas le sol.

Enfin, ces animaux ont, entre la peau et les muscles, une forte couche de graisse appelée lard, dont l'industrie humaine tire un grand parti.

265. — On connaît un assez grand nombre d'espèces du genre cochon : le *sanglier* (fig. 42), dont la variété sauvage passe pour être le type de toutes les variétés du porc domestique; le *babiroussa*, dont les quatre énormes canines sont dirigées en haut et se recourbent vers le front; le *phacochère*, dont chaque joue forme une sorte d'énorme verrue pendante; le *pécari*, dont les canines ne dépassent pas les lèvres, et dont les pieds postérieurs ont deux doigts seulement.

Fig. 42. Sanglier.

266. Hippopotame. — Ce nom très impropre signifie cheval de rivière. L'hippopotame est un gros animal très lourd, se traînant péniblement à terre, nageant au contraire dans la perfection, se tenant très longtemps sous l'eau sans respirer, ce qui fait qu'il est à peu près toujours dans la rivière, quand il n'est pas occupé à se vautrer dans la fange du bord de l'eau.

Il a une tête énorme, à museau obtus, avec une bouche immense, fendue bien au delà des oreilles. Sa peau est épaisse, dure, presque nue.

L'hippopotame a quatre gros doigts très courts à chaque pied.

Il n'existe qu'une seule espèce de ce genre ; elle est propre à l'Afrique.

267. Rhinocéros. — Nez cornu, c'est le sens du mot rhinocéros, et ce mot peint immédiatement l'animal, qui a, en effet, une ou deux cornes plantées au-dessus du nez et recourbées en arrière vers le front.

L'aspect général du rhinocéros rappelle assez celui de l'hippopotame. Il est trapu comme lui, plus gros que lui, et cependant il court avec une grande rapidité, tandis que l'autre a peine à se mouvoir hors de l'eau.

C'est d'autant plus surprenant que la peau du rhinocéros, tout aussi épaisse et bien plus dure, bien plus sèche que celle de l'hippopotame, lui forme une sorte de cuirasse emprisonnant tout son corps, si bien que, lorsqu'il court, il ne peut tourner la tête ni à droite ni à gauche.

Fig. 43. Rhinocéros de l'Inde.

La corne ou les cornes nasales des rhinocéros ne sont pas de la nature de l'ivoire des éléphants, des morses, etc., mais bien plutôt de celle des cornes du bœuf ou du mouton, ce qui n'empêche pas l'industrie d'en tirer bon parti, aussi-bien que de la peau de l'animal.

Les rhinocéros ont à chaque pied trois doigts dont chacun est protégé par un sabot.

Il existe plusieurs espèces de rhinocéros : celui de l'Inde (fig. 43) et celui de Java, qui n'ont qu'une corne ; celui de Sumatra et celui d'Afrique, qui en ont deux. Le rhinocéros de Sumatra est, en outre, revêtu d'une toison assez épaisse.

268. Tapirs. — Si la trompe, c'est-à-dire un nez long et cylindrique, suffisait pour caractériser la famille des proboscidiens, il faudrait placer les tapirs dans cette famille ; car ils ont une véritable trompe.

Nous retrouvons, chez les tapirs, les caractères généraux des pachydermes, notamment une peau très épaisse, semée de poils rares, mais non pas nue.

Ils ont quatre doigts aux pieds de devant et trois aux pieds de derrière.

Comparé aux genres précédents, celui-ci peut passer pour intelligent. Moins brute que le sanglier, l'hippopotame et le rhinocéros, le tapir s'apprivoise sans trop de peine, et comme il est encore d'une assez forte taille, celle d'un âne à peu près, on a dit que, s'il était élevé en domesticité, il ferait une bête de somme plus que passable. Sa chair n'est pas mauvaise, dit-on, et son cuir est excellent, tout autant de raisons qui auraient pu inspirer à l'homme l'idée d'apprivoiser le tapir.

Il existe deux espèces de ce genre, espèces très voisines du reste : le *tapir d'Amérique ;* le *tapir de l'Inde,* qui est un peu plus grand.

269. Paléothérions. — Autant qu'il est permis d'en juger par les formes du squelette, on pourrait dire que les paléothérions, dont le nom signifie anciennes bêtes, sont des tapirs fossiles, n'était qu'ils ont trois doigts à tous les pieds, au lieu que les tapirs en ont quatre aux pieds de devant.

Outre l'aspect général des paléothérions, qui devait être tout à fait le même que celui des tapirs, ils avaient, comme ceux-ci, une petite trompe un peu mobile de bas en haut.

Il semble difficile, à première vue, de juger si un animal dont on ne connaît que le squelette avait un long nez en forme de trompe ; mais on a pu l'établir par la disposition des narines ouvertes vers le ciel.

Les espèces du genre paléothérion sont fort nombreuses; on en a trouvé jusqu'à neuf, toutes fossiles, toutes extrêmement voisines les unes des autres et que l'on confondrait aisément entre elles, n'étaient les différences des tailles, qui sont en effet très variées. Le plus grand des paléothériums dépassait la taille des plus grands tapirs et atteignait celle d'un cheval ordinaire; le plus petit n'était pas plus grand qu'un chien basset.

QUESTIONNAIRE.

1. Quels sont les caractères généraux des pachydermes ordinaires? — 2. Quels sont les principaux genres de cette famille? — 3. Quelle est l'extension du mot cochon? — 4. Quels sont les caractères généraux et les principales espèces du genre cochon? — 5. Que signifie le mot hippopotame? Ce nom est-il justifié? — 6. Quels sont les caractères et les principales espèces du genre hippopotame? — 7. Que signifie le mot rhinocéros? — 8. Quels sont les caractères du genre rhinocéros? — 9. Quelle est la nature des cornes des rhinocéros? — 10. Combien existe-t-il d'espèces de rhinocéros? — 11. Quels sont les caractères du genre tapir? — 12. Le tapir est-il domesticable? — 13. Quelles raisons y aurait-il d'essayer de l'élever en domesticité? — 14. Combien existe-t-il d'espèces du genre tapir? — 15. Que signifie le mot paléothérion? — 16. A quel genre vivant ressemblent les paléothériums? — 17. En quoi diffèrent-ils des tapirs? — 18. Quelle était la taille des paléothériums?

---

§ IV

FAMILLE DES SOLIPÈDES

270. Caractères généraux des solipèdes. — *Solipède* est un mot mal fait, qui voudrait dire animal à un seul pied; on l'applique à des animaux qui ont, dit-on, un seul doigt à chaque pied, et encore cette expression n'est-elle pas très juste; car les animaux dont il s'agit, et qui ont un seul sabot à chaque pied, ont des traces visibles de trois doigts; quelques espèces fossiles avaient même trois doigts distincts.

Les solipèdes sont des animaux de grande taille, non pas trapus et lourds comme les pachydermes des ordres précédents, mais hauts sur leurs jambes, allongés et doués d'une grande agilité.

Leur tête, extrêmement longue, est tout à fait caractéristique.

ils ont trois sortes de dents; mais il existe, entre les molaires et les canines, tout près de l'angle des lèvres, un espace vide appelé *barre;* c'est là qu'on place le mors, barre de fer au moyen de laquelle on a réussi à dompter et l'on continue à gouverner le cheval.

La peau des solipèdes est épaisse, mais non dure et sèche, et possède une assez grande sensibilité. Elle est couverte de poils rudes, courts et assez drus.

271. Divisions de la famille des solipèdes. — Les genres de cette famille sont assez nombreux ; les principaux sont : le cheval, le couagga, l'hémione, l'âne et le zèbre.

272. Cheval. — On a imprimé de gros volumes sur cet animal (fig. 44), et l'on a vanté avec enthousiasme son intelli-

Fig. 44. Cheval.

gence, son courage, sa fidélité. Pour l'intelligence et la fidélité, il n'est pas comparable au chien; mais il rend à l'homme bien plus de services, à cause de sa force, qui lui permet de servir tour à tour de monture, d'animal de trait, de bête de somme et de labour.

Le cheval est vraisemblablement le domestique le plus

ancien de l'homme; il n'existe pas à l'état sauvage, ou du moins les individus sauvages que l'on rencontre aujourd'hui sont d'anciens chevaux domestiques qui ont reconquis leur liberté.

273. Ane. — Plus petit et beaucoup moins gracieux que le cheval, l'âne est souvent cité comme un type de stupidité. C'est une injustice : l'âne est plus intelligent que le cheval lui-même, et s'il a un vice, l'entêtement, il a la qualité de ce défaut, la patience ; il est de plus sobre et laborieux.

Il se distingue du cheval par son poil, qui est terne et inégal, au lieu d'être ras et luisant; par sa queue, qui est nue, sauf à l'extrémité, au lieu d'être garnie de longs crins; par ses oreilles, d'une longueur démesurée.

L'âne existe à l'état sauvage, sous le nom d'*onagre*, qui veut dire âne sauvage, en Asie et dans le nord de l'Afrique.

274. Zèbre. — On dit communément que le zèbre, qui habite aussi l'Afrique, est un âne rayé; il y a, en effet, entre ce solipède et l'âne, une grande ressemblance. Il est cependant un peu plus grand et a sa robe toute marquée de grandes raies noires sur fond gris.

275. Couagga. — Il ressemble au cheval par ses formes sveltes; mais il est plus petit que le zèbre, dont il possède la robe, et a la queue dégarnie comme l'âne. C'est encore un animal africain, et c'est un des plus beaux quadrupèdes, peut-être même le plus beau de tous.

276. Hémione. — Elle tient de l'âne et du cheval, ressemblant assez fidèlement aux mulets, qui sont des métis de ces deux espèces. Son nom signifie demi-âne.

Sa robe, de couleur isabelle, sur laquelle tranchent une crinière noire et une longue raie noire qui longe toute l'épine dorsale, est vraiment magnifique.

L'hémione, qu'on a essayé de domestiquer sans y avoir complètement réussi, habite l'Inde méridionale.

QUESTIONNAIRE.

1. Que signifierait par lui-même le mot solipède et quel sens lui donne-t-on? — 2. Les solipèdes ont-ils un seul doigt? — 3. Quel est leur aspect général? — 4. Qu'appelle-t-on barre? — 5. Quels sont les principaux genres de cette famille? — 6. Quelle est l'utilité du cheval? — 7. Existe-t-il des chevaux sauvages? — 8. Quels

sont les défauts et les qualités de l'âne? — 9. En quoi diffère-t-il du cheval? —10. Comment appelle-t-on l'âne sauvage? —11. Quels sont les rapports du zèbre avec l'âne et quelles sont leurs différences? — 12. En quoi le couagga ressemble-t-il à l'âne, au zèbre et au cheval? — 13. Que signifie le mot hémione? — 14. A quel animal domestique ressemble l'hémione? — 15. Quelle est la couleur de sa robe?

CHAPITRE IX

NEUVIÈME ORDRE DES MAMMIFÈRES

RUMINANTS

§ 1er

CARACTÈRES GÉNÉRAUX DES RUMINANTS

277. Signification du mot ruminant. — Ruminer veut dire remâcher les aliments, après les avoir fait remonter pour cela de l'estomac dans la bouche. Les ruminants, en effet, possèdent seuls cette étrange faculté, sans doute parce que, se nourrissant tous d'herbes souvent sèches et coriaces, ils ont besoin, pour digérer convenablement, de les mâcher une seconde fois, après qu'elles ont été ramollies par un commencement de digestion.

278. Estomacs des ruminants. — Pour exécuter ce travail de rumination, les ruminants sont pourvus de quatre estomacs (fig. 45) : la panse, qui reçoit, par l'œsophage, les aliments grossièrement triturés par les dents; le bonnet, dans lequel les aliments passent après avoir séjourné dans la panse, et qui les renvoie dans la bouche, après les avoir moulés sous forme de pelotes; le feuillet, où les aliments remâchés pénètrent directement en venant de l'œsophage; la caillette enfin, qui reçoit les aliments du feuillet et où s'achève la digestion stomacale.

Fig. 45.
Estomacs de ruminant.

279. Dentition des ruminants. — La mâchoire supérieure de ces animaux est toujours privée de canines. A leur place, entre les incisives et les molaires, existe, non pas un creux comme chez les solipèdes, mais un bourrelet calleux qui travaille, pendant la mastication, à peu près comme les molaires elles-mêmes.

280. Pied des ruminants. — Les animaux de cet ordre ont tous le pied fourchu, c'est-à-dire que chacun de leurs pieds a deux gros doigts enfermés dans deux sabots arrondis à l'extérieur, plats à l'intérieur et laissant entre eux un espace vide étroit et profond, en forme de fente.

281. Cornes des ruminants. — Enfin, les ruminants sont les seuls de tous les mammifères qui aient le front couronné d'une paire de cornes; mais tous ne possèdent pas cet ornement, et, dans les espèces mêmes qui en sont pourvues, la femelle en est souvent privée; de sorte que tous les animaux à cornes sont bien des ruminants, mais qu'il y a aussi des ruminants dépourvus de cornes.

282. Divisions de l'ordre des ruminants. — La présence et la conformation des cornes ont servi à établir, dans l'ordre des ruminants, trois familles bien naturelles : les ruminants à cornes creuses, les ruminants à cornes pleines, les ruminants sans cornes.

QUESTIONNAIRE.

1. Quel est le sens du mot ruminant ? — 2. Quel est le but de la rumination ? — 3. Quels sont les noms des quatre estomacs des ruminants ? Quel est le rôle de chacun ? — 4. Quel est le caractère propre de la dentition des ruminants ? — 5. Quelle est la forme du pied des ruminants ? — 6. Les cornes des ruminants sont-elles un caractère distinctif de l'ordre ? — 7. Quelles sont les familles de l'ordre des ruminants ?

§ 11

FAMILLE DES RUMINANTS A CORNES CREUSES

283. Caractères distinctifs des ruminants à cornes creuses. — Tous les genres qui composent cette famille ont des cornes formées de deux parties : un noyau solide et une espèce d'étui qui n'est pas toujours entièrement rempli par le noyau, mais qui en est, en tout cas, parfaitement distinct.

284. Divisions de la famille des ruminants à cornes creuses. — Les principaux genres de cette famille sont : le bœuf, le mouton, la chèvre et l'antilope.

285. Bœuf. — Ce genre, remarquable par sa grande

taille, ses formes lourdes, sa tête énorme, sa vigueur prodigieuse, comprend un grand nombre d'espèces, dont nous citons les principales : le *bœuf domestique* (fig. 46), associé à

Fig. 46. Bœuf domestique.

nos travaux, dont la chair est un de nos principaux aliments, dont la peau fournit la presque totalité des cuirs dont nous nous servons ; le *zébu*, élevé dans l'Inde à l'état de domesticité, et qui porte une bosse entre les deux épaules ; le *yack*, bœuf à queue de cheval, propre aux régions montagneuses du Thibet ; l'*aurochs*, le plus gros et le plus farouche de tous les bœufs, autrefois commun en Europe, devenu rare aujourd'hui ; le *bison*, qui ressemble en petit à l'aurochs, et qui habite l'Amérique ; le *buffle*, qui vit presque autant dans l'eau que sur la terre, et qu'on trouve dans l'Inde, en Grèce et jusqu'en Italie.

Fig. 47. Mouflon de Corse.

286. Mouton. — Rien n'a plus embarrassé les naturalistes que de distinguer le genre chèvre du genre mouton.

En général, les animaux du genre mouton sont de taille médiocre, ont les jambes plus ou moins grêles.

Les principales espèces du genre sont : le *mouton domestique*, animal lourd et stupide, mais qui nous donne sa chair, son lait et sa laine; le *mouflon de Corse* (fig. 47), qui ressemble plus à la chèvre qu'au mouton domestique, avec sa taille svelte, son poil lisse, son énorme paire de cornes gracieusement recourbées; l'*argali de Sibérie*, beaucoup plus grand que toutes les autres espèces du genre.

On a désigné tantôt l'argali, tantôt le mouflon comme étant la souche de notre mouton domestique ; ils auraient alors subi de bien étranges transformations.

287. Chèvre. — Nous avons dit combien il est difficile de distinguer les chèvres des moutons; car il serait excessif de regarder comme un caractère suffisant la barbe que les chèvres portent au menton, ou certaines différences entre les cornes des moutons et celles des chèvres.

Les deux principales espèces du genre chèvre sont : la *chèvre domestique* (fig. 48), dont le lait nous rend de sérieux services, sans compter qu'une variété, la chèvre du Thibet, nous fournit des laines d'une finesse incomparable ; le *bouquetin*, remarquable par la prodigieuse longueur de ses cornes, qui, dans la variété des Alpes, atteint et dépasse un mètre.

Fig. 48. Chèvre domestique.

288. Antilope. — Presque toutes les espèces de ce genre sont remarquables par la sveltesse de leurs formes, l'élégance et l'agilité de leurs mouvements.

Le genre est très nettement caractérisé cette fois par la présence des larmiers, petites fossettes creusées au-dessous de l'angle interne de l'œil. Ce caractère rapprocherait ce genre du cerf, dont il rappelle du reste les formes générales, si le cerf ne différait complètement, par ses cornes pleines, des ruminants à cornes creuses.

La taille des antilopes varie de celle d'un agneau nouveau-né à celle d'un cheval de taille moyenne.

Les principales espèces de ce genre sont : l'*antilope de l'Inde*, dont les cornes, très développées, ont une triple courbure ; la *gazelle d'Afrique*, aux cornes droites, aux grands yeux doux et expressifs ; le *bubale*, dont la tête de vache fait exception à la grâce du genre ; le *nilgaut*, plus disgracieux encore et d'apparence stupide ; le *chamois* des Alpes, aux cornes droites, brusquement coudées en crochet ; il est célèbre par l'intrépidité avec laquelle il bondit au bord des précipices.

QUESTIONNAIRE.

1. Quel est le caractère distinctif des ruminants à cornes creuses ? — 2. Quels sont les genres principaux de la famille des ruminants à cornes creuses ? — 3. Quels sont les caractères et les principales espèces du genre bœuf ? du genre mouton ? du genre chèvre ? du genre antilope ?

§ III

FAMILLE DES RUMINANTS A CORNES PLEINES

289. Caractère distinctif de cette famille. — Étudiées avec soin, les cornes de la famille des ruminants à cornes creuses apparaissent constituées par des filaments tout à fait analogues à ceux qui composent les ongles, lesquels sont formés de poils soudés les uns aux autres ; les cornes des ruminants à cornes pleines sont, au contraire, compactes et de nature osseuse.

290. Divisions de cette famille. — On distingue quatre genres dans la famille des ruminants à cornes pleines : le cerf, le renne, l'élan et la girafe.

291. Cerf. — Ce beau genre se distingue par ses cornes ramifiées, autrement dit, par son bois, qui n'existe que chez les mâles, et qui tombe et repousse chaque année, à des époques différentes suivant les espèces.

292. — Le *cerf commun* est célèbre par l'élégance de son bois, de ses formes générales, et par son agilité, qui est proverbiale. Son bois repousse chaque année avec un andouiller ou branche de plus, jusqu'à ce que l'animal ait atteint un certain âge; de sorte qu'on peut connaître l'âge des jeunes cerfs en comptant leurs andouillers.

293. — Le *chevreuil* est une espèce beaucoup plus petite que le cerf commun et d'une grâce admirable.

294. — Le *daim*, plus petit que le cerf et plus grand que le chevreuil, se distingue de l'un et de l'autre par les extrémités aplaties de son bois.

Ces trois espèces habitent les bois de notre pays.

295. Renne. — Chez le renne (fig. 49), qui est un ruminant des contrées glaciales, le bois existe dans les deux sexes et se renouvelle chaque année. Il est formé de longues branches qui naissent sur le front et se terminent par des *palmures digitées*, c'est-à-dire par des parties aplaties dont un bord est divisé en forme de doigts.

On ne connaît qu'une espèce de renne, celle qui sert de bête de somme aux habitants des contrées de l'Europe et de l'Asie voisines du pôle.

Fig. 49. Renne.

296. Élan. — L'élan est plus grand et moins élégant que les cerfs, à cause de la forme lourde de son corps et de la faible longueur de son cou. Toutes les divisions de son bois sont palmées.

On rencontre des élans dans les régions septentrionales des deux continents.

297. Girafe. — Par la prodigieuse longueur de son cou, par la grande hauteur de ses jambes antérieures, beaucoup plus longues que les jambes postérieures, la girafe a l'air d'être affaissée sur son train de derrière; aussi ne se baisse-t-elle guère pour brouter l'herbe, ce qu'elle ne peut faire que très péniblement, en écartant ses jambes antérieures à droite et à gauche; elle aime mieux pâturer tranquillement dans les branches des arbres.

La peau tigrée de la girafe lui avait fait donner par les anciens le nom de chameau-léopard. Ses cornes se réduisent à une petite tige osseuse non ramifiée, toujours recouverte d'une peau velue qui ne tombe jamais.

Il existe deux espèces de ce genre, peu différentes l'une de l'autre; elles habitent toutes deux l'Afrique.

QUESTIONNAIRE.

1. Quelle est la nature des cornes des ruminants à cornes pleines? — 2. Comment divise-t-on cette famille de ruminants? — 3. Quels sont les caractères et les principales espèces du genre cerf? du genre renne? du genre girafe?

§ IV

FAMILLE DES RUMINANTS SANS CORNES

298. Caractère propre de la famille des ruminants sans cornes. — Les cornes sont une arme qui sert aux animaux qui en sont pourvus, non pas à attaquer, car, étant herbivores, ils n'ont pas à détruire les autres animaux pour se nourrir de leur chair, mais à se protéger contre le vorace appétit des carnivores. Les ruminants sans cornes sont donc des animaux doux, timides, inoffensifs, incapables même de défendre leur vie autrement que par la fuite.

Fig. 50. Dromadaire.

299. Divisions de la famille des ruminants sans cornes. — On distingue dans cette famille trois genres : le chameau, le lama et le chevrotain.

300. Chameau. — On le reconnaît facilement à sa grande taille, à ses longues jambes, à ses formes disgracieuses, et mieux encore à la bosse ou aux deux bosses qu'il porte sur le dos.

Les chameaux sont des animaux très utiles, à cause de leur grande force, de leur sobriété proverbiale, de leur lait et même de la bourre grossière qui forme leur toison et dont on tire un assez bon parti.

Il existe deux espèces du genre chameau : le *chameau à deux bosses* ou *chameau proprement dit*, et le *chameau à une bosse* ou *dromadaire* (fig. 50).

301. Lama. — On a dit avec raison que le lama est le chameau du nouveau monde. Il rend, en effet, les mêmes services que le chameau; mais il est de plus petite taille, de formes plus élégantes et beaucoup plus vigoureux.

Le *lama commun* a la taille du cerf; sa laine est très estimée. L'*alpaca* ou *alpaga* est plus petit, mais fournit une laine plus longue et plus douce. La *vigogne* enfin, troisième espèce du genre, ne dépasse pas la taille d'un mouton; mais elle donne une laine abondante et magnifique.

302. Chevrotain. — Voici le plus petit de tous les ruminants. Ses formes, qui rappellent plutôt celles du cerf que celles du chameau, sont élégantes. Nous citerons, parmi les nombreuses espèces du genre chevrotain, le *chevrotain pygmée*, dont la taille ne dépasse pas celle du lièvre, et le *chevrotain porte-musc* ou simplement *musc* (fig. 51),

Fig. 51. Musc.

dont le mâle a sous le ventre une poche pleine d'une matière onctueuse qui exhale l'odeur si pénétrante et si tenace que tout le monde connaît.

QUESTIONNAIRE.

1. Quel est le caractère distinctif des ruminants sans cornes? — 2. Quels sont les genres dont se compose cette famille? — 3. Quels sont les caractères et quelles sont les espèces du genre chameau? du genre lama? du genre chevrotain?

CHAPITRE X

DIXIÈME ORDRE DES MAMMIFÈRES

ÉDENTÉS

303. Caractères généraux de l'ordre des édentés. — Si l'on prenait au pied de la lettre ce nom d'édentés, il ne s'appliquerait qu'aux espèces qui sont entièrement dépourvues de dents. La vérité est que les animaux de cet ordre n'ont jamais d'incisives, qu'ils manquent assez souvent de canines, que parfois même ils n'ont ni incisives, ni canines, ni molaires, et qu'ils sont seulement alors véritablement édentés. Mais comme les incisives manquent toujours, et que ces dents sont précisément celles qui occupent le devant de la bouche, c'est-à-dire celles qui sont visibles, il est vrai que ces animaux ont toujours l'air de n'avoir pas de dents, et que le nom qu'on leur a donné répond à une apparence, sinon à une réalité.

La dentition si incomplète de ces animaux ne leur permettrait pas de se nourrir d'aliments tant soit peu résistants; aussi se contentent-ils de manger des feuilles tendres et des insectes.

Fig. 52. Aï.

304. Division de l'ordre des édentés. — Comme il n'y aurait pas grand avantage à diviser en familles un ordre peu nombreux, nous nous contenterons de signaler les genres qui le composent : paresseux, tatou, pangolin, tamanoir.

305. Paresseux. — Ce nom de paresseux, qui fait allusion à la lenteur des mouvements, s'appliquerait assez bien à tous les animaux de l'ordre des édentés; mais il convient particulièrement à l'aï (fig. 52) et à l'*unau*, les deux espèces américaines qu'on a réunies sous le nom de paresseux.

Ces animaux, en effet, tant à cause de la longueur excessive de leurs membres antérieurs et de leurs ongles que de la faiblesse de leurs muscles, se traînent à terre plutôt qu'ils n'y marchent. Ils passent leur existence presque tout entière accrochés sur les branches d'un même arbre, ne se déplaçant que lorsque l'endroit où ils se sont établis est entièrement dépouillé de feuilles et de fruits.

Les paresseux ont des canines et des molaires, et il paraît qu'on a trouvé des incisives chez une espèce fossile.

306. Tatou. — Ici encore nous trouvons des canines, des molaires et pas d'incisives. Mais ce qui fait reconnaître immédiatement le tatou, ce sont des écailles régulières, soudées les unes aux autres et formant, sur le dos de cet animal, une carapace qui lui donne un faux air de tortue.

Quand les tatous sont attaqués, ils se roulent en boule comme les hérissons. On en connaît quatre espèces, toutes propres à l'Amérique.

307. Fourmilier ou **Tamanoir.** — Encore un animal américain. Presque tous les édentés appartiennent au nou-

Fig. 53. Fourmilier.

veau continent. Chez celui-ci (fig. 53), les dents ont complètement disparu. Par une disposition singulière, le museau, très grêle, allongé comme une petite trompe, est percé, à son extrémité, d'une très petite ouverture qui tient lieu de bouche. La langue, ronde et déliée, est très extensible, et l'animal s'en sert comme d'une sorte d'hameçon pour prendre les fourmis dont il se nourrit; il lui suffit pour cela de la plonger dans les fourmilières, ou même de l'étendre paresseusement en travers des petits sentiers que parcourent les fourmis quand elles sortent de leur retraite.

308. Pangolin. — Le pangolin est le fourmilier de l'Inde et de l'Afrique. Il est conformé de la même façon, il se nourrit de même, mangeant seulement des termites au lieu de fourmis ; mais il a le dessus du corps et même sa longue queue couverts d'écailles, non pas juxtaposées et soudées comme celles du tatou, mais se recouvrant les unes les autres comme les ardoises d'un toit.

QUESTIONNAIRE.

1. Que signifie le mot édentés ? — 2. En quel sens peut-il s'appliquer à l'ordre des édentés ? — 3. Quel est le genre d'alimentation des animaux de cet ordre ? — 4. Quels sont les genres qui composent cet ordre ? — 5. Quelle est la signification du mot paresseux appliqué à un genre d'édentés ? — 6. Quelles sont les mœurs des paresseux ? — 7. Quel est le caractère distinctif du genre tatou ? — 8. Quels sont les caractères distinctifs des genres fourmilier et pangolin ?

CHAPITRE XI

ONZIÈME ORDRE DES MAMMIFÈRES

CÉTACÉS

§ 1er

CARACTÈRES GÉNÉRAUX DES CÉTACÉS

309. Formes et vraie nature des cétacés. — Avant qu'on eût reconnu le vrai caractère des poissons, qui est la respiration branchiale, c'est-à-dire la faculté de respirer dans l'eau ; avant qu'on eût observé que les cétacés, privés de cette faculté, sont contraints de s'élever hors de l'eau pour respirer ; avant surtout qu'on eût découvert qu'ils allaitent leurs petits et qu'ils sont, par conséquent, des mammifères, il était tout naturel de les prendre pour des poissons. Comme les poissons, ils ont une vie aquatique, une forme allongée, des nageoires, une tête directement emmanchée sur le corps, sans apparence de cou. Mais quand on a pu faire l'anatomie complète de ces animaux, on a constaté qu'ils ont un cœur et des poumons en tout semblables à ceux des animaux supérieurs ; qu'ils ont le sang chaud ; que, si leurs membres postérieurs manquent ou sont réduits à de simples vestiges cachés sous la peau, leurs membres antérieurs, au contraire, contiennent toutes les parties essentielles des membres des mammifères, humérus, bras, avant-bras et main, le tout, il est vrai, déguise sous une membrane qui lui donne l'apparence d'une nageoire. On n'a plus eu alors aucun doute sur leur vraie nature : ce sont des mammifères pisciformes, aquatiques, conformés, non pour la marche, mais pour la nage, et, pour cette raison, pourvus de trois nageoires : deux nageoires pectorales, hors de proportion avec la masse de leur corps et leur servant à se soutenir plutôt qu'à se déplacer; une vaste nageoire caudale, disposée, non pas verticalement, comme celle des poissons, mais horizontalement, et douée d'une force prodigieuse.

310. Évents. — Nous avons dit que les cétacés aspirent directement l'air atmosphérique; cette aspiration se fait par les évents, c'est-à-dire par les ouvertures des narines, percées à une distance plus ou moins grande de la bouche, et, chez certaines espèces, tout au sommet de la tête.

Les évents servent, chez quelques cétacés, en même temps qu'à l'introduction de l'air dans les poumons, à l'expulsion de l'eau qui entre par la bouche de l'animal. Il est des cétacés qui projettent cette eau avec une force prodigieuse, et c'est un des étonnements des navigateurs de voir de loin d'énormes jets d'eau s'élevant, sans cause apparente, au-dessus du niveau des mers, jusqu'à dix mètres de hauteur.

311. Division de l'ordre des cétacés. — On peut diviser cet ordre en trois familles : les cétacés herbivores, les cétacés carnivores et les baléniens.

QUESTIONNAIRE.

1. Quels sont les rapports des cétacés avec les poissons? — 2. Quels sont les caractères qui rattachent les cétacés aux mammifères? — 3. Combien les cétacés ont-ils de nageoires et quelles sont les fonctions de ces organes? — 4. Où sont placés les évents des cétacés? A quoi servent-ils? — 5. Comment divise-t-on l'ordre des cétacés?

§ 11

FAMILLE DES CÉTACÉS HERBIVORES

312. Caractères distinctifs des cétacés herbivores. — Les cétacés herbivores ont des dents molaires et rarement des incisives. Ils ont leurs narines percées en avant, tout près du museau, ce qui fait qu'ils ne sauraient produire ces jets d'eau dont nous avons parlé.

313. Divisions de la famille des cétacés herbivores.
— Cette famille comprend deux genres : les lamantins et les dugongs.

314. Lamantins. — On appelle ainsi de grands cétacés qui mesurent quelquefois jusqu'à six mètres de l'extrémité du museau à celle de la queue.

Les lamantins vivent en famille, et un grand nombre de familles sont le plus souvent réunies en troupeaux immenses paissant ensemble les herbes marines.

315. Dugongs. — Les dugongs ressemblent beaucoup aux lamantins, mais les deux incisives de leur mâchoire supérieure sont prolongées en forme de défenses courtes et pointues.

QUESTIONNAIRE.

1. Quelle est la dentition des cétacés herbivores ? — 2. Où sont placés les évents de ces cétacés ? — 3. Comment divise-t-on la famille des cétacés herbivores ? — 4. Quelles sont les mœurs des lamantins ? — 5. En quoi les dugongs diffèrent-ils des lamantins ?

§ 111

FAMILLE DES CÉTACÉS CARNIVORES

316. Caractères distinctifs des cétacés carnivores.
— Les cétacés de cette famille ont des dents comme ceux de la famille précédente, et ont leurs évents placés au sommet de la tête, comme ceux de la famille suivante ; mais en dehors de ces deux caractères, dont la réunion a permis de les classer dans un groupe spécial, il faut bien reconnaître qu'ils diffèrent énormément entre eux par leur taille et par leur conformation.

317. Divisions de la famille des cétacés carnivores.
— On distingue, dans cette famille, quatre genres principaux : les dauphins, les marsouins, les narvals et les cachalots.

Fig. 54. Dauphin.

318. Dauphins. — Par une exception unique dans tout l'ordre des cétacés, composé d'animaux passablement informes, les dauphins (fig. 54) sont bien proportionnés et ont une configuration élégante. Leur museau se prolonge en avant et forme une sorte de bec.

319. Marsouins. — Les marsouins ressemblent en tout aux dauphins, sauf qu'ils sont privés de l'appendice dont nous avons parlé.

320. Narvals. — Les narvals n'ont pas non plus cette espèce de bec; il est remplacé chez eux par une défense qui s'allonge toute droite en avant de leur mâchoire supérieure, et qui est tordue en tire-bouchon. Elle a parfois plus de trois mètres de longueur. Il y a toujours deux défenses en principe, mais l'une d'elles est généralement avortée. Cette défense est, pour le narval, une arme terrible. Il s'en sert parfois imprudemment contre la coque des navires : l'ivoire s'engage alors profondément dans l'épaisseur des bordages, et l'animal ne peut se dégager qu'en brisant et abandonnant son arme. Elle n'est pas perdue pour l'homme, qui l'emploie aux mêmes usages que l'ivoire des éléphants et des morses.

321. Cachalots. — Les cachalots ressemblent beaucoup plus aux baleines qu'aux dauphins, et l'on n'aurait pas eu l'idée de les classer avec ces derniers, n'étaient les énormes dents qui garnissent leur mâchoire inférieure.

Les cachalots ont une tête monstrueuse. C'est d'une cavité creusée dans les os de leur crâne que l'on extrait une matière grasse connue sous le nom inexact de blanc de baleine, et dont on fait des bougies de qualité supérieure. L'ambre gris n'est qu'un excrément que l'on trouve dans l'intestin de quelques cachalots. On pense que cette matière provient de l'encre des seiches, dont les cachalots font une grande consommation.

Quant à la taille des cachalots, elle est énorme, puisque certaines espèces atteignent vingt-cinq mètres.

QUESTIONNAIRE.

1. Quels sont les caractères des cétacés carnivores? — 2. Comment divise-t-on la famille des cétacés carnivores? — 3. Quelle est la forme des dauphins? — 4. En quoi les marsouins diffèrent-ils des dauphins? — 5. Quel est le caractère distinctif des narvals? — 6. Quels sont les caractères distinctifs des cachalots? — 7. D'où extrait-on le blanc de baleine? l'ambre gris? — 8. Quelle est la taille des cachalots?

§ IV

FAMILLE DES BALÉNIENS

322. Caractères généraux des baléniens. — Voici, et de beaucoup, les plus grands de tous les animaux. Il existe des cétacés de cette famille qui n'ont pas moins de 33 mètres de longueur, et qui pèsent plus de 70 000 kilogrammes.

Tous les baléniens ont une tête énorme, un cou à peine marqué par une simple dépression, deux évents placés au sommet de la tête.

Ils sont dépourvus de dents proprement dites, mais portent à la mâchoire supérieure de huit à neuf cents lames cornées, filamenteuses, appelées fanons, ne servant pas à la mastication, mais formant une espèce de crible au moyen duquel ces cétacés retiennent les petits animaux qu'ils attirent dans leur bouche avec l'eau de mer. Quand ils jugent qu'ils ont absorbé une quantité suffisante de ces animaux, ils ferment leur gueule énorme, rejettent l'eau par leurs évents, et leur proie reste engagée entre les fanons. Ils ne sauraient, du reste, avaler des animaux d'une grosseur un peu considérable; car leur gosier, très étroit, ne pourrait donner passage à un hareng de taille ordinaire.

Les baléniens ont tous, entre peau et chair, une épaisse couche de lard qui peut fournir jusqu'à 120 tonnes d'huile. C'est uniquement pour extraire cette huile qu'on leur fait une pêche extrêmement active, occupant des flottes entières équipées dans ce but.

Fig. 55. Baleine.

323. Division de la famille des baléniens. — On dislingue, dans cette famille, deux principaux genres : les baleines et les rorquals.

324. Baleines. —Il nous reste peu de choses à dire sur le genre baleine, après ce que nous avons dit de la famille des baléniens. Chez les baleines (fig. 55), la tête, monstrueusement grosse, égale en longueur le tiers de la longueur totale du corps. Les fanons sont très longs et fournissent à diverses industries une matière importante. On en fait notamment, en les découpant, ce qu'on appelle des *baleines de parapluies*.

325. Rorquals. — Ces animaux, que l'on confond souvent avec les baleines, ont la tête moins grosse et les fanons beaucoup plus courts.

QUESTIONNAIRE.

1. Quelle est la taille des baléniens? — 2. Qu'appelle-t-on des fanons et quel est leur rôle? — 3. Quel est le genre d'alimentation des baléniens? — 4. D'où extrait-on l'huile de baleine? — 5. Quels sont les principaux genres de la famille des baléniens? — 6. Quels sont les principaux caractères du genre baleine? — 7. En quoi les rorquals diffèrent-ils des baleines ?

CHAPITRE XII

DOUZIÈME ORDRE DES MAMMIFÈRES

MARSUPIAUX

§ 1er

CARACTÈRES GÉNÉRAUX DES MARSUPIAUX

326. Sens et application du mot marsupiaux. — Ce mot veut dire *animaux à bourse*. Il a été d'abord appliqué à des mammifères qui ont, en effet, sous le ventre, une sorte de poche dont nous nous réservons d'expliquer l'usage en parlant des marsupiaux proprement dits. Le même nom a été depuis appliqué à d'autres animaux qu'on n'a connus que plus tard, et qui ne possèdent pas la poche en question.

327. Caractères généraux des marsupiaux. — La

ressemblance des derniers animaux dont nous venons de parler avec les vrais marsupiaux est cependant certaine; car, à défaut de la membrane formant la poche des vrais marsupiaux, ils ont au moins les deux os surnuméraires qui sont fixés sur le bassin de ceux-ci, et qui servent de support à la poche. Il faut donc citer, parmi les caractères distinctifs de l'ordre, l'existence des os marsupiaux; il faut ajouter que tous les animaux de cet ordre ont certains rapports d'organisation avec les oiseaux, et que, sans poudre des œufs, comme on l'avait cru pour quelques-uns d'entre eux, ils donnent le jour à des petits dont l'organisation, très incomplète, ne se développe que plus tard.

328. Division de l'ordre des marsupiaux. — On distingue donc, dans cet ordre, qui appartient presque tout entier à la Nouvelle-Hollande, deux familles : les marsupiaux proprement dits ou marsupiaux à bourse, et les monotrèmes ou marsupiaux sans bourse.

QUESTIONNAIRE.

1. Que signifie le mot marsupiaux? — 2. Tous les animaux de cet ordre sont-ils pourvus de la poche qui a fait donner son nom à l'ordre? — 3. Quels sont les principaux caractères communs à tous les marsupiaux? — 4. Comment divise-t-on l'ordre des marsupiaux?

§ II

FAMILLE DES MARSUPIAUX PROPREMENT DITS

329. Caractère distinctif de cette famille. — Quand un petit chat, un petit chien, un petit enfant viennent au monde, ils ont, quoique imparfaitement, l'usage de leurs membres et de leurs sens.

Quand un œuf d'oiseau vient d'être pondu, le petit être est absolument informe, et non seulement il n'a pas l'usage de ses membres et de ses sens, mais il n'a ni membres ni organes des sens.

Entre ces deux extrêmes, organisation presque complète et organisation presque nulle, se placent les petits des marsupiaux proprement dits, qui, au moment de leur naissance, ont une organisation incomplète, bien que capables de respirer, ce dont est privé l'oiseau tout le temps qu'il reste dans l'œuf. C'est pourquoi les petits marsupiaux, avant de vivre d'une vie indépendante, passent un temps assez long dans la bourse que la nature a placée pour cet usage sous le ventre de leur mère, leur petite bouche fixée aux mamelles de celle-ci. Même, chez les espèces qui ont la poche abdominale suffisamment développée, les petits se réfugient dans cet asile longtemps après qu'ils ont abandonné la mamelle.

330. Divisions des marsupiaux proprement dits. — Les principaux genres de cette famille sont : le sarigue, le phalanger et le kanguroo.

331. Sarigues. — Ces animaux (fig. 56), un peu plus gros que des chats, ont une intelligence fort obtuse et exhalent une odeur fétide. Ils marchent assez péniblement, grimpent assez bien et témoignent une touchante tendresse pour leurs petits, qu'ils invitent par un cri d'effroi à rentrer dans leur retraite, lorsqu'ils sont occupés à brouter ou à s'émanciper à quelque distance, et que le moindre danger vient à se manifester.

Fig. 56. Sarigue.

332. Phalanger. — Le phalanger, fort voisin du sarigue, s'en distingue par l'extrême longueur de ses pouces, qui sont libres et même opposables, caractère qui rapproche le phalanger des quadrumanes. L'index et le médius des phalangers sont soudés entre eux dans toute leur étendue.

333. Kanguroo. — Le kanguroo (fig. 57) se distingue par sa petite tête, son gros corps, ses pattes antérieures extrêmement courtes et ses pattes postérieures démesurément longues ; aussi, pouvant à peine marcher ou rester immobile sur ses quatre pattes, se tient-il habituellement droit sur la partie inférieure de ses pattes de derrière, et se déplace-t-il en sautant, avec l'aide de sa queue, qui est très robuste, et qui fait l'office d'un vrai ressort.

Fig. 57. Kanguroo.

QUESTIONNAIRE.

1. Quel est le caractère distinctif des marsupiaux proprement dits? — 2. Quelles sont les mœurs de leurs petits? — 3. Quels sont les principaux genres de cette famille? — 4. Quels sont les caractères distinctifs des sarigues? des phalangers? des kanguroos?

§ III

FAMILLE DES MONOTRÈMES

334. Rapports des monotrèmes avec les oiseaux. — En descendant la classe des mammifères, qui commence à l'homme et aboutit à l'ornithorynque, nous avons marché, par degrés insensibles, de l'homme à l'oiseau. Aujourd'hui, arrivés au dernier degré de l'échelon, nous nous sommes tellement rapprochés de la nouvelle classe que nous allons atteindre, qu'on s'est longtemps demandé si les derniers mammifères ne sont pas les premiers oiseaux.

Le doute n'est cependant pas possible : les monotrèmes sont des mammifères, car ils allaitent leurs petits; mais leurs ressemblances avec les oiseaux ne peuvent pas non plus être niées. Outre certains rapports anatomiques qu'il nous est impossible d'aborder dans ces éléments, les monotrèmes ont tous un museau grêle, allongé, qui rappelle singulièrement la forme d'un bec, et nous verrons même que quelques-uns ont un véritable bec de canard.

Ce n'est pas tout : monotrèmes veut dire *animaux à un*

seul *orifice*, et de fait, les animaux de cette famille, en ceci complètement semblables aux oiseaux et entièrement distincts de tous les autres mammifères, ont un seul orifice, un cloaque, comme on dit, par lequel ils évacuent leurs excréments et leur urine.

Il est donc bien exact que les monotrèmes forment le passage naturel des mammifères aux oiseaux, tout en restant dans l'ordre des mammifères. On avait même cru, sur la foi de certains voyageurs, que quelques-uns de ces mammifères pondaient des œufs, ce qui aurait créé un ordre de mammifères ovipares; mais la fausseté de cette allégation est aujourd'hui démontrée, et tous les mammifères restent vivipares.

335. Divisions de la famille des monotrèmes. — On ne connaît que deux genres de cette curieuse famille : les échidnés et les ornithorynques.

336. Échidnés. — L'apparence extérieure de ces monotrèmes les rapproche des hérissons. Comme eux ils ont toute la partie supérieure du corps couverte de piquants, comme eux ils se roulent en boule pour se défendre contre leurs ennemis. Mais leur museau est grêle, allongé comme un bec de bécasse et percé, à son extrémité, d'une très petite bouche. Ils n'ont pas de dents proprement dites, mais seulement des épines éparses sur le palais. Ils se nourrissent principalement de fourmis.

337. Ornithorynques. — Ce nom signifie animaux à bec d'oiseau. Les ornithorynques (fig. 58) ont, en effet, un museau qui a la forme exacte, et même la consistance cornée d'un bec de canard. Ils ont en outre la queue aplatie, les doigts palmés, c'est-

Fig. 58. Ornithorynque.

à-dire unis par des membranes, ce qui achève leur ressemblance avec les oiseaux aquatiques. Ils sont d'excellents nageurs.

Les ornithorynques n'ont des vestiges de dents qu'au fond de la bouche.

QUESTIONNAIRE.

1. En quoi les monotrèmes se rapprochent-ils des oiseaux? — 2. Comment divise-t-on la famille des monotrèmes? — 3. Quel est le caractère principal du genre échidné? — 4. En quoi les échidnés ressemblent-ils aux hérissons? — 5. Quel est le principal caractère du genre ornithorynque? — 6. Quels sont les rapports des ornithorynques avec les oiseaux aquatiques?

DEUXIÈME SECTION

DEUXIÈME CLASSE DES VERTÉBRÉS

OISEAUX

338. Distinction des oiseaux et des autres vertébrés. — Bien que les plumes soient absolument particulières aux oiseaux et que le corps de tous les oiseaux soit couvert de plumes, ce n'est vraiment pas là qu'il faut chercher leur différence avec les mammifères. La différence capitale est qu'étant dépourvus de mamelles, ils n'allaitent pas leurs petits, et que ceux-ci naissent, non pas tout formés, comme les petits des mammifères, mais à un état tout à fait rudimentaire, à l'état de simple germe enfermé dans un œuf où l'embryon se formera et prendra son développement.

Les oiseaux sont donc des vertébrés ovipares; il faut ajouter à respiration double, à sang chaud, pour les distinguer des autres vertébrés ovipares. Ceci sera expliqué plus loin.

339. Formes générales des oiseaux. — Les oiseaux ont quatre membres comme l'homme lui-même, comme presque tous les mammifères, comme beaucoup de reptiles et même de poissons; seulement, leurs membres antérieurs portent le nom d'ailes, et, au lieu d'être destinés à la préhension comme chez l'homme, ou à la marche comme chez les quadrupèdes, ils sont généralement destinés au vol, qui est une sorte de natation dans l'air.

Les oiseaux ont la tête petite, le cou long; leur corps, abstraction faite des membres, a une forme générale très simple, qu'on peut décomposer en un cône terminé inférieurement par une partie hémisphérique.

340. Digestion chez les oiseaux. — Les oiseaux n'ont pas de dents, et, en guise de mâchoires, ils ont un bec formé de deux mandibules cornées, qui ne peuvent broyer les aliments comme nous faisons avec nos dents, mais seulement les diviser très grossièrement. Il en résulte qu'il faut à ces animaux une grande puissance de digestion pour amener ces aliments au point de division qui les rend solubles et assimilables.

Sans avoir les quatre estomacs des ruminants, les oiseaux ont jusqu'à trois cavités dans lesquelles s'opère progressivement le travail de la digestion : le jabot, simple renflement de l'œsophage, où les aliments séjournent et se ramollissent, mais qui n'existe que chez les oiseaux se nourrissant de grains, tels que le pigeon, le coq, etc.; le ventricule succenturié, où les aliments s'imbibent, mais rapidement et presque sans s'arrêter; le gésier enfin, véritable estomac, mince et membraneux chez les oiseaux carnivores, épais et musculeux chez les granivores, dont les aliments, particulièrement résistants, ont besoin, pour être digérés, d'une plus grande énergie de trituration.

On trouve souvent dans l'estomac des oiseaux granivores de petits cailloux, sortes de dents internes que ces oiseaux avalent, afin de mâcher dans leur estomac les aliments qu'ils n'ont pu mâcher dans leur bouche.

La vie étant extrêmement intense et énergique chez les oiseaux, ce sont de tous les animaux ceux qui consomment, relativement au poids de leur corps, la plus grande quantité de nourriture. Les serins en cage, comme les poules dans la basse-cour, passent à picorer tout le temps qu'ils n'emploient pas à dormir.

341. Circulation chez les oiseaux. — Les oiseaux, avons-nous dit, sont des animaux à sang chaud; à sang très chaud, aurions-nous pu dire; car tandis que le sang de l'homme ne dépasse guère 37 degrés, celui des oiseaux s'élève à 44.

La circulation générale du sang est complète, c'est-à-dire comprenant une grande et une petite circulation, et le cœur a quatre cavités : deux oreillettes et deux ventricules, comme chez les mammifères.

342. Respiration chez les oiseaux. — La température élevée du sang des oiseaux fait immédiatement présumer une respiration très active ; car la chaleur du sang, cause première de la chaleur animale, est le résultat de la combustion du sang, c'est-à-dire de la combinaison de l'oxygène de l'air avec ce liquide, ainsi que nous l'avons expliqué ailleurs ; et cette combinaison, c'est le but unique de la respiration, c'est, pour mieux dire, la respiration elle-même.

Les oiseaux, en effet, sont, de tous les animaux, ceux dont l'appareil respiratoire est le plus parfait et le plus complet. Chez eux, l'action de l'air sur le sang ne se localise pas dans les poumons ; après avoir pénétré la masse de ces organes, il passe, à travers la membrane poreuse qui les enveloppe, dans des vaisseaux aériens qui se distribuent dans toutes les directions : dans le thorax, dans la tête, dans le corps et jusque dans les membres. L'air, se glissant ainsi entre les fibres des muscles et jusque dans la substance des os, est mis en contact avec les vaisseaux sanguins, revivifie partiellement le sang veineux sur place, en pleine circulation, avant son retour au cœur et aux poumons.

On peut donc dire que les oiseaux sont, de tous les animaux, ceux qui ont le sang le plus riche. C'est ainsi qu'il faut s'expliquer leur prodigieuse vivacité, qui est telle, chez beaucoup d'entre eux, qu'ils ignorent, pour ainsi dire, le repos.

343. Division de la classe des oiseaux. — On a, pour établir des distinctions entre les divers groupes de la classe des oiseaux, un très bon caractère : la forme de leurs pieds et de leur bec, qui est toujours en relation avec leur organisation générale et avec leurs habitudes.

C'est principalement en se fondant sur ce caractère qu'on a pu diviser les oiseaux en six ordres : les rapaces, les passereaux, les grimpeurs, les gallinacés, les échassiers et les palmipèdes.

QUESTIONNAIRE.

1. En quoi les oiseaux se distinguent-ils des mammifères ? — 2. En quoi les oiseaux se distinguent-ils des autres vertébrés ovipares ? — 3. Combien les oiseaux ont-ils de membres ? — 4. Quel est leur principal mode de locomotion ? — 5. Quelle est la forme générale du corps des oiseaux ? — 6. Qu'est-ce qui remplace les dents chez les oiseaux ? — 7. Quel est, dans la digestion des oiseaux, le rôle du jabot ? du ventricule succenturié ? du

gésier? — 8. A quoi servent les pierres contenues dans le gésier des oiseaux granivores? — 9. Quelle est la cause de la grande voracité des oiseaux? — 10. Quelle est la température du sang des oiseaux? — 11. En quoi la respiration des oiseaux se distingue-t-elle de celle des autres animaux? Quelle est, au point de vue de la qualité du sang, la conséquence de ce mode de respiration? — 12. Comment divise-t-on la classe des oiseaux? — 13. Sur quels caractères est principalement fondée cette division?

CHAPITRE PREMIER

PREMIER ORDRE DES OISEAUX

RAPACES

344. Caractères généraux de l'ordre des rapaces. — Les caractères distinctifs des oiseaux de cet ordre sont intimement liés, comme toujours, à leurs habitudes, et surtout à leur genre d'alimentation.

Comme ils se nourrissent exclusivement de proies vivantes, et principalement d'animaux de leur classe, c'est-à-dire d'oiseaux, ils sont organisés pour la rapidité de la poursuite, et possèdent, par conséquent, des ailes d'une grande envergure mues par des muscles vigoureux. Comme ils ont besoin, non pas seulement d'atteindre leur proie, mais aussi de la saisir énergiquement pour l'empêcher d'échapper à leur étreinte, ils ont des doigts très forts, armés d'ongles très robustes. Comme enfin ils se nourrissent exclusivement de chairs pantelantes, ils ont un bec solide, dont la mandibule supérieure est courbée en croc à son extrémité, pour déchirer plus sûrement, rien que par un mouvement de la tête d'avant en arrière, sans qu'aucun effort puisse leur faire lâcher prise, le croc harponnant les chairs à la manière d'un hameçon.

345. Division de l'ordre des rapaces. — Cet ordre se divise en deux familles chez lesquelles les différences de mœurs entraînent des différences très frappantes de formes et d'organisation; ce sont : la famille des rapaces diurnes et celle des rapaces nocturnes.

346. Rapaces diurnes. — Chasseurs intrépides, poursuivant leur proie au lieu de la prendre au gîte, les rapaces diurnes ont de grandes et puissantes ailes pourvues de pennes (longues plumes) de grande dimension; un plumage lisse atténuant la résistance de l'air; des doigts robustes, dont trois dirigés en avant, armés d'ongles forts et crochus; un bec gros et solide, fortement courbé à son extrémité et terminé en pointe; des yeux perçants, placés de chaque côté de la tête, de façon à embrasser d'un regard de vastes espaces. Ces yeux sont pourvus d'une membrane, appelée membrane clignotante, qui, en s'abaissant devant la cornée, permet à l'oiseau de supporter une vive lumière, de regarder le soleil en face, comme on a dit en parlant de l'aigle.

Cette famille comprend un grand nombre de genres, parmi lesquels nous citerons : le vautour, le condor, le gypaète, l'aigle, l'autour, le milan, l'épervier, la buse et le faucon.

347. — On reconnaît immédiatement les espèces du genre *vautour* (fig. 59) : à leurs petits yeux à fleur de tête; à leur long bec brusquement courbé vers l'extrémité seulement; à leur cou presque entièrement nu, ainsi que la tête, et souvent orné, à sa base, d'une collerette de longues plumes; à leurs doigts courts, armés d'ongles médiocrement robustes. Les vautours ont des ailes d'une grande envergure, mais, en même temps, un corps relativement lourd. Ils peuvent voler haut et longtemps, mais sans grande rapidité, ce qui fait que, ne pouvant poursuivre des proies vivantes douées de quelque agilité, ils se contentent généralement de bêtes mortes.

Fig. 59. Vautour.

348. — Le *condor* est plutôt une espèce du genre vautour qu'un genre spécial. C'est, en tout cas, le plus grand des oiseaux de proie; ses ailes atteignent jusqu'à 4 mètres d'envergure. Son vol est puissant; dans les Andes, montagnes de sa patrie, il s'élève parfois à 6000 mètres de hauteur, dominant de là une immense étendue de pays, pour y découvrir sa proie.

Le condor est un oiseau d'une beauté étrange, avec sa grande crête rouge, le caroncule rouge pendant sous sa mandibule inférieure, la magnifique collerette d'un blanc pur tranchant sur le bleu foncé de la peau de son cou.

Cette vivacité de teintes est un fait tout à fait exceptionnel chez les oiseaux de proie, dont les couleurs sont généralement sombres ou ternes.

349. — Le mot *gypaète*, qui veut dire vautour-aigle, désigne très bien un genre formant, en effet, le passage entre les vautours et les aigles. Le gypaète, souvent appelé *vautour des agneaux*, est le plus grand de tous les oiseaux de proie de l'ancien continent. Il a jusqu'à 3 mètres d'envergure. Il est assez robuste pour enlever, non pas seulement des agneaux, mais des chamois, des bouquetins et jusqu'à des veaux. Il tient des vautours par la forme de ses yeux et de ses serres, mais il a le bec robuste et la tête emplumée des aigles.

Fig. 60. Aigle royal.

350. — Les anciens avaient élevé l'*aigle* (fig. 60) à la dignité de roi des oiseaux; les oiseleurs le classaient, au

contraire, parmi les oiseaux *ignobles*, ce qui, dans leur langage, voulait dire oiseaux non nobles, vilains, roturiers.

Les anciens, en ennoblissant l'aigle, considéraient sa vigueur, son courage, la puissance de son vol, la force de son bec et de ses serres, l'acuité et la longue portée de sa vue, l'indépendance farouche de son caractère. Les oiseleurs, en le traitant de vilain, ne songeaient qu'à l'impossibilité de le dresser à la chasse.

Les ailes de l'aigle atteignent, lorsqu'elles sont fermées, l'extrémité de sa queue.

351. — Les ailes de l'*autour*, qui ressemble d'ailleurs beaucoup à l'aigle, sont beaucoup plus courtes; aussi cet oiseau, dont le vol est bas et lent, ne se nourrit-il que de petits quadrupèdes, lapins, rats, etc., ou d'oiseaux qui ne volent pas, comme la poule, ou dont le vol n'est pas rapide, comme le pigeon.

352. — Le *milan* a, au contraire, des ailes puissantes; mais comme il a les ongles et le bec faibles, et surtout comme il est très lâche, il ne fait la guerre qu'aux poussins, aux petits oiseaux, aux petits reptiles, et, au besoin, s'accommode de chair morte.

353. — L'*épervier* ressemble au milan et poursuit les mêmes proies.

354. — La *buse* est fortement armée, a des ailes longues, des serres solides, un bec robuste; elle ne paraît pas être lâche, mais elle semble paresseuse, attendu qu'elle attend le gibier au lieu de le poursuivre; par suite, on a fait à la buse une réputation de stupidité qu'elle ne mérite peut-être pas.

355. — Le *faucon* est un oiseau noble, disent les oiseliers, ce qui veut dire qu'il chasse volontiers pour le compte de l'homme, après avoir été dressé à cet exercice. Le mâle, plus petit d'un tiers que la femelle, est, pour cette raison, appelé tiercelet. Le faucon n'est pas grand, mais il est doué d'une grande force et d'un grand courage.

356. Rapaces nocturnes. — Ne chassant que la nuit, c'est-à-dire lorsque leur proie est endormie, ces oiseaux n'ont pas besoin d'ailes bien robustes; mais il est nécessaire qu'ils fassent le moins de bruit possible en volant, pour ne pas éveiller leurs victimes; aussi ont-ils un plumage doux et moelleux, et leurs ailes, pendant leur vol, s'agitent mollement, sans frapper l'air comme font celles des rapaces diurnes.

Ils ont la tête grosse, la face plate, de grands yeux dirigés en avant, percés de grandes pupilles qui leur donnent un air effaré, et entourés d'une sorte d'éventail formé de plumes effilées.

Leur bec est court et crochu, leurs ongles sont aigus et robustes; ils dirigent leur doigt externe en avant ou en arrière, à volonté. Ils se nourrissent de petits oiseaux qu'ils prennent dans le nid ou endormis sur les branches, mais surtout de rats, de souris, de mulots, de petits rongeurs funestes à nos cultures, circonstance qui fait des rapaces nocturnes d'utiles auxiliaires de l'homme.

Les principaux genres de cette famille sont : la chevêche, la chouette, l'effraie, le grand-duc et le hibou.

357. — Nous plaçons la *chevêche* dans le voisinage des rapaces diurnes, parce qu'elle leur ressemble, par la forme de sa tête, presque autant qu'aux rapaces nocturnes. La taille des chevêches varie de celle d'un merle à celle d'un moineau.

358. — On reconnaît la *chouette* à sa tête ronde et aux grandes collerettes de plumes grêles qui entourent ses yeux.

Fig. 61. Chat-huant.

359. — L'*effraie* a une grande analogie avec la chouette. Elle se loge volontiers dans les vieux châteaux, dans les vieux clochers; son cri lugubre a *effrayé* plus d'une génération de gens superstitieux. Le *chat-huant* (fig. 61) est une espèce du genre effraie.

360. — Le *grand-duc* est le plus grand de tous les rapaces nocturnes. Il a de chaque côté de sa tête aplatie, une aigrette qui ressemble à une oreille en plumes.

361. — Le *hibou* a des aigrettes comme le grand-duc, auquel il ressemble beaucoup, sauf par sa taille, qui est bien plus petite.

QUESTIONNAIRE.

1. Quel est le genre d'alimentation des rapaces, et comment leur organisation en dépend-elle? — 2. Comment divise-t-on l'ordre des rapaces? — 3. Quels sont les caractères des rapaces

diurnes? — 4. Quels sont les principaux genres de cette famille? — 5. Quels sont les caractères du genre vautour? condor? gypaète? aigle? autour? milan? épervier? buse? faucon? — 6. Quels sont les caractères des rapaces nocturnes? — 7. Quels sont les principaux genres de cette famille? — 8. Quels sont les caractères du genre chevêche? chouette? effraie? grand-duc? hibou?

CHAPITRE II

DEUXIÈME ORDRE DES OISEAUX

PASSEREAUX

362. Caractères généraux de l'ordre des passereaux. — Taille petite ou médiocre, pattes grêles, doigts longs et faibles, ongles peu robustes, tels sont les caractères généraux des passereaux.

Ils conviennent bien à ces oiseaux timides, qui se nourrissent généralement de graines ou d'insectes (quelques-uns sont omnivores), qui se distinguent presque tous par la grâce de leurs formes et la légèreté de leurs mouvements.

Tous les oiseaux chanteurs, qui donnent tant de gaieté à nos bois, à nos jardins et même à nos habitations, appartiennent à l'ordre des passereaux.

363. Division de l'ordre des passereaux. — On divise ce grand ordre, le plus riche en espèces de toute la classe des oiseaux, en cinq familles : les dentirostres, les fissirostres, les conirostres, les ténuirostres et les syndactyles.

364. Dentirostres. — Ce mot veut dire becs à dents, becs dentelés. Les passereaux de cette famille ont tous, en effet, le bec plus ou moins dentelé; mais chez quelques-uns il n'existe qu'une simple échancrure vers la pointe de la mandibule.

Les genres qui composent la famille des dentirostres sont nombreux; il nous suffira de citer : la pie-grièche, le rossignol, la fauvette, le merle, la grive, le rouge-gorge, le loriot, le roitelet.

365. — On a dû hésiter longtemps avant de décider si la *pie-grièche* n'est pas un rapace en miniature, par la forme crochue de son bec et son caractère violent. Irascible, brave, téméraire, la pie-grièche se jette avec fureur sur des adversaires quatre fois gros comme elle et les met en fuite. Elle se nourrit exclusivement de proies vivantes, se contentant, à l'occasion, de gros insectes, mais préférant les petits oiseaux et les petits mammifères. Sanguinaire, du reste, jusqu'à la férocité, elle tue pour tuer et lors même qu'elle est entièrement repue. Sa conformation générale classe cependant le genre pie-grièche parmi les passereaux.

366. — Chez le *rossignol*, le passereau apparaît avec tous ses caractères essentiels : bec droit et grêle, pieds faibles, ongles dépourvus de vigueur. Quant au tempérament du rossignol, il est inquiet, sauvage, quelque peu farouche. Sa livrée est de couleur sombre, mais son chant est tout ce qu'on peut imaginer de plus ravissant. On s'étonne d'entendre sortir d'un si petit gosier des sons si pleins, si puissamment timbrés, et des modulations si douces, si suaves. Le rossignol a visiblement le tempérament d'un véritable artiste, et nul, en l'entendant, ne peut douter qu'il ne sente profondément l'admirable musique qu'il fait entendre, tant il met d'habileté et de goût dans l'émission et la succession des sons.

367. — Chanteuse plus modeste, artiste moins savante, douée, comme disent les musiciens, d'un registre moins étendu, de moyens moins puissants, la *fauvette* (fig. 62) a peut-être dans son gai ramage une grâce plus simple et plus touchante.

Fig. 62. Fauvette.

La grâce, du reste, c'est la fauvette tout entière. Avec son petit bec tout droit, ses pieds mignons, ses formes sveltes, son intarissable gaieté qui tourne aisément à la familiarité, la fauvette apporte la joie dans tous les lieux qu'elle habite.

Elle se nourrit d'insectes, comme le rossignol ; mais, tandis que celui-ci cherche sa nourriture à terre, la fauvette poursuit sa proie dans les branches des arbres et des buissons.

368. — Fin comme un *merle*, dit-on. La finesse du merle n'est peut-être, au fond, qu'une timidité farouche, qui fait que l'oiseau, solitaire par défiance, ne se laisse jamais approcher.

Son bec long et grêle est jaune pâle. Son plumage est d'un noir de fumée qu'on peut trouver peu agréable et quelque peu sale; mais il a un grand charme qu'on ne peut nier, c'est son incomparable talent de siffleur.

Le merle se nourrit de vers et d'insectes.

369. — La *grive,* qui, pour bien des naturalistes, n'est qu'une espèce du genre merle, préfère les baies et les fruits charnus. Son plumage, de couleur terne, est assez agréablement tacheté; mais elle ne possède aucun talent de chanteur.

Sa chair est fort estimée des gourmets.

370. — Le *rouge-gorge* est un joli petit oiseau, fort commun dans nos contrées, dont il habite le nord pendant l'été et le midi pendant l'hiver.

Le rouge-gorge, naturellement familier et doux, s'apprivoise facilement. Il en est une espèce qui possède une voix assez agréable, un chant assez varié pour qu'on l'ait appelé, avec quelque exagération, il est vrai, *rossignol de muraille*. La dernière partie de cette appellation fait allusion à l'habitude qu'ont les rouges-gorges de faire leurs nids dans les trous des vieux murs.

371. — Avec un bec moins robuste, des ailes moins fortes et des pieds plus longs, le *loriot* représenterait assez bien un merle par ses formes générales; mais, au lieu de la couleur terne et sale du merle, il a le corps d'un beau jaune, les ailes et la queue d'un noir brillant.

372. — Si l'on a donné au plus petit de tous nos oiseaux d'Europe le nom singulier de *roitelet*, qui veut dire petit roi, ce n'est pas, comme le prétend une légende enfantine, parce qu'il a défié et vaincu l'aigle au vol au moyen d'une supercherie, mais plus vraisemblablement parce qu'il porte sur sa tête une belle aigrette jaune bordée de noir, qui lui fait une sorte de diadème.

Le roitelet a un petit bec court et grêle, sans courbure aucune. Il fait pour ses petits un petit nid de mousse, tout rond comme une boule, et le tapisse à l'intérieur d'un fin duvet emprunté à l'aigrette soyeuse de certaines fleurs.

373. Fissirostres. — Le bec court et triangulaire des oiseaux de cette famille est fendu jusqu'aux yeux, parce qu'ils poursuivent les insectes la bouche largement ouverte. Il ne faudrait pas d'autre signe pour les faire reconnaître. Nous pouvons ajouter cependant qu'ils ont des ailes très longues, courbées en forme de faux, et un vol très puissant.

Les genres peu nombreux de cette famille peuvent être réduits à trois : l'hirondelle, le martinet et l'engoulevent.

374. — Le genre *hirondelle* se distingue par des pieds courts, presque impropres à la marche, et une queue fourchue. Les hirondelles d'Europe, qui émigrent au loin pendant l'hiver, aiment, sans être vraiment familières, le voisinage de nos habitations, et suspendent au bord de nos toits des nids admirablement construits avec de la boue.

Nous possédons jusqu'à quatre espèces d'hirondelles, peu différentes entre elles : l'*hirondelle de fenêtre*, l'*hirondelle de cheminée*, l'*hirondelle de rivage* et l'*hirondelle de montagne*. Les Chinois en connaissent une autre espèce, la *salangane*, dont ils mangent les nids construits avec une espèce de fucus.

375. — Des pieds encore plus courts que ceux de l'hirondelle, un bec encore plus fendu, des ailes encore plus longues, un vol encore plus puissant, voilà ce qui distingue le *martinet*, dont les mœurs sont, du reste, les mêmes que celles de l'hirondelle, sauf qu'il fait son nid dans des trous de murs, d'arbres ou de rochers.

376. — L'*engoulevent* ne fait pas de nid du tout ; il dépose simplement ses œufs dans des trous ou plus simplement encore par terre. Plus gros que l'hirondelle, il pourchasse de plus gros insectes. Il est remarquable par la moustache de fines plumes dont son bec est orné.

377. Conirostres. — Voici la plus nombreuse des familles de passereaux, et peut-être même de toutes les familles d'oiseaux. Il est vrai que ses caractères, assez confus, se réduisent à peu près à la forme du bec, qui est court, droit, gros à la base et de forme conique.

Nous citerons, non sans quelques doutes, parmi les genres de cette famille : le bouvreuil, la linotte, le chardonneret, le pinson, le bruant, l'ortolan, le serin, le bengali, le sénégali, le cardinal, le moineau, la mésange, l'alouette, le geai, la pie, le corbeau, le freux, la corneille, le sansonnet, le paradisier.

378. — Siffleur élégant, vêtu d'une belle livrée cendrée en dessous, rouge en dessus, le *bouvreuil* serait un de nos oiseaux les plus agréables, s'il n'avait une terrible habitude : celle de dévorer, dans les vergers et les jardins, les bourgeons des arbres à fruits.

379. — Charmant chanteur, agréablement vêtu de rouge et de blanc, la *linotte* s'élève bien en cage et apprend fidèlement les airs qu'elle entend ; on lui a fait une réputation de stupidité qui s'accorde mal avec tant de talents et d'agréments.

380. — La tête du *chardonneret* est peut-être trop forte pour son corps ; mais il a, dans son plumage gris, des taches blanches, jaunes, rouges, noires très brillantes, et son chant, très vif, est loin d'être dépourvu d'agrément.

381. — Le *pinson* est un de nos plus agréables et de nos plus joyeux chanteurs. Il se nourrit de graines et se fait un joli nid de mousse. On l'élève souvent en captivité : mais c'est une affreuse cruauté que de lui crever les yeux, comme on fait quelquefois, sous prétexte qu'il ne chante que dans l'obscurité.

382. — Le plumage du *bruant*, uniformément vert, n'est pas des plus riches ; sa voix non plus n'est pas des plus brillantes ni son talent musical des plus variés ; mais il a un petit gazouillement qui n'est pas dépourvu de grâce.

383. — L'*ortolan*, que ses formes rapprochent du bruant, est, dans l'opinion des gourmets, une des friandises les plus exquises.

384. — Le *serin* commun est un tout petit oiseau gracieux, bien que sa couleur vert et jaune ne soit pas bien éclatante. L'espèce des Canaries, qu'on élève et qu'on multiplie en cage, est complètement jaune. Elle a un chant vif, bruyant, assourdissant même.

385. — Un des plus petits et des plus jolis oiseaux est le *bengali*, avec son bec rouge, son plumage bleu clair, marqué, sous les yeux, d'un croissant pourpre.

386. — Le *sénégali*, voisin du bengali, est rouge, gris et noir, de couleurs peu éclatantes, par conséquent; son chant est agréable.

387. — Le *cardinal* a des formes lourdes, mais il est paré d'un manteau rouge éclatant.

388. — Il n'est personne qui ne connaisse le *moineau*, son plumage gris, le nid grossier qu'il construit dans les trous de murs, sa familiarité poussée jusqu'à l'impudence, son intelligence, sa rouerie plutôt. On le domestique au point de l'habituer à revenir librement à sa cage, ce qui est un fait presque unique pour les passereaux.

389. — La *mésange* a des couleurs sombres, mais gracieusement mélangées. Elle est de la taille du moineau, qu'elle surpasse en vivacité et en courage. Son ramage, peu compliqué, est frais et vif.

390. — L'*alouette* a des couleurs uniformément grises. Son chant matinal est extrêmement vif et gai.

391. — Nous abordons maintenant les passereaux de grande taille. Le *geai*, de formes assez lourdes, est très agréable de couleur. Sa robe est grise, de même que ses ailes, qui sont marquées de belles taches bleues.

392. — La longue queue de la *pie*, son manteau noir, son ventre blanc la font reconnaître immédiatement. La pie est criarde, bavarde et voleuse, ayant la singulière manie d'emporter et de cacher les petits objets brillants qu'elle rencontre. On lui apprend à prononcer quelques mots.

393. — Gros, lourd, noir, sale, se nourrissant de bêtes mortes, et poussant, en guise de chant, des croassements lugubres, le *corbeau* a tout ce qu'il faut pour être un oiseau désagréable; mais il est intelligent; élevé en captivité, il suit son maître aussi fidèlement que ferait un chien.

394. — Le *fréux* est un petit corbeau, un peu moins sale que le corbeau ordinaire, et se nourrissant de proies vivantes.

395. — La *corneille*, autre petit corbeau tout noir, ayant les habitudes du freux, supporte très bien la captivité.

396. — Le *sansonnet* ou *étourneau* est très vif, très gai, très joli avec son plumage vert et violet semé de taches bleues. Il chante agréablement, parle même avec une certaine aisance et possède un renom d'étourderie assez mérité; car il tombe avec une facilité extraordinaire dans les pièges qu'on lui tend.

397. — Le *paradisier* est le plus richement vêtu de tous les oiseaux, sans en excepter le paon lui-même. Grande queue et grande aigrette d'or formées de plumes soyeuses réduites à des filaments, ailes d'or et d'azur, etc., tout concourt à donner un éclat inimaginable à cet oiseau, auquel la richesse de son plumage a valu le nom d'*oiseau de paradis*.

398. Ténuirostres. — Bec grêle (leur nom le dit), long, droit ou arqué, sans échancrure aucune, tel est le caractère adopté pour cette famille.

Nous ne citerons que trois genres : l'oiseau-mouche ou colibri, la bergeronnette et le grimpereau.

399. — Les *colibris* (fig. 63) ou *oiseaux-mouches*, d'un vert d'émeraude à reflets rouges et bleus, sont, par la petitesse de leur taille, l'une des merveilles de la classe des oiseaux. Certaines espèces ne dépassent pas la taille d'un bourdon et se prennent dans les toiles d'araignées comme les insectes. Les uns sont insectivores; les autres se contentent, pour se nourrir, de plonger leur langue dans le calice des fleurs, où ils puisent quelques gouttes de miel. Ils sont d'une vivacité qui n'admet pas de repos.

Fig. 63. Colibri.

400. — La *bergeronnette*, ainsi nommée parce qu'elle suit souvent les troupeaux, pour happer les insectes qu'attire la présence des bestiaux, est un joli oiseau. On l'appelle aussi hoche-queue, parce qu'il a la gracieuse habitude d'agiter continuellement sa longue queue de bas en haut et de haut en bas.

La bergeronnette est haute sur ses pieds et a un bec long et grêle.

401. — Le *grimpereau* a le bec long, grêle, arqué, la queue réduite à des moignons de plumes. Cette mutilation vient de l'habitude qu'a cet oiseau de grimper le long du tronc des arbres. N'ayant pas les pieds organisés comme ceux des vrais grimpeurs, il est obligé de s'arc-bouter avec sa queue, qui s'use rapidement contre l'écorce.

402. Syndactyles. — Ce nom, qui veut dire doigts unis, doigts soudés, désigne une famille de passereaux peu nombreuse, mais parfaitement caractérisée par ses deux longs doigts externes soudés l'un à l'autre, tandis que l'interne, beaucoup plus court, est parfaitement libre.

Nous ne mentionnerons que deux genres de cette famille : le coq-de-roche et le martin-pêcheur.

403. — Le *coq-de-roche* ou *rupicole* (habitant des rochers) est un magnifique oiseau américain qui n'a rien de commun avec le coq, sauf ses formes un peu lourdes pour un passereau et rappelant celles des gallinacés, sauf sa magnifique double aigrette formée de plumes en éventail. Les couleurs de cet oiseau sont d'une fraîcheur admirable ; le jaune y domine.

404. — D'après les anciens, le *martin-pêcheur* (fig. 64) ou *alcyon*, qui est un oiseau presque entièrement aquatique, posait son nid sur les flots, et un calme profond régnait sur la mer tout le temps qu'il mettait à couver ses œufs. De cette poétique légende il n'est resté qu'un petit oiseau, gracieux par ses couleurs bleue et verte, avec des reflets de pierres précieuses, non par ses formes un peu courtes, sa queue presque nulle, son bec long et droit. Il se nourrit de poissons.

Fig. 64 Martin-pêcheur.

QUESTIONNAIRE.

1. Quels sont les caractères généraux de l'ordre des passereaux ? — 2. Comment divise-t-on cet ordre ? — 3. Quels sont les caractères distinctifs de la famille des dentirostres ? — 4. Quels sont les principaux genres de cette famille ? — 5. Quels sont les caractères du genre pie-grièche ? rossignol ? fauvette ? merle ? grive ? rouge-gorge ? loriot ? roitelet ? — 6. Quels sont les caractères distinctifs de la famille des fissirostres ? — 7. Quels sont les principaux genres de cette famille ? — 8. Quels sont les caractères du genre hirondelle ? martinet ? engoulevent ? — 9. Quels sont les caractères distinctifs de la famille des conirostres ? —

10. Quels sont les principaux genres de cette famille? — 11. Quels sont les caractères du genre bouvreuil? linotte? chardonneret? pinson? bruant? ortolan? serin? bengali? sénégali? cardinal? moineau? mésange? alouette? geai? pie? corbeau? freux? corneille? sansonnet? paradisier? — 12. Quels sont les caractères distinctifs de la famille des ténuirostres? — 13. Quels sont les principaux genres de cette famille? — 14. Quels sont les caractères du genre colibri? bergeronnette? grimpereau? — 15. Quels sont les caractères distinctifs de la famille des syndactyles? — 16. Quels sont les principaux genres de cette famille? — 17. Quels sont les caractères du genre coq-de-roche? martin-pêcheur?

CHAPITRE III

TROISIÈME ORDRE DES OISEAUX

GRIMPEURS

405. Caractères distinctifs de l'ordre des grimpeurs. — Il n'y a qu'un seul caractère pour distinguer l'ordre des grimpeurs des autres ordres de la classe des oiseaux, mais ce caractère est frappant et décisif : au lieu d'avoir trois doigts dirigés en avant et un en arrière, ils ont deux doigts dirigés en avant et deux en arrière, ce qui donne à plusieurs d'entre eux une grande facilité pour grimper le long des troncs d'arbres, des murs et des rochers.

406. Division de l'ordre des grimpeurs. — On a essayé de diviser les grimpeurs en familles; mais ces familles sont assez peu différentes les unes des autres pour qu'il nous paraisse suffisant de mentionner les genres principaux : ara, perroquet, perruche, cacatoès, toucan, pic et coucou.

Fig. 65. Perroquet.

407. — L'ara est un grimpeur de grande taille, remarquable par la grosseur de son bec crochu, par la longueur de sa queue étagée dont le poids rend son vol très lourd, par l'éclat extraordinaire de ses couleurs, par ses joues nues qui distinguent ce genre de tous les genres voisins.

408. — Le genre *perroquet* (fig. 65) se distingue du genre ara par sa queue courte et non étagée, sa grosse langue épaisse qui lui permet d'articuler avec une netteté extraordinaire les mots qu'il entend prononcer, ce qui en fait le plus habile de tous les oiseaux parleurs.

409. — Un bec moins gros, une moins grande taille, une queue longue et étagée distinguent les *perruches* des perroquets. Quelques espèces ont à peu près autant de facilité à parler que les perroquets eux-mêmes.

Fig. 66. Pic.

410. — Les *cacatoès* ont une queue courte comme le perroquet, dont ils se distinguent par la belle huppe qu'ils portent sur leur tête et qu'ils développent à leur gré.

411. — Chez les *toucans*, la queue est longue et étagée; mais ce qui distingue le toucan à première vue, c'est la monstrueuse grosseur de son bec dentelé, courbé comme une faux, et sa langue barbelée comme une plume.

412. — Le vrai grimpeur, c'est-à-dire celui qui grimpe, non pas en s'accrochant avec son bec, comme le perroquet, mais par la seule force de ses pieds aidés quelque peu de sa queue fonctionnant comme un arc-boutant, à la manière de celle du grimpereau, c'est le *pic* (fig. 66).

Le pic est un oiseau rusé qui, pour faire sortir de l'écorce des arbres les insectes dont il se nourrit, la heurte à plusieurs reprises avec son bec, afin d'effrayer ses victimes et de les happer lorsqu'elles viennent à se montrer.

413. — Le *coucou*, dont le cri monotone annonce le printemps, ne fait pas de nid, mais dépose ses œufs dans les nids des autres oiseaux. Quand les jeunes intrus se sont développés, ils jettent dehors les petits qu'une mère imprévoyante a couvés et élevés avec eux.

QUESTIONNAIRE.

1. Quel est le caractère distinctif de l'ordre des grimpeurs ? — 2. Comment divise-t-on cet ordre ? — 3. Quels sont les caractères distinctifs du genre ara ? perroquet ? perruche ? cacatoès ? toucan ? pic ? coucou ?

CHAPITRE IV

QUATRIÈME ORDRE DES OISEAUX

GALLINACÉS

414. Caractères généraux des gallinacés. — Le volume et le poids considérables de leur corps, le faible développement de leurs ailes font que la plupart des oiseaux de cet ordre ont le vol lourd et ne se soutiennent que peu de temps à de faibles élévations. Il faudra cependant faire une exception en faveur des pigeons.

Essentiellement granivores, les gallinacés ont le bec court et de grosseur médiocre, mais possèdent, en revanche, un robuste gésier.

N'ayant pas à retenir ni à déchirer des proies vivantes, ils ont des pieds faibles, organisés souvent pour la marche et nullement pour la préhension.

Beaucoup d'oiseaux de basse-cour appartiennent à l'ordre des gallinacés : on comprend sans peine que la faiblesse de leur vol ait donné des facilités particulières pour les réduire en domesticité.

415. Divisions de l'ordre des gallinacés. — Ici encore nous nous abstiendrons de distinguer les familles, malgré le nombre assez considérable des genres, parmi lesquels nous citerons : le pigeon, le coq, la perdrix, la caille, le tétras, la gelinotte, la pintade, le dindon, le paon et le faisan.

416. — Nous avons signalé d'avance comme une exception, dans l'ordre des gallinacés, le vol passablement puissant et soutenu des *pigeons*, qui, en ce point, forment un passage assez naturel entre les passereaux et les gallinacés.

On sait en outre comment certains pigeons, appelés pigeons voyageurs, portés très loin de leur colombier, y reviennent tout droit, sans hésitation, et comment on a pu utiliser cette curieuse faculté pour faire servir ces oiseaux au transport des dépêches, surtout quand il fallait traverser des pays occupés par des troupes ennemies.

Le pigeon s'apprivoise d'ailleurs très bien et devient extrêmement familier. Tout le monde connaît son roucoulement doux et monotone.

La douceur tendre de la *tourterelle*, qui est un pigeon de petite taille, est proverbiale. Les tourterelles ont au cou un collier ou un croissant de plumes noires d'un très gracieux effet.

417. — Le coq (fig. 67) a une extrême fierté d'attitude, inspirée, dirait-on, par la grande beauté de son plumage : c'est du mâle que nous parlons; la femelle a une livrée plus que modeste.

Fig. 67. Coq.

Le coq, mâle ou femelle, a la queue relevée, comprimée latéralement, retombant, chez le mâle, en un magnifique panache d'un vert métallique. La tête est couronnée quelquefois d'une aigrette de plumes, plus souvent d'une crête de chair d'un beau rouge. Deux barbillons de même nature et de même couleur pendent sous la mandibule inférieure. Le coq et la poule, sa femelle, sont incontestablement les plus utiles de nos oiseaux domestiques. Ils nous fournissent à la fois leurs plumes, leur chair et leurs œufs.

418. — Chez la *perdrix*, le corps est massif et lourd, la tête petite, les ailes courtes, la queue presque nulle, les jambes peu développées. La perdrix est comme une boule de plumes assez agréablement variées.

C'est dire que la perdrix vole mal et peu longtemps; comme, d'autre part, sa chair est très estimée, les chasseurs lui font une véritable guerre d'extermination.

419. — Très stupide, malgré son caractère batailleur, la *caille*, qui est comme une petite perdrix à chair plus délicate encore, est un oiseau essentiellement voyageur, passant alternativement et presque sans s'arrêter d'Afrique en Europe et d'Europe en Afrique.

420. — Le *coq de bruyère* ou *tétras* est un grand et bel oiseau dont les formes générales rappellent, avec moins d'élégance, celles du coq, mais dont les plumes sont encore plus agréablement mouchetées.

421. — La *gelinotte* est aussi un bel oiseau, agréablement bigarré de blanc, de gris, de roux et de brun. Son nom veut dire petite geline, et geline est l'ancien nom de la poule.

422. — La *pintade*, dont le nom veut dire oiseau peint, a un corps massif, une tête d'une petitesse disproportionnée. Elle est remarquable par son beau plumage noir et cendré, parsemé de petites taches blanches arrondies.

423. — Le *dindon* est un très grand gallinacé, originaire de l'Amérique, pays qui a porté longtemps le nom d'Indes occidentales, ce qui fit donner à l'oiseau le nom de coq d'Inde. Il a sur le front un appendice charnu, tout mamelonné, et un autre sous le cou. A certains moments, il fait la roue, c'est-à-dire qu'il relève et étale en éventail les plumes de sa queue, en rejetant son cou en arrière et se rengorgeant comme s'il voulait se faire admirer.

424. — Le *paon* fait la roue aussi, mais il a sur le dindon l'avantage de posséder une queue immense et splendide qui, étalée en rond, jette des reflets comparables à ceux de l'arc-en-ciel. Son cou bleu, sa poitrine d'un beau vert, son aigrette de fines plumes bleues, projetés sur le splendide fond que forme la queue, achèvent de faire du paon une merveille de beauté qui justifie bien la fierté de ses attitudes.

425. — La forme générale du *faisan* est très élégante. Sa longue queue courbée en faux est extrêmement belle, mais elle gêne singulièrement le vol de l'oiseau. Les gourmets font le plus grand cas de sa chair, dure et fade cependant, mais qui, en se faisandant, c'est-à-dire en se gâtant et devenant malsaine, passe pour prendre un fumet exquis.

QUESTIONNAIRE.

1. Quels sont les caractères distinctifs des gallinacés? — 2. Quel est leur genre d'alimentation? — 3. Pourquoi a-t-on pu élever en domesticité beaucoup de gallinacés? — 4. Comment divise-t-on l'ordre des gallinacés? — 5. Quels sont les caractères du genre pigeon? tourterelle? coq? perdrix? caille? tétras? gelinotte? pintade? dindon? paon? faisan?

CHAPITRE V

CINQUIÈME ORDRE DES OISEAUX

ÉCHASSIERS

426. Caractères généraux des échassiers. — Perchés sur leurs longues pattes nues, qu'ils déplacent, en marchant, tout d'une pièce, sans les plier au genou, ces oiseaux ont bien l'air, en effet, de marcher sur des échasses. Quand ils volent, les mêmes pattes, qu'ils ne peuvent plier sous le ventre, s'allongent toutes droites en arrière et donnent à ces oiseaux un aspect des plus singuliers.

La plupart des échassiers habitent le bord des eaux peu profondes, où, grâce à la longueur de leurs pattes et de leur cou, ils peuvent entrer commodément et fouiller dans la vase et dans le sable pour y chercher les vers, les mollusques, les animaux et les plantes aquatiques dont ils font leur nourriture. Presque tous ont un long bec droit ou courbe, qui les aide encore dans cette besogne. Plusieurs ont l'habitude, quand ils sont à terre, de se reposer sur un seul pied, position que leur facilitent la robuste articulation de leur tarse et la longueur de leurs doigts.

427. Divisions de l'ordre des échassiers. — Les caractères que nous venons d'indiquer se rencontrent à des degrés très variables chez les divers genres. C'est pourquoi il existe des doutes très fondés sur le véritable groupe auquel appartiennent plusieurs des genres que nous allons énumérer : pluvier, vanneau, bécasse, bécassine, ibis, courlis, râle, cigogne, héron, marabout, grue, outarde, autruche, casoar, épiornis, dronte, flamant.

428. — Le nom de *pluvier*, qui veut dire oiseau des pluies, a été donné à cet échassier parce qu'il arrive dans nos pays en automne, c'est-à-dire à la saison des pluies. Très élégant de formes, il a un bec tout droit, de longueur médiocre, trois doigts seulement à chaque pied, sans trace de pouce. Il a l'habitude de frapper le sol avec ses pieds, comme le pic frappe l'écorce des arbres avec son bec, pour en faire sortir les vers dont il fait sa nourriture.

429. — Avec la taille, les formes, les mœurs du pluvier, le *vanneau* s'en distingue surtout par la présence d'un pouce, extrêmement court du reste.

430. — La *bécasse* n'est pas un oiseau aquatique proprement dit. Elle habite volontiers les bois humides et y cherche, avec son long bec tout droit, des vers et des insectes sous les feuilles qui jonchent le sol. Elle a un tel air de stupidité que son nom est devenu synonyme de personne sotte et crédule. Sa chair est presque aussi estimée que celle du faisan et se mange de même.

431. — La *bécassine* ressemble tout à fait à une petite bécasse, sauf qu'elle a le bec proportionnellement plus long et qu'elle fréquente habituellement les ruisseaux, les marais, les eaux peu profondes.

432. — L'*ibis*, autre oiseau de marécage, est armé d'un long bec courbé en arc. L'*ibis commun* ou *ibis sacré* (fig. 68), qui est blanc et noir, était en grande vénération chez les Égyptiens. Ils allaient jusqu'à l'embaumer pour le conserver dans les tombeaux, en compagnie de leurs morts. Il existe, en Amérique, une espèce entièrement rouge.

Fig. 68. Ibis sacré.

433. — Le *courlis* diffère à peine de l'ibis. Il a seulement le bec un peu plus grêle et plus arrondi. Il habite les marais voisins de la mer et pousse un cri particulier dont son nom est une imitation assez fidèle.

434. — Le corps du *râle* est lourd, ses doigts sont longs et grêles, sa queue est extrêmement courte. Deux espèces de ce genre, le *râle d'eau* et le *râle des genêts*, appelé aussi *roi des cailles*, sont des gibiers estimés.

435. — La *cigogne* est un grand échassier qui atteint parfois jusqu'à 1 mètre 50 de hauteur. Essentiellement voyageuse, elle envahit souvent en véritables nuées les hauts édifices, particulièrement les clochers des villes de certaines contrées, et y perche sur un seul pied, dans une attitude singulièrement pittoresque. La cigogne a un vol très puissant. Elle se nourrit principalement de poissons.

436. — Longs pieds, long cou, long bec, c'est le portrait que La Fontaine a fait en six mots du *héron* (fig. 69). Ajoutons-y de longs doigts, de longues ailes, et le portrait sera presque complet.

Fig. 69. Héron.

Le héron est un oiseau d'humeur triste, qui vit presque toujours solitaire au bord des eaux. Endormi en apparence sur un seul pied, le héron se réveille brusquement et lance son bec pointu comme par un ressort, lorsqu'une proie vient à passer à sa portée. Il est peu d'oiseaux qui volent aussi haut que le héron; il décourage plus d'une fois l'aigle et le faucon qui le pourchassent; parfois aussi il les embroche avec son bec acéré comme avec un dard. La chasse au héron était le grand amusement des fauconniers d'autrefois.

437. — Il est peu d'oiseaux d'un aspect aussi désagréable que le *marabout*. Son énorme bec qui semble fait avec du vieux bois, sa tête et son cou nus, le gros sac de peau rougeâtre qui lui pend comme un goitre au milieu du cou lui donnent un air vieux et misérable. En revanche, il porte, sous les pennes de sa queue, de grandes plumes d'une merveilleuse finesse, qui se vendent à des prix très élevés, pour servir à la parure des dames. Le nom de cet oiseau, qui est aussi celui d'une sorte de moine musulman, lui vient sans doute de son aspect vénérable et décrépit.

438. — La *grue* est l'oiseau voyageur par excellence. Elle ne recule pas devant des excursions annuelles qui vont du nord de l'Europe au sud de l'Afrique. Les grues voyagent en petites troupes. Pour diminuer leurs fatigues, elles ont soin de voler tantôt sur une seule ligne, tantôt en formant un angle aigu, et, comme l'oiseau qui coupe le vent à la tête de la troupe se fatigue davantage, chacun vient à son tour occuper cette position. La *grue commune* a le bec droit, court et pointu ; son plumage est d'un gris cendré agréable à l'œil ; sa taille atteint et dépasse même 1 mètre 30 de hauteur.

439. — La forme lourde du corps de l'*outarde*, ses ailes peu développées, son bec gros et court rappellent les gallinacés ; mais la longueur du cou et des pattes et l'absence du pouce rapprochent cet oiseau des échassiers. Son nom, corruption du latin *avis tarda* (oiseau lent), fait allusion à la lourdeur extrême de son vol. En revanche, l'outarde court avec une grande agilité.

440. — L'*autruche* (fig. 70) est encore plus agile à la course que l'outarde. Il est vrai que l'autruche, par une anomalie qui ne lui est pas tout à fait particulière, a des ailes, mais ne vole pas. Ces ailes, en effet, ne sauraient supporter le poids d'un corps qui pèse jusqu'à 50 kilogrammes et atteint 2 mètres 50 de hauteur.

Fig. 70. Autruche.

L'autruche est le plus grand de tous les oiseaux actuellement vivants. Elle a la tête petite, le cou et les pieds très longs. Dans l'Afrique tropicale, sa patrie, on l'élève en troupeaux, moins à cause de sa chair, qui est médiocre, que pour ses belles et grandes plumes, qui sont fort estimées. La vigueur de l'estomac de l'autruche est légendaire ; il ne faut pas croire cependant qu'elle digère, comme on le dit, les métaux et les cailloux, bien qu'elle les avale gloutonnement et sans discernement aucun.

441. — Avec des ailes plus courtes et une taille moins élevée, car il ne dépasse pas 1 mètre 50 de hauteur, le *casoar* est l'autruche de l'archipel de Malaisie. Ses plumes, de couleur noire ou très sombre, sont réduites à des crins. Il porte sur la tête, au-dessus du bec, une sorte de casque formé par une proéminence osseuse. La peau de son cou, entièrement nue, est peinte en violet et en bleu vif, et ces teintes sont encore relevées par deux caroncules ou excroissances de chair de couleur rouge.

442. — L'*épiornis*, quand il vivait, était le véritable géant de la classe des oiseaux. Il n'en reste que quelques débris trouvés à Madagascar; mais ils suffisent pour établir qu'il avait la conformation générale de l'autruche, et qu'il était incomparablement plus grand. Ses œufs, par exemple (car on a trouvé des œufs d'épiornis, ce qui prouve qu'il n'a pas disparu depuis longtemps), avaient une capacité de 8 litres 75 et représentaient le volume de 6 œufs d'autruche.

443. — La disparition du *dronte* ou *dodo* est plus récente encore que celle de l'épiornis, puisque des voyageurs du XVII° siècle l'ont vu et décrit. D'après les restes très informes que l'on possède, c'était un oiseau bizarre, dont le bec et le corps trapu, les jambes courtes faisaient songer à un palmipède; mais il n'avait pas les pieds palmés.

444. — Le *flamant*, au contraire, a les pieds palmés; mais il a aussi le long cou, les longs pieds, les formes sveltes et les habitudes semi-aquatiques des échassiers, jusqu'à se reposer volontiers comme eux sur un seul pied.

Il a en outre un gros bec coudé en forme de pioche, et de magnifiques couleurs, rouge de feu sur le dos, rose sous les ailes, noire à l'extrémité des pennes.

QUESTIONNAIRE.

1. Quels sont les caractères généraux des échassiers? — 2. Quelles sont leurs mœurs? — 3. Quel est leur mode d'alimentation? — 4. Quels sont les principaux genres dont se compose cet ordre? — 5. Quels sont les caractères distinctifs du genre pluvier? vanneau? bécasse? bécassine? ibis? courlis? râle? cigogne? héron? marabout? grue? outarde? autruche? casoar? épiornis? dronte? flamant?

CHAPITRE VI

SIXIÈME ORDRE DES OISEAUX

PALMIPÈDES

445. Caractères généraux des palmipèdes. — L'exemple du flamant, qui est un échassier à doigts palmés, montre que ce caractère si remarquable n'est pas tout à fait particulier aux palmipèdes. D'autre part, quelques oiseaux de ce dernier ordre n'ont pas des palmures proprement dites, c'est-à-dire des membranes liant leurs doigts l'un à l'autre, mais bien des expansions membraneuses garnissant chacun des côtés de leurs doigts et les laissant libres dans leurs mouvements.

Il faut donc, pour bien caractériser les palmipèdes, qui forment, du reste, un ordre très naturel, dire qu'ils ont le corps massif, couvert de plumes serrées, épaisses, lustrées, huilées, propres à former une barrière imperméable à l'eau; qu'ils ont le cou long, les pieds courts et placés fort en arrière, disposition tout à fait favorable à la natation; aussi la plupart des palmipèdes sont-ils d'intrépides nageurs, et tous nagent plus ou moins.

446. Divisions de l'ordre des palmipèdes. — Sans nous arrêter aux familles un peu confuses qu'on a essayé de créer dans cet ordre, nous mentionnerons les genres suivants : plongeon, pingouin, manchot, albatros, pétrel, goéland, mouette, sterne, pélican, cormoran, frégate, oie, canard, cygne.

447. — Fait surtout pour nager, le *plongeon* est presque toujours sur l'eau ou sous l'eau; car il plonge très bien, comme son nom l'indique. Il vient rarement à terre, où il a peine à se tenir debout, à cause de ses pieds placés tout à fait à l'arrière du corps, et, malgré ses ailes assez développées, il ne vole guère que pour changer de contrée.

Fig. 71. Pingouin.

448. — Le *pingouin* (fig. 71) vole encore moins, car il a les ailes très courtes. Son nom, qui vient du latin *pinguis* (gras), rappelle l'épaisse couche de graisse qui s'étend sous sa peau. Le pingouin a les pieds courts, la queue courte, un assez long bec en forme de couteau. Il habite les mers voisines du pôle nord.

449. — Le *manchot* ne vole pas du tout. Ses ailes ressemblent à des nageoires et sont couvertes de plumes courtes figurant des écailles. Ses pieds sont placés tellement en arrière que lorsqu'il vient à terre, il est obligé, pour garder l'équilibre, de placer son corps tout debout sur ses pieds, comme l'homme et le singe. En revanche, s'il ne sait ni marcher ni voler, c'est un nageur incomparable; les navigateurs qui ont fréquenté les mers antarctiques, qu'habite le manchot, prétendent l'avoir rencontré à 130 lieues du rivage.

450. — L'*albatros* ne marche pas beaucoup non plus, ne pose que péniblement à terre et ne nage pas habituellement; mais il vole avec une rapidité, une force, une persistance admirables. On affirme qu'il peut garder la mer plusieurs jours de suite, sans même se reposer sur la crête des flots, comme il a la faculté de le faire.

L'albatros a un bec grand et fort, terminé par une pièce courbée en croc et qui semble soudée. C'est un très grand oiseau qui a plus de 3 mètres d'envergure.

451. — On ne connaît pas d'oiseau dont les ailes soient plus puissantes que celles du *pétrel*, souvent appelé *oiseau des tempêtes*. Il vole avec une vitesse prodigieuse, contre les vents les plus violents, et sans effort apparent; car ses ailes, constamment étendues et immobiles, dirait-on, n'ont besoin d'aucun mouvement sensible pour braver et vaincre l'ouragan. Le pétrel a, en outre, la faculté de courir sur les flots comme les oiseaux terrestres courent sur le sol. C'est même pour cela, paraît-il, qu'on lui a donné le nom de pétrel, pour rappeler saint Pierre (en latin *Petrus*) marchant sur les eaux.

452. — Le *goéland* se distingue de la plupart des autres palmipèdes par son bec long, pointu et crochu. Il a un vol vigoureux et se nourrit de poissons vivants ou morts.

453. — La *mouette* est un petit goéland. Quelques espèces habitent les rivières.

454. — Le *sterne* ou *hirondelle de mer* a, comme la vraie hirondelle, de longues ailes courbées en faux, une queue longue et fourchue, un vol puissant. La forme générale de son corps est svelte et allongée. Les palmures de ses pieds, fort échancrées, n'existent presque pas. Son bec est long et grêle.

7.

455. — Le *pélican* (fig. 72) est un grand palmipède, remarquable surtout par l'énormité de sa mandibule inférieure, formée d'une membrane extensible dont les bords sont fixés sur deux sortes de baguettes solides. Tout cela constitue un vrai sac à provisions où l'oiseau garde les poissons qu'il a pêchés. Quant à la légende qui fait du pélican un symbole de tendresse maternelle, et qui veut que cet oiseau aille jusqu'à s'ouvrir la poitrine pour nourrir ses petits de son sang, c'est une simple fable.

Fig. 72. Pélican.

456. — Le *cormoran* est un grand destructeur de poisson. Il ravage les étangs presque aussi rapidement que le brochet lui-même. Les Chinois le dressent à pêcher à leur profit, comme les Européens dressaient jadis le faucon à chasser.

457. — La *frégate* nage peu; aussi a-t-elle les palmures réduites presque à rien; mais elle ne se fatigue, pour ainsi dire, jamais à voler : on prétend l'avoir rencontrée à 300 lieues des côtes; on peut croire qu'il y a là quelque hyperbole de voyageur.

458. — L'*oie*, au contraire, ne vole presque pas et ne nage guère : la lourdeur extrême de son corps s'y oppose; aussi certaines espèces ont-elles été réduites en domesticité. Ces espèces rendent à l'homme de très sérieux services par leurs plumes, leurs œufs, leur chair, leur foie surtout, dont on fait des pâtés, et auquel on sait donner un volume énorme à l'aide de certains procédés qui ne sont malheureusement pas exempts de cruauté.

459. — Le bec du *canard*, peu différent de celui de l'oie et du cygne, est au moins aussi large à l'extrémité qu'à la base. Ses pieds, placés tout à fait en arrière, lui donnent une démarche lente et difficile. Les espèces domestiques ne sont guère moins utiles que l'oie.

460. — La *sarcelle* n'est qu'une petite espèce de canard; l'*eider* est une autre espèce qui fournit l'édredon, c'est-à-dire un duvet d'une extrême finesse.

461. — Le *cygne* peut passer pour l'un des plus beaux oiseaux. Son long cou, ses grandes ailes qu'il entr'ouvre et oriente pour recevoir le vent et les faire servir de voile lorsqu'il veut nager, glisser plutôt sans effort sur les eaux tranquilles, lui donnent une grâce incomparable, accrue encore par l'éblouissante blancheur de ses plumes. Tous les cygnes cependant ne sont pas blancs; il en existe même, dans les mers australes, une espèce complètement noire.

QUESTIONNAIRE.

1. Quels sont les caractères généraux des palmipèdes ? — 2. Quels sont les principaux genres de cet ordre ? — 3. Quels sont les caractères distinctifs du genre plongeon ? pingouin ? manchot ? albatros ? pétrel ? goéland ? mouette ? sterne ? pélican ? cormoran ? frégate ? oie ? canard ? cygne ?

TROISIÈME SECTION

TROISIÈME CLASSE DES VERTÉBRÉS

REPTILES

462. Signification du mot reptile. — Ce mot vient du latin *repere*, ramper; il veut dire animal qui rampe, qui se traîne à terre, au lieu de marcher en maintenant son corps isolé sur ses jambes au-dessus du sol.

Comme la plupart des noms vulgaires, celui-ci ne caractérise que d'une façon incomplète les animaux auxquels on l'applique; car plusieurs d'entre eux ne rampent pas, et il existe un grand nombre d'animaux rampants qui n'appartiennent pas à la classe des reptiles.

Aussi les naturalistes ont-ils été obligés de chercher, dans l'anatomie de ces vertébrés, des caractères à la fois plus importants et plus spéciaux. Nous allons parcourir les principaux.

463. Squelette des reptiles. — La charpente osseuse des reptiles a des formes trop variables pour qu'elle puisse véritablement caractériser une classe de vertébrés.

Le nombre des membres lui-même, qui est si bien défini chez les mammifères, est, chez les reptiles, tantôt de quatre, tantôt de deux, en apparence du moins ; car le squelette, dans ce cas, porte toujours des traces de deux membres absents ; tantôt l'animal est complètement dépourvu d'organes de la locomotion.

464. Circulation chez les reptiles. — Nous rencontrons ici un meilleur caractère de cette classe. Les reptiles, au lieu d'avoir un cœur divisé en quatre cavités, comme les mammifères et les oiseaux, ont un cœur à deux oreillettes et un ventricule.

Comme ce sont les ventricules qui sont chargés d'envoyer le sang veineux aux poumons et le sang artériel aux diverses parties du corps, le ventricule unique des reptiles envoie dans le corps, non pas du sang artériel pur, mais un mélange de sang veineux et de sang artériel. Comme le sang artériel est du sang veineux brûlé dans les poumons par l'oxygène de l'air, il s'ensuit que le sang mêlé des reptiles, peu riche en oxygène, est un sang mal brûlé, mal chauffé, un sang froid, non point absolument, mais comparativement au sang chaud des mammifères, et surtout des oiseaux. Tandis que le contact du corps des mammifères et des oiseaux fait rapidement monter le thermomètre, le contact du corps des reptiles n'y produit pas de changement notable. On en conclut que le sang de ces animaux est sensiblement à la température de l'air ambiant, température variable avec les saisons.

Donc les reptiles sont des vertébrés à sang froid, ce qui suffit pour les distinguer des deux premières classes, celles des mammifères et des oiseaux.

465. Respiration des reptiles. — Pour les distinguer des amphibiens et des poissons, qui ont également le sang froid, il faut ajouter que les reptiles, en ceci entièrement semblables aux animaux des classes supérieures, ont la respiration pulmonaire pendant toute la durée de leur existence, c'est-à-dire qu'ils absorbent toujours directement l'air atmosphérique et sont pourvus de poumons.

Toutefois, comme leur sang, ainsi que nous l'avons expliqué, n'absorbe qu'une faible quantité d'oxygène, leur respiration n'a pas besoin d'être bien active ; aussi les reptiles respirent lentement, s'engourdissent à peu près tous pendant l'hiver, et beaucoup d'entre eux peuvent vivre longtemps sous l'eau, non pas en respirant l'air contenu dans ce liquide, comme font les poissons, mais en s'abstenant complètement de respirer.

466. Divisions de la classe des reptiles. — Depuis qu'on a retranché de la classe des reptiles les crapauds et les grenouilles, qui respirent par des branchies pendant une partie de leur existence, il ne reste plus, dans cette classe, que trois ordres, qui sont, du reste, extrêmement différents entre eux : les chéloniens ou tortues, les sauriens ou lézards, les ophidiens ou serpents.

QUESTIONNAIRE.

1. Que signifie le mot reptile? — 2. Ce mot qualifie-t-il bien les animaux de la quatrième classe des vertébrés? — 3. Combien les reptiles ont-ils de membres? — 4. Quelle est la conformation du cœur chez les reptiles? — 5. Quelle est la température de leur sang, et quelle est la cause de cette température? — 6. Quel est le mode de respiration des reptiles, et en quoi les distingue-t-il des amphibiens et des poissons? — 7. Pourquoi la respiration des reptiles est-elle peu active? — 8. Comment divise-t-on la classe des reptiles?

CHAPITRE PREMIER

PREMIER ORDRE DES REPTILES

CHÉLONIENS

467. Caractères généraux de l'ordre des chéloniens. — *Chéloné*, en grec, veut dire tortue; les naturalistes comprennent, en effet, sous le nom de chéloniens, tous les reptiles vulgairement appelés tortues, c'est-à-dire ceux dont le corps est tout entier contenu entre deux pièces cornées réunies par leurs bords latéraux et formant à l'animal une sorte de cuirasse.

En somme, le squelette des tortues est composé à peu près des mêmes pièces que celui des autres vertébrés; seulement, les vertèbres du dos et les côtes, considérablement aplaties et élargies, se soudent ensemble et constituent ce qu'on appelle la carapace, c'est-à-dire la partie de la cuirasse souvent bombée qui couvre le dos de l'animal. Quant au plastron, qui forme la partie inférieure de la cuirasse, ce n'est qu'un sternum de dimensions démesurées.

Cette cuirasse est ouverte en avant pour laisser passer deux pattes et une toute petite tête, en arrière pour donner passage à deux autres pattes et à une petite queue pointue.

Les tortues, condamnées à traîner partout avec elles cette lourde carapace et ce lourd plastron, ne marchent qu'avec une extrême lenteur. Elles sont d'une sobriété prodigieuse et peuvent passer des mois entiers, on dit même des années entières, sans prendre de nourriture. Leur vie est extrêmement longue; on prétend qu'elles peuvent atteindre et même dépasser deux cents ans.

Les tortues pondent des œufs couverts d'une coquille dure, comme ceux des oiseaux. Elles les abandonnent dans le sable, et la chaleur du soleil suffit pour les faire éclore.

468. Division de l'ordre des chéloniens. — Comme les tortues sont assez nombreuses, on les a divisées en quatre familles : les chersites ou tortues terrestres, les émydes ou tortues de marais, les potamides ou tortues de rivières, les chélonées ou tortues marines.

469. Chersites ou tortues terrestres. — Ces chéloniens, organisés pour la marche et non pour la natation, se distinguent par leur carapace très bombée, et surtout par leurs pieds arrondis en forme de moignons dans lesquels sont implantés des ongles courts et obtus.

Fig. 73. Tortue mauresque.

470. — On cite, parmi les genres de cette famille : la *tortue mauresque* (fig. 73), très commune dans le nord de l'Afrique, et qu'on importe en France par grandes quantités; la *tortue grecque*, qu'on trouve en Grèce, en Italie et dans le midi de la France; la *tortue géante*, qui est propre à l'Amérique du Sud, et qui pèse jusqu'à 250 kilogrammes.

471. Émydes ou tortues de marais. — Conformées à la fois pour la nage et pour la marche, celles-ci ont, à chaque pied, cinq doigts distincts, mais unis entre eux par des membranes, ce qui leur permet de remplir alternativement le rôle de pattes et celui de nageoires.

472. — Les émydes habitent les marais, les bords des lacs et des cours d'eau peu profonds de l'Amérique du Nord. On cite comme principaux genres : la *tortue peinte*, dont chaque écaille est ornée d'une élégante bordure jaune; la *tortue bourbeuse*, qui habite nos eaux stagnantes.

473. Potamides ou tortues de rivières. — Comme ces tortues ne marchent pas, elles ont les doigts de chaque pied soudés entre eux et réunis dans une membrane. Ces chéloniens, connus sous le nom général de tortues molles, ont une carapace cartilagineuse et couverte d'une peau. Ils ont un nez prolongé en petite trompe. Ce sont d'excellents nageurs et des mangeurs voraces de reptiles, de poissons et même d'oiseaux. Ils rendent de sérieux services en dévorant les jeunes crocodiles du Nil et les jeunes caïmans des rivières de l'Amérique du Nord et de l'Amérique centrale; car il existe une grande espèce de tortue molle en Égypte et une autre dans le nouveau monde. Toutes deux font une guerre acharnée aux jeunes reptiles, mais sont sujettes elles-mêmes à être dévorées par les reptiles adultes.

474. Chélonées ou tortues marines. — C'est ici la famille des tortues géantes. Vivant exclusivement dans l'eau, elles ont une carapace aplatie, des pieds conformés en nageoires, et leur plastron, pour les alléger, est évidé au centre et réduit à une sorte de cadre.

Les principaux genres de cette famille sont la tortue franche et le caret.

475. — La *tortue franche* des mers du Sud mesure jusqu'à 2 mètres 50 centimètres et pèse 200 kilogrammes. Sa chair est excellente, et le bouillon qu'on en fait est un article de commerce important.

476. — Le *caret*, qu'on trouve dans presque toutes les mers, est plus petit que la tortue franche. Les plaques de sa carapace, disposées comme les tuiles d'un toit, fournissent presque toute l'écaille dont se servent diverses industries. Cette écaille n'est que l'épiderme corné qui couvre la carapace.

QUESTIONNAIRE.

1. Quel est le principal caractère distinctif des chéloniens ? — 2. Quelles parties du squelette représente la carapace des tortues ?

— 3. Quelles sont les mœurs des tortues et quelle est la durée de leur vie? — 4. De quelles familles se compose l'ordre des chéloniens? — 5. Quels sont les caractères et les principaux genres de la famille des chersites? des émydes? des potamides? des chélonées?

CHAPITRE II

DEUXIÈME ORDRE DES REPTILES

SAURIENS

477. Caractères distinctifs des sauriens. — La plupart des sauriens se distinguent des chéloniens et des ophidiens : par l'absence de toute carapace; par leur corps plus allongé, plus grêle que celui des tortues, plus court, plus trapu que celui des serpents (sur ce point nous rencontrerons des exceptions); par leurs quatre membres, qui disparaîtront chez quelques genres, mais tout au moins par la présence de deux épaules qui sont comme les pierres d'attente des deux membres antérieurs quelquefois absents, et par la présence d'un bassin fait pour servir d'attache aux deux membres inférieurs, qui peuvent manquer.

Les sauriens ont, en outre, quelques caractères distinctifs moins précis et moins importants : une bouche largement fendue et toujours armée de dents, parce qu'ils sont tous carnivores; des ongles plus ou moins acérés à leurs doigts; une queue longue, grêle et souvent arrondie.

478. Divisions de l'ordre des sauriens. — Les familles qu'on a créées dans cet ordre n'étant pas assez clairement caractérisées ou suffisamment importantes, nous nous contenterons de signaler un certain nombre de genres : le crocodile, le lézard, le gecko, le caméléon, le scinque, le chirote et l'orvet.

479. — Le *crocodile* (fig. 74) est le plus grand de tous les sauriens. Le *crocodile du Nil*, qui est le type du genre, atteint jusqu'à 10 mètres de longueur. Il a, comme les autres espèces, le corps couvert de grosses écailles, la queue longue et aplatie latéralement comme celle de l'anguille, ce qui fait qu'il nage de même, en godillant, comme disent les marins. Il a les pieds palmés.

Il se nourrit ordinairement de poissons; mais il ne dédaigne pas les oiseaux, les mammifères, les enfants et même les hommes, qu'il attend au passage, en se cachant dans les touffes de roseaux qui bordent les rivières. Quant à les poursuivre, il ne le saurait; car, outre qu'il a les pieds très courts, ses vertèbres sont tellement enchâssées l'une dans l'autre qu'il peut à peine plier son corps.

Fig. 74. Crocodile.

Quand le crocodile a saisi une grosse proie, il l'entraîne brusquement dans l'eau et l'y tient plongée jusqu'à ce qu'elle soit étouffée. Il la cache alors dans quelque retraite, pour s'en repaître lorsqu'elle sera putréfiée.

Le crocodile dépose dans le sable de gros œufs couverts d'une coque dure, et abandonne aux rayons du soleil le soin de les faire éclore.

Il existe dans l'Inde et aux Antilles une autre espèce, le *gavial*, qui atteint 8 mètres de longueur, et, dans l'Amérique méridionale, une troisième espèce, le *caïman* ou *alligator*, qui ne dépasse pas 4 mètres.

480. — La taille des *lézards*, qui sont les plus gracieux, les plus vifs, les plus doux, les plus intelligents de tous les sauriens, est toujours petite. Le *lézard ocellé*, magnifique espèce commune dans le midi de la France et l'une des plus grandes du genre, ne dépasse pas 40 centimètres. Le *lézard vert*, très élégant aussi, et qu'on rencontre également en France, est beaucoup plus petit. Bien plus petit encore est le *lézard gris*, si commun dans les trous de murailles du monde entier.

Toutes les espèces de lézards ont une langue longue, extensible, divisée en deux filets, et le corps couvert de fines écailles. Ils s'apprivoisent tous facilement, et aucun n'est venimeux.

481. — Non moins inoffensif que le lézard, le *gecko* est

peut-être le plus hideux de tous les vertébrés. Son corps et sa tête sont aplatis comme si on les avait pressés sous une planche; ses pattes mêmes sont plates et écartées latéralement; ses pieds, marqués, en dessous, de sillons multiples, adhèrent si fortement aux corps sur lesquels le gecko se déplace, qu'il peut marcher, le corps renversé, sur la surface d'un plafond. Le midi de la France en possède une espèce, le *gecko des murailles*.

482. — Le *caméléon* (fig. 75) n'est guère plus gracieux, avec sa grosse tête se terminant en pyramide; ses deux grands yeux cachés sous une membrane en forme de cône, à peine percée, à son sommet, d'un tout petit trou; l'espèce de scie qui longe tout son corps; sa longue queue toute ronde, qu'il roule autour des objets pour donner de la stabilité à son corps lourd, trapu et extrêmement peu agile; ses cinq doigts disgracieusement divisés en deux serres par deux espèces de sacs membraneux, dont l'un enveloppe deux doigts et l'autre trois; sa langue longue et gluante, qu'il darde brusquement sur les insectes pour les happer, et qu'il retire subitement pour avaler sa proie.

Fig. 75. Caméléon.

On ne saurait parler du caméléon sans rappeler la légende d'après laquelle il aurait la faculté de prendre la couleur des objets qui l'avoisinent. Il y a du vrai et du faux dans cette vieille tradition. Le caméléon ne prend pas la couleur des objets voisins; mais, en se gonflant d'air à volonté, il a la faculté singulière d'étendre sa peau, de la rendre de plus en plus transparente, de la faire changer de couleur à mesure qu'elle s'amincit.

483. — Chez le *scinque*, le corps, excessivement allongé, n'est plus celui du lézard, mais celui du serpent. Toutefois les quatre membres existent encore, bien que réduits au point de ne pouvoir servir à la marche.

Le scinque habite l'Afrique orientale et le midi de l'Europe.

484. — Chez le *chirote*, qui est propre au Mexique, les deux membres postérieurs ont disparu.

485. — Chez l'*orvet*, il n'y a plus d'apparence de membres, et le corps est tout à fait semblable à celui du serpent; mais si l'on fait l'anatomie de ce reptile, on reconnaît dans son squelette la présence d'un sternum et d'un bassin, pièces osseuses qui n'existent d'ordinaire que chez les vertébrés pourvus de membres. Et de fait, dans l'orvet qui vient de naître, on distingue deux membres rudimentaires qui disparaîtront bientôt.

La seule espèce d'orvet que l'on connaisse, l'*orvet fragile* ou *serpent de verre*, ainsi dit parce que son corps se brise comme du verre, est aussi appelé *serpent aveugle*, à cause de l'extrême petitesse de ses yeux. C'est un joli petit reptile de 40 centimètres de long, dont le corps a des reflets métalliques, et qui n'est nullement venimeux, malgré le préjugé vulgaire.

QUESTIONNAIRE.

1. Quels sont les caractères généraux de l'ordre des sauriens? — 2. Quels sont les genres principaux de l'ordre des sauriens? — 3. Quels sont les caractères distinctifs et les principales espèces des genres crocodile, lézard, gecko, caméléon, chirote, orvet?

CHAPITRE III

TROISIÈME ORDRE DES REPTILES

OPHIDIENS

486. Caractères distinctifs de l'ordre des ophidiens. — *Ophis*, en grec, signifie serpent, et ce dernier mot, tiré du latin *serpere*, ramper, donne déjà une idée fort juste des animaux de cet ordre, qui, étant dépourvus de membres, ne peuvent se déplacer sur le sol qu'en rampant.

Le corps des serpents ou ophidiens est toujours très allongé. On n'y trouve pas trace ou tout au plus que des traces extrêmement vagues des membres et des os qui servent à rattacher les membres à la colonne vertébrale, c'est-à-dire des os de l'épaule et du bassin. Leur squelette se réduit donc, ou à peu près, au crâne, aux côtes et à la colonne vertébrale. Il n'y a pas de sternum.

En revanche, l'épine dorsale prend des proportions démesurées : il est tel serpent chez lequel on compte jusqu'à 422 vertèbres.

Les serpents sont essentiellement carnassiers; mais leurs dents, toujours grêles et aiguës, sont faites pour retenir la proie, non pour la diviser et la triturer; aussi avalent-ils cette proie entière, péniblement, lentement, avec de grands efforts de dilatation de la bouche et du tube digestif, à mesure qu'ils la digèrent.

La langue des ophidiens est longue, grêle, extensible, divisée en deux filets que plusieurs d'entre eux agitent avec une grande rapidité.

487. Divisions de l'ordre des ophidiens. — Ici encore on essaye de distinguer des familles comprenant un petit nombre de genres et séparées un peu arbitrairement; nous nous contenterons de mentionner six genres : le boa, le python, la couleuvre, la vipère, le crotale et le naja.

488. — Le *boa* (fig. 76) est un serpent d'une grandeur monstrueuse, qui atteint 7 et même 8 mètres.

On pourrait se demander si le boa est un vrai serpent. Le doute est fondé sur ce fait qu'on trouve, à l'arrière du

Fig. 76. Boa.

corps du boa, deux espèces de crochets osseux qui sont très certainement des vestiges de membres.

Malgré la petitesse relative de sa gueule, de son estomac et de ses intestins, ce reptile peut, en y mettant le temps, c'est-à-dire des semaines et peut-être un mois entier, avaler et digérer à mesure de gros mammifères. Avant de commencer à s'ingurgiter ces proies monstrueuses, il a soin de les enserrer étroitement dans les spires de son corps, de les étouffer, de broyer leurs os, d'assouplir leur chair.

Le boa pond des œufs gros comme ceux de l'oie, et abandonne aux rayons du soleil le soin de les faire éclore. Ce serpent monstrueux habite le nouveau monde.

489. — Le *python*, qui habite au contraire l'ancien continent, ressemble tout à fait au boa par sa taille et par ses mœurs.

490. — La *couleuvre* est un boa ou un python en petit. Elle en a, en effet, toute proportion gardée, la forme, les mœurs et les habitudes, avalant comme eux des proies monstrueusement disproportionnées avec sa propre taille : c'est ainsi que des couleuvres grosses au plus comme le pouce avalent de petits lapins.

Les couleuvres sont pour l'homme des animaux tout à fait inoffensifs et s'apprivoisent même sans grande peine.

491. — On ne saurait en dire autant de la *vipère*, qui commence la série des serpents venimeux.

Voici en quoi consiste l'appareil au moyen duquel la vipère et les autres serpents venimeux que nous allons nommer après celui-ci insinuent leur venin dans le corps de leurs victimes. Ce sont deux longues dents aiguës, grêles, recourbées, percées d'un canal intérieur, que ces animaux portent à leur mâchoire supérieure. La base de ces dents repose sur un sac plein de venin, de façon que lorsque l'animal serre en mordant, les dents pressent le sac, en diminuent la capacité et forcent le venin à s'insinuer dans les canaux des dents et de là dans la plaie qu'elles ont faite.

Hâtons-nous d'ajouter que le venin de la vipère n'est pas tout à fait aussi actif qu'on le dit généralement. Un homme mordu en éprouve une forte fièvre, mais ne succombe généralement pas. Un enfant court de plus grands risques. En tout cas, il importe de prendre des

Fig. 77. Vipère commune.

précautions immédiates lorsqu'une personne a été mordue : de sucer vivement la plaie, ce qu'on peut faire sans danger, le venin n'ayant d'action que lorsqu'il se mêle à la masse du sang; de cautériser la plaie avec de l'ammoniaque, de l'acide azotique, et mieux encore avec un charbon ardent ou un fer chaud, si on le peut, après l'avoir débridée, c'est-à-dire agrandie, avec un canif. La *vipère commune* (fig. 77) se rencontre dans tous les bois de France, mais plus particulièrement dans le Nord, et spécialement dans la forêt de Fontainebleau.

492. — Le *crotale* ou *serpent à sonnettes*, deux noms qui signifient à peu près la même chose, est un serpent américain pourvu d'un singulier appareil. C'est une série de capsules, de collerettes plutôt, en matière sèche et cornée, qui garnissent l'extrémité de la queue, et qui bruissent lorsque le serpent est en mouvement : circonstance heureuse, car elle avertit l'homme et les animaux de l'approche du danger.

Le crotale est, en effet, un serpent venimeux, dont la mâchoire est, par conséquent, pourvue de crochets à venin. Sa morsure donne la mort en quelques minutes. Les crochets, séparés du corps et retenant quelques parcelles de venin, sont encore dangereux. Le corps du crotale atteint un mètre de longueur.

493. — Le *naja* n'est autre que le célèbre *aspic* des Égyptiens, le même serpent qui était chargé, dit-on, de donner la mort aux criminels par sa morsure, et dont la reine Cléopâtre se servit pour se suicider.

L'aspic est, du moins, très fréquemment représenté dans les hiéroglyphes des Égyptiens, où on le reconnaît sans peine à la façon dont il gonfle son cou.

L'aspic est un des serpents les plus redoutables; sa morsure donne une mort presque foudroyante. Son corps atteint au plus 65 centimètres de longueur.

494. — Une autre espèce de naja, le *serpent à lunettes* ou *cobra capello*, est bien plus petite encore, atteignant à peine 33 centimètres, mais n'est pas moins dangereuse.

Le nom bizarre de serpents à lunettes vient à ces animaux de ce qu'ils ont sur leur cou, qu'ils gonflent comme l'aspic, une tache imitant grossièrement la forme d'une paire de besicles.

QUESTIONNAIRE.

1. Quel est le sens des mots ophidien et serpent? — 2. Quelle est la forme du corps des serpents? — 3. Quel est le caractère principal de leur squelette? — 4. Quel est leur mode d'alimentation? — 5. Quelle est la forme de leur langue? — 6. Quels sont les principaux genres de l'ordre des ophidiens? — 7. Quels sont les caractères distinctifs des genres boa, python, couleuvre, vipère, crotale, naja? — 8. Quelles sont les principales espèces de ce dernier genre?

QUATRIÈME SECTION

QUATRIÈME CLASSE DES VERTÉBRÉS

AMPHIBIENS

495. Caractères distinctifs des amphibiens. — On a longtemps rangé les amphibiens parmi les reptiles, dont ils ont, en effet, les caractères généraux : nombre de membres qui, chez les adultes, est généralement de 4, réduit à 2 chez quelques espèces et complètement nul chez d'autres; sang froid; cœur à trois cavités : 1 oreillette et 2 ventricules; reproduction par des œufs à coque membraneuse, etc. Mais les amphibiens ont, d'autre part, deux caractères importants qui les distinguent des reptiles : une peau nue, au lieu de la peau écailleuse de ceux-ci, et surtout une double vie. Dans leur jeune âge, en effet, ces animaux, exclusivement conformés pour vivre dans l'eau, respirent au moyen de branchies ou appareils qui séparent l'air de l'eau; plus tard, ils acquièrent de véritables poumons au moyen desquels ils respirent dans l'air, et perdent généralement leurs branchies. Quelques-uns cependant, pourvus à la fois de poumons et de branchies, peuvent respirer indifféremment dans l'eau ou hors de l'eau : ce sont les seuls véritables amphibies qui existent dans la nature.

496. Divisions de l'ordre des amphibiens. — Les principaux genres de cet ordre, peu riche en espèces, sont : la cécilie, la grenouille, la rainette, le crapaud, la salamandre, le triton, l'axolotl, le protée, la sirène.

497. — On avait d'abord classé le genre ambigu des *cécilies* parmi les ophidiens, jusqu'au jour où l'on s'est aperçu que les jeunes cécilies, qui vivent dans l'eau, ou plutôt enfouies dans la boue, comme les cécilies adultes, du reste, respirent à l'aide de branchies. Force fut alors aux naturalistes de les admettre parmi les amphibiens, au même titre que les crapauds et les grenouilles.

Le corps de ces singuliers amphibiens, long et cylindrique comme celui des serpents, est complètement dépourvu de membres et même de bassin.

Ces animaux, qui passent leur vie entière profondément enfoncés dans la vase, n'ont pas d'yeux (leur nom veut dire aveugles), ou tout au moins leurs yeux sont couverts d'une membrane opaque qui les empêcherait de voir lors même qu'ils vivraient en pleine lumière.

On trouve ces animaux au fond des cavernes et des lacs souterrains, dans les régions tropicales.

498. — La *grenouille* (fig. 78), comme tous les amphibiens dont nous allons parler après elle, est surtout remarquable par ses métamorphoses. Dans son jeune âge, elle a un corps globuleux terminé par une queue en forme de nageoire, respire par des branchies, a les mœurs et un peu l'apparence des poissons : c'est alors un *têtard*.

Fig. 78. Grenouille commune.

Plus tard, des membres apparaissent le long de sa queue et au sommet de son thorax, la queue tombe, les branchies disparaissent, des poumons les remplacent, l'animal prend la forme générale que tout le monde connaît, et, sans cesser de faire de l'eau son élément principal, est obligé d'en sortir pour respirer.

499. — La *rainette* de nos pays est une jolie bestiole d'un beau vert, qui ressemble beaucoup à la grenouille. Cependant elle s'en distingue par ses doigts, que terminent des pelotes, et par l'habitude qu'elle a de passer toute la belle saison dans les arbres, où elle fait la chasse aux insectes. Elle regagne les eaux quand les feuilles et les insectes disparaissent.

500. — La forme du *crapaud* est encore celle de la grenouille ; mais son aspect général est repoussant, à cause de sa peau noirâtre et gluante, des pustules qui la couvrent, de la bave qui découle de sa bouche.

Il ne faut pas croire cependant ce qu'on dit du venin des crapauds, ou du moins il faut l'entendre autrement. La morsure du crapaud ne saurait être venimeuse, attendu que cet animal n'a pas de dents, contrairement à la grenouille et à la rainette, qui en sont pourvues ; mais des pustules qui couvrent son corps suinte une humeur visqueuse très dangereuse, ce qui fait qu'il ne faut manier les crapauds qu'avec précaution. A cela près, ce sont des animaux inoffensifs, utiles même depuis que quelques maraîchers intelligents se sont avisés d'en élever dans leurs jardins, pour leur confier le soin de détruire les limaces, les insectes et les vers dont ils font leur nourriture.

501. — Avec la *salamandre* (fig. 79), nous entrons dans la série des amphibiens pourvus d'une queue, et dont la forme se rapproche de celle des lézards en s'éloignant de celle des grenouilles.

Fig. 79. Salamandre.

La salamandre a la tête aplatie, des dents à chaque mâchoire, un aspect assez désagréable qui rappelle à la fois le lézard et le crapaud.

D'après une vieille légende, les salamandres avaient la faculté de vivre au milieu des flammes.

502. — Le *triton* est une véritable salamandre aquatique, commune dans les eaux stagnantes de notre pays, où elle nage avec une grande agilité, à l'aide de sa queue aplatie. Les tritons sont célèbres, en histoire naturelle, par la faculté qu'ils ont de reproduire leur queue et leurs membres lorsqu'ils les ont perdus accidentellement. Ils peuvent vivre très longtemps emprisonnés dans la glace.

503. — L'*axolotl* commence la série des véritables amphibies, animaux extrêmement rares, dont on a longtemps nié l'existence. Étant pourvus à la fois de poumons et de branchies, ils ont, en effet, la faculté de vivre dans l'eau et dans l'air. On ne trouve l'axolotl, dont l'aspect extérieur rappelle celui des tritons, que dans le lac de Mexico.

504. — Les *protées*, autres amphibies vrais, ont le corps allongé comme celui des serpents et ressemblent tout à fait au scinque. On a cru longtemps que les protées n'habitaient que les eaux souterraines, mais on a découvert plusieurs individus dans les eaux des lacs à ciel ouvert.

505. — Le nom des *sirènes*, amphibiens serpentiformes ayant deux membres antérieurs seulement, leur vient de ces monstres moitié femmes et moitié poissons qu'avait inventés l'imagination des Grecs. La sirène, amphibie vrai, habite les eaux marécageuses de l'Amérique du Nord. Non seulement elle n'a pas de membres postérieurs, mais elle n'a pas même une trace quelconque de bassin.

QUESTIONNAIRE.

1. Quelles sont les ressemblances des amphibiens et des reptiles? — 2. Quels sont les principaux caractères qui distinguent les amphibiens des reptiles? — 3. Tous les amphibiens sont-ils amphibies? — 4. Quels sont les principaux genres de l'ordre des amphibiens? — 5. Quels sont les principaux caractères distinctifs des genres cécilie, grenouille, rainette, crapaud, salamandre, triton, axolotl, protée, sirène?

CINQUIÈME SECTION

CINQUIÈME CLASSE DES VERTÉBRÉS

POISSONS

506. Squelette et forme générale des poissons. — En examinant le squelette des poissons, on y reconnaît aisément les parties essentielles du squelette des vertébrés supérieurs, c'est-à-dire un crâne, une colonne vertébrale, un thorax et quatre membres; mais le tout ensemble est relativement simple, les membres se réduisent à des rayons osseux dont nous allons parler sous le nom de nageoires, et l'ensemble du corps, d'une forme très élémentaire, est recouvert d'une peau nue ou couverte d'écailles.

507. Nageoires. — Sous ce nom (fig. 80) on comprend, non pas seulement les quatre membres dont deux constituent les nageoires pectorales, correspondant aux bras, et les deux autres les nageoires ventrales, qui représentent les jambes, mais aussi des membres supplémentaires : nageoires anales, qui n'existent pas toujours ; nageoires dorsales, qui sont comme une expansion des vertèbres ; nageoire caudale, qui est le prolongement postérieur de la colonne vertébrale.

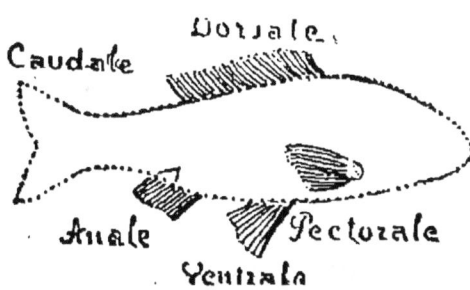

Fig. 80. Nageoires d'un poisson.

508. Respiration chez les poissons. — Les poissons, exclusivement organisés pour vivre dans l'eau, ne peuvent respirer que l'air dissous dans l'eau. Ils sont, par conséquent, pourvus de branchies (fig. 81), c'est-à-dire d'appareils au moyen desquels ils opèrent la séparation de l'air et de l'eau.

Fig. 81. Branchies d'un poisson.

Ce sont ces lames formées de rayons dentelés qu'on appelle vulgairement des ouïes, et qui sont généralement recouvertes d'une pièce osseuse appelée opercule, qu'on a supprimée dans la figure 81, pour laisser voir les branchies.

509. Circulation chez les poissons. — La circulation est complète, mais simple, le cœur n'étant formé que d'une seule oreillette et d'un seul ventricule. Il y a donc mélange continuel du sang artériel et du sang veineux, respiration peu active, et finalement sang froid.

510. Vessie natatoire. — On ne peut parler des poissons sans mentionner la vessie natatoire, dont le rôle n'est pas bien exactement connu. Il paraît démontré que les poissons munis de cet organe, dont beaucoup sont dépourvus, ont la faculté de le gonfler ou de le détendre en aspirant ou en chassant l'air, et qu'ils s'en servent pour s'élever ou pour descendre dans l'eau, à peu près comme les aéronautes montent ou descendent dans l'air en jetant du lest ou en perdant du gaz par la soupape de leur ballon.

511. Divisions de la classe des poissons. — On divise les poissons en deux ordres : les poissons osseux ou à squelette osseux et les poissons cartilagineux ou à squelette cartilagineux.

QUESTIONNAIRE.

1. Quelle est la forme générale du corps et du squelette des poissons? — 2. Combien distingue-t-on de sortes de nageoires? — 3. Quel est le mode de respiration et de circulation des poissons? — 4. Quel est le rôle de la vessie natatoire?

CHAPITRE PREMIER

PREMIER ORDRE DES POISSONS

POISSONS OSSEUX

512. Caractère distinctif et division de l'ordre des poissons osseux. — Le caractère distinctif des poissons osseux devrait être d'avoir un squelette complètement osseux, ou tout au moins analogue, sous ce rapport, au squelette des vertébrés supérieurs; mais le squelette des poissons, quels qu'ils soient, est toujours incomplètement ossifié, et on l'appelle osseux quand cette ossification est relativement très avancée.

L'ordre des poissons osseux comprend quatre sous-ordres: acanthoptérygiens, malacoptérygiens, lophobranches, plectognathes.

513. Acanthoptérygiens. — D'après l'étymologie de leur nom, les poissons de ce sous-ordre devraient avoir les rayons de leurs nageoires en forme d'épines; ils ont au moins un ou deux rayons de leur nageoire dorsale conformés de cette façon. Ils ont, en outre, la mâchoire supérieure mobile et les rayons de leurs branchies disposés en forme de peigne à deux rangs de dents.

Ce sous-ordre est fort nombreux; nous nous contenterons de citer, parmi les genres qu'il contient: la perche, le bar, la vive, le maquereau, le thon, l'espadon, le pilote.

514. — La *perche* est un joli poisson de rivière, aux couleurs vives et délicates. Son opercule est garni de plusieurs arêtes acérées. Toute sa chair est traversée de nombreuses épines; c'est le seul défaut qu'on lui reconnaisse, car elle est des plus savoureuses.

515. — La chair du *bar*, qui est un poisson de mer, est excellente. C'est, du reste, un poisson de fort belle taille.

dont les écailles argentées ne sont pas dépourvues d'agrément.

516. — La *vive* a la chair sèche, médiocre, des couleurs ternes ; de plus, à chaque opercule, elle porte une forte arête très acérée, qui fait des blessures longues à guérir.

517. — Le *maquereau* est d'une couleur bleue magnifique, rayée de noir, à reflets pourpre et or, au moment où le poisson sort de l'eau, mais se ternissant ensuite rapidement. Sa chair est excellente au goût, mais quelque peu lourde à l'estomac. La pêche au maquereau est très active et très productive.

518. — Le *thon* (fig. 82) est un très gros poisson pesant jusqu'à 500 kilogrammes. Dans les pays où on le pêche, on fait grand cas de sa chair à l'état frais ; ailleurs on la mange marinée dans l'huile.

Fig. 82. Thon.

519. — L'*espadon* ressemble au thon, dont il atteint presque les dimensions ; mais il s'en distingue en ce que les os de sa mâchoire supérieure se prolongent en une sorte d'épée longue et pointue, qui est une arme redoutable.

520. — Le *pilote* est un petit poisson de 30 centimètres de long. Il doit son nom à un préjugé des marins qui, l'ayant vu accompagner les navires pour se nourrir des débris qu'on jette à la mer, ainsi que font les requins eux-mêmes, se sont imaginé que le plus petit de ces deux poissons servait de guide, de *pilote* au plus grand.

521. Malacoptérygiens. — Ce nom signifie rayons mous et devrait s'appliquer à des poissons chez lesquels tous les rayons des nageoires seraient mous, ce qui n'est pas complètement exact.

Les principaux genres de ce sous-ordre, prodigieusement nombreux, sont : le barbeau, le goujon, la tanche, la loche, le brochet, l'exocet, le silure, le malaptérure, le saumon, la truite, l'éperlan, l'anchois, la sardine, le hareng, la morue, le merlan, la plie, le turbot, la sole, l'anguille, le gymnote.

522. — Le *barbeau* est un poisson de rivière qui doit son nom aux quatre barbillons ou appendices charnus dont son museau est orné. C'est un très bon poisson, mais dont les œufs sont fortement purgatifs.

523. — Le *goujon* a deux barbillons à la lèvre inférieure. Sa taille ne dépasse pas 20 centimètres. On en fait une excellente friture.

524. — La *tanche* a une chair fade. Sa peau, couverte de très fines écailles, est molle et lisse.

Fig. 83. Carpe.

525. — La *carpe* (fig. 83) est un poisson trop connu pour que nous ayons à le décrire. Rappelons seulement sa belle couleur de bronze et d'or, sa petite bouche sans dents, sa chair excellente et ses innombrables arêtes.

526. — La *loche* est pourvue de nombreux barbillons. Elle a, comme la tanche, la peau lisse et molle, couverte de menues écailles. Sa chair a un goût de bourbe peu agréable.

527. — Le *brochet* est le loup des étangs, qu'il dévaste avec fureur. Ses fortes dents servent bien sa voracité. Sa chair est généralement estimée.

528. — On appelle souvent l'*exocet* un poisson volant, parce que ses nageoires pectorales, extrêmement développées, lui permettent de se soutenir quelques instants en l'air, comme s'il avait des ailes. Il a des couleurs bleu et argent d'un effet splendide, et sa forme est gracieuse.

529. — Le *silure* est un des plus grands poissons d'eau douce. Il atteint deux mètres de longueur et pèse jusqu'à 150 kilogrammes. Sa peau est dépourvue d'écailles.

530. — Le *malaptérure* ressemble au silure, mais ne dépasse pas 40 centimètres et donne des secousses électriques fort énergiques. Il habite le Nil et le Sénégal.

531. — Le *saumon* est un très beau poisson de mer qui remonte les rivières pour frayer, c'est-à-dire pour déposer ses œufs. Sa chair est des plus estimées.

532. — La *truite* est un fort joli poisson de rivière, avec des taches rondes d'un rouge vermillon. Elle habite de préférence les eaux limpides des ruisseaux. Sa chair est exquise.

533. — L'*éperlan* est un poisson de mer qui se fait pêcher dans les rivières. Il n'a pas 10 centimètres de long. Il exhale un parfum de violette ou de concombre fort apprécié des gourmets.

534. — L'*anchois* est un petit poisson de mer couvert de larges écailles. Il est l'objet d'une pêche active. On le conserve presque toujours dans une saumure.

535. — La pêche de la *sardine* est plus importante encore que celle de l'anchois, auquel elle ressemble, bien que d'une taille un peu plus forte. On prépare aussi la sardine en saumure quelquefois, mais bien plus souvent à l'huile.

536. — La pêche du *hareng* serait la plus importante de toutes, si la morue n'existait pas. Ne pouvant consommer à l'état frais les énormes quantités de harengs que l'on pêche, on les sale ou on les fume pour les conserver.

537. — Pour pêcher la *morue* sur le banc de Terre-Neuve, on équipe de véritables flottes. Outre sa chair, que l'on consomme fraîche, sèche ou salée, on utilise son foie, dont on extrait une huile nauséabonde fort usitée en médecine. La morue porte un barbillon sous sa lèvre inférieure.

538. — Le *merlan* ressemble fort à la morue, sauf que sa taille est plus petite et que sa lèvre est privée de barbillon. La chair du merlan est blanche et délicate.

539. — Nous commençons avec la *plie* la série des poissons plats ou *pleuronectes*, animaux bizarres, non symétriques, aplatis comme des planches, ayant les deux côtés du corps différemment colorés, l'un brun et l'autre blanc, et les yeux situés du même côté.

La plie a la forme d'un losange. Le *carrelet*, le *flet*, la *limande* sont des espèces du même genre.

540. — Le *turbot* (fig. 84), beaucoup plus gros, plus épais aussi, a à peu près les mêmes formes; mais sa peau brune est hérissée de petits tubercules. Sa chair est très estimée.

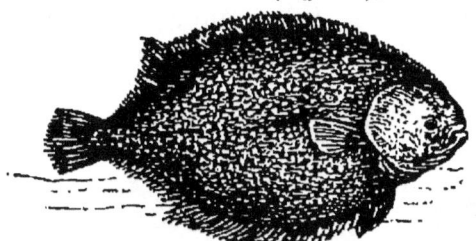

Fig. 84. Turbot.

541. — Rien n'égale la finesse de la chair de la *sole*. Le corps de la sole, bien connue de tout le monde, a la forme d'un ovale allongé.

542. — Nous passons maintenant à une autre série, celle des poissons serpentiformes, des poissons apodes, c'est-à-dire des poissons sans pieds, les pieds étant les membres inférieurs ou nageoires ventrales.

543. — L'*anguille* (fig. 85) a le corps long, la peau grasse au

Fig. 85. Anguille.

toucher, la nageoire dorsale et la nageoire anale tout d'une venue avec la caudale.

Les anguilles qui habitent les rivières vont pondre leurs œufs sur les bords de la mer. Elles ont la faculté, bien que dépourvues de poumons, de vivre longtemps hors de l'eau, et il n'est pas rare de les rencontrer se promenant dans les prairies.

544. — Le *gymnote*, qui habite les rivières de l'Amérique du Sud, est une anguille sans nageoire dorsale. Il a dans le dos une véritable pile électrique avec laquelle il peut donner des secousses capables, dit-on, de tuer un cheval, ce qui est visiblement exagéré. En tout cas, l'appareil du gymnote lui sert à foudroyer les poissons dont il fait sa nourriture.

545. Lophobranches. — Chez les poissons de ce sous-ordre, les branchies ne sont plus disposées en peigne, mais en petites houppes. Leur corps est entièrement couvert d'une véritable cuirasse.

Les plus remarquables de ces petits animaux sont le syngnathe et l'hippocampe.

546. — Le mot *syngnathe* veut dire mâchoire soudée : ce poisson a, en effet, un petit museau tubuleux, sans division des mâchoires. Il a le corps très grêle et très allongé, ce qui fait qu'on l'appelle vulgairement *anguille de mer*.

Fig. 86. Hippocampe.

547. — Dans la fable, l'*hippocampe* était un monstre

marin moitié cheval et moitié poisson. Le tout petit poisson (fig. 86) auquel on a donné le même nom a une tête relativement énorme, qui rappelle grossièrement celle d'un cheval, et quand il est mort, la partie antérieure de son corps prend une certaine attitude d'encolure. De là son nom.

548. Plectognathes. — Ces poissons ont la mâchoire supérieure soudée au crâne : c'est ce qu'indique le nom de la famille.

Nous citerons seulement trois genres : diodon, triodon et coffre.

549. — Quand le *diodon* gonfle son corps, comme il a la faculté de le faire, il devient rond comme un ballon, les piquants qui parsèment sa peau se hérissent, et il flotte au hasard à la surface de l'eau, défiant alors ses ennemis, qui ne sauraient mordre sur lui sans ensanglanter leur gueule. C'est son unique moyen de défense. Ses mâchoires sont divisées en deux pièces fines formant comme deux grosses dents : c'est ce qu'exprime son nom.

550. — Le *triodon* a trois dents au lieu de deux. A cela près, il ressemble au diodon.

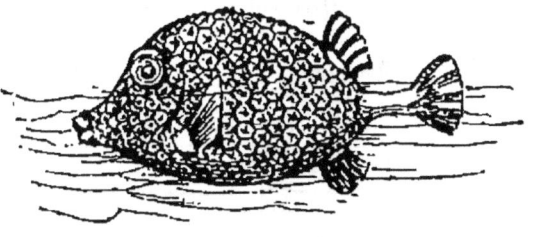

Fig. 87. Coffre.

551. — Le corps du *coffre* (fig. 87) est couvert d'une épaisse cuirasse formée de plaques polygonales et percée de trous pour laisser passer la bouche, la queue et les nageoires.

QUESTIONNAIRE.

1. Quel est le caractère principal de l'ordre des poissons osseux ? — 2. Comment divise-t-on cet ordre ? — 3. Quels sont les caractères distinctifs et les principaux genres du sous-ordre des acanthoptérygiens ? — 4. Quels sont les caractères du genre perche ? bar ? vive ? maquereau ? thon ? espadon ? pilote ? — 5. Quels sont les caractères distinctifs et les principaux genres du sous-ordre des malacoptérygiens ? — 6. Quels sont les caractères distinctifs du genre barbeau ? goujon ? tanche ? loche ? brochet ? exocet ? silure ? malaptérure ? saumon ? truite ? éperlan ? anchois ? sardine ? hareng ? morue ? merlan ? plie ? turbot ? sole ? anguille ? gymnote ? — 7. Quels sont les caractères distinctifs et les principaux genres du sous-ordre des lophobranches ? — 8. Quels sont les caractères dis-

tinctifs du genre syngnathe? hippocampe? — 9. Quels sont les caractères distinctifs et les principaux genres du sous-ordre des plectognathes? — 10. Quels sont les caractères distinctifs du genre diodon? triodon? coffre?

CHAPITRE II

DEUXIÈME ORDRE DES POISSONS

POISSONS CARTILAGINEUX

552. Caractères et divisions de l'ordre des poissons cartilagineux. — Nous avons dit que le squelette des poissons osseux est incomplètement osseux; celui des poissons cartilagineux est, au contraire, complètement cartilagineux, quelquefois presque membraneux.

Cet ordre comprend trois sous-ordres : les sturioniens, les sélaciens et les cyclostomes.

553. Sturioniens. — Ces poissons ont les branchies libres, c'est-à-dire non soutenues par des rayons osseux, et en communication avec l'eau par des trous percés dans leur peau.

554. — Le genre principal de la famille des sturioniens est l'*esturgeon* (fig. 88), gros poisson qui habite principalement

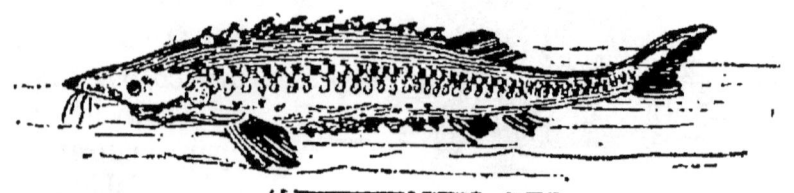

Fig. 88. Esturgeon.

la mer Noire et la mer Caspienne, mais qui remonte leurs affluents pour y frayer dans les bas-fonds.

L'esturgeon atteint jusqu'à 8 mètres de long. Il a le museau pointu; sa bouche, petite, dépourvue de dents, s'ouvre sous le museau. Il a, dans toute la longueur du corps, plusieurs rangées d'os isolés en forme d'écussons. Sa chair est très délicate. Les Russes mangent ses œufs préparés et leur donnent le nom de caviar. On fait avec sa vessie natatoire une excellente colle de poisson.

555. Sélaciens. — Ils ont leurs branchies fixées par les bords, et absorbent également l'eau par des ouvertures latérales.

Les genres principaux de cette famille sont : la roussette, le requin, le marteau, la scie, la raie et la torpille.

556. — La *roussette* ou *chien de mer* a le corps allongé, le museau court, des dents robustes à trois pointes, une peau semée de granulations pierreuses, dont on se sert pour polir les bois et les métaux. On pêche des roussettes qui ont 1 mètre 30 de longueur.

557. — Le *requin* (fig. 89) est le plus féroce et le plus vorace de tous les poissons. Son nom est une altération du mot

Fig. 89. Requin.

requiem, qu'on répète fréquemment dans l'office des morts, et fait allusion aux malheureux nageurs souvent dévorés par ce terrible sélacien : terrible par sa taille, qui dépasse souvent 6 mètres; par ses dents robustes, tranchantes, dentelées, disposées sur plusieurs rangées; par sa voracité surtout, qui est insatiable. Son museau est pointu comme celui de l'esturgeon, et sa bouche s'ouvre de même en dessous du museau.

558. — Le *marteau* est un vrai requin ayant la taille et les mœurs du requin commun, mais dont la tête aplatie a, de chaque côté, deux prolongements qui lui donnent tout à fait la forme d'un marteau.

559. — Le museau de la *scie* se termine par un appendice osseux, en forme de lame d'épée, garni de chaque côté de pointes triangulaires imitant les dents d'une scie.

Les naturalistes font généralement, avec les genres requin, marteau, scie et quelques autres que nous avons omis, la famille des *squales*.

560. — Toutes les espèces du genre *raie* ont le corps aplati, élargi, rappelant un peu la forme des poissons plats, mais terminé par une longue queue grêle. Une espèce, la *raie bouclée*, a la peau garnie d'assez gros tubercules osseux munis d'une pointe recourbée.

561. — La *torpille*, qui a beaucoup de rapports avec les raies, porte au-dessus du corps, près de la tête, un appareil électrique avec lequel elle donne à volonté des décharges passablement violentes.

562. Cyclostomes. — Ces poissons, dépourvus de nageoires pectorales et de nageoires ventrales, ont une bouche conformée en suçoir, en ventouse plutôt, avec laquelle ils se fixent fortement sur des proies bien plus grosses qu'eux, pour les dévorer.

563. — Le seul genre important de cette famille est la *lamproie*. Ce poisson a la forme exacte d'une anguille ; mais il se distingue par sa bouche en suçoir, par l'absence de nageoires ventrales et pectorales, par sept trous branchiaux disposés en ligne droite de chaque côté de son cou. Sa chair est très estimée.

QUESTIONNAIRE.

1. Quel est le caractère distinctif de l'ordre des poissons cartilagineux ? — 2. Comment divise-t-on cet ordre ? — 3. Quels sont les caractères distinctifs et quel est le principal genre du sous-ordre des sturioniens ? — 4. Quels sont les caractères du genre esturgeon ? — 5. Quels sont les caractères distinctifs et les principaux genres du sous-ordre des sélaciens ? — 6. Quels sont les caractères du genre roussette ? requin ? marteau ? scie ? raie ? torpille ? — 7. Quels sont les caractères distinctifs et les principaux genres du sous-ordre des cyclostomes ? — 8. Quels sont les caractères du genre lamproie ?

LIVRE II

DEUXIÈME EMBRANCHEMENT DES ANIMAUX

ANNELÉS

564. Formes générales des annelés. — D'après la signification de leur nom, les annelés ont le corps divisé en anneaux, c'est-à-dire en tronçons ajoutés les uns aux autres, bord à bord. Ces anneaux, plus ou moins marqués, tantôt sont formés de pièces calcaires distinctes, à peine unies les unes aux autres, et tantôt sont indiqués seulement par des plis de la peau plus ou moins profonds.

L'ensemble de ces anneaux forme une sorte de squelette extérieur ou tégumentaire, fournissant des points d'attache soit aux membres et appendices extérieurs, pattes, ailes, nageoires, antennes, etc., soit aux organes internes.

565. **Circulation du sang chez les annelés.** — Les annelés ont presque tous le sang blanc ou, plus exactement, incolore. Chez quelques-uns cependant, il est coloré en jaune, en vert ou même en rouge. Ils ont du sang veineux et du sang artériel, un cœur plus ou moins distinct, souvent réduit à un simple renflement du vaisseau artériel. Leur appareil circulatoire est, du reste, extrêmement variable.

566. **Respiration chez les annelés.** — Plus variable encore est leur appareil respiratoire, car les annelés ont jusqu'à trois modes différents de respiration : respiration pulmonaire, respiration branchiale, respiration trachéenne. Les deux premiers modes nous sont connus ; nous aurons l'occasion d'expliquer le troisième.

567. **Système nerveux des annelés.** — Le système nerveux, fort simple chez les annelés, se réduit généralement à deux filets nerveux, coupés, par intervalles, de ganglions, c'est-à-dire de renflements, dont les deux premiers représentent l'encéphale.

Rien ne rappelle ici le canal ou étui osseux qui, chez les vertébrés, sert d'enveloppe à la moelle épinière.

568. **Divisions de l'embranchement des annelés.** — On distingue, dans cet embranchement, sept classes différentes : insectes, myriapodes, arachnides, crustacés, annélides, rotateurs, entozoaires.

QUESTIONNAIRE.

1. Quelle est la signification du mot annelés ? — 2. En quoi consistent les anneaux qui divisent le corps des animaux de l'embranchement des annelés ? — 3. Les annelés ont-ils un squelette ? de quelle nature ? — 4. Quelle est la couleur du sang et le mode de circulation des annelés ? — 5. Quels sont les modes de respiration des annelés ? — 6. Quelle est la conformation du système nerveux chez les annelés ? — 7. Comment divise-t-on l'embranchement des annelés ?

PREMIÈRE SECTION

PREMIÈRE CLASSE DES ANNELÉS

INSECTES

569. Forme générale des insectes. — Le nom d'insecte, qui veut dire animal à corps découpé, caractérise très bien la première classe des annelés ; car les animaux qui la composent n'ont pas seulement des anneaux plus ou moins distincts, ils ont leur corps très nettement divisé en trois parties : la tête, le thorax et l'abdomen.

570. Tête des insectes. — Tout le corps des insectes étant formé d'une série d'anneaux articulés, la tête représente un seul de ces anneaux portant les yeux, la bouche et les antennes, qui sont des espèces de cornes articulées.

571. Thorax, membres et ailes des insectes. — Le thorax des insectes ne représente pas précisément la même partie du corps que celui des vertébrés, ou du moins ne joue pas le même rôle. Tandis que le thorax des vertébrés ne sert d'attache qu'aux membres supérieurs, celui des insectes porte tous les membres sans exception. Ces membres sont au nombre de 3 à 5 paires, dont 3 paires de pattes et un nombre de paires d'ailes variant de 0 à 2.

Le thorax est toujours composé de trois anneaux, dont le premier ou le plus voisin de la tête porte seulement une paire de pattes, le second une paire de pattes et une paire d'ailes si l'insecte a des ailes, le troisième une paire de pattes et une paire d'ailes si l'insecte en a deux paires.

En résumé, les trois paires de pattes sont toujours distribuées entre les trois anneaux ; la première paire d'ailes ou la paire unique est toujours attachée au deuxième anneau ; la deuxième paire d'ailes, si elle existe, est implantée sur le troisième anneau.

Deux remarques à faire : les trois paires de pattes des insectes sont formées d'un certain nombre de pièces articulées ; les ailes dont ils sont presque tous pourvus sont des organes du vol, et, de tous les invertébrés, les insectes sont les seuls doués de la faculté de voler. On les reconnaît aisément à ce signe, quand il existe, et lorsqu'il manque, il suffit de compter leurs pattes, qui sont invariablement au nombre de trois paires.

572. Respiration des insectes. — Le sang des insectes est blanc ou plutôt incolore. Il s'épuise tout comme le nôtre et, comme le nôtre, a besoin d'être revivifié par la respiration. Mais, au lieu d'avoir des organes respiratoires localisés comme les poumons des mammifères ou les branchies des poissons, les insectes respirent par tout le corps, à l'aide de vaisseaux ramifiés qu'on appelle des trachées, recevant l'air extérieur par de petites ouvertures appelées stigmates.

Il va donc sans dire que les insectes n'ont pas de cœur, car cet organe n'a pas d'autre rôle que d'envoyer le sang veineux aux poumons ou aux branchies et d'en recevoir le sang artériel; or le sang veineux des insectes se transforme en sang artériel, non pas dans des poumons ni dans des branchies, mais sur toute la surface du corps.

573. Métamorphoses des insectes. — Tout ce que nous venons de dire s'applique à l'insecte à l'état parfait. Avant d'arriver à cet état, la plupart des insectes passent par deux états différents. Au sortir de l'œuf, car les insectes sont ovipares, le petit animal a plutôt l'air d'un ver que d'un insecte, bien que ses trois paires de pattes soient déjà distinctes et que les vers soient dépourvus de pattes. Il est alors à l'état de larve. Toutes les fois que l'on rencontre un animal vermiforme pourvu de trois paires de pattes seulement, on peut se prononcer sans hésiter: c'est une larve d'insecte.

La larve se nourrit abondamment, avec voracité souvent, malheureusement pour nos récoltes, grossit rapidement, s'engourdit, change de forme et passe à son second état, l'état de nymphe.

Au bout d'un certain temps, la nymphe s'est développée, son enveloppe se déchire, et il en sort un insecte à son troisième état, l'état parfait.

Plusieurs insectes ne subissent pas de métamorphoses ou ne subissent que des métamorphoses incomplètes.

574. Division de la classe des insectes. — Les insectes sont prodigieusement nombreux et variés dans la nature; on les a rangés en dix ordres différents: coléoptères, orthoptères, névroptères, hyménoptères, lépidoptères, hémiptères, diptères, rhipiptères, parasites et thysanoures.

575. Coléoptères. — Ces insectes, dont le nom signifie

ailes en fourreau, sont reconnaissables entre tous par leurs deux paires d'ailes, dont une membraneuse et transparente, et l'autre formant une sorte d'étui corné qui, en se rabattant sur la partie supérieure de l'abdomen, couvre les autres ailes.

Les coléoptères sont extrêmement nombreux; on en connaît plus de 30 000 espèces. Nous citerons seulement les genres capricorne, lucane, cantharide, hanneton, scarabée, lampyre, coccinelle, carabe, charançon.

576. — Le nom des *capricornes* veut dire cornes de bouc; mais les cornes de ces insectes, autrement longues proportionnellement que celles du bouc, dépassent souvent la longueur du corps, qui est cependant fort allongé. Plusieurs espèces habitent notre pays, une entre autres qui exhale une agréable odeur de musc, et une d'un très beau noir, avec le corselet et les élytres chagrinés.

577. — Les énormes mandibules courbées en arc des *lucanes* ou *cerfs-volants* sont fortement dentelées et rappellent un peu un bois de cerf; de là le nom vulgaire. Les larves de ces insectes font de grands ravages dans les forêts, en rongeant le tronc des arbres. Les Romains mangeaient ces grosses larves.

578. — La *cantharide* (fig. 90) est un bel insecte d'un vert doré qui vit sur le frêne, le troène et le lilas. Son contact irrite fortement la peau; aussi les cantharides écrasées servent-elles à faire des vésicatoires.

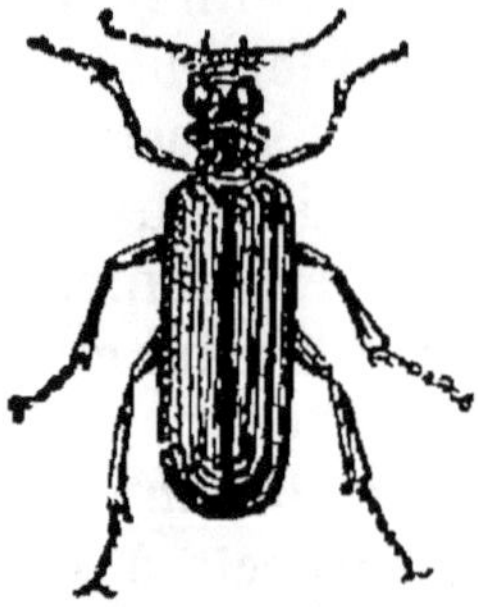

579. — Le *hanneton commun* a les élytres roux brun, l'abdomen noir et blanc, de belles antennes en forme de peigne. Ses larves, appelées vers blancs, font de grands ravages dans les cultures.

Fig. 90. Cantharide.

580. — Le *foulon*, qui a les élytres et le corselet agréablement tachetés de blanc, est une autre espèce du même genre.

581. — Le *scarabée* est un gros et lourd insecte dont une espèce, le *scarabée coprophage*, roule des excréments en boule pour y déposer ses œufs. Cet insecte était pour les Égyptiens un animal sacré; il figure sur tous leurs monuments.

582. — Chez le *lampyre* de nos pays, la femelle, appelée *ver luisant*, est dépourvue d'ailes, a le corps phosphorescent, et brille dans les herbes pendant la nuit. Dans le midi de l'Europe, il existe une autre espèce, la *luciole*, dont la femelle est pourvue d'ailes et trace en volant, dans les airs, de petits traits de feu.

583. — La *coccinelle* est un petit insecte hémisphérique appelé vulgairement *bête à bon Dieu*. Elle rend des services à l'agriculture en dévorant d'autres insectes.

584. — Bien plus utile, parce qu'il est à la fois plus robuste et plus vorace, le *carabe doré*, magnifique insecte vert et or, fait la chasse aux insectes des jardins, en courant sur ses longues pattes avec une agilité singulière.

585. — Les 600 espèces du genre *charançon* causent de grands maux à l'agriculture, car ces insectes dévorent la substance des plantes et surtout la fécule des graines. Les *bruches* particulièrement font de grands ravages dans les magasins de blé et de graines de légumineuses.

Les charançons ont une conformation fort singulière : leur tête se prolonge en une sorte de trompe terminée en avant par les mandibules, et sur laquelle les antennes et les yeux sont implantés à mi-chemin.

586. Orthoptères. — Ailes droites, d'après le sens du mot. Ce sont plutôt les élytres qui sont droits, c'est-à-dire très allongés. Ils sont bien moins coriaces que ceux des coléoptères, et couvrent de grandes ailes membraneuses plissées en long. La dernière paire de pattes est très longue et très robuste, ce qui fait des orthoptères des insectes sauteurs.

Principaux genres : sauterelle, criquet, grillon, courtilière, blatte, forficule.

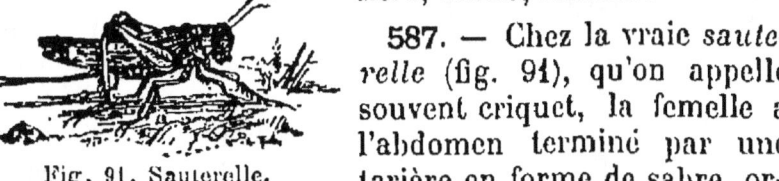

Fig. 91. Sauterelle.

587. — Chez la vraie *sauterelle* (fig. 91), qu'on appelle souvent criquet, la femelle a l'abdomen terminé par une tarière en forme de sabre, organe qui lui sert à déposer ses œufs en terre.

588. — Chez le vrai *criquet* (fig. 92), qu'on appelle souvent sauterelle, il n'y a pas de tarière saillante. Quand on parle de nuages de sauterelles cachant le soleil, d'armées de sauterelles dévastant des contrées entières et les réduisant à la famine, c'est des criquets qu'il faut entendre tout cela.

Fig. 92. Criquet.

589. — Courtil signifiait autrefois jardin, et *courtilière* veut dire jardinière. Les courtilières sont en effet nombreuses dans les jardins, où elles causent de grands dégâts en détruisant les racines tendres avec leurs pattes antérieures terminées par des espèces de mains, ce qui leur a fait donner aussi le nom de *taupes-grillons*.

590. — Dans le genre *grillon*, on compte deux espèces remarquables, pourvues l'une et l'autre de tarières saillantes : le *grillon des champs*, insecte noir qui se creuse de petits trous le long des chemins, et qui, en frottant ses élytres, fait entendre une sorte de cri strident, d'où son nom vulgaire de cri-cri ; le *grillon domestique*, très commun dans les fournils, et qui a aussi son cri, mais plus doux et moins aigu.

591. — La *blatte* ou *cafard* est un animal infect et importun, dévorant et souillant notre farine et jusqu'aux provisions de nos garde-manger. Cet insecte ne vole pas. La femelle est même entièrement dépourvue d'ailes et d'élytres.

592. — Chez la *forficule* ou *perce-oreille*, les élytres sont très courts, et les ailes membraneuses ne peuvent se cacher dessous qu'en se pliant en travers. Son abdomen est terminé par un double crochet formant une sorte de tenaille. Cet animal exerce des ravages dans les jardins en dévorant les racines et les bulbes des plantes à oignon.

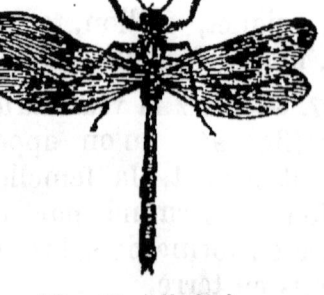

Fig. 93. Libellule.

593. **Névroptères**. — Les névroptères ont quatre ailes membraneuses, transparentes, soutenues par des nervures formant une sorte de réseau. Parmi les genres assez nombreux qui composent cet ordre, citons : les libellules, les fourmis-lions et les termites.

594. — Le genre *libellule*, appelé vulgairement *demoiselle*

(fig. 93), comprend des espèces très gracieuses. Toutes ont quatre ailes horizontales, un corselet assez fort, un abdomen allongé en forme de baguette.

595. — L'*éphémère* est un joli insecte qui justifie son nom d'insecte d'un jour par la brièveté de sa vie. Souvent, en effet, son existence ne dépasse pas vingt-quatre heures pour l'insecte à l'état parfait.

596. — Chez le *fourmi-lion*, l'insecte parfait diffère à peine des libellules. Sa larve rappellerait plutôt la forme d'une punaise. Elle se cache au fond de petits entonnoirs qu'elle se creuse dans le sable, y attend les fourmis, qu'elle aide, au besoin, à tomber dans l'abîme en leur jetant des grains de sable, et les dévore aussitôt.

597. — Le nom de *fourmi blanche* donné aux *termites* est impropre, car les vraies fourmis sont des hyménoptères et non des névroptères ; mais les mœurs sont à peu près les mêmes chez les fourmis et chez les termites. Celles-ci, en effet, vivent en colonies nombreuses, composées de mâles et de femelles pourvus d'ailes, de neutres qui n'en ont pas et qui jouent, dans la société, le double rôle de soldats et d'ouvriers. Les termites d'Afrique se construisent dans la terre des nids immenses ; ceux des bords de l'Océan, en France, se logent dans les boiseries et les ravagent au point de miner et de détruire de grandes digues élevées pour arrêter les flots de l'Océan.

598. **Hyménoptères.** — Les insectes de cet ordre ont quatre ailes membraneuses et transparentes ; la bouche conformée en trompe mobile propre à sucer les liquides ; l'abdomen pourvu, chez les femelles, d'une tarière ou d'un aiguillon.

Les principaux genres de cet ordre sont : la fourmi, l'abeille, la guêpe et le bourdon.

599. — Les *fourmis* vivent en sociétés nombreuses dans des retraites qu'elles se creusent, et qu'on nomme fourmilières. La communauté comprend : des mâles et des femelles également pourvus d'ailes ; des neutres ou ouvrières, sans ailes, chargés de tous les travaux de construction et d'approvisionnement des magasins.

600. — Également formées en sociétés, les *abeilles* se

divisent aussi en mâles (fig. 94), en femelles (fig. 95), dont

Fig. 94. Abeille mâle. Fig. 95. Abeille femelle. Fig. 96. Abeille ouvrière.

une seule par colonie, et en neutres, tous pourvus d'ailes. Les neutres ou ouvrières (fig. 96) ont l'abdomen armé d'un aiguillon ou dard venimeux, taillé en lame de scie, et qui reste dans la plaie quand ils l'enfoncent dans la peau d'un animal, ce qui d'ailleurs amène infailliblement la mort de l'insecte.

Les neutres récoltent sur les fleurs la cire avec laquelle ils construisent leurs nids et le miel qu'ils amassent comme provision d'hiver. L'homme, en préparant pour les abeilles des demeures artificielles qu'on appelle ruches, est parvenu à s'approprier leur miel et leur cire.

601. — Les *guêpes* ont à peu près les mœurs des abeilles et se construisent des nids, non pas avec de la cire, mais avec des débris de végétaux agglutinés. Les femelles ont un aiguillon très acéré.

602. — Les vrais *bourdons* (les faux bourdons ne sont que des abeilles mâles) vivent également en sociétés pendant la belle saison ; pendant l'hiver, les neutres et les mâles périssent, les femelles s'enferment dans des trous et s'y engourdissent. Ils ont le corps trapu et velu. Quelques-uns ont de très belles couleurs. Ils se nourrissent du miel qu'ils puisent dans les fleurs avec leur très longue trompe.

603. Lépidoptères. — Ce nom, qui veut dire jolies ailes, est presque toujours justifié. Les quatre ailes de ces insectes, connus sous le nom général de papillons, ne sont pas transparentes comme celles des hyménoptères et des névroptères, mais opaques, étant couvertes d'une fine poussière composée d'écailles colorées, qui s'attache aux doigts quand on les saisit.

La bouche des lépidoptères est formée par une longue trompe qu'ils enfoncent dans les fleurs pour y puiser leur nourriture. Au repos, cette trompe est souvent roulée en spirale.

Les larves des lépidoptères, appelées chenilles, ont le

corps allongé comme celui d'un ver, mais divisé en anneaux et muni, comme l'insecte parfait, de six pattes, plus d'un grand nombre de fausses pattes. Ce sont de terribles ravageuses.

Fig. 97. Lépidoptère diurne.

On a classé les lépidoptères en diurnes, crépusculaires, nocturnes; mais ces trois grandes familles se distinguent moins sûrement par les heures du jour où on les voit voler que par la conformation de leur corps. Il est des lépidoptères dits nocturnes qui ne volent qu'en plein soleil.

604. — Les *lépidoptères diurnes* (fig. 97) ou papillons de jour sont les vrais papillons. Ils ont les ailes verticales au repos, les antennes en massue, la trompe en spirale. Les chenilles des papillons ne filent généralement pas de cocon, mais se transforment en chrysalides anguleuses (fig. 98).

Parmi les espèces de cette famille, qui se distinguent généralement par l'éclat de leurs couleurs, nous citerons : les vanesses, les argus, les satyres, les danaïdes.

605. — Les *lépidoptères crépusculaires* volent presque tous le soir ou le matin. Leurs ailes sont aplaties horizontalement pendant le repos, et leurs antennes conformées en massues. Leurs nymphes sont tantôt enveloppées d'un cocon et tantôt simplement enfouies dans la terre, le bois, la chair des fruits.

Fig. 98. Chrysalide.

Le sphinx, le plus grand de tous les lépidoptères, la sésie, le zygène sont des espèces de cette famille.

606. — Les *lépidoptères nocturnes* ou papillons de nuit ont des ailes ressemblant à celles des crépusculaires ; mais ils filent tous des cocons, et leurs antennes tantôt s'amincissent en pointe et tantôt sont réduites à un simple fil.

Citons les genres suivants : bombyx, dont une espèce, le bombyx du mûrier, nous fournit la soie ; phalène ; teigne, grand destructeur d'étoffes; pyrale, dont une espèce fait de terribles ravages dans nos vignobles.

607. Hémiptères. — En général, les hémiptères, dont le nom signifie demi-ailes, ont des demi-élytres, ou plutôt des élytres demi-membraneux, demi-cornés, et deux ailes entièrement membraneuses; mais il existe des hémiptères qui n'ont pas d'ailes du tout. Leur bouche est un suçoir pourvu, à l'intérieur, de dards qui leur servent à percer la peau des animaux ou l'épiderme des plantes, pour en aspirer le sang ou la sève.

Fig. 99. Phylloxera.

608. — Nous citerons parmi les principaux genres : la *cigale*, gros et bel insecte qui fait entendre, dans le Midi, une sorte de chant monotone et assourdissant; la *cochenille*, dont la femelle, dépourvue d'ailes, s'attache au nopal et fournit à l'industrie une belle couleur rouge; le *puceron*, qui s'attache aux plantes et les fait dépérir en suçant leur sève; la *punaise des lits*, dépourvue d'ailes, et dont le suçoir venimeux fait aux dormeurs des blessures assez cruelles; la *punaise des champs*, qui communique aux fruits son odeur infecte; le *phylloxera* (fig. 99), terrible insecte d'importation américaine, qui s'attache aux racines de nos vignes et les fait périr.

609. Diptères. — Ici les élytres ont disparu et nous ne trouvons plus que deux ailes membraneuses. La disposition du suçoir est à peu près la même que chez les hémiptères.

Fig. 100. Taon.

610. — Citons trois genres également importuns : la *mouche domestique*, qui suce les surfaces humides sans percer la peau des animaux ni l'épiderme des végétaux; le *taon* (fig. 100), sorte de grosse mouche dont le suçoir fait aux animaux domestiques des blessures cruelles; le *cousin*, qui, non content de percer notre peau, verse une goutte de venin dans la plaie.

611. Rhipiptères. — Les insectes de ce petit ordre ont deux grandes ailes membraneuses qu'ils peuvent plier en éventail, et des traces d'élytres.

612. — Citons les genres *xénos* et *stylops* (fig. 101), dont les larves vivent en parasites sur le corps d'autres insectes.

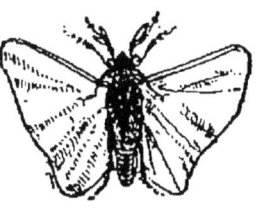

Fig. 101. Stylops.

613. Parasites. — Destinés à vivre à demeure sur le corps des animaux, les parasites n'ont pas d'ailes, mais sont munis d'une trompe avec laquelle ils sucent le sang ou les humeurs. Ils ne subissent pas de métamorphoses appréciables.

614. — Tout le monde connaît le *pou* (fig. 102), qui vit en parasite sur le corps de l'homme et de plusieurs animaux; le *ricin* ou *pou des oiseaux*, si abondant dans nos poulaillers; la *puce*, qui vit à nos dépens, mais est moins sédentaire que le pou.

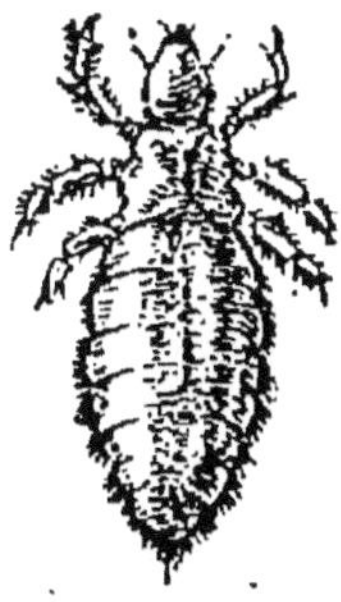

Il existe dans l'Amérique du Sud un insecte voisin de notre puce, la *chique* ou *puce pénétrante*, qui s'enfonce sous les ongles et sous la peau des hommes et des animaux, pour y déposer ses œufs.

615. Thysanoures. — Ces insectes sont dépourvus d'ailes et munis d'une sorte de queue formée de minces filets.

Fig. 102. Pou de l'homme.

616. — Le *lépisme*, qui est un des genres de cet ordre, est un petit insecte argenté que nous trouvons assez fréquemment dans nos sucriers; il porte, en guise de queue, plusieurs filets divergents. La *podurelle* (fig. 103) replie sa queue sous son ventre et la détend comme un ressort quand elle veut sauter.

Fig. 103. Podurelle.

QUESTIONNAIRE.

1. Que veut dire le mot insecte ? — 2. De combien de parties se compose le corps des insectes ? — 3. Combien les insectes ont-ils de pattes et combien d'ailes ? — 4. Combien le thorax a-t-il d'anneaux et comment les membres y sont-ils distribués ? — 5. Quel est le mode de respiration et de circulation du sang chez les insectes ? — 6. En quoi consistent les métamorphoses des insectes ? — 7. Quelles sont les divisions de la classe des insectes ? — 8. Quels sont les caractères et les principaux genres de l'ordre des coléoptères ? — 9. Quels sont les caractères distinctifs du genre capricorne ? lucane ? cantharide ? hanneton ? scarabée ?

lampyre? coccinelle? carabe? charançon? — 10. Quels sont les caractères et les principaux genres de l'ordre des orthoptères? — 11. Quels sont les caractères distinctifs du genre sauterelle? criquet? courtilière? grillon? blatte? forficule? — 12. Quels sont les caractères et les principaux genres de l'ordre des névroptères? — 13. Quels sont les caractères distinctifs du genre libellule? éphémère? fourmi-lion? termite? — 14. Quels sont les caractères et les principaux genres de l'ordre des hyménoptères? — 15. Quels sont les caractères distinctifs du genre fourmi? abeille? guêpe? bourdon? — 16. Quels sont les caractères de l'ordre des lépidoptères et comment le divise-t-on? — 17. Quels sont les caractères et les principaux genres de la famille des lépidoptères diurnes? crépusculaires? nocturnes? — 18. Quels sont les caractères et les principaux genres de l'ordre des hémiptères? des diptères? des rhipiptères? des parasites? des thysanoures?

DEUXIÈME SECTION

DEUXIÈME CLASSE DES ANNELÉS

MYRIAPODES

617. Caractères généraux des myriapodes. — Le nom donné aux animaux de cette classe signifie dix mille pattes. En réalité, le corps des myriapodes est formé de nombreux anneaux distincts et porte un grand nombre de pattes, qui ne va cependant jamais au delà de 22 paires.

Ils ont des antennes, pas d'ailes et pas de thorax distinct. Ils ont, au contraire, une tête bien distincte, pourvue, non d'une trompe ou d'un suçoir, mais de solides mâchoires. Leurs métamorphoses se réduisent à des modifications dans le nombre des anneaux et des pattes. Ils respirent par des trachées comme les insectes, et passent toute leur vie dans des endroits sombres et humides.

618. Divisions de la classe des myriapodes. — On y distingue deux ordres : les chilognathes et les chilopodes.

619. Chilognathes. — Ces myriapodes ont le corps plus ou moins arrondi, et chacun de leurs anneaux porte deux paires de pattes. Ils comprennent trois genres principaux :

Fig. 104. Iule.

les *iules* (fig. 104), dont le corps rond allongé, couvert d'un épiderme crustacé, a la faculté de se rouler en spirale; les *polydesmes*, qui ressemblent aux iules, mais dont les anneaux sont légèrement aplatis; les *gloméris*, dont le corps ovale, bombé en dessus, ressemble à celui des cloportes, bien que les cloportes n'appartiennent pas à la classe des myriapodes.

620. **Chilopodes.** — Ils ont le corps aplati et n'ont qu'une paire de pattes par anneau. On y distingue les genres suivants: *scolopendre* ou *mille-pieds* (fig. 105), au corps très long ayant 21 ou 22 paires de pattes; *scutigère*, ayant 15 paires de pattes très longues; *lithobie*, ayant également 15 paires de pattes. Comme le dit leur nom, les lithobies vivent sous les pierres.

Fig. 105.
Scolopendre.

QUESTIONNAIRE.

1. Que signifie le mot myriapodes ? — 2. Quels sont les caractères distinctifs des myriapodes ? — 3. Quels sont les ordres dont se compose cette classe ? — 4. Quels sont les caractères distinctifs et les principaux genres de l'ordre des chilognathes ? des chilopodes ?

TROISIÈME SECTION

TROISIÈME CLASSE DES ANNELÉS

ARACHNIDES

621. **Caractères généraux des arachnides.** — Ces animaux ont le corps articulé comme les insectes; mais ils s'en distinguent par leur tête, qui est entièrement soudée avec le thorax; par le nombre de leurs pattes, qui est de huit au lieu de six; par celui de leurs yeux, qui est souvent de six ou de huit; par l'absence de toute trace d'ailes.

La plupart des arachnides respirent au moyen de trachées, comme les insectes; mais quelques-unes sont pourvues de véritables poumons.

Les arachnides sont des animaux essentiellement carnassiers, dont les uns font la chasse aux insectes et les autres vivent en parasites sur divers animaux. Elles sont presque toutes pourvues d'un appareil venimeux.

622. Divisions de la classe des arachnides. — On divise cette classe en deux ordres : les arachnides pulmonaires et les arachnides trachéennes.

623. Arachnides pulmonaires. — Les arachnides de cet ordre sont pourvues de poches respiratoires qui sont de véritables poumons, ont un système vasculaire ou de vaisseaux sanguins bien développé, possèdent au moins six yeux et peuvent en avoir huit et même plus.

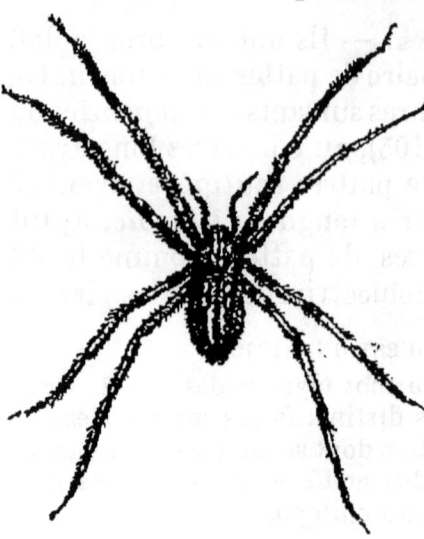

Fig. 106. Araignée domestique.

624. — Nous citerons parmi les genres très nombreux de cet ordre : l'*araignée domestique* (fig. 106), qui file des toiles admirables, vrais filets dans lesquels elle prend ses victimes, c'est-à-dire les insectes dont elle suce le sang; la *mygale*, qui se creuse un nid dans la terre, le tapisse de soie et lui fabrique une porte mobile; la *lycose* ou *tarentule*, dont la morsure est dangereuse; le *scorpion*, qui a de grosses palpes ressemblant à des pinces de crabes, une longue queue terminée par un aiguillon très venimeux.

625. Arachnides trachéennes. — Celles-ci, qui respirent par des trachées, ont tantôt quatre yeux, tantôt deux seulement et tantôt pas du tout. Leurs vaisseaux sanguins sont à l'état rudimentaire.

Fig. 107. Sarcopte.

626. — On compte parmi les genres de cet ordre : le *faucheux*, qui ressemble à une araignée ayant des pattes d'une longueur démesurée; la *mite*, ou *ciron*, ou *acarus*, très petit animal dont une espèce habite le fromage; le *sarcopte* (fig. 107), qui ressemble beaucoup à l'acarus, mais qui s'enfonce sous la peau de l'homme et des animaux et leur donne la gale.

QUESTIONNAIRE.

1. Quels sont les caractères généraux des arachnides ? — 2. Comment divise-t-on la classe des arachnides ? — 3. Quels sont les caractères et les principaux genres des arachnides pulmonaires ? trachéennes ?

QUATRIÈME SECTION

QUATRIÈME CLASSE DES ANNELÉS

CRUSTACÉS

627. Caractères généraux des crustacés. — Crustacés veut dire animaux encroûtés. Les animaux de cette classe sont à peu près tous couverts d'une sorte de cuirasse en pierre, qui n'est que leur épiderme, et dont ils se débarrassent pour la remplacer par une autre, lorsque leur corps s'est trop développé pour tenir à l'aise à l'intérieur.

La tête et le thorax de ces animaux sont généralement soudés en une seule pièce à laquelle on a donné le nom de céphalothorax. Ils ont cinq ou sept paires de pattes.

Les crustacés aquatiques respirent par des branchies, et les crustacés terrestres eux-mêmes possèdent des organes respiratoires qui ressemblent beaucoup à des branchies.

Leur système nerveux consiste en deux séries de ganglions.

628. Divisions de la classe des crustacés. — On y distingue dix ordres : les décapodes, les stomatopodes, les amphipodes, les isopodes, les trilobites, les copépodes, les siphonostomes, les lernéens, les cirripèdes, les xiphosures.

629. Décapodes. — Cinq paires de pattes, comme l'indique leur nom ; deux yeux portés sur des pédoncules, une paire de pinces, les branchies disposées à l'intérieur du corps.

630. — Principaux genres : *écrevisse* (fig. 108), crustacé bien connu, qui habite les ruisseaux limpides, qui a deux fortes pinces d'inégale grosseur, et dont les gourmets font grand cas ; *crevette*, sorte d'écrevisse en petit, à dos arqué, laquelle habite la mer ; *langouste*,

Fig. 108. Écrevisse.

sorte de grande écrevisse, munie de longues pattes sans pinces, de très longues antennes, et qui passe pour un manger délicieux ; *homard*, au corps plus trapu, aux antennes plus courtes, mais pourvu de grosses et fortes pinces inégales, non moins excellent à manger ; *pagure* ou *bernard-l'hermite*, animal bizarre, ayant des pattes et des pinces de homard, mais logeant tout son abdomen dans des coquilles d'emprunt ; *carcin* ou *crabe*, au corps plat et plus ou moins arrondi, aux fortes pinces ; *maïa* ou *araignée de mer*, aux pattes d'une longueur démesurée.

631. Stomatopodes. — Les crustacés de cet ordre ont également deux yeux pédonculés, mais leurs branchies flottent sous l'abdomen. Nous ne citerons que le genre *squille*, remarquable par la longueur de son corps.

632. Amphipodes. — Ceux-ci ont la tête distincte du thorax et n'ont pas de carapace. Leurs yeux ne sont pas pédonculés. Ils sont pourvus de sept paires de pattes.

633. — On y distingue deux genres principaux : la *crevettine* ou *crevette des ruisseaux*, dont la forme rappelle beaucoup celle de la vraie crevette ; le *talitre* (fig. 109), qui ressemble lui-même à la crevettine, mais qui vit indifféremment dans l'eau de la mer et sur le sable du rivage.

Fig. 109. Talitre.

634. Isopodes. — Ici encore la tête et le thorax sont distincts et nous rencontrons sept paires de pattes vraies, plus un grand nombre de fausses pattes qui sont de véritables branchies. Pas de carapace et pas d'yeux pédonculés.

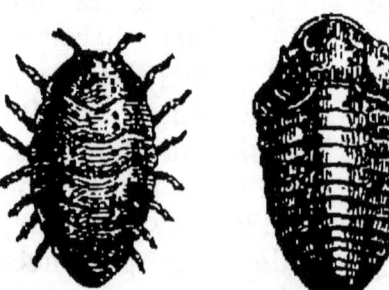

Fig. 110. Cloporte. Fig. 111. Trilobite.

635. — Nous citerons un seul genre, le *cloporte* (fig. 110), connu de tout le monde, et vivant dans les lieux humides. Il a la faculté de se rouler en boule.

636. Trilobites. — Les animaux de cet ordre (fig. 111) sont entièrement disparus et n'existent plus qu'à l'état fossile. Ils ressemblaient à d'énormes cloportes, mais leur corps était divisé sur le dos en trois parties par deux sillons longitudinaux; de là leur nom, qui signifie animal à trois lobes.

637. Copépodes. — Ces crustacés, conformés pour la nage, ont des pattes élargies et aplaties en forme de rames. Ils n'ont qu'un seul œil, placé sur le front.

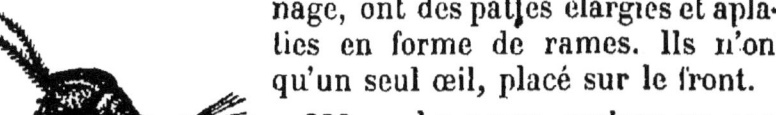

Fig. 112. Cyclope.

638. — Le genre *cyclope* ou *monocle* (fig. 112) est commun dans les mares des environs de Paris. Il n'a qu'un millimètre et demi de longueur.

639. Siphonostomes. — Ce sont des crustacés parasites qui, à l'aide des crochets de leurs mâchoires, s'attachent au corps des animaux aquatiques.

640. — Le genre *argule*, qui vit en parasite sur les têtards des grenouilles, s'attache au corps de ces animaux à l'aide de ses pattes-mâchoires en forme de ventouses.

641. Lernéens. — Autres parasites, ceux-ci dépourvus de pattes, ce qui les a fait prendre longtemps pour des vers.

642. — Le *lernée*, qui a donné son nom à l'ordre, vit sur les branchies des poissons.

643. Cirripèdes. — La vraie classe des animaux de cet ordre était difficile à reconnaître, car ils ressemblent bien plus à des mollusques qu'à des crustacés. Ils sont, en effet, pourvus d'une coquille formée de pièces multiples, vivent fixés par le dos à des corps marins et sont privés d'yeux; mais ils sont pourvus de douze paires de membres qui sont de véritables pattes.

644. — Cet ordre comprend deux genres : les *anatifes* (fig. 113), qui ont une coquille conique au sommet d'un long pédoncule charnu; les *balanes* ou glands de mer, qui n'ont que la coquille sans pédoncule.

Fig. 113. Anatife.

645. Xiphosures. — Les crustacés de cet ordre ont un bouclier pierreux demi-circulaire qui porte les yeux, les antennes et six paires de pattes disposées autour de la bouche; un second bouclier, triangulaire, portant cinq paires de pattes natatoires et terminé par un appendice long, droit, aigu, représentant une sorte de queue.

646. — Cet ordre ne comprend qu'un seul genre, le genre *limule* (fig. 114).

Fig. 114. Limule.

QUESTIONNAIRE.

1. Quels sont les caractères distinctifs de la classe des crustacés ? — 2. Comment divise-t-on cette classe ? — 3. Quels sont les caractères et les principaux genres de l'ordre des décapodes ? des stomatopodes ? des amphipodes ? des isopodes ? des trilobites ? des copépodes ? des siphonostomes ? des lernéens ? des cirripèdes ? des xiphosures ?

CINQUIÈME SECTION

CINQUIÈME CLASSE DES ANNELÉS

ANNÉLIDES

647. Caractères généraux des annélides. — Les anneaux de ces animaux, dont la peau est nue, sont indiqués par de simples replis parfois peu distincts. Leur corps est mou, de forme allongée. Leurs membres, quand ils en ont, se réduisent à des faisceaux de soies ou à des ventouses. Ils ont le sang rouge, quelquefois vert, d'autres fois incolore. Ils respirent généralement par des branchies. Les uns habitent l'eau seulement ; les autres la terre et l'eau alternativement ; quelques-uns vivent exclusivement sur la terre ou plutôt dans le sol, mais toujours dans des conditions d'humidité qui permettent le fonctionnement des branchies. Leur système nerveux, composé de ganglions, est peu développé.

648. Divisions de la classe des annélides. — On divise cette classe en quatre ordres : les tubicoles, les dorsibranches, les terricoles et les suceurs.

649. Tubicoles. — Comme leur nom l'indique, ces annélides vivent dans des tubes, les uns calcaires, les autres argileux, les autres sableux. Ils n'ont ni antennes, ni yeux, ni tête distincte; mais leur bouche est entourée d'appendices de forme variée.

650. — Les annélides du genre *serpule* (fig. 115) se construisent des tubes calcaires qu'ils fixent sur des pierres ou des coquilles ; on en trouve souvent sur des coquilles d'huîtres. Ils ont un panache de branchies autour de leur bouche. Les *sabelles* ont un tube argileux et sableux.

651. Dorsibranches. — Les annélides de cet ordre ont des branchies extérieures et ne possèdent ni antennes, ni yeux, ni mâchoires, ni tête distincte.

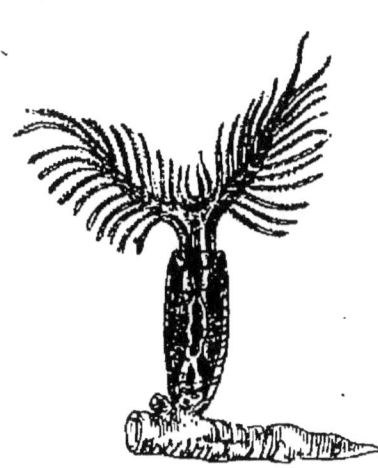

Fig. 115. Serpule.

652. — Le genre *arénicole*, qui est le plus connu, comprend de très grands vers qui s'enfoncent dans les sables du bord de la mer, et que les pêcheurs recherchent comme appât pour attirer le poisson.

653. Terricoles. — Ces annélides ont le corps rond, aminci par les deux bouts, une tête peu distincte et pas de branchies extérieures.

654. — Les *lombrics* ou *vers de terre* (fig. 116), qui font partie de cet ordre, vivent dans le sol humide, et sont les seuls annélides véritablement terrestres. Lorsqu'on les divise en deux segments, il se développe une tête sur le segment postérieur, et chacun des fragments constitue un animal complet.

Fig. 116. Lombric.

655. — Le genre *naïs* ressemble beaucoup au genre lombric, mais vit dans la vase des eaux douces.

656. Suceurs. — Le corps de ces annélides est aplati et muni d'une ventouse à chaque extrémité. Ils n'ont ni organes locomoteurs, ni branchies extérieures.

657. — La *sangsue* (fig. 117), qui est le principal genre de cet ordre, a une mâchoire triangulaire armée de dents très fines, très nombreuses, avec lesquelles elle perce la peau des animaux pour sucer leur sang. On utilise une des espèces de ce genre en médecine pour tirer du sang aux malades.

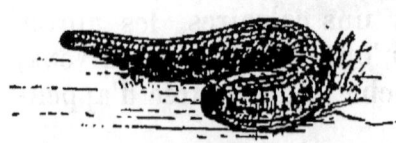

Fig. 117. Sangsue officinale.

QUESTIONNAIRE.

1. Quels sont les caractères distinctifs des annélides? — 2. Quels sont les ordres dont se compose cette classe? — 3. Quels sont les caractères distinctifs et les principaux genres de l'ordre des tubicoles? des dorsibranches? des terricoles? des suceurs?

SIXIÈME SECTION

SIXIÈME CLASSE DES ANNELÉS

ROTATEURS

658. Caractères distinctifs de l'ordre des rotateurs. — Classés très longtemps dans le groupe très vague des animaux infusoires, les rotateurs, qui sont des êtres microscopiques, ont en réalité une complication d'organes qui ravit l'imagination, quand on songe à leur extrême petitesse. Dans ce corps, que l'on ne peut distinguer qu'à l'aide d'un instrument grossissant, on a découvert : une bouche entourée d'une touffe de petits poils ou cils vibratiles en mouvement perpétuel, et créant dans l'eau un tourbillon qui amène dans la bouche de l'animal des proies vivantes d'une petitesse prodigieuse; un canal digestif tout droit, pourvu d'un renflement qui est un véritable estomac; des œufs que l'on aperçoit grâce à la transparence du corps de l'animal, et qui ne tardent pas à donner naissance à des animaux nouveaux.

659. Divisions de la classe des rotateurs. — On y distingue deux genres : le genre *rotifère* et le genre *brachion*.

660. — Le corps des *rotifères* (fig. 118) est de forme allongée, porte à sa partie antérieure deux couronnes de cils vibratiles, et, à l'extrémité opposée, une sorte de queue bifurquée. On remarque, non loin de leur bouche, deux points rouges qui pourraient être des yeux.

Fig. 118. Rotifère.

Les rotifères possèdent la singulière faculté de se dessécher et de revivre ensuite quand on leur fournit une goutte d'eau.

661. — Les *brachions* ressemblent aux rotifères, mais ils ont le corps couvert d'une sorte de carapace.

QUESTIONNAIRE.

1. Quels sont les caractères généraux des rotateurs ? — 2. Quels sont les genres dont se compose cette classe ? — 3. Quels sont les caractères distinctifs des rotifères ? des brachions ?

SEPTIÈME SECTION

SEPTIÈME CLASSE DES ANNELÉS

ENTOZOAIRES

662. Caractères généraux de la classe des entozoaires. — Les *entozoaires*, qui, ainsi que l'indique leur nom, vivent en parasites dans le corps des animaux, se distinguent mieux par ce fait que par leurs caractères anatomiques et par les formes générales de leur corps, qui sont extrêmement variées.

Ils ont cependant souvent le corps allongé en forme de ver, des traces d'anneaux, des rudiments de système nerveux qui manquent parfois, un appareil digestif distinct, mais de forme variable, le sang incolore et pas d'organe connu de la respiration.

663. Divisions de la classe des entozoaires. — La classe étant assez peu caractérisée, les ordres et les familles ne sont pas commodes à établir; aussi nous contenterons-nous de mentionner les genres principaux, sans essayer de

9.

les classer. Ces genres sont : les ascarides, les strongles, les filaires, les douves, les tænias, les trichines.

664. — Les *ascarides* (fig. 119) sont des vers intestinaux qui, par leur forme extérieure, ont la ressemblance la plus frappante avec les lombrics. Ils vivent dans l'intestin de l'homme et des animaux domestiques, et peuvent causer des indispositions et même des maladies assez graves pour que l'on ait créé contre eux toute une classe de médicaments dits vermifuges. Dans l'espèce humaine, ce sont les enfants qui en sont plus particulièrement incommodés.

Fig. 119. Ascaride.

665. — Le *strongle* est un très gros ver qui peut atteindre un mètre de longueur. Il se rencontre surtout chez le cheval, l'âne, le mulet, et quelquefois chez l'homme.

666. — Le *filaire* ou *dragonneau* est un ver long et mince comme un fil, qui, dans certains pays, vit dans le tissu cellulaire de l'homme et lui cause des souffrances épouvantables.

667. — La *douve* est surtout commune dans le foie du mouton. Il n'est pas rare de la rencontrer dans le foie de l'homme. Sa forme rappelle celle d'une petite feuille d'arbre.

668. — Le *tænia* ou *ver solitaire* est le plus grand de tous les vers intestinaux, bien qu'il ne soit guère probable qu'il puisse atteindre cent mètres de long, ainsi que l'ont affirmé certains auteurs. Le corps de ce monstrueux parasite a la forme d'un immense ruban composé d'anneaux plats dont chacun, en se séparant, peut devenir un animal complet. Quand il occupe l'intestin, ce parasite provoque des accidents très graves et qui seraient souvent mortels, si l'on ne possédait maintenant des moyens sûrs de le détruire. Sa présence dans l'intestin provoque, chez le malade, un appétit presque insatiable.

On sait aujourd'hui que le tænia existe en deux états différents : dans le corps du lapin et du porc, à l'état d'animal vésiculeux appelé cysticerque ou vessie à queue; dans le corps de l'homme et du chien, à l'état de ver. L'homme et le chien contractent le tænia en mangeant la chair du porc ou du lapin affectés de cysticerques; le porc et le lapin contractent le cysticerque en dévorant des excréments ou des herbes contenant des œufs de tænia déposés par l'homme ou par le chien.

669. — La *trichine* est encore un parasite que nous communique la chair du porc crue ou mal cuite. Le ver traverse les parois de l'intestin, se loge dans les muscles, provoque des souffrances atroces, et finit par amener la mort. La maladie qu'il provoque a reçu le nom de trichinose. Le moyen de l'éviter, c'est de ne manger jamais de la chair de porc qui ne soit très soigneusement cuite.

QUESTIONNAIRE.

1. Quels sont les caractères généraux des entozoaires ? — 2. Quels sont les principaux genres de la classe des entozoaires ? — 3. Quels sont les caractères distinctifs des genres ascaride, strongle, filaire, douve, tænia ? — 4. Quels sont les métamorphoses et les divers habitats des tænias ? —5. Quelle est l'origine de la trichinose et par quel moyen peut-on s'en préserver ?

LIVRE III

TROISIÈME EMBRANCHEMENT DES ANIMAUX

MOLLUSQUES

670. Caractères généraux des mollusques. — Le nom donné aux mollusques suppose que le corps de ces animaux est toujours mou, ce qui ne peut être vrai qu'à condition que la coquille calcaire qui enveloppe les organes d'un grand nombre d'entre eux ne fasse point partie de leur corps. Or ceci n'est peut-être pas bien exact ; car cette coquille est bien le résultat d'une sécrétion, et par conséquent un développement de l'organisme.

Le corps des mollusques n'est pas divisé en anneaux. Ils n'ont pas de membres proprement dits, car on ne saurait prendre pour des membres véritables les tentacules dont plusieurs sont pourvus.

671. Divisions de l'embranchement des mollusques. — On distingue, dans cet embranchement, deux sous-embranchements : les mollusques proprement dits et les molluscoïdes ou tuniciers.

QUESTIONNAIRE.

1. Que signifie le mot mollusque ? — 2. S'applique-t-il exactement aux animaux qu'il désigne ? — 3. Quels sont les caractères généraux des mollusques ? — 4. Comment divise-t-on l'embranchement des mollusques ?

PREMIÈRE SECTION

Ier SOUS-EMBRANCHEMENT DES MOLLUSQUES

MOLLUSQUES PROPREMENT DITS

672. Caractères généraux des mollusques proprement dits. — Ces animaux, dont le corps est souvent couvert d'une enveloppe pierreuse ou coquille, ont, sous cette coquille, une peau molle et visqueuse enveloppant des tissus assez lâches. Leur appareil digestif est bien développé; leur appareil circulatoire, qui contient un sang blanc ou bleuâtre, est très compliqué; leur système nerveux est composé de ganglions unis par des cordons et disposés, en forme de double collier, autour de leur œsophage. Ils sont tous ovipares.

673. Divisions des mollusques proprement dits. — On divise ce sous-embranchement en quatre classes céphalopodes, gastéropodes, ptéropodes, acéphales.

674. Céphalopodes. — Comme les mollusques de cette classe ont la tête entourée de tentacules qui leur tiennent lieu de pieds, ils marchent en réalité la tête en bas. Ces tentacules leur servent aussi à saisir, et quelquefois très vigoureusement. La tête est pourvue d'une bouche qui s'ouvre entre les tentacules et de deux gros yeux placés sur les côtés. Leurs branchies (tous les céphalopodes sont aquatiques) sont cachées sous une peau épaisse, à laquelle on a donné le nom de manteau et qui enveloppe tout le corps.

Les céphalopodes sont en général très voraces; ils se nourrissent de crustacés, de mollusques, de poissons; on prétend même que les plus grosses espèces peuvent dévorer des hommes.

675. Division de la classe des céphalopodes. — On a

fait, dans cette classe de mollusques, de grandes coupures auxquelles il nous est impossible de nous arrêter. Nous nous contenterons de signaler quelques genres particulièrement remarquables, savoir : les poulpes, les seiches, les calmars, les argonautes, les nautiles.

676. — Les *poulpes* (fig. 120), dépourvus de coquille et de nageoires, ont huit longs tentacules, dont deux munis de ventouses au moyen desquelles ils s'attachent fortement sur les corps qu'ils rencontrent.

Il existe d'énormes espèces de poulpes, la *pieuvre* notamment, dont le corps atteint 10 mètres et les tentacules 11 mètres.

Fig. 120. Poulpe.

677. — Les *seiches* n'ont pas non plus de coquille extérieure; mais leur corps, très mou, est soutenu intérieurement par un os unique de forme ovale. Leur bouche est entourée de dix tentacules, dont deux beaucoup plus longs que les autres. Elles ont à l'intérieur de leur corps une poche remplie d'une belle encre que les dessinateurs emploient sous le nom de sépia (*sepia* est le nom latin de l'animal lui-même).

678. — Les *calmars*, qui rappellent les seiches à bien des égards, ont également dix tentacules, dont deux plus longs, et un os intérieur en forme de fer de lance. Ils ont en outre deux nageoires; mais leur principal organe de locomotion est un tube au moyen duquel ils rejettent l'eau avec violence, ce qui leur imprime un mouvement de recul assez énergique pour qu'ils puissent s'élancer à plusieurs mètres hors de l'eau, et retomber même parfois en plein rivage.

679. — Les *argonautes* sont bien les plus élégants de tous les mollusques, avec leur belle coquille nacrée et rayée, taillée en forme de barque; leurs deux tentacules qu'ils élèvent en haut comme des mâts au-dessus des flots, et dont ils étalent les expansions membraneuses pour leur servir de voiles, tandis que, pour accroître la vitesse de ces navires vivants, leurs autres tentacules, plongés dans l'eau, s'agitent comme des rames.

680. — La coquille des *nautiles*, qui fournit à l'industrie humaine une très belle nacre, rappelle à certains égards celle des argonautes, mais sans en avoir l'élégance ni la sveltesse.

681. Gastéropodes. — Le pied unique que ces animaux ont sous le ventre, ainsi que leur nom l'indique, n'est pas un pied articulé, mais une simple expansion musculaire au moyen de laquelle ils marchent en rampant sur le sol. Chez les espèces aquatiques, ce pied, ou plutôt ce disque charnu, est souvent remplacé par une nageoire. Quelques-uns sont nus; mais la plupart sont pourvus d'une coquille univalve ou d'une seule pièce, dans laquelle ils rentrent leur pied, leur tête, tout leur corps, quand ils sont au repos. Plusieurs même ont sur leur pied un disque calcaire disposé de façon à s'adapter sur les bords de l'ouverture de la coquille, quand le pied est rentré, et à fermer ainsi complétement cette espèce de maison ambulante.

La tête des gastéropodes porte de deux à six tentacules.

682. Divisions de la classe des gastéropodes. — Nous citerons parmi les genres extrêmement nombreux de cet ordre : les hélices, les limaces, les limnées, les planorbes, les buccins et les porcelaines.

683. — Les *hélices* ont une coquille de forme conique contournée en spirale. Elles sont terrestres et respirent au moyen de véritables poumons. On mange l'escargot de vignes, qui est une espèce du genre hélice.

684. — Les *limaces* (fig. 121) sont dépourvues de coquille ou n'ont qu'une

Fig. 121. Limace.

simple trace de coquille. Elles sont connues des jardiniers et des cultivateurs par les ravages qu'elles exercent dans les cultures.

685. — La coquille des *planorbes*, qui sont des gastéropodes aquatiques, est très mince et a la forme d'un disque contourné en spirale.

686. — Celle des *buccins*, souvent très grande et fort élégante, est très évasée à la base et laisse passer un large pied charnu. Les habitants des bords de la mer, en creusant un petit trou au sommet de la spirale, se font avec les plus grosses de ces coquilles des espèces de cornets très retentissants. Cet usage est fort ancien, car les Grecs représentaient volontiers leurs dieux marins soufflant dans des coquilles de buccins.

687. — Les *porcelaines*, de forme ovalaire et percées, en dessous, d'une fente qui en occupe toute la longueur, ont souvent des couleurs magnifiques et sont très agréablement tachetées.

688. Ptéropodes. — Tantôt nus, tantôt pourvus d'une coquille, les ptéropodes sont toujours de très petits mollusques aquatiques, ayant une tête distincte et, de chaque côté du cou, une nageoire élargie en forme d'aile. Cette disposition leur donne une grande légèreté et leur permet de flotter à la surface des eaux.

689. — Nous citerons seulement deux genres : les *clios*, mollusques nus, très abondants dans les mers polaires, où ils servent d'aliment aux baleines; les *hyales*, qui ont une coquille et dont les nageoires sont particulièrement grandes.

690. Acéphales. — Tous les mollusques dont nous avons parlé jusqu'ici possèdent une tête distincte; les acéphales n'en ont point : leur nom, emprunté au grec, rappelle cette particularité remarquable. Rien de mieux caractérisé, du reste, que la classe des acéphales. Ils ont un grand manteau qui enveloppe tout le corps, un pied charnu plus ou moins développé, un système nerveux rudimentaire; ils respirent par des branchies et sont enfermés dans une coquille bivalve ou à deux battants.

Comme ils sont à peu près dépourvus de moyens de locomotion, beaucoup d'entre eux restent enfoncés dans le sable; d'autres se fixent aux rochers, soit par leur coquille, soit par un byssus, sorte d'expansion filamenteuse qui fait saillie hors de la coquille.

Nous citerons les genres suivants: moule, huître, avicule, peigne, tridacne, solen, pholade, taret.

691. — Les *moules* ont une coquille à deux valves égales, droites d'un côté, courbes de l'autre. Très abondants sur tous les rivages, ces acéphales jouent un rôle important dans l'alimentation générale. Malheureusement ils causent de temps en temps des empoisonnements qui sont parfois mortels, et dont la cause, attribuée à la présence de petits crabes dans le corps de la moule, aux œufs d'étoiles de mer, au cuivre des navires contre lesquels elle s'attache à l'aide de son byssus, est en réalité ignorée. Quant au remède à appliquer à ce genre d'empoisonnement, remède qui n'est malheureusement pas toujours efficace, il consiste à provoquer des vomissements et à administrer de l'eau acidulée avec du citron ou du vinaigre.

692. — La chair de l'*huître* est aussi saine qu'agréable et de facile digestion; par suite, pour répondre au nombre croissant des consommateurs d'huîtres, on a été obligé de créer des parcs où l'on élève artificiellement ces mollusques.

Les coquilles des huîtres ont, comme chacun sait, deux valves inégales, l'une à peu près plane, l'autre plus ou moins bombée, mais l'une et l'autre extrêmement rugueuses et irrégulières.

Quand l'embryon de l'huître, qu'on a pris longtemps pour un animal distinct, sort de l'œuf, il est dépourvu de coquille et doué de la faculté de se mouvoir; mais bientôt il se fixe à une pierre, à un corps quelconque, sécrète sa coquille et devient définitivement immobile.

Fig. 122. Avicule.

693. — On a donné longtemps à l'*avicule* (fig. 122) le nom d'huître perlière. Les perles que l'on trouve dans ses coquilles ne sont que de la nacre dont l'animal entoure les corps étrangers, les grains de sable, par exemple, pour n'être pas blessé par les angles. Les pêcheurs d'huîtres perlières descendent, à l'aide de cordes, à 40 ou 50 mètres de profondeur.

694. — Les *peignes* ou *coquilles de Saint-Jacques* sont de jolies coquilles rayées qui ont une valve plane et l'autre bombée. Ces mollusques sont estimés comme aliment.

695. — Les *tridacnes* sont les plus gros de tous les coquillages. On en a pêché qui pesaient, dit-on, 250 kilogrammes. On fait, avec leurs coquilles, des bénitiers d'église.

696. — Les valves des *solens* ou *manches de couteau*, très étendues dans le sens de la largeur, rappellent très bien, en effet, la forme de certains manches de couteau.

697. — Les valves des *pholades* sont larges et bombées; ces mollusques se creusent des trous dans la pierre ou dans le bois.

698. — Les *tarets*, longs comme des vers, n'ont qu'une coquille extrêmement petite. Ils creusent les bois des navires et finissent par les détruire.

QUESTIONNAIRE.

1. Quels sont les caractères généraux des mollusques proprement dits? — 2. Comment divise-t-on le sous-embranchement des mollusques proprement dits? — 3. Quels sont les caractères généraux de la classe des céphalopodes? — 4. Quels sont les principaux genres de cette classe et les caractères distinctifs des genres poulpe, seiche, calmar, argonaute? — 5. Quels sont les caractères généraux de la classe des gastéropodes? — 6. Quels sont les principaux genres de cette classe et les caractères distinctifs des genres hélice, limace, planorbe, buccin, porcelaine? — 7. Quels sont les caractères généraux de la classe des ptéropodes? — 8. Quels sont les principaux genres de cette classe et les caractères distinctifs des genres clio et hyale? — 9. Quels sont les caractères généraux de la classe des acéphales? — 10. Quels sont les principaux genres de cette classe et les caractères distinctifs des genres moule, huître, avicule, peigne, tridacne, solen, pholade, taret?

DEUXIÈME SECTION

II° SOUS-EMBRANCHEMENT DES MOLLUSQUES

TUNICIERS OU MOLLUSCOÏDES

699. Caractères généraux des tuniciers. — Rangés longtemps avec les zoophytes, dont ils se rapprochent par le groupement de plusieurs individus en une seule masse et par la faculté que plusieurs possèdent de se multiplier par division, les tuniciers appartiennent plutôt aux mollusques, parmi lesquels nous les classons, par des caractères d'une plus grande importance.

Ils possèdent, en effet, un manteau plus ou moins étendu, des traces de système nerveux, un appareil branchial très développé, un tube digestif bien caractérisé, avec deux ouvertures bien distinctes, et se reproduisent par des œufs.

700. Divisions du sous-embranchement des tuniciers. — On distingue dans ce sous-embranchement deux classes : les tuniciers proprement dits et les bryozoaires.

701. Tuniciers proprement dits. — Le manteau, qui est comme le caractère propre des mollusques, est, chez les tuniciers proprement dits, très développé et forme une sorte de sac. Ces animaux ont une circulation bien caractérisée et même un cœur bien reconnaissable. Leur anus est encore très notablement éloigné de leur bouche.

702. — Nous citerons seulement les deux principaux genres : le genre *biphore* ou *salpe*, dont le corps est de forme cylindrique, diaphane, orné de couleurs irisées, et qui, dans son jeune âge, vit en petites colonies dont les individus sont soudés ensemble, en forme de rosace ou de ruban; le genre *ascidie*, comprenant des animaux conformés en une sorte de sac percé de deux ouvertures, et vivant réunis sur des rochers où ils sont comme soudés. Les ascidies ne donnent guère d'autre signe de vie que d'absorber l'eau et de la rejeter ensuite avec une certaine énergie, surtout lorsqu'on les irrite.

703. Bryozoaires. — On conçoit très bien que l'on ait pu prendre longtemps ces animaux pour des zoophytes, car les signes les plus certains de l'animalité y sont singulièrement vagues. Ils ont, il est vrai, un tube digestif bien caractérisé, ce qui semble une raison décisive pour les ranger parmi les mollusques; mais leur bouche, encore distincte de leur anus, se trouve dans son voisinage immédiat.

Pas de cœur, vie en commun, les individus qui composent la colonie étant unis entre eux par l'adhérence mutuelle du manteau solidifié et peu développé.

Les bryozoaires ne paraissent pas posséder d'autre sens que le toucher, et encore est-il assez obtus, ne se manifestant guère que par les contractions de l'appareil branchial, formé de tentacules qui entourent la bouche.

Certains naturalistes se sont décidés à faire des bryozaires un embranchement à part, qu'ils ont placé entre les mollusques et les zoophytes, et c'est peut-être le parti le plus sage; cependant le peu d'importance relative de ce groupe nous décide à le laisser parmi les mollusques.

On distingue, dans la classe des bryozoaires, un petit nombre de genres, parmi lesquels nous mentionnerons : les plumatelles, les alcyonnelles et les flustres.

704. — On rencontre fréquemment les *plumatelles* (fig. 123) en groupes plus ou moins nombreux, sous les feuilles de nymphéas, qui s'étalent, comme on sait, à la surface des eaux dormantes. Leurs tentacules branchiaux sont élégamment disposés en forme de barbes de plumes, de chaque côté d'une sorte de charpente courbée en fer à cheval.

705. — Les *alcyonnelles* ont les mêmes organes et les mêmes dispositions générales que les plumatelles, mais avec des formes plus arrondies et une consistance spongieuse.

Fig. 123. Plumatelle.

706. — Les *flustres* sont-ils des mollusques? sont-ils des zoophytes? Le passage entre ces deux embranchements est, en tout cas, rendu bien insensible par ces tuniciers (si ce sont des tuniciers), dont les téguments, durcis comme de la corne, adhèrent entre eux et forment de véritables polypiers.

QUESTIONNAIRE.

1. Quels sont les caractères généraux du sous-embranchement des tuniciers? — 2. Comment divise-t-on ce sous-embranchement? — 3. Quels sont les caractères généraux des tuniciers proprement dits? — 4. Quels sont les principaux genres de la classe des tuniciers proprement dits et les caractères distinctifs des genres

biphore et ascidie ? — 5. Quels sont les caractères généraux de la classe des bryozoaires ? — 6. Quels sont les principaux genres de cette classe et les caractères distinctifs des genres plumatelle, alcyonnelle, flustre ?

LIVRE IV

QUATRIÈME EMBRANCHEMENT DES ANIMAUX

RAYONNÉS OU ZOOPHYTES

707. Caractères généraux des zoophytes. — Nous descendons de plus en plus l'échelle des êtres animés ; le nom même des zoophytes, qui signifie animaux-plantes, indique bien que nous voilà sur le point de sortir de la zoologie pour entrer dans la botanique.

Ici, en effet, pas de squelette intérieur ; plus de système nerveux caractérisé ou, tout au plus, des traces confuses de nerfs ; partout des sensations obtuses à peine indiquées par quelques vagues contractions qui semblent révéler l'existence du sens du toucher. Ce qu'on appelle vulgairement des yeux chez quelques zoophytes, ce sont ordinairement, toujours peut-être, de simples taches colorées. Nous ne trouvons plus même, chez les animaux de cet embranchement, cette symétrie des organes à droite et à gauche d'un même axe, si remarquable chez les animaux des embranchements précédents ; tout au plus constate-t-on encore une sorte de symétrie par la disposition des organes autour d'un centre ; de là le nom de rayonnés que l'on donne souvent aujourd'hui aux zoophytes.

708. Divisions des zoophytes. — On compte quatre classes différentes dans l'embranchement des zoophytes : les échinodermes, les acalèphes, les polypes et les spongiaires.

709. Échinodermes. — Peau dure, souvent calcaire ; nombreux tentacules servant de moyen de locomotion ; intestin rectiligne, terminé à l'une de ses extrémités par une bouche, et quelquefois (pas toujours) à l'autre extrémité par un anus, tels sont les caractères généraux des échinodermes.

Nous mentionnerons, parmi les genres dont se compose cette classe : les oursins, les astéries, les encrines et les holothuries.

710. — L'*oursin commun* a les apparences extérieures d'une châtaigne enveloppée de son écorce couverte de piquants. Le tube digestif a deux ouvertures. La bouche est armée de cinq dents, et l'intérieur du test contient cinq ovaires d'un beau rouge, en forme de petites tranches de melon, dont certaines populations maritimes font leurs délices.

Fig. 124. Astérie.

711. — Les *astéries* ou *étoiles de mer* (fig. 124) sont des zoophytes prodigieusement abondants sur nos côtes ; ils ont la forme d'une étoile à cinq pans. Le dessous de chaque pan où rayon est garni d'une série de tentacules, et tout le reste est couvert de petites pointes calcaires. Les astéries ont une bouche, mais point d'anus.

712. — Chez les *encrines*, il y a une bouche et un anus. L'animal, de forme très élégante, est porté à l'extrémité d'une sorte de hampe articulée. Il existe un grand nombre d'espèces fossiles.

713. — Le test calcaire disparaît chez les *holothuries*; nous trouvons à la place une peau coriace, couverte de tentacules ou suçoirs. Les Chinois mangent une espèce d'holothurie, le *trépang*, dont la pêche est pour eux une très importante industrie.

714. Acalèphes. — Plus de test calcaire, plus de tégument coriace, plus de tube intestinal, plus de système nerveux, presque pas de vaisseaux ; au lieu de tout cela, un corps mou, gélatineux, inconsistant, qui flotte au hasard sur les eaux de la mer, presque sans apparence de mouvements volontaires et de sensibilité.

715. Divisions de la classe des acalèphes. — Nous citerons les seuls genres méduse et béroé.

716. — Les *méduses* (fig. 125) sont d'élégants zoophytes,

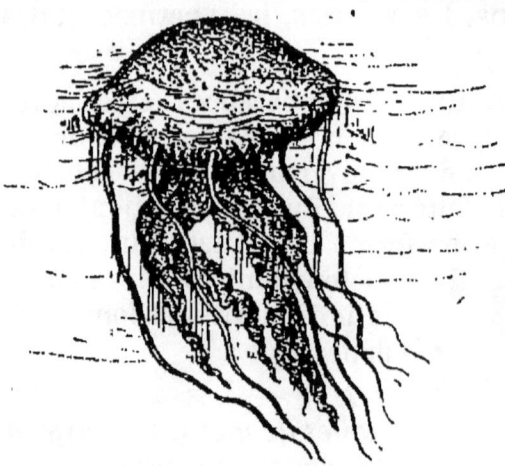

Fig. 125. Méduse.

formés d'une ombrelle sous laquelle pendent des espèces de bras. A l'état de larve, la méduse est une sorte de polypier d'une organisation très complexe et dont on a longtemps ignoré la transformation en méduse.

717. — Les *béroés* sont de simples ballons gélatineux qui quelquefois portent des tentacules sur deux côtés de leur corps.

718. Polypes. — La ressemblance avec les plantes s'accentue; car les polypes, souvent ramifiés comme des végétaux, sont toujours fixés sur quelque corps étranger. Leur tégument est presque toujours pierreux, quelquefois corné. Ils se multiplient à la fois par des œufs et par de simples bourgeons. Ils n'ont jamais qu'un seul orifice, qui est à la fois leur bouche et leur anus.

719. Divisions de la classe des polypes. — Nous mentionnerons les genres actinie, corail, madrépore et hydre.

720. — Les *actinies* sont d'élégants polypes, connus vulgairement sous le nom d'*anémones de mer;* elles ont un corps charnu fixé par un pied circulaire; s'épanouissent quand on ne les inquiète pas, comme de vraies fleurs, en développant leurs tentacules, qu'elles contractent fortement lorsqu'on les tourmente. Les pêcheurs mangent ces animaux.

Fig. 126. Corail.

721. — Le *corail* (fig. 126) a une enveloppe calcaire d'un rouge magnifique. Il est l'objet d'une pêche très active. Ce zoophyte a l'aspect d'un petit arbre servant d'habitation à un grand nombre de petits polypes blancs, pourvus de tentacules à bords frangés qui entourent la bouche.

722. — La même disposition se retrouve chez les *madrépores*; mais ceux-ci vivent en colonies dont les téguments calcaires accumulés forment de grandes îles et d'immenses récifs dits faussement îles et récifs de corail.

723. — Les *hydres* (fig. 127) sont des animaux bizarres qui habitent les ruisseaux et les eaux stagnantes. Elles ont le corps formé d'une sorte de gelée verte et armé de longs bras avec lesquels elles saisissent et portent à leur bouche les infusoires qui leur servent de nourriture. Leur appareil digestif se réduit à une simple poche. Les hydres se multiplient par division ; en coupant un de leurs bras, on crée un nouvel animal.

Fig. 127. Hydre.

724. Spongiaires. — Au début de leur vie, les spongiaires vivent en liberté et ont des mouvements propres. Ils ont alors un corps de forme ovale, garni de cils vibratiles, au moyen desquels ils nagent. Plus tard, ils se fixent sur quelque pierre, s'encroûtent de matières calcaires et siliceuses, et prennent, en se multipliant dans cette espèce de prison commune, l'aspect et l'immobilité d'une sorte de champignon informe, sans aucune apparence de contractilité.

Le polypier, c'est-à-dire la charpente coriace qui sert d'habitation commune à la colonie, est criblé en tout sens de canaux irréguliers dans lesquels l'eau pénètre librement, amenant la nourriture que les spongiaires absorbent sans doute par la surface de leur corps. Ces animaux se reproduisent par des œufs.

Fig. 128. Éponge.

725. — On ne connaît qu'un genre de spongiaire, l'*éponge* (fig. 128), dont le tégument fibreux, fort employé dans les usages domestiques, donne lieu, dans la Méditerranée, à une pêche très active exécutée par des plongeurs.

QUESTIONNAIRE.

1. Quels sont les caractères généraux des zoophytes? Comment les divise-t-on? — 2. Quels sont les caractères distinctifs et les principaux genres de la classe des échinodermes? — 3. Quels sont les caractères distinctifs des genres oursin, astérie, encrine, holothurie? — 4. Quels sont les caractères distinctifs et les principaux genres de la classe des acalèphes? — 5. Quels sont les caractères distinctifs des genres méduse et béroé? — 6. Quels sont les caractères distinctifs et les principaux genres de la classe des polypes? — 7. Quels sont les caractères distinctifs des genres actinie, corail, madrépore, hydre? — 8. Quels sont les caractères distinctifs et le genre unique de la classe des spongiaires?

LIVRE V

CINQUIÈME EMBRANCHEMENT DES ANIMAUX

PROTOZOAIRES

726. Caractères généraux des protozoaires. — On range aujourd'hui dans ce dernier embranchement du règne animal tous les animaux dont l'organisation est réduite à la dernière simplicité, qui ne se distinguent plus des végétaux que par la nature de leur substance, composée d'un unique élément appelé sarcode, et par la faculté de se mouvoir, qui suppose, dans ces petits êtres, l'existence d'une volonté.

La volonté et la locomotion ne supposent-elles pas elles-mêmes un système nerveux? On le croit, mais l'existence de nerfs ne peut être directement saisie dans ces corps infiniment petits. La respiration, indispensable à la vie, a lieu vraisemblablement par la surface du corps; la nutrition consiste dans une simple imbibition, les protozoaires s'imprégnant de leur nourriture comme une éponge s'imprègne d'eau. La reproduction de ces animaux, fort obscure jusqu'ici, est vraisemblablement due à des germes qui existent dans l'air et qui ne sont peut-être que des fragments de protozoaires.

727. Divisions de l'embranchement des protozoaires. — La classification d'animaux aussi simples est naturellement fort difficile et elle a souvent varié. Provisoirement on peut les distinguer en deux classes : les infusoires et les vibrioniens.

728. Infusoires. — On appliquait autrefois ce nom à tous les animaux microscopiques qui se développent dans les infusions, c'est-à-dire dans les liquides où ont macéré des matières animales ou végétales; mais on s'est aperçu que plusieurs de ces animaux ont une organisation relativement développée, possèdent une bouche, un estomac, se reproduisent par des œufs. On a donc réservé le nom d'infusoires aux plus simples des animaux des infusions, à ceux qui n'ont ni estomac, ni bouche, ni aucun organe apparent, et qui ne se multiplient que par division de leur substance ou par un mode de génération qui a passé longtemps pour être spontané, c'est-à-dire par la transformation directe de la matière inanimée en matière animée. On l'attribue aujourd'hui, d'après les découvertes de M. Pasteur, à des germes préexistants et provenant d'êtres de même nature.

729. Divisions de la classe des infusoires. — Nous mentionnerons seulement les genres suivants: les *enchélys*, pourvus de cils vibratiles; les *volvoces*, qui se soudent ensemble par leur tégument; les *amibes*, dont la forme se modifie à tous moments et de toutes les façons; les *monades*, êtres extrêmement petits et si nombreux dans certaines eaux qu'elles en changent de couleur. C'est le cas de la mer Rouge, qui doit son nom et la couleur de ses eaux à la présence d'un nombre prodigieux de monades.

730. Vibrioniens. — Ces animaux, d'une ténuité extrême, se réduisent à un petit bout de fil tantôt droit et raide, comme chez les bactéries; tantôt ondulé, comme chez les vibrions; tantôt contourné en spirale, comme chez les spirilles.

Les vibrioniens, dans leur extrême petitesse, sont des animaux terribles, bien plus redoutables pour l'homme et les animaux supérieurs que le lion, le tigre et le loup réunis; aussi funestes que la peste, le typhus et le choléra; car ce sont eux, c'est leur présence dans nos organes qui nous donnent la peste, le typhus, le choléra et bien d'autres maladies contagieuses.

731. — La *bactérie du charbon*, par exemple, qui n'est

qu'un bâtonnet de cristal long de 3 millièmes de millimètre, est tellement virulente que si un berger, en égorgeant un animal malade du charbon, reçoit une goutte du sang de cet animal sur une écorchure, il contracte lui-même la terrible maladie et peut en mourir en quelques heures.

QUESTIONNAIRE.

1. Quels sont les caractères généraux de l'embranchement des protozoaires ? — 2. Comment divise-t-on cet embranchement ? — 3. Quel est le sens actuel du mot infusoires et quels sont les caractères des animaux de cette classe ? — 4. Quels sont les principaux genres de la classe des infusoires ? — 5. Quels sont les caractères et les principaux genres de la classe des vibrioniens ? — 6. A quelle cause faut-il attribuer la plupart des maladies infectieuses ?

DEUXIÈME PARTIE

BOTANIQUE

LIVRE PREMIER

DES PLANTES EN GÉNÉRAL

CHAPITRE PREMIER

COMPOSITION ET NUTRITION DES PLANTES

(ANATOMIE ET PHYSIOLOGIE VÉGÉTALE)

732. Définition de la plante. — Il y a, sur la terre et dans l'univers entier, deux sortes de corps : les corps organiques ou vivants et les corps inorganiques ou minéraux. Parmi les êtres vivants on distingue : les corps animés ou animaux, dont nous avons parlé dans la première partie de cet ouvrage, et les corps vivants inanimés, végétaux, ou plantes, dont nous allons nous occuper maintenant.

733. Définition de la botanique. — La science qui traite des végétaux s'appelle *botanique*, mot dérivé du grec *botané*, qu'on traduit ordinairement par herbe, mais qu'il serait plus exact de traduire par végétal ou plante.

734. Rôle des plantes. — Nous avons dit qu'il y a trois sortes de matières : la matière minérale, la matière végé=

tale et la matière animale. Or ces trois ordres de matieres sont harmonieusement liés entre eux, en ce sens que toutes les substances dont se compose notre corps et celui de tous les animaux ont été primitivement des minéraux transformés en matière végétale d'abord et plus tard en matière animale.

Le rôle des plantes, dans la nature, est donc celui-ci : organiser la matière minérale et la rendre propre à la nutrition des animaux.

735. Vie des plantes. — Vivre, d'après la notion que nous pouvons donner ici de la vie, c'est se nourrir, c'est-à-dire emprunter des substances étrangères et se les assimiler, les faire siennes, les ajouter à sa propre substance après les avoir transformées.

736. Nutrition des plantes. — Il y a une chose reconnue, celle-ci : les êtres vivants, quels qu'ils soient, ne peuvent absorber, s'assimiler que des aliments capables de pénétrer à travers leurs tissus, et partant des aliments liquides ou gazeux.

L'homme, il est vrai, et la plupart des animaux se nourrissent de chair, de fruits, de matières végétales solides ; mais c'est après les avoir divisées d'abord par la mastication et liquéfiées ensuite par la digestion. Comme les plantes ne possèdent ni dents pour mâcher leurs aliments, ni estomac pour les digérer, il est de règle absolue qu'elles ne peuvent absorber que des aliments gazeux ou liquides. Les nombreuses substances solides nécessaires à leur nutrition doivent donc être préalablement dissoutes, fondues, comme on dit vulgairement, dans un liquide approprié, qui n'est autre chose que l'eau.

Quant aux divers corps qui servent à la nutrition des plantes, ils sont extrêmement nombreux ; nous allons passer rapidement en revue les principaux.

737. Oxygène. — Ce corps, qui joue chez les plantes un rôle tout aussi important que chez les animaux (nous dirons plus loin un mot de la respiration des plantes), leur est fourni par l'eau, qui est un composé d'hydrogène et d'oxygène, et par l'air, qui est un mélange d'oxygène et d'azote.

738. Carbone. — Le carbone forme une très grande partie du corps de la plante et même de tous les êtres vivants. Il existe partout en abondance, et la plante le prend un peu partout aussi : dans l'air, auquel il se trouve mélangé comme corps étranger, à l'état d'acide carbonique; dans l'eau, où il y a presque toujours de l'acide carbonique dissous; dans les matières organiques qui se trouvent accidentellement dans le sol; dans le sol lui-même, qui contient le carbone, à l'état minéral, sous mille formes différentes.

739. Hydrogène. — Nous l'avons déjà signalé dans l'eau; mais c'est surtout à l'ammoniaque, corps composé d'azote et d'hydrogène, que les plantes empruntent ce dernier corps. Quant à l'ammoniaque lui-même, il se trouve en quantité énorme dans les matières organiques en décomposition.

740. Azote. — Ceci explique le grand rôle des engrais dans la culture des champs; car si l'hydrogène ne joue, dans la nutrition des plantes, qu'un rôle secondaire, l'azote, au contraire, y tient une place immense. Aussi les plantes demandent-elles de l'azote, non pas à l'air seulement, mais surtout au sol, où il est indispensable qu'elles le trouvent à l'état d'ammoniaque.

741. Circulation de la sève. — La sève est le sang des végétaux. De même que le sang, chez les animaux, circule, c'est-à-dire se déplace en parcourant les vaisseaux, pour charrier partout les matières nécessaires au développement et à l'entretien de la vie, de même, chez les plantes, la sève circule, c'est-à-dire se déplace perpétuellement, abandonnant partout où il est nécessaire les matières nutritives dont elle est chargée. De même encore qu'il existe, chez les animaux, du sang veineux impropre à la nutrition et du sang artériel propre à la nutrition, il y a, dans les végétaux, une sève brute ou ascendante, qui est impropre à la nutrition, et une sève élaborée ou descendante, qui est propre à la nutrition. La ressemblance s'arrête ici : tandis que le sang veineux est du sang épuisé, la sève brute, qui ressemble au chyle plutôt qu'au sang, est toute chargée de matières nutritives qui ont seulement besoin d'être transformées par la respiration.

742. Respiration des plantes. — Cette fonction a pour but principal l'oxydation, comme qui dirait la combustion de la sève brute. Elle s'opère, dans les parties du végétal les plus éloignées du sol, par des stomates ou petites bouches (fig. 129), qui rappellent les organes respiratoires de certains animaux, notamment des insectes.

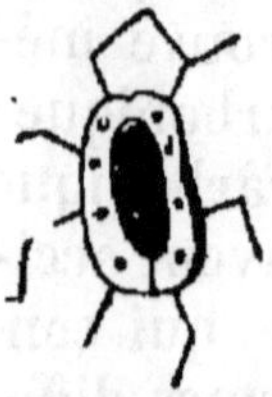

Fig. 129. Stomate.

QUESTIONNAIRE.

1. Qu'est-ce qu'un végétal? — 2. Que signifie le mot botanique? — 3. Quel est le but de la botanique? — 4. Quel est le rôle des plantes dans la nature? — 5. En quoi consiste la vie des plantes? — 6. Pourquoi les plantes n'absorbent-elles pas d'aliments à l'état solide? — 7. En quel état les plantes absorbent-elles les aliments solides? — 8. Où empruntent-elles l'oxygène? le carbone? l'hydrogène? l'azote? — 9. Quelle est la nature et quel est le rôle de la sève brute? de la sève élaborée? — 10. Comment les plantes respirent-elles et à quoi sert leur respiration?

CHAPITRE II

DE LA CULTURE DES PLANTES

743. Nécessité de la culture en général. — Les plantes se ressèment et se reproduisent bien toutes seules, par le simple jeu des forces de la nature; mais l'homme s'est tellement multiplié, ses besoins se sont à tel point accrus, il a tellement usé des végétaux qui sont nécessaires à son existence, des graines et des herbes dont il se nourrit, des bois avec lesquels il se construit des habitations, des meubles, des voitures et des machines, que les végétaux *utiles*, c'est-à-dire ceux que l'homme fait servir à son usage, auraient depuis longtemps disparu de la surface du globe, si leur production avait été entièrement abandonnée à la nature, et si l'homme n'avait cherché et trouvé des moyens artificiels pour favoriser leur multiplication. L'ensemble de ces moyens s'appelle l'agriculture, et l'agriculture, d'après ce qui vient d'être dit, est de beaucoup le plus utile de tous les arts humains, puisque l'existence même de notre race est attachée à cet art.

744. Nécessité des amendements. — Il faut bien se

garder de confondre les amendements et les engrais : on ajoute les premiers au sol qu'on veut cultiver, pour modifier la composition des terres et les rendre propres à recevoir les plantes qu'on veut leur confier; on introduit les seconds dans les terres cultivées, pour réparer leurs forces, en leur restituant ce que les récoltes leur ont enlevé.

Il y a, dans le sol arable, trop de substances différentes et trop variables, du reste, pour que nous puissions les énumérer ici; mais on peut, en principe, ramener ces éléments si nombreux à trois éléments essentiels : le sable, l'argile, le calcaire ou, comme l'appellent les minéralogistes, le carbonate de chaux.

Une juste proportion de ces trois éléments forme une terre parfaite; mais cette proportion a besoin d'être calculée, non pas d'une manière générale pour tous les genres de cultures, mais selon la nature des plantes que l'on se propose de cultiver. Certains végétaux, en effet, affectionnent les terrains siliceux, terrains où domine le sable; d'autres se plaisent dans les terrains argileux; d'autres enfin préfèrent les sols calcaires.

Un amendement n'est donc pas, à proprement parler, un aliment destiné à nourrir la plante; c'est plutôt un remède que l'on fournit au sol pour modifier sa constitution ou, pour mieux dire, sa consistance, pour le rendre plus ou moins compact suivant sa nature et celle des plantes qui doivent y croître.

745. Nécessité des fumures. — Les engrais, au contraire, sont de véritables aliments. Si l'on peut amender, médicamenter le sol une fois pour toutes, et l'abandonner à lui-même, sous ce rapport, quand on lui a rendu la santé, il est nécessaire de le nourrir toujours, de lui fournir continuellement des engrais pour réparer ses forces, attendu que les récoltes qu'on lui enlève chaque année sont une partie de sa substance qu'on emporte.

Or, comme cette substance assimilable, ou changeable en matière vivante, est fort variée et change, notamment, au moins pour la proportion de ses éléments, d'une espèce végétale à l'autre, il est nécessaire également de varier, avec les cultures, la nature des engrais. Il faut employer de préférence, suivant le cas, des engrais végétaux, des engrais animaux ou des engrais minéraux; y ajouter même, à l'occasion, de l'argile, du sable, du calcaire, de vrais amendements, pour former ce qu'on appelle des *composts*, tout à fait analogues aux remèdes préparés sous forme d'aliments, tels que les biscuits purgatifs.

Quant aux engrais que certains établissements industriels préparent aujourd'hui avec beaucoup d'art et qui sont devenus l'objet d'un très grand commerce, nous ne pouvons qu'en citer quelques-uns, avec l'indication de quelques cultures auxquelles ils conviennent particulièrement.

746. — Nous ne dirons rien des *engrais verts* (herbes vertes) et des *fumiers*, qui ne sont que des moyens de restituer directement au sol une partie des récoltes qu'on lui avait enlevées; mais nous citerons :

747. — La *suie*, composée, en grande partie, de charbon, et convenant particulièrement aux prairies, aux champs de trèfle et de colza;

748. — Le *plâtre*, très utile aux plantes légumineuses;

749. — La *potasse* et, par conséquent, les cendres, qui sont en grande partie composées de potasse, pour la vigne, le maïs, la betterave; les *os pulvérisés*, le *guano*, les *excréments*, les *urines*, les engrais riches en phosphate ou en ammoniaque, qui conviennent à toutes les cultures.

750. Nécessité des labours. — Les plantes, avons-nous dit, boivent, mais ne mangent pas. Comme c'est presque uniquement par leurs racines qu'elles boivent, comme l'eau dont elles s'abreuvent leur amène les aliments solides indispensables à leur existence, il est nécessaire que le sol puisse donner passage à l'eau pour lui permettre d'arriver jusqu'aux racines, sans la laisser s'écouler trop rapidement dans le sous-sol.

Les amendements servent à obtenir ce résultat; mais ils n'y suffiraient pas sans l'intervention des labours, qui ont pour but principal d'ameublir la terre en la remuant.

Les labours ont encore un autre objet : celui de détruire les mauvaises herbes, c'est-à-dire les plantes non cultivées qui absorbent, aux dépens des cultures, une partie de la substance du sol.

Nous ne pouvons entrer ici dans l'énumération complète, ni surtout dans la description détaillée des divers genres de labours en usage dans la culture des champs; mais nous devons indiquer sommairement les principaux.

751. Défrichements. — Lorsqu'un champ qui n'a jamais été cultivé et qui a été depuis très longtemps abandonné à lui-même doit être mis en culture, il est nécessaire de le débarrasser des arbres, des arbrisseaux, des herbes qui l'ont envahi; d'en extraire les racines qui infestent le sol et le sous-sol; de le remuer profondément pour ameublir la terre; enfin, de le niveler pour la facilité des labours ultérieurs, des plantations et des semailles. Toute cette série d'opérations s'appelle défrichement.

Les champs nouvellement défrichés sont généralement très fertiles.

752. Défoncements. — La production végétale se fait, ainsi que nous l'avons expliqué, par une transformation des matières minérales qui les rend propres à l'alimentation des végétaux; il est donc utile, dans certains cas, de ramener les matières minérales du sous-sol pour les mettre à la portée des racines des plantes cultivées : c'est ce qu'on fait à l'aide des défoncements, qui n'ont d'autre but que d'ameublir et de déplacer le sous-sol, pour accroître l'épaisseur de la couche arable.

753. Écobuage. — Ce n'est pas un labour proprement dit, mais c'est une opération agricole souvent utile. Elle consiste à arracher les mauvaises herbes, à en faire des tas que l'on couvre de mottes, en laissant de petits trous pour servir de cheminées, et à mettre le feu aux herbes. L'opération a le double avantage de détruire les plantes nuisibles et de produire des cendres, c'est-à-dire de la silice, qui ameublit le sol, et de la potasse, qui l'enrichit.

754. Drainage. — Cette opération, qui s'exécute dans les terrains trop humides, consiste à pratiquer des canaux souterrains qui reçoivent les eaux nuisibles.

755. Jachères. — C'est un repos auquel on condamne les sols épuisés, pour leur permettre de prendre de nouvelles forces; mais le système est reconnu mauvais; car si le sommeil du sol le préserve de nouvelles fatigues, il ne lui fournit aucun aliment.

756. Assolements. — Autre système qu'on a longtemps préconisé et qui perd maintenant beaucoup de sa faveur.

Il consiste à alterner les cultures sur un même sol, afin qu'une des cultures restitue à la terre ce que l'autre lui avait enlevé; mais il est reconnu aujourd'hui que la restitution est toujours très incomplète, et que rien ne peut tenir lieu d'engrais.

QUESTIONNAIRE.

1. Quel est le but de la culture et pourquoi est-elle nécessaire? — 2. En quoi consistent les amendements et pourquoi sont-ils nécessaires? — 3. En quoi consistent les fumures et pourquoi sont-elles nécessaires? — 4. Qu'appelle-t-on composts? — 5. Quels sont les principaux engrais et quelles sont leurs applications? — 6. Qu'appelle-t-on labours et quelle est leur utilité? — 7. Qu'appelle-t-on défrichements? défoncements? écobuage? drainage? jachères? assolements?

CHAPITRE III

CLASSIFICATION DES PLANTES

757. Nécessité et difficultés d'une classification des plantes. — On connaît environ 125000 espèces de végétaux, catalogués dans les grands ouvrages spéciaux, et des évaluations, non pas certaines, mais assez probables, permettent, en tenant compte des nouvelles espèces encore inconnues, d'évaluer à 170000 le nombre des espèces qui composent la population végétale du globe.

Un botaniste qui aurait la prétention d'étudier à part chacune de ces espèces tenterait une entreprise monstrueusement difficile, impossible, pour mieux dire; il est donc nécessaire de s'en tenir à des généralités, en classant les plantes d'après leurs ressemblances et les distinguant par leurs différences. Mais comme le nombre de ces plantes est presque infini, comme ces ressemblances et ces différences sont de même infinies, et qu'il est extrêmement difficile d'en apprécier l'importance, une bonne classification botanique reste chose si délicate que chaque grand botaniste a imaginé la sienne, sans pouvoir la faire adopter par les autres.

La classification que nous allons donner est l'une des plus usitées.

Règne végétal.

DIVISIONS.	CLASSES.	FAMILLES.
Phanérogames	Dicotylédonées	Renonculacées. Nymphéacées. Papavéracées. Crucifères. Violariées. Caryophyllées Linacées. Malvacées. Hespéridées. Acérinées. Ampélidées. Géraniacées. Légumineuses. Rosacées. Myrtacées. Cucurbitacées. Cactoïdées. Ribésiacées. Ombellifères. Caprifoliacées. Rubiacees. Composées. Primulacées. Ericinées. Oléinées. Convolvulacées. Borraginées. Labiées. Solanées. Chénopodées. Polygonées. Laurinées. Euphorbiacées. Urticées. Amentacées. Conifères.
	Monocotylédonées	Orchidées. Broméliacées. Musacées. Iridées. Amaryllidées. Liliacées. Palmiers. Joncacées. Cypéracées. Graminées.
Cryptogames	Acotylédonées	Fougères. Mousses. Lichens. Champignons. Algues.

LIVRE II
PHANÉROGAMES

PREMIÈRE SECTION
ANATOMIE ET PHYSIOLOGIE DES PLANTES PHANÉROGAMES

758. Graine. — Ainsi que l'indique le nom des *phanérogames*, qui veut dire plantes à organes de reproduction vi-

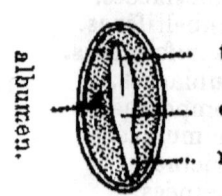

Fig. 130.
Coupe d'une graine.

sibles, ces végétaux sont les seuls qui possèdent, non pas des organes de reproduction, comme on l'a dit longtemps, car on a découvert depuis des organes de ce genre dans d'autres plantes, mais de vrais petits végétaux en miniature. Ces germes ne contiennent pas seulement les parties essentielles de la plante, c'est-à-dire la *gemmule* ou *tigelle* (petite tige) et la *radicule* (petite racine), mais aussi un petit magasin de fécule qui servira à l'alimentation du végétal, dans les premiers temps de sa germination, avant qu'il soit en état de puiser lui-même sa nourriture dans le sol et de l'aspirer dans l'air.

La graine (fig. 130) comprend donc deux parties principales : 1° l'*embryon*, qui est le petit végétal et que l'on peut distinguer sans trop de peine à la pointe d'une amande, si l'on en sépare les deux moitiés avec quelque précaution ; 2° la provision d'aliments. Celle-ci consiste tantôt en un amas féculent appelé *albumen*, comme le blanc d'œuf, et servant en effet à nourrir l'embryon de végétal comme le blanc d'œuf nourrit l'embryon de poulet ;

Fig. 131. Cotylédons persistants du haricot.

tantôt en des sortes de feuilles épaisses, charnues, qu'on appelle des *cotylédons* (fig. 131), et qui forment précisément les deux moitiés d'une amande ou d'une graine de haricot.

Certaines plantes ont deux cotylédons, d'autres n'en ont qu'un, d'autres enfin n'en ont pas du tout.

Parfois les cotylédons persistent après que l'embryon de la graine s'est développé, sortent de terre avec la tige, s'amincissent, et prennent une apparence de feuilles d'une forme différente cependant des vraies feuilles du végétal. C'est le cas des cotylédons de la capucine, de ceux du haricot, etc.

759. Racine. — Quand est venu le temps de la germination, favorisée par l'humidité du sol et la chaleur de l'atmosphère, la graine, restée longtemps inerte, s'amollit et se gonfle. L'embryon commence alors à se nourrir aux dépens des cotylédons ou de l'albumen, et ses deux extrémités s'allongent, l'une, la tigelle, s'élevant vers le ciel, l'autre, la radicule, s'enfonçant dans le sol, quelle que soit d'ailleurs la situation que le hasard ait donnée à la graine.

Nous reviendrons à la tige; quant à la racine, après avoir poussé tout droit une sorte de pivot central, elle ne tarde pas à se ramifier, c'est-à-dire à lancer dans toutes les directions des sortes de branches, des racines secondaires qui vont chercher au loin la nourriture de la plante.

Les dernières et les plus fines divisions de la racine sont, dans ce but, terminées par des *spongioles* ou petites éponges chargées d'aspirer l'eau éparse dans le sol, et tenant en dissolution les matières qui doivent servir à l'alimentation du végétal. Les racines ont en outre une fonction très essentielle : elles ne pompent pas seulement l'eau du sol, elles absorbent aussi l'air qui s'y trouve enfermé; elles ne boivent pas seulement, elles respirent, et c'est encore une des raisons qui rendent les labours nécessaires pour ameublir la terre et permettre à l'air de s'y introduire.

760. — Quant à la forme des racines, elle est fort variée. On les a classées, d'après leurs formes générales, en racines *pivotantes* (fig. 132), qui ont un gros pivot central plus ou moins charnu et de faibles divisions; en racines *fasciculées* (fig. 133), formant des touffes ou faisceaux de racines de grosseur à peu près uniforme; en racines *tuberculeuses* (fig. 134), formées de plusieurs tubercules qui sont des sortes de pivots multiples.

Fig. 132.
Racine
pivotante.

Fig. 133.
Racine fasciculée.

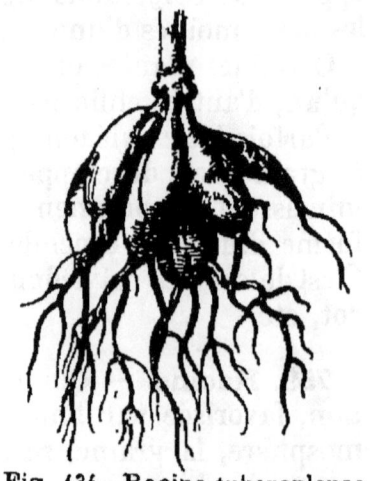
Fig. 134. Racine tuberculeuse.

761. Suçoirs. — Les plantes parasites, comme la cuscute (fig. 135), vivant sur d'autres plantes et restant isolées du sol, sont pourvues de racines d'une espèce particulière. Au lieu d'être terminées par des spongioles, elles sont pourvues de suçoirs, sortes de ventouses analogues à celles dont sont armés les tentacules des poulpes, et qui aspirent la sève des végétaux aux dépens desquels elles vivent.

Fig. 135. Racine de cuscute.

762. Crampons. — Ils ressemblent à des racines; ce sont en réalité de simples crochets (fig. 136) qui ne servent pas à nourrir la plante, mais seulement à la fixer, à la cramponner sur les corps étrangers qui lui servent d'appui.

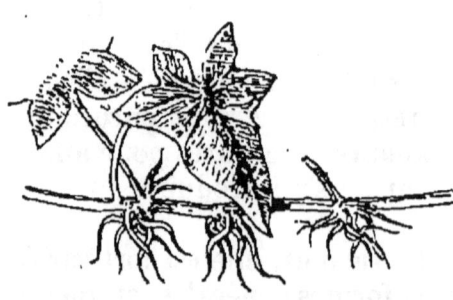
Fig. 136. Crampons du lierre.

763. Tige. — Tous les végétaux n'ont pas une tige; beaucoup de cryptogames en sont dépourvus, et, chez ceux qui en ont une, elle est toujours d'une extrême simplicité.

Tous les végétaux phanérogames, au contraire, ont une

tige, même ceux qu'on appelle végétaux *acaules*, c'est-à-dire végétaux sans tige. Dans ce cas, il est vrai, cette tige se réduit à un simple plateau, à une sorte de disque sur lequel naissent les racines d'une part et les feuilles de l'autre.

764. — Par contre, la tige des végétaux phanérogames prend quelquefois des proportions gigantesques; telle est celle du wellingtonia de la Californie, qui s'élève à 100 mètres, et dont la hauteur, par conséquent, est le double de celle de la colonne de la place de la Bastille, à Paris.

Le baobab, autre géant du règne végétal, est beaucoup moins haut; mais sa tige monstrueuse atteint jusqu'à douze mètres d'épaisseur.

765. — Parfois l'épaisseur de la tige semble hors de proportion avec sa longueur. C'est ainsi que la tige du rotang, qui atteint, dit-on, 300 mètres de développement, est si grêle qu'elle est condamnée à ramper sur le sol, lorsqu'elle ne trouve pas quelque arbre pour s'y accrocher. C'est ainsi que beaucoup de plantes à tige volubile ne peuvent se soutenir qu'en s'enroulant en tire-bouchon autour d'autres plantes situées dans leur voisinage.

766. — Un fait remarquable, c'est qu'une même espèce ne s'enroule jamais que de la même manière, c'est-à-dire toujours de droite à gauche ou de gauche à droite.

Dans le premier cas, qui est celui du haricot, du liseron, etc., on dit que la plante est volubile à droite (fig. 137); dans le second cas, comme pour le houblon, etc., elle est volubile à gauche (fig. 138).

Pour juger, à l'inspection, si une plante est volubile à droite ou à gauche, il ne faut pas la regarder en face, mais supposer, par l'imagination, qu'on est soi-même enveloppé par la tige de la plante et qu'on lui sert de support.

Fig. 137.
Tige de liseron, volubile à droite.

Fig. 138.
Tige de houblon, volubile à gauche.

767. — Les tiges trop faibles pour s'élever et qui n'ont aucun moyen de s'attacher à d'autres plantes s'étendent simplement sur le sol, où même elles se fixent, en poussant par intervalles des racines qu'on appelle *racines adventives*. Ce sont des plantes rampantes, et leurs tiges garnies de racines s'appellent des *coulants* (fig. 139).

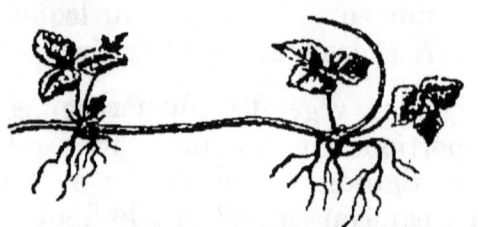

Fig. 139. Coulant de fraisier.

768. — D'autres fois, les tiges rampent, non pas sur le sol, mais sous la terre, poussant des racines en bas et des tiges aériennes en haut; ces tiges, que le vulgaire prend alors pour des racines, s'appellent des *rhizomes* (fig. 140). Les rhizomes du chiendent, qui infestent les cultures et multiplient la plante à l'infini, ne sont que trop connus des agriculteurs.

Fig. 140. Rhizome d'iris.

769. Cellules, fibres et vaisseaux. — Toutes les matières végétales ou, pour être plus exact, toutes les matières organiques sont essentiellement composées de cellules ou petits ballons formés d'une ou de plusieurs membranes, et dont l'intérieur est plein de fécule, d'eau sucrée ou de quelque autre matière.

Si ces cellules sont relativement peu nombreuses et placées bien à l'aise dans l'espace qu'elles occupent, elles sont

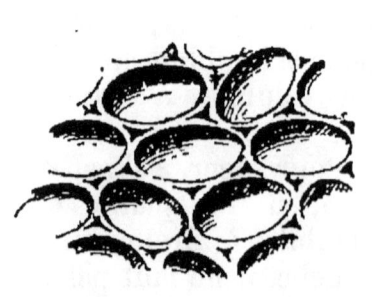 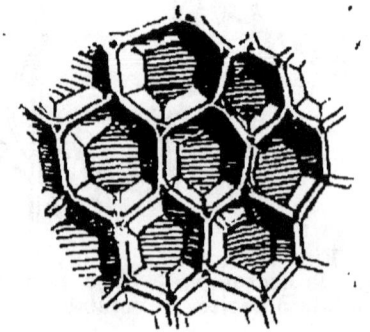

Fig. 141. Cellules ovoïdes.   Fig. 142. Cellules polyédriques.

sphériques ou ovoïdes (fig. 141); si elles sont pressées et se compriment mutuellement, elles sont polyédriques (fig. 142), c'est-à-dire terminées par des surfaces planes.

Quand un grand nombre de cellules ajoutées l'une à l'autre forment une sorte de cylindre plein et fort menu, ce cylindre est une fibre, une vraie fibre végétale comme celles dont se compose la filasse de chanvre ou de lin, et tout à fait analogue aux fibres animales dont l'ensemble forme nos muscles. Si le cylindre est creux et d'un diamètre plus fort, c'est un vaisseau, analogue, par sa forme et par ses fonctions, à nos propres vaisseaux sanguins et chylifères, qui servent, comme on sait, à la circulation des liquides.

770. — Les vaisseaux des végétaux sont extrêmement variés de formes et de dimensions. Il y a des *vaisseaux annelés*, des *vaisseaux ponctués*, des *vaisseaux rayés*, des *vaisseaux réticulés*; il y a même de prétendus *vaisseaux spiraux*, ou *trachées*, qui ne sont pas des vaisseaux proprement dits, puisqu'ils ne servent pas au transport des liquides, mais quelque chose de semblable à notre trachée-artère ou à nos bronches, et servant comme elles à la respiration. Les trachées des végétaux sont simplement formées d'une longue fibre contournée en spirale, à la manière de ces ressorts métalliques qu'on appelle des ressorts à boudin.

771. **Bourgeons.** — Nous avons vu la tige se ramifier dans le sol, pour aller recueillir, dans toutes les directions, l'eau et les matières nutritives contenues dans la terre; la tige se ramifie de même dans l'air, pour recueillir aussi, non pas seulement l'oxygène nécessaire à la respiration, mais l'eau atmosphérique et l'acide carbonique toujours contenu dans l'air, acide qui joue un rôle fort important dans la nutrition des végétaux, en lui fournissant une très bonne partie du carbone dont leur substance est presque entièrement formée.

A leur début, ces divisions de la tige et les subdivisions de ces divisions, c'est-à-dire les branches et les rameaux, se manifestent par des yeux ou boutons. Ces excroissances, à peine visibles d'abord, vont se développant à mesure que le végétal grandit. Ce sont des bouquets de feuilles diversement groupées, fortement serrées en tout cas les unes contre les autres, et recouvertes, dans leur ensemble, d'écailles imbriquées, c'est-à-dire se recouvrant les unes les autres à la manière des tuiles d'un toit.

A mesure que le bourgeon se gonfle et grossit, les écailles s'écartent et tombent, les feuilles se développent, l'espace d'abord très faible qui les séparait va toujours s'accroissant, et le rameau se dessine de plus en plus.

Les bourgeons toutefois ne sont pas tous des rameaux rudimentaires : il y a des bourgeons à bois (fig. 143) sans doute (ce sont ceux dont nous venons de parler) ; mais il y a aussi des bourgeons à fleurs, à fruits (fig. 143) par conséquent. Les bourgeons à bois sont plus allongés, plus pointus, et les bourgeons à fleurs plus courts, plus renflés, plus émoussés par le bout.

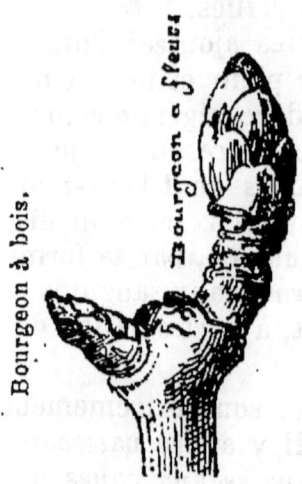

Fig. 143.
Bourgeons à bois et à fruit.

772. Feuilles. — Les feuilles sont surtout des organes respiratoires ; aussi sont-elles criblées de *stomates*, petites bouches qui servent à l'entrée de l'air pur et à la sortie de l'air vicié, comme notre propre bouche, et sont-elles toutes sillonnées de trachées ou canaux qui reçoivent l'air amené par les stomates.

On distingue généralement dans les feuilles : un réseau de nervures formées de fibres résistantes, réseau qui est comme la charpente de l'organe ; une masse de matière verte et molle, le parenchyme, qui est un simple amas de cellules ; un épiderme transparent qui enveloppe le parenchyme et les nervures, et donne sa forme au limbe ou partie plane de la feuille ; un pétiole, vulgairement appelé queue, formé d'un faisceau de fibres et unissant le limbe de la feuille au rameau.

773. — Toutefois il est des feuilles qu'on appelle *sessiles*, c'est-à-dire dont le limbe s'unit directement au rameau, sans l'intermédiaire d'un pétiole. Il existe, par contre, des feuilles dépourvues de limbe et réduites au pétiole. Certaines feuilles, qui vivent constamment immergées dans l'eau, sont privées de parenchyme et n'ont qu'un pétiole et un réseau de nervures. Enfin, il est même des végétaux qui n'ont pas

774. — Quant à la couleur verte, qui est celle de presque toutes les feuilles, elle est due au parenchyme, dont la couleur transparaît à travers l'épiderme. Il est reconnu que la lumière est nécessaire pour colorer le parenchyme et même pour lui conserver sa couleur ; aussi blanchit-on les pieds de salade en attachant leurs feuilles et en les butant, c'est-à-dire en les couvrant en partie de terre. On produit même de la chicorée sauvage toute blanche, qu'on appelle alors barbe-de-capucin, en la faisant croître dans l'obscurité des caves ou des anciennes carrières.

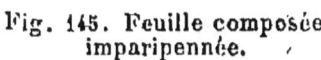

Fig. 144. Stipules de la violette.

775. — Certaines feuilles portent à leur base, du côté du pétiole, des expansions qui sont comme des feuilles supplémentaires, et qu'on appelle des *stipules* (fig. 144).

776. — Quant à la forme des feuilles, elle est extrêmement variée. Les unes sont simples, c'est-à-dire formées d'un seul limbe, régulier dans son contour ou plus ou moins découpé sur ses bords ; les autres composées, c'est-à-dire formées de plusieurs limbes partiels qu'on appelle des *folioles*. Quand les folioles des feuilles composées ont leurs pétioles particuliers attachés au même point du pétiole général et imitent les doigts d'une main, on dit que la feuille est *digitée*; s'ils sont rangés de chaque côté d'une grosse nervure médiane comme les barbes d'une plume, la feuille est *pennée : paripennée*, si le nombre des folioles est pair ; *imparipennée* (fig. 145), s'il est impair.

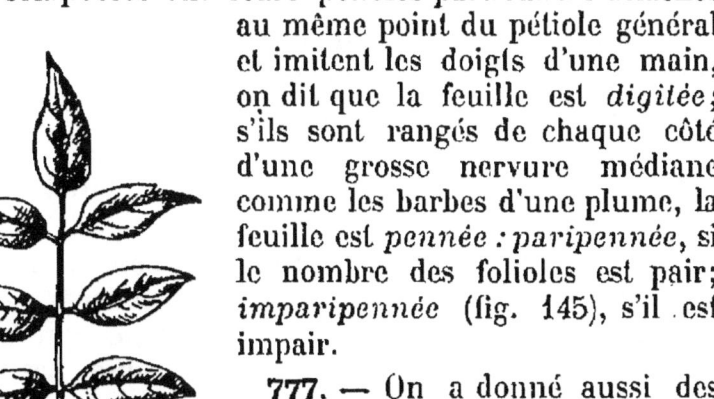

Fig. 145. Feuille composée imparipennée.

777. — On a donné aussi des noms différents aux feuilles pour exprimer la façon dont elles sont groupées sur la tige. Quand, n'ayant pas de pétiole, elles sont soudées deux à deux par la base de leur limbe, de façon qu'elles ressemblent à une feuille unique traversée par la tige, on dit qu'elles sont *connées;* elles sont *verticillées,* si, disposées en nombre variable en un même point de la tige, elles lui forment une sorte de collier; *opposées,* si le verticille ou collier est réduit à deux feuilles; *alternes,* si chaque feuille est isolée sur la tige, mais de façon que leur ensemble forme autour d'elle une spirale, etc.

778. — Il nous reste à dire un mot de la chute des feuilles. A certain moment de leur vie, les vaisseaux du pétiole qui amènent les sucs nutritifs dans le limbe s'engorgent, s'atrophient, la feuille meurt, se décolore et se détache. Si ce phénomène se produit d'ensemble à une même époque de l'année, en automne pour nos climats, les végétaux se dépouillent entièrement, restent nus, morts en apparence pendant toute une saison, et subissent un véritable sommeil tout semblable à celui des animaux hibernants. Les arbres qui perdent leurs feuilles successivement, comme les pins, les ifs, les cyprès, etc., sont couverts de feuilles en toute saison et s'appellent des arbres verts.

779. Vrilles, épines, aiguillons. — Nous réunissons ici ces trois genres d'organes, fort différents en apparence, parce qu'ils proviennent tous de feuilles, de rameaux, de stipules, de grappes de fleurs qui se sont transformés avant leur entier développement.

780. — La *vrille* est un organe fibreux, contourné en tire-bouchon, et qui soutient certaines plantes grimpantes, comme la vigne, en s'enroulant autour de leurs supports.

781. — L'*épine* est un organe dur et acéré qui représente tantôt un rameau avorté, comme dans l'aubépine; tantôt une feuille, comme dans le cactus; tantôt un stipule, comme dans le robinier ou faux acacia.

782. — L'*aiguillon* enfin diffère de l'épine en ce qu'il n'est qu'un simple développement de l'épiderme, au lieu d'être une continuation des fibres du bois, ce qui fait qu'il ne tient qu'à l'écorce et se détache sans peine. Les prétendues épines du rosier sont des aiguillons.

783. Fleurs. — La fleur est l'organe ou plutôt l'appareil de reproduction des plantes phanérogames; c'est, sans comparaison, de toutes les parties de la plante, la plus compliquée et la plus intéressante à étudier.

Quand la fleur est complète, on y distingue quatre verticilles ou quatre séries d'organes : le calice, la corolle, l'androcée ou étamines et le gynécée ou pistil. Ce dernier occupe le centre; les autres verticilles sont ordinairement disposés en cercles concentriques autour de lui, dans l'ordre où nous les avons nommés, en commençant par le verticille extérieur. Nous allons dire quelques mots de chacun d'eux, mais après avoir mentionné l'existence de deux organes accessoires de la fleur : 1° le *pédoncule* (fig. 146), vulgairement appelé *queue*, qui est le support de la fleur comme le pétiole est celui de la feuille, mais qui n'existe pas toujours; car il y a des fleurs sessiles ou sans pédoncule, comme des feuilles sessiles ou sans pétiole; 2° le *réceptacle*, sorte de petit plateau sur lequel est attachée la fleur, et qui n'est qu'un épanouissement du pédoncule.

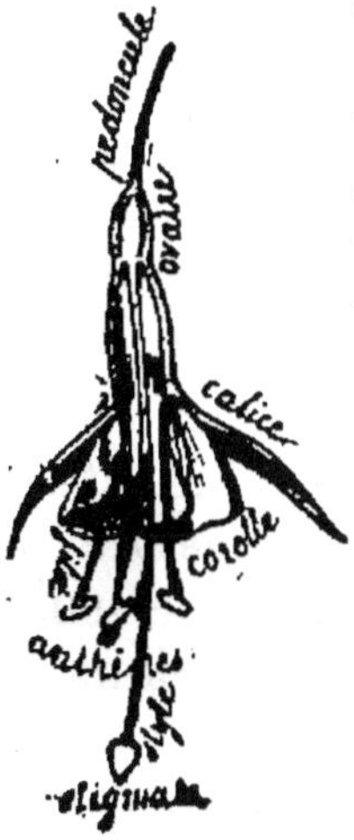

Fig. 146. Coupe d'une fleur de fuchsia.

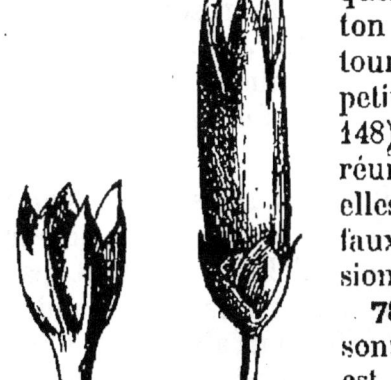

Fig. 147. Calice de primevère.

Fig. 148. Calice et calicule d'œillet.

784. **Calice.** — Le calice (fig. 147) est, dans une fleur, quelque chose d'analogue au chaton d'une bague. Il est parfois entouré lui-même d'un calice plus petit qu'on appelle *calicule* (fig. 148), et quand plusieurs fleurs sont réunies sur un même réceptacle, elles sont entourées d'une sorte de faux calice général dont les divisions s'appellent des *bractées*.

785. — Les divisions du calice sont des *sépales*. Quand le calice est divisé, on dit qu'il est *polysépale* ou à plusieurs sépales; s'il est d'une seule pièce, on l'appelle *monosépale* ou à un seul sépale. Les divisions du calice sont un très bon caractère pour distinguer les genres et les familles des plantes.

786. — Le calice est presque toujours vert; cependant il est d'un beau rouge dans la fleur du grenadier et dans celle du fuchsia, blanc dans celle du lis, panaché dans celle de la tulipe, etc. Dans ces derniers cas, le vulgaire

prend pour une corolle ce que les botanistes appellent un calice. Règle générale : si autour des étamines il n'existe qu'un seul verticille, quelle que soit sa couleur, c'est un calice. Mais le calice lui-même n'existe pas toujours.

787. — Parfois le calice subsiste après que la fleur est fanée, après que le fruit est entièrement formé. On le distingue, sous forme de petite couronne, sur la pomme et sur la poire, du côté opposé au pédoncule. Le calice, en ce cas, est dit *persistant*.

788. Corolle. — Les divisions de la corolle (fig. 149) s'appellent des pétales. Elle est *monopétale* ou à un seul pétale, si elle est formée d'une seule pièce; *polypétale* ou à plusieurs pétales, dans le cas contraire.

Fig. 149. Corolle monopétale de la bruyère.

La corolle, rarement verte, est souvent parée de couleurs magnifiques; mais, comme nous l'avons expliqué, ceci ne suffit pas à la distinguer du calice, qui, ordinairement vert, est quelquefois richement coloré.

La corolle est souvent régulière, c'est-à-dire formée de pétales égaux, comme dans la rose; ou symétrique dans toutes ses parties, comme dans le liseron; elle est parfois irrégulière, comme dans la fleur de haricot, qui ressemble grossièrement à un papillon.

789. Étamines. — Jusqu'ici nous avons parlé de parties de la fleur que l'on peut considérer comme accessoires, puisqu'elles n'existent pas toujours et ne sont pas nécessaires à la fécondation; les étamines (fig. 150) sont absolument indispensables pour la reproduction des plantes phanérogames.

Fig. 150. Étamine complète.

790. — Une étamine complète se compose de deux parties : un *filet* ou support, et une *anthère* ou petite boîte souvent divisée en compartiments et pleine d'une fine poussière ordinairement jaune, le *pollen*. Il est si abondant sur certains végétaux qu'emporté au loin par les vents, il a pu faire croire à des pluies de soufre.

Par la culture, les étamines de certaines fleurs sont susceptibles de se transformer en pétales; c'est à ce phénomène que nous devons la plupart des fleurs doubles.

791. Pistil. — Le pistil peut être considéré comme la partie fondamentale de la fleur, puisque c'est lui qui doit se transformer en fruit. Il n'existe pourtant pas dans toutes les fleurs; mais lorsque certaines fleurs d'un végétal n'ont que des étamines, cas où on les appelle des fleurs mâles, il existe toujours, soit sur le même pied, soit sur un pied différent de la même espèce, des fleurs femelles qui ont un pistil et pas d'étamines. Si les fleurs mâles et les fleurs femelles sont réunies sur le même pied, quoique distinctes les unes des autres, la plante est dite *monoïque* ou à une seule maison; si elles sont séparées sur des pieds différents, la plante est dite *dioïque* ou à deux maisons.

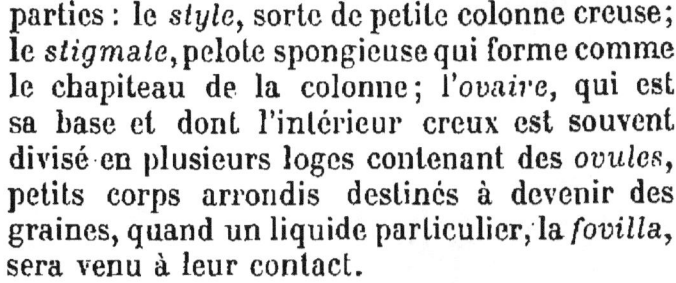

Fig. 151.
Pistil complet.

792. — Le pistil complet (fig. 151) est composé de trois parties : le *style*, sorte de petite colonne creuse; le *stigmate*, pelote spongieuse qui forme comme le chapiteau de la colonne; l'*ovaire*, qui est sa base et dont l'intérieur creux est souvent divisé en plusieurs loges contenant des *ovules*, petits corps arrondis destinés à devenir des graines, quand un liquide particulier, la *fovilla*, sera venu à leur contact.

793. — Cette fovilla est contenue dans les grains de pollen. Quand ces grains, se détachant des anthères des étamines, viennent à tomber sur les stigmates toujours gluants du pistil, ils se gonflent, s'ouvrent, et la fovilla descend, par l'intérieur du style, jusqu'au contact des ovules, qui sont alors transformés en graines.

794. Inflorescence. — On appelle inflorescence la disposition des fleurs d'un végétal. Le groupement des fleurs et des fruits qui succèdent aux fleurs, fort important à étudier, a donné lieu à un certain nombre de dénominations différentes. Si chaque fleur et chaque fruit sont attachés par un pédoncule à un axe commun, on a une *grappe* (fig. 152); si les pédoncules manquent ou sont très courts, la grappe devient un *épi* (fig. 153); si l'épi principal est divisé en épis secondaires, on a une *panicule;* si les fleurs de l'épi, sessiles, c'est-à-dire dépourvues de pédoncule, sont toutes mâles ou toutes femelles, on a un chaton mâle ou un chaton femelle (fig. 154); quand les pédoncules

Fig. 152. Grappe.

Fig. 153. Épi.

Fig. 154. Chaton femelle.

Fig. 155. Corymbe.

Fig. 156. Ombelle.

Fig. 157. Cyme.

Fig. 158. Capitule.

sont attachés, non sur un axe commun, comme dans tous les cas précédents, mais directement sur la tige, en des points différents, et atteignent le même niveau, on a un *corymbe* (fig. 155); si les pédoncules partent du même point, on a une *ombelle* (fig. 156); si les pédoncules sont divisés et subdivisés, on a une *cyme* (fig. 157); enfin, quand, tous les pédoncules manquant, les fleurs sont toutes attachées sur le même disque et entourées d'un involucre ou ceinture de bractées, on a un *capitule* (fig. 158), *flosculeux* s'il ne comprend que de petites fleurs tubulées, *radié* si les fleurs du bord sont ligulées, c'est-à-dire munies d'une corolle en forme de languette.

795. Fruits. — Dans la langue des botanistes, le sens du mot *fruit* est fort différent de celui qu'on lui donne en langage vulgaire. Le fruit des botanistes, c'est l'ovaire développé. Il faut y distinguer deux parties : la graine et le péricarpe.

796. Graine. — C'est la partie essentielle du fruit, la seule qui servira à la reproduction du végétal. La graine, c'est le grain de blé, c'est l'amande de la noix, c'est le pépin de la pomme, etc.

797. Péricarpe. — C'est l'ensemble des enveloppes de la graine, c'est l'ovaire devenu fruit. On y distingue : l'*épicarpe* ou *épiderme;* le *mésocarpe*, qui est ordinairement charnu et succulent; l'*endocarpe*, qui est l'enveloppe immédiate de la graine. Ces parties, fort différentes d'un fruit à l'autre, ne sont pas toujours faciles à reconnaître. Quelques exemples frappants nous aideront à en faire la distinction.

Dans la pêche, l'épicarpe est la peau veloutée que l'on enlève avant de manger le fruit; le mésocarpe est la chair si juteuse et si savoureuse; l'endocarpe est l'enveloppe dure, ligneuse de l'amande.

Dans l'amande ou fruit de l'amandier, l'épicarpe et l'endocarpe forment l'enveloppe coriace qu'on appelle *écale*.

Dans la pomme, l'endocarpe est cette petite membrane parcheminée qui entoure chaque pépin.

Dans l'orange, le mésocarpe est une peau blanche et molle placée sous l'écorce ou épicarpe; l'endocarpe, une fine membrane qui enveloppe chaque tranche; la matière pulpeuse que l'on savoure dans ce fruit est spéciale aux fruits des arbres de cette famille.

Enfin, dans les gousses des légumes, qui sont aussi des fruits, l'endocarpe est une membrane mince, dure et luisante adhérente à l'endocarpe.

Quant à la partie comestible du fruit, elle est fort variable : c'est la graine dans la noix et l'amande, c'est le mésocarpe dans la pêche, ce sont les bractées dans l'ananas, c'est le réceptacle dans la figue, etc.

798. Diverses sortes de plantes phanérogames d'après la nature de leurs tissus et la durée de leur vie. — On distingue les plantes phanérogames, d'après la consistance de leurs tissus : 1° en *plantes ligneuses*, comprenant des *arbres*, des *arbrisseaux* et des *arbustes* ou *sous-arbrisseaux*; 2° en *herbes* ou *plantes herbacées*. D'après la durée de leur vie, on les classe en plantes annuelles, bisannuelles et vivaces.

799. Arbres. — Il n'est pas bien facile de faire la distinction des arbres et des arbrisseaux, qui ont, les uns et les autres, une tige et des branches ligneuses, c'est-à-dire formées de bois. Ce bois est une matière dure, fibreuse, qui a la propriété de se conserver plus ou moins longtemps, lorsque le végétal est mort et desséché. En somme, l'arbre se distingue de l'arbrisseau par ses dimensions plus grandes, et aussi par ce fait qu'il a un tronc plus ou moins volumineux et bien marqué. Tels sont le sapin, le chêne, le palmier, etc.

800. Arbrisseaux. — Les branches de l'arbrisseau naissent sur la terre même ou très près de terre, le tronc, quand il existe, étant réduit presque à rien. C'est le cas du rosier.

801. Arbustes ou sous-arbrisseaux. — Tandis que l'arbrisseau est entièrement ligneux, l'arbuste a une tige et des branches ligneuses; mais l'extrémité de ses rameaux est herbacée. L'arbuste, en d'autres termes, est moitié bois, moitié herbe. C'est le cas du thym, de la sauge, etc.

802. Plantes annuelles, bisannuelles et vivaces. — Les plantes annuelles sont celles qui naissent, fleurissent, fructifient et meurent dans le courant de la même année, comme le blé. Les plantes bisannuelles fleurissent et fructifient la seconde année et meurent ensuite, comme la passe-rose. Les plantes vivaces fleurissent et fructifient plusieurs années de suite, comme le lis, le rosier, etc.

BOTANIQUE

QUESTIONNAIRE.

1. Que signifie le mot phanérogames? — 2. Qu'est-ce que la graine? De quelles parties se compose-t-elle? — 3. Qu'est-ce que l'embryon? l'albumen? les cotylédons? — 4. Quel est le rôle de la racine? Quelles sont ses fonctions? — 5. Qu'apppelle-t-on spongioles? Quel est le rôle de ces organes? — 6. Qu'entend-on par racines pivotantes? fasciculées? tuberculeuses? — 7. Qu'appelle-t-on suçoirs? Quelle est leur forme et quel est leur rôle? — 8. Qu'appelle-t-on crampons? — 9. Quels sont les végétaux pourvus d'une tige? — 10. Quelles sont les dimensions des tiges des végétaux? — 11. Qu'appelle-t-on tiges volubiles? volubiles à droite? à gauche? — 12. Qu'appelle-t-on racines adventives? coulants? rhizomes? — 13. Qu'appelle-t-on cellules? fibres? vaisseaux? — 14. Quelles sont les diverses sortes de vaisseaux? — 15. Qu'appelle-t-on bourgeons? boutons à bois? boutons à fruits? Comment les distingue-t-on? — 16. Quel est le rôle des feuilles? De quelles parties se composent-elles? — 17. Quel nom donne-t-on aux feuilles dépourvues de pétioles? — 18. Quelle est la couleur ordinaire des feuilles? Comment les décolore-t-on? — 19. Qu'appelle-t-on stipules? — 20. Qu'appelle-t-on feuilles simples? composées? digitées? pennées? paripennées? imparipennées? connées? verticillées? opposées? alternes? — 21. Quelle est la cause de la chute des feuilles et qu'appelle-t-on arbres verts? — 22. Qu'appelle-t-on vrilles? épines? aiguillons? — 23. Quel est le rôle de la fleur? Quelles sont ses parties générales ou verticilles? — 24. Qu'appelle-t-on pédoncule? réceptacle? — 25. Qu'est-ce que le calice? le calicule? les bractées? les sépales? — 26. Qu'appelle-t-on calice polysépale et monosépale? corolle? — 27. Quelle est la couleur du calice? — 28. Qu'appelle-t-on calice persistant? — 29. Comment appelle-t-on les divisions de la corolle? — 30. Qu'appelle-t-on corolle monopétale? polypétale? régulière? irrégulière? — 31. Quelles sont les parties d'une étamine complète? — 32. Qu'est-ce que le filet? l'anthère? le pollen? — 33. Quelles transformations peuvent subir les étamines et qu'appelle-t-on fleurs doubles? — 34. Qu'entend-on par plantes monoïques et dioïques? — 35. Quelles sont les parties d'un pistil complet, et qu'entend-on par style? stigmate? ovaire? ovules? — 36. Comment s'opère la fécondation des ovules? — 37. Qu'appelle-t-on inflorescence et quels sont les divers modes d'inflorescence? — 38. Qu'entend-on par grappe? épi? panicule? chaton? corymbe? ombelle? capitule? — 39. Quelles sont les diverses sortes de capitules? — 40. Qu'est-ce qu'un fruit, pour les botanistes? — 41. Qu'est-ce que la graine? le péricarpe? — 42. Quelles sont les parties du péricarpe, et comment distingue-t-on l'épicarpe, le mésocarpe, l'endocarpe dans la pêche, l'amande, la pomme, l'orange, les gousses des légumineuses? — 43. Quelles sont les

parties comestibles du fruit dans la noix, l'amande, la pêche, l'ananas, la figue? — 44. Qu'entend-on par plantes herbacées et ligneuses? — 45. Quelles sont les diverses sortes de plantes ligneuses, et comment distingue-t-on les arbres, les arbrisseaux et les arbustes? — 46. Qu'appelle-t-on plantes annuelles, bisannuelles, vivaces?

DEUXIÈME SECTION
CLASSE DES DICOTYLÉDONÉES

803. Anatomie et physiologie des plantes dicotylédonées. — La classe des dicotylédonées, de beaucoup la plus nombreuse, comprend à peu près les sept dixièmes du règne végétal. Nous allons passer rapidement en revue ses principaux caractères distinctifs; nous dirons ensuite quelques mots des familles les plus importantes.

804. Cotylédons. — Bien que le mot dicotylédonées signifie plante à deux cotylédons, un certain nombre de dicotylédonées paraissent avoir un plus grand nombre de ces organes. Les botanistes ne sont pas d'accord sur ce point. Cependant aujourd'hui la plupart d'entre eux sont d'avis qu'il n'existe jamais, en réalité, plus de deux cotylédons, mais que, dans certaines graines, chacun d'eux est divisé en un ou plusieurs lobes, de sorte que le nom des dicotylédonées serait entièrement justifié.

805. Racine. — La racine des dicotylédonées naît toujours d'un pivot unique, qui est, au début, la radicule de l'embryon. Quelquefois ce pivot prédomine toujours et ne pousse que des ramifications plus ou moins grêles, auquel cas la racine est dite pivotante. Plus ordinairement, le pivot se ramifiant en tout sens et ses divisions prenant de fortes proportions, la racine est dite fibreuse. En tout cas, la préexistence du pivot est un des caractères les plus certains de la classe des dicotylédonées.

Fig. 159. Coupe d'une tige de dicotylédonée.

806. Tige. — Dans la tige des dicotylédonées (fig. 159), formée de couches concentriques qui vont toujours en se multipliant, nous trouvons à considérer : le cambium, l'écorce, le bois et la moelle.

807. — Le *cambium* est une couche visqueuse, cette même matière qui poisse les doigts lorsqu'on écorce, par exemple, un rameau de saule. C'est la vraie partie vivante, la partie réparatrice de la tige. Située entre l'écorce et le bois, elle fournit chaque année une nouvelle couche à l'un et à l'autre.

808. — L'*écorce* comprend trois parties : le liber, le suber ou liège et l'épiderme.

Le *liber*, dont le nom veut dire livre, est une couche formée de feuilles minces comme du papier, verte, molle, herbacée. C'est dans le liber que circulent les vaisseaux laticifères contenant le latex ou sève élaborée; c'est le liber qui fournit les fibres employées comme matières textiles. Le cambium procure chaque année un feuillet au liber.

Le *suber* ou *liège*, transformation des couches les plus extérieures du liber, est une matière spongieuse formant ordinairement une couche peu épaisse, mais qui prend, dans le chêne-liège, un énorme développement. C'est avec le suber de cette espèce qu'on fait les bouchons.

L'*épiderme* est la couche la plus extérieure de l'écorce; elle se déchire et tombe à mesure que les couches intérieures se multiplient et se développent.

809. — Dans le *bois* on distingue : 1° l'*aubier*, couche molle et tendre, provenant de la transformation immédiate du cambium ; 2° le *cœur*, qui est dur, fibreux, presque sec. Lorsqu'on veut de solides ouvrages en bois, on a soin de retrancher l'aubier et de n'employer que le cœur.

810. — La *moelle* enfin est une matière molle, celluleuse, alimentaire dans certaines espèces. Elle est contenue dans l'étui médullaire, canal situé au centre de la tige et qui va toujours se rétrécissant à mesure que le végétal vieillit. Cet étui est grand et la moelle abondante dans les branches du sureau.

811. Feuilles. — La forme des feuilles varie à l'infini chez les dicotylédonées ; mais elles sont toujours formées d'une nervure principale ramifiée, et dont les divisions, soudées entre elles, forment un réseau servant de support au parenchyme. Nous rencontrerons une disposition toute différente dans les feuilles des monocotylédonées.

812. Fleurs. — Presque toutes les fleurs des dicotylédonées ont deux périanthes, c'est-à-dire un calice et une corolle; mais ce fait n'est pas assez général pour caractériser la classe.

813. Familles des dicotylédonées. — Les familles des dicotylédonées sont, en quelque sorte, innombrables; nous ne pouvons citer que les suivantes : renonculacées, nymphéacées, papavéracées, crucifères, violariées, caryophyllées, linacées, malvacées, hespéridées, acérinées, ampélidées, géraniacées, légumineuses, rosacées, myrtacées, cucurbitacées, cactoïdées, ribésiacées, ombellifères, caprifoliacées, rubiacées, composées, éricinées, oléinées, convolvulacées, labiées, solanées, chénopodées, polygonées, laurinées, euphorbiacées, urticées, amentacées, conifères.

814. Renonculacées. — Tige herbacée. Calice à cinq divisions, corolle à cinq pétales (quand elle existe), étamines en nombre indéfini, ovaire à plusieurs loges dont chacune contient un seul ovule. Nous citerons les genres renoncule, anémone, ellébore, pivoine.

815. — Les *renoncules* contiennent généralement un suc très âcre et fort dangereux. La *renoncule âcre* ou *bouton d'or*, qui a de petites fleurs si éclatantes et qui infeste nos prairies, a causé plus d'un empoisonnement. La *renoncule des jardins*, que l'on cultive à cause de la beauté de ses fleurs, n'est pas moins dangereuse. On la multiplie à l'aide de *griffes* ou petits faisceaux de racines.

816. — Les *anémones*, qui sont un des plus beaux ornements de nos jardins, n'ont pas de corolle, mais possèdent un calice richement coloré.

817. — L'*ellébore*, ou du moins une des espèces du genre, l'*ellébore noir*, avait autrefois la réputation non justifiée de guérir la folie. C'est une plante vénéneuse.

818. — La *pivoine* produit de magnifiques fleurs rouges qui l'ont fait admettre dans tous les jardins.

819. Nymphéacées. — Toutes les plantes de cette famille sont aquatiques et poussent, au fond de l'eau, des rhizomes vivaces. Leurs feuilles, grandes, rondes ou cordiformes, c'est-à-dire en forme de cœur, sont souvent étalées à la surface des eaux tranquilles. Leurs fleurs, toujours grandes et belles, sont le plus riche ornement de nos étangs et de nos pièces d'eau. Elles ont un calice à quatre ou cinq sépales, une corolle composée d'un grand nombre de pétales et un ovaire à plusieurs loges.

Nous citerons deux genres : le nymphéa et la victoria regina.

Fig. 160. Nymphéa.

820. — Le *nymphéa* ou *nénufar blanc* (fig. 160), commun dans nos étangs, a de belles et grandes fleurs blanches qui viennent s'épanouir un peu au-dessus de la surface de l'eau, et de grandes feuilles cordiformes. Une autre espèce, le *nymphéa jaune* ou *nymphéa lotus*, commune en Orient, ne serait autre, d'après certains auteurs, que le lotos des anciens, qui avait la propriété de faire oublier leur pays à ceux qui avaient mangé une fois de cette plante. On mange aujourd'hui ses rhizomes.

821. — La *victoria regina*, qui croît dans les eaux dormantes de l'Australie, est de beaucoup la plus grande de toutes les plantes herbacées. Ses fleurs ont plus d'un mètre et ses feuilles jusqu'à six mètres de circonférence.

822. Papavéracées. — Le calice des papavéracées n'a que deux sépales. La corolle a quatre ou six pétales chiffonnés dans le calice avant l'épanouissement. Les étamines sont au nombre de huit. L'ovaire n'a qu'une seule loge contenant plusieurs ovules. Toutes les plantes de cette famille contiennent une substance dangereuse, l'opium, dont la médecine sait tirer un très utile parti. Nous ne citerons qu'un genre, le *pavot*.

823. — C'est une espèce de ce genre, le *pavot som-*

nifère (fig. 161), qui fournit tout l'opium qu'on trouve dans le commerce. Les médecins s'en servent pour procurer le sommeil et calmer la douleur. Les Chinois en usent pour se plonger dans une ivresse crapuleuse.

824. — Le *coquelicot* est une espèce du genre pavot commune dans nos pays ; bien moins narcotique que le pavot somnifère, il est employé en médecine pour provoquer la sueur.

825. **Crucifères**. — Les crucifères ont des fleurs à quatre pétales courbés à angle droit sur leur onglet et disposés en croix : c'est ce qu'indique le nom de la famille, lequel veut dire porte-croix. Le calice a également quatre sépales. Le nombre des étamines est de six, dont quatre longues et deux courtes. L'ovaire a deux loges contenant chacune plusieurs ovules. Il donne naissance à une silique, sorte de gousse divisée en deux parties par une cloison longitudinale.

Fig. 161. Pavot somnifère.

Nous citerons les genres giroflée, cresson, chou, moutarde et radis.

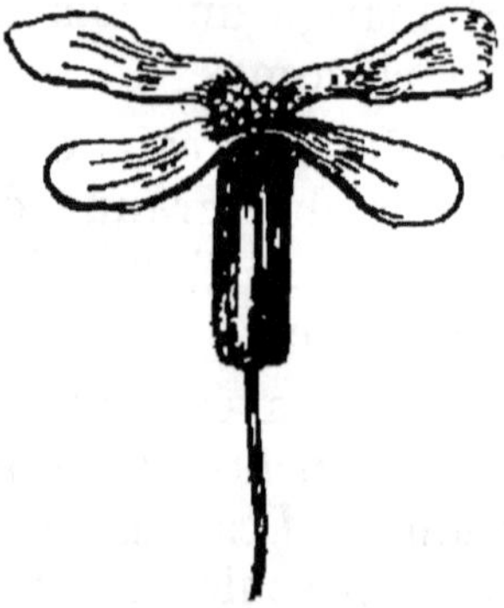

826. — La *giroflée* (fig. 162) est une plante bisannuelle, qui produit de belles fleurs très agréablement parfumées. La *giroflée des murailles*, qui croît volontiers partout, même sur les toits de chaume, a de belles fleurs jaunes. Les fleurs de la *giroflée des jardins* sont blanches,

Fig. 162. Fleur de giroflée.

roses, violettes, rouges ou panachées, mais toujours très belles.

827. — Le *cresson*, une des plantes antiscorbutiques les plus précieuses que possède la médecine, et dont on fait un

grand usage comme salade, croît naturellement dans nos ruisseaux ; mais on le cultive aussi en grand dans des cressonnières.

828. — Le *chou*, plus cultivé encore que le cresson, a prodigieusement varié de formes par la culture. Il suffit de citer : le *chou cabus*, le *chou rouge*, le *chou frisé*, le *chou-fleur*, le *chou de Bruxelles*, etc. Quant au *chou colza* et au *chou navette*, on les cultive sur une vaste échelle, à cause de l'huile qu'on extrait de leurs graines.

829. — La graine de *moutarde* contient aussi une huile, mais une huile extrêmement âcre, celle surtout de la *moutarde noire*, qu'on emploie de préférence pour faire des sinapismes, ou cataplasmes de farine de moutarde. La *moutarde blanche*, passablement violente encore, mais beaucoup moins, est préférée comme condiment.

830. — Le *radis*, dont on mange la racine, est un aliment indigeste. Le *radis noir* est plus indigeste et moins usité que le *radis rose*.

831. Violariées. — Les plantes de cette famille sont des herbes ou des arbrisseaux dont les fleurs ont un calice à cinq sépales, une corolle à cinq pétales, un ovaire à une seule loge contenant plusieurs ovules.

La famille des violariées est peu nombreuse, et nous ne la citons qu'à cause d'un genre trop connu pour qu'il nous soit permis de le passer sous silence : c'est le genre violette.

832. — Qui ne connaît, en effet, la *violette commune* ou *violette odorante*, qui embaume nos jardins, nos prairies et nos bois, et dont la couleur particulière a donné son nom à l'une des couleurs du prisme et de l'arc-en-ciel : le violet ?

Fig. 163. Fleur de pensée.

833. — La *violette tricolore* ou *pensée* (fig. 163), avec ses beaux pétales étalés qu'elle présente de face, a des couleurs plus éclatantes et plus variées que celles de la violette commune ; mais elle est entièrement dépourvue de parfum.

834. Caryophyllées. — Autre famille peu nombreuse, mais également intéressante, à cause d'un des genres qu'elle comprend, le genre œillet.

Le calice des caryophyllées est tantôt tubulaire, c'est-à-dire en forme de tube, avec cinq dents, tantôt formé de cinq sépales distincts; la corolle a cinq pétales à onglets; les étamines sont au nombre de cinq ou de dix.

835. — Plusieurs espèces du genre *œillet*, l'*œillet des fleuristes* notamment, dont les fleurs sont d'un rouge magnifique, mais que la culture a varié à l'infini, exhalent un parfum très doux et très délicat. Peu de plantes ont été cultivées avec autant de passion que l'œillet, en Hollande surtout.

836. Linacées. — Calice à quatre ou cinq sépales, corolle régulière à quatre ou cinq pétales, quatre ou cinq étamines, ovaire à trois ou cinq loges contenant chacune deux ovules.

837. — Cette famille contient un seul genre intéressant, le *lin*, et encore cette plante textile a-t-elle beaucoup perdu de son intérêt depuis que le coton est venu la supplanter ou peu s'en faut.

Les fleurs du *lin commun* sont d'un beau bleu, et elles seraient plus appréciées dans les jardins fleuristes si le lin n'était une plante de grande culture. La graine de lin donne une farine émolliente très usitée en médecine et une huile employée à de nombreux usages.

838. Malvacées. — Cette famille, bien plus nombreuse que la précédente, est beaucoup moins bien définie. Le calice a quatre ou cinq divisions; la corolle, quand elle existe, le même nombre de pétales; le nombre des étamines est indéfini.

Les genres de la famille des malvacées sont nombreux et plusieurs sont intéressants, notamment les genres mauve, guimauve, cotonnier, baobab, cacaoyer, les seuls que nous mentionnerons.

839. — C'est la *mauve* (en latin *malva*) qui a donné son nom à la famille. Toutes les espèces de ce genre sont des plantes herbacées vivaces. Leurs feuilles et leurs fleurs sont usitées en médecine comme émollientes.

840. — Les *guimauves*, qui ont une taille plus élevée, et dont certaines espèces sont même d'assez grands arbrisseaux, rendent encore plus de services que la mauve comme plantes médicinales. La *guimauve officinale* fournit ses fleurs, dont on fait d'excellentes tisanes pectorales, et ses racines mucilagineuses, avec lesquelles on fait aussi des tisanes et surtout des pâtes estimées.

841. — Le *cotonnier* rend des services d'un autre genre. Le fin duvet qui enveloppe ses graines et remplit ses capsules est une des matières les plus précieuses dont dispose l'industrie humaine. On peut dire que le coton fournit la presque totalité du linge que l'on consomme aujourd'hui.

Les cotonniers sont généralement des arbrisseaux; cependant il existe des espèces herbacées, dont une est même une herbe annuelle.

842. — On a longtemps cru, avant la découverte du séquoia gigantesque, que le *baobab* ou *adansonie*, arbre d'Afrique, était le géant des végétaux. La chose serait même vraie encore aujourd'hui, si l'on mesurait les proportions des végétaux, non à la hauteur de leur tige, mais à l'épaisseur de leur tronc; car il est des baobabs dont le tronc a 30 mètres de circonférence. On a pu, en comptant les couches ligneuses de certains pieds, évaluer à plus de six mille ans la durée actuelle de leur existence.

La fleur de ce végétal gigantesque est fort belle; sa forme rappelle celle de la passe-rose.

843. — Le *cacaoyer* est un arbre de l'Amérique tropicale qui produit des capsules longues de 15 à 20 centimètres, dans lesquelles on trouve, au milieu d'une pulpe aigrelette, de 30 à 40 graines. C'est avec ces graines, connues dans le commerce sous le nom de cacao, que l'on fabrique le chocolat. La pâte que l'on obtient en broyant le cacao doit sa consistance à une huile concrète qu'il contient et qui est connue sous le nom de beurre de cacao.

844. **Hespéridées.** — Le nom de cette famille lui vient de la fable des pommes d'or du jardin des Hespérides, fruits qui seraient des oranges, d'après l'explication donnée par certains auteurs.

Cette belle famille des hespéridées comprend des arbres et des arbrisseaux originaires des contrées chaudes de l'Asie. Leurs fleurs, blanches, ont un calice monosépale à trois, quatre ou cinq dents; une corolle de trois, quatre ou cinq pétales; un nombre d'étamines tantôt égal à celui des pétales et des divisions du calice, tantôt double, triple ou multiple. Le fruit est pulpeux et succulent.

Les genres qui composent cette famille sont peu nombreux; nous n'en citerons qu'un seul : le genre citronnier, qui comprend le citronnier oranger et le citronnier limonier ou citronnier commun.

845. — Les fleurs de l'*oranger* (fig. 164) sont justement célèbres par l'exquise délicatesse de leur parfum. Ses beaux fruits, de forme globuleuse, sont couverts d'une peau d'une couleur particulière, l'orangé. Cette peau est imprégnée d'une huile essentielle très odorante. La pulpe de l'orange est très succulente et très savoureuse.

Fig. 164. Oranger.

846. — Le citron ou limon, fruit de l'*oranger limonier* ou *citronnier commun*, est de forme ovoïde. Sa peau est jaune et contient aussi une huile essentielle odorante. Sa pulpe a un goût acide particulier. Les fleurs du citronnier ressemblent beaucoup à celles de l'oranger, mais sont moins odorantes. Son bois, dur, serré, parfumé, est fort estimé et sert à construire des meubles de luxe.

847. Acérinées. — Cette famille ne comprend que des arbres dont les fleurs ont un calice à cinq divisions, une corolle de cinq pétales, de cinq à douze étamines, un ovaire à deux loges dont chacune contient deux ovules.

848. — Ici encore nous ne rencontrons qu'un seul genre intéressant : le genre *érable*, en latin *acer*, d'où le nom de la famille. Une espèce de ce genre, l'*érable sycomore*, est fort employée pour planter les bords des routes et les grandes allées des villes. La beauté de son feuillage, sa croissance rapide, sa grande tige droite et élancée justifient entièrement cette préférence.

Le bois de l'érable, assez dur, d'une couleur blanc jaunâtre agréablement veinée, est fort estimé en ébénisterie.

Sa sève contient beaucoup de sucre, qu'on a proposé d'exploiter en grand; mais il a paru jusqu'ici peu pratique d'abattre des arbres pour en extraire quelques kilogrammes de sucre.

849. **Ampélidées.** — Le nom de cette famille lui vient du grec ampelos, vigne ; c'est la vigne, en effet, le seul genre dont nous parlerons, qui lui sert de type.

Les ampélidées sont toutes des arbrisseaux grimpants, qui se soutiennent à l'aide de vrilles tenant la place de grappes de fleurs avortées ou, pour mieux dire, transformées.

Les fleurs, petites, peu apparentes, de couleur entièrement verte, ont un calice court à 5 divisions, une très petite corolle à 5 pétales, 5 étamines, un ovaire à 2 loges contenant chacune 2 ovules.

850. — Quelle est l'origine de la *vigne?* On a prodigieusement discuté sur cette question. On paraît pourtant d'accord sur ce point que le précieux arbrisseau est originaire des contrées tempérées de l'Asie; mais son importation en Europe, extrêmement ancienne, est pleine d'obscurités. Les Grecs attribuaient à leur dieu Bacchus les premiers essais de culture de la vigne; la Bible fait le même honneur à Noé. D'après les historiens, la vigne, qui s'est depuis très longtemps acclimatée en Gaule, au point d'y passer à l'état sauvage, y aurait été apportée par une colonie phénicienne. Elle est, en tout cas, devenue une des principales richesses de notre pays.

Le fruit de la vigne sauvage est plus que médiocre ; mais la culture a merveilleusement transformé ce fruit. Juteux, sucré, savoureux, parfaitement sain, au point d'être recommandé comme une sorte de remède aux personnes ayant la santé délicate, le raisin peut passer à bon droit pour un des meilleurs fruits. Mais ce n'est pas encore comme aliment solide que le raisin joue le principal rôle; son suc fermenté devient du vin, et du vin, par la distillation, on extrait de l'alcool.

851. **Géraniacées.** — Les herbes et les arbrisseaux qui composent cette famille sont des plantes bien caractérisées

par la forme de leurs fleurs : calice à cinq sépales égaux ou dont un, dans certains genres, est prolongé en forme d'éperon; corolle à 5 pétales onguiculés; 5 ou 10 étamines; ovaire à 5 loges dont chacune contient un ou plusieurs ovules.

On confond généralement sous le nom de géraniums les deux principaux genres de cette famille : les *géraniums* véritables et les *pélargoniums;* rien n'est plus facile cependant que de les distinguer, les géraniums ayant tous leurs pétales égaux, et les pélargoniums leurs deux pétales supérieurs plus grands que les trois autres.

Dans un genre comme dans l'autre, les étamines sont au nombre de 10, et le fruit a la forme d'un bec d'oiseau, circonstance qui a inspiré les noms des deux genres; car, en grec, *geranos* signifie grue, et *pelargos*, cigogne.

852. — Parmi les espèces de géraniums connues, nous citerons: le *géranium herbe à Robert*, espèce de nos pays qui n'a rien de remarquable comme plante de jardin, mais qui a joui longtemps, comme plante médicinale, d'une grande réputation aujourd'hui perdue; le *géranium à grandes fleurs*, espèce cultivée à cause de ses ombelles de fleurs d'un bleu violacé veiné de rouge; le *géranium d'Endress*, également cultivé pour ses grandes fleurs roses ou d'un rouge très éclatant.

853. — Parmi les pélargoniums, il faut citer le *pélargonium odorant*, dont les fleurs, très petites, n'ont rien de remarquable, mais dont les feuilles, quand on les froisse, exhalent un parfum très doux. Plusieurs autres espèces sont cultivées à cause de la grande beauté de leurs fleurs.

854. Légumineuses. — Voici une famille extrêmement importante par le très grand nombre d'espèces qu'elle comprend et par la grande utilité de beaucoup d'entre elles.

Les fleurs des légumineuses ont un calice à 5 dents ou à 5 divisions, dont une au moins n'a pas les mêmes dimensions que les autres; une corolle presque toujours irrégulière, dont les pétales sont souvent *papilionacés*, c'est-à-dire disposés de façon à figurer, grossièrement il est vrai, un papillon. Cette corolle a normalement 5 pétales, dont un, plusieurs ou même tous peuvent disparaître par avortement. Les étamines sont en nombre variable, mais toujours considérable. L'ovaire n'a qu'une seule loge à plusieurs ovules. Le fruit, enfin, est généralement une gousse se séparant en deux valves, et à laquelle les graines adhèrent par un funicule (petite corde, cordon).

Les genres de légumineuses sont extrêmement nombreux, et la plupart des espèces qui les composent ont une grande importance comme plantes alimentaires, fourragères ou industrielles. Il nous suffira de citer les genres haricot, fève, pois, lentille, trèfle, luzerne, indigotier, réglisse, robinier, mimeuse, acacia.

855. — La plupart des espèces du genre *haricot* sont cultivées pour leurs graines comestibles. Les haricots ont des fleurs disposées en grappe et produisent des gousses (fig. 165) comprimées contenant un grand nombre de graines.

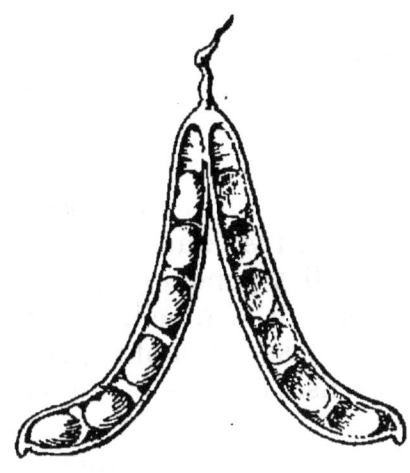

Fig. 165.
Gousse de haricot ouverte.

856. — Les *fèves* ont de grosses gousses contenant de grosses graines qui servent à l'alimentation de l'homme, comme la *fève de marais*, et à celle des bestiaux, comme la *fève des champs* ou *féverole*.

857. — Les *pois* sont des légumineuses grimpantes munies de vrilles. Leurs gousses contiennent des graines rondes qui servent à l'alimentation de l'homme, comme le *pois cultivé*, et à celle de la volaille, comme le *pois des champs*. Certaines espèces concourent, par la beauté de leurs fleurs papilionacées, à l'ornement des jardins ; tels sont le *pois vivace* et le *pois de senteur*.

858. — Les *lentilles* sont aussi des plantes grimpantes, mais très grêles et très petites. Leurs graines, qui fournissent un aliment très sain, sont rondes et plates.

859. — Le *trèfle* est une plante fourragère qui doit son nom (*trifolium*, plante à trois feuilles) à sa feuille composée de trois folioles égales. Sa gousse, petite, ronde, droite, contient quatre graines.

860. — La *luzerne*, autre plante fourragère, ressemble en tout au trèfle, sauf que sa gousse, au lieu d'être toute

droite, est courbée en croissant ou même tortillée en forme de tire-bouchon.

861. — Les *indigotiers* sont des herbes ou des arbrisseaux dont la sève contient une substance, l'indigotine, incolore à l'état naturel, mais qui bleuit au contact de l'air et fournit alors à l'industrie une magnifique matière colorante.

862. — La *réglisse* est bien connue à cause de sa racine sucrée qui sert à la préparation des bâtons, des pastilles, des sucs de réglisse.

863. — Le *robinier*, dont une espèce est connue sous le nom impropre d'acacia, est un grand arbre épineux, à bois très dur, d'un beau jaune, utilisé par les ébénistes. Il produit de belles grappes pendantes de fleurs blanches exhalant un parfum de miel. Avec le *robinier faux acacia*, on fait de très belles allées.

864. — Parmi les *mimeuses*, on connaît surtout une petite espèce, la *mimeuse pudique* ou *sensitive*, qui replie ses folioles, laisse pendre toutes ses feuilles pendant la nuit, et semble ainsi tomber dans une sorte de sommeil. Ce phénomène, déjà curieux, n'est pas le plus surprenant : quand on touche du doigt une feuille de sensitive, quand un insecte se pose dessus, quand un grand bruit soudain ou une forte commotion se produisent, quand une odeur violente s'exhale, les folioles se rapprochent, la feuille touchée ou toutes les feuilles à la fois s'affaissent comme si la plante tombait en défaillance sous une vive impression de douleur ou de crainte; elle semble morte et ne revient ensuite à la vie que lentement et comme si elle craignait que le danger ne fût pas encore complètement dissipé.

865. — L'*acacia* (il s'agit ici de l'acacia vrai, de l'acacia des botanistes) est un arbuste épineux dont plusieurs espèces fournissent les principales gommes du commerce : le cachou, dont on tire une matière tinctoriale; la gomme arabique, qui sert à une foule d'usages, etc. L'*acacia Farnèse* est une jolie plante de serre dont les fleurs, en petits capitules globuleux, exhalent un parfum suave.

866. Rosacées. — Voici encore une famille très intéressante ; car, outre qu'elle contient des plantes d'ornement d'une grande beauté, on y range la presque totalité des arbres à fruits.

Les rosacées sont des arbres, des arbrisseaux ou de simples herbes, dont les fleurs ont un calice monosépale à 4 ou 5 divisions profondes, une corolle de 4 ou 5 pétales ordinairement grands et concaves, de nombreuses étamines susceptibles de se transformer en pétales par la culture, un ovaire à une ou plusieurs loges contenant un ou plusieurs ovules.

Obligés de choisir parmi les genres de rosacées, nous citerons : le rosier, la ronce, le fraisier, le cognassier, le poirier, le pommier, le néflier, le sorbier, l'amandier, le pêcher, l'abricotier et le prunier.

867. — A l'état sauvage, le *rosier* est un arbuste épineux connu sous le nom vulgaire d'églantier. Sa fleur, nommée églantine, est très élégante. Elle a un calice à cinq lobes, une corolle de 5 pétales très délicatement colorés. Mais quelle distance, au point de vue de la beauté, entre l'églantine et la rose, c'est-à-dire entre la rose sauvage et la rose cultivée! Pétales agrandis et multipliés aux dépens des étamines, coloris plus vif, parfum suave, la rose doit tout ou presque tout à l'art des jardiniers.

868. — La *ronce*, presque aussi méprisée que le rosier est admiré, ressemble cependant singulièrement au rosier par sa tige couverte de forts aiguillons, par la forme de ses feuilles et celle de ses fleurs; mais celles-ci sont beaucoup plus petites et bien moins éclatantes que les roses. Il existe néanmoins, à côté de la *ronce commune*, qui est considérée comme une plante nuisible, une espèce cultivée, la *ronce framboisier*, dont le fruit est comestible.

869. — Le *fraisier*, qui est une herbe vivace se multipliant par des coulants, est cultivé comme le framboisier; mais son fruit, au lieu d'être, comme la framboise, un groupe de petits fruits dont on mange l'endocarpe, est en réalité un réceptacle charnu ou une masse commune dans laquelle un grand nombre d'ovaires sont confondus.

870. — Le *cognassier* est un petit arbre ou un grand arbrisseau qui produit de belles fleurs d'un blanc rosé, auxquelles succèdent de gros fruits jaunes, duveteux, parfumés, âpres au goût, mais dont on fait de très bonnes gelées.

871. — Les fruits du *poirier*, arbre voisin du cognassier, sont excellents sans préparation aucune. On fabrique cependant avec leur chair de bonnes confitures, et avec leur suc une boisson qu'on appelle du poiré.

872. — Le *pommier*, qui ressemble beaucoup aussi au poirier et au cognassier, produit des fruits très estimés, qu'on mange à l'état naturel, en confiture, en compote, etc., et avec lesquels on fait une boisson, le cidre, d'un usage bien plus étendu que celui de poiré.

873. — Le *néflier* produit un fruit dont la partie supérieure est marquée d'une dépression très profonde. Ce fruit n'est mangeable que lorsqu'il est blet.

874. — C'est le cas également de la corme ou sorbe, fruit du *cormier* ou *sorbier*, qui ressemble à une petite poire. On fait avec ce fruit une boisson, le cormé.

875. — Le fruit de l'*amandier*, tout différent des précédents, est un fruit à une seule loge contenant normalement deux graines dont l'une disparaît presque toujours par avortement. Cette graine est enveloppée d'une coque dure et d'une écale coriace qui contient l'endocarpe et le péricarpe. On fait avec l'amande d'excellents gâteaux, du nougat, des dragées, etc.

876. — Les fleurs du *pêcher* sont très belles et colorées d'une teinte rosée spéciale. Ses fruits, gros, velus, parfumés, savoureux, sont tout à fait exquis. Leur endocarpe, très épais et très juteux, entoure une graine enfermée dans une coque ligneuse et très rugueuse. Avec l'amande, qui est très amère, on prépare du sirop d'orgeat.

Le nom latin de la pêche (*persica*) indique que ce fruit délicieux est originaire de la Perse.

877. — L'*abricotier* nous vient de l'Arménie. Son fruit ressemble assez à la pêche, mais n'est pas velu et a un noyau lisse. On en fait de bonnes confitures et d'excellentes gelées.

Fig. 166. Corymbe de cerisier.

878. — Sous le nom de *prunier*, les botanistes comprennent beaucoup de végétaux différents : le *prunier sauvage* ou *prunellier*, arbrisseau épineux qui produit des fruits très petits et très âpres, avec lesquels on fait néanmoins du vin de prunelle; le *prunier cultivé* ou *prunier commun*, qui donne de gros fruits rouges, violets, jaunes, verts, la plupart fort estimés ; le *prunier cerisier* (fig. 166), dont les diverses espèces produisent des fruits comestibles appelés cerises, guignes et bigarreaux.

879. Myrtacées. — Toutes les myrtacées sont des plantes ligneuses, mais de taille très variable. Leurs feuilles sont petites et simples. Leurs fleurs ont un calice à 4 ou 5 divisions; une corolle, quand elle existe, à 4 ou 5 pétales; les étamines sont tantôt en même nombre que les pétales et tantôt en nombre multiple de celui des pétales.

880. — Nous mentionnerons trois genres de myrtacées: le *myrte*, arbrisseau à feuilles d'un vert sombre, à fleurs blanches axillaires se transformant en petites baies ou myrtilles ; le *giroflier*, arbre des Moluques dont les boutons à fleurs ou clous de girofle sont employés comme épice; le *grenadier*, qui produit de grosses fleurs à corolle et à calice rouges, auxquelles succèdent des grenades, gros fruits formés d'une écorce grise couvrant une multitude de graines roses ou rouges dont on fait un très bon sirop. L'écorce du grenadier et celle de la grenade sont employées pour la destruction des vers intestinaux.

881. Cucurbitacées. — Famille très naturelle ne comprenant que des plantes herbacées, grimpantes, munies de vrilles; à grandes feuilles et à tige velues; dont les fleurs (fig. 167), axillaires, sont tantôt monoïques, tantôt dioïques, et ont un calice monosépale à 5 divisions, une corolle également à 5 divisions, 5 étamines, un ovaire à 3, 4 ou 5 loges contenant chacune plusieurs graines.

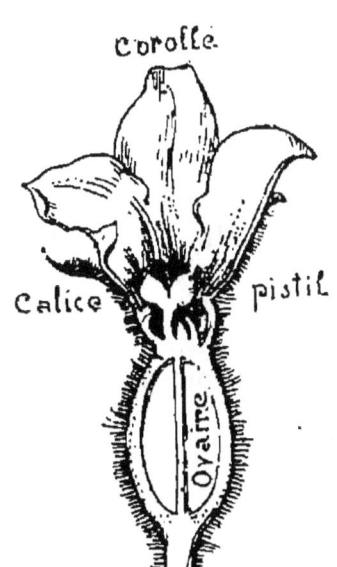

Fig. 167. Coupe d'une fleur de cucurbitacée.

882. — Les deux principaux genres de cette famille sont la courge et le concombre. Le genre *courge* ou *citrouille* est composé de plantes annuelles, à fleurs jaunes monoïques, à gros fruit, et comprend la *courge commune* et la *courge potiron*, dont le fruit pèse jusqu'à 100 kilogrammes.

883. — Le genre concombre comprend : le *concombre commun*, à fruit gros et allongé; le *concombre cornichon*, dont le fruit petit et allongé se confit dans le vinaigre; le *concombre melon*, dont le gros fruit, globuleux ou ovoïde, se mange cru ; le *concombre pastèque*, à gros fruit vert contenant une chair rosée fraîche et juteuse; le *concombre coloquinte*, dont le fruit, petit et globuleux, contient une pulpe très amère; le *concombre calebasse*, dont le fruit, de forme très variée, a une peau dure et se conserve quand il est vidé et desséché.

884. Cactoïdées. — Les végétaux de cette famille, généralement connus sous le nom de plantes grasses, ont des formes très extraordinaires. Leur tige et leurs rameaux, qui ne rappellent ni ceux des plantes ligneuses, ni ceux des plantes herbacées, sont mous et gorgés de suc. Leurs feuilles, quand ils en ont, se réduisent généralement à de simples épines disposées en rosettes. Quant aux expansions foliacées et succulentes qui existent dans beaucoup d'espèces, et qu'on prend généralement pour des feuilles, ce sont de véritables rameaux. Les fleurs, souvent très belles, très grandes, très richement colorées, ont un calice monosépale et une corolle formée de nombreux pétales disposés sur plusieurs rangs. Les étamines ont des filets très longs et forment une aigrette qui dépasse les pétales. L'ovaire a une seule loge contenant plusieurs ovules.

Le genre cactus, le genre cierge, le genre mamillaire forment trois types bien distincts dans cette famille.

885. — Les *cactus* ont des rameaux aplatis ressemblant à des feuilles, et ayant souvent la forme d'une raquette parsemée d'épines qui sont des feuilles véritables, ainsi que nous l'avons expliqué. Le *cactus commun* ou *figuier de Barbarie* produit des fruits comestibles tout à fait semblables aux figues des figuiers. C'est sur le *cactus du Mexique* ou *nopal* que l'on recueille la cochenille, insecte dont le corps contient une matière rouge employée par les teinturiers.

886. — Les *cierges* ont une tige cylindrique ou cannelée qui pousse des rameaux de même forme, le tout parsemé de rosettes d'épines (feuilles), au milieu desquelles naissent des fleurs grandes et belles. Le *cierge gigantesque* ou *cierge du Pérou* atteint, dans son pays natal, jusqu'à 20 mètres de hauteur. Le *cierge du Mexique* ou *cierge magnifique* a des tiges grêles, rampantes, que nos horticulteurs étalent ordinairement en espalier le long des murs des serres.

887. — Les *mamillaires* (fig. 168) ont une forme globuleuse et portent généralement de très belles fleurs à leur partie supérieure.

Fig. 168. Mamillaires.

888. **Ribésiacées**. — Le calice, dans la fleur des ribésiacées, a 4 ou 5 divisions ; la corolle, 4 ou 5 pétales très petits ; les étamines sont au nombre de 4 ou 5 ; l'ovaire n'a qu'une loge contenant plusieurs ovules.

889. — Le genre *groseillier* (en latin *ribes*), qui est le type de la famille, comprend des arbrisseaux épineux dont les fruits sont comestibles, ceux surtout du *groseillier à grappes*, qui sont rouges, ou blancs, ou ambrés, et qui ont un goût acide agréable. On en fait d'excellentes gelées. Le *groseillier noir* ou *cassis* produit des grains noirs, parfumés, peu nombreux, avec lesquels on prépare une liqueur fort estimée, le cassis. Le *groseillier à maquereau* porte de gros fruits velus qui servent à accommoder le poisson, ce qui a valu à cette espèce le nom bizarre qu'elle porte.

890. **Ombellifères**. — Famille très nombreuse et parfaitement caractérisée par ses fleurs en ombelles ayant un calice à 5 divisions, une corolle de 5 pétales, 5 étamines, un ovaire à 2 loges contenant chacune un ovule.

Les plantes de cette famille, presque toutes herbacées, ont des feuilles très découpées. Elle comprend une multitude de genres : persil, ache, carotte, ciguë, fenouil, angélique, panais, cerfeuil, etc., etc. Nous ne dirons qu'un mot des trois premiers, qui jouent un rôle important dans l'économie domestique, et du quatrième, qui a eu un rôle dans l'histoire.

891. — Le *persil commun* est une plante bisannuelle dont les feuilles figurent dans presque tous les mets qu'on sert sur nos tables. On s'est cependant demandé si le persil, qui ressemble beaucoup à la ciguë, ressemblance qui a causé de graves accidents, ne serait pas une plante vénéneuse ; un fait certain, en tout cas, c'est qu'il empoisonne les perroquets.

892. — L'*ache* ou *céleri*, autre espèce bisannuelle de la même famille, a de grosses côtes blanches, que l'on mange.

893. — Dans la *carotte*, ce ne sont plus les feuilles ni les côtes que l'on mange, mais la racine pivotante, qui est succulente et charnue. Cette racine constitue un aliment sain et très sucré.

Fig. 169. Grande ciguë.

894. — La *ciguë* est un poison violent. Les Athéniens avaient imaginé de faire périr leurs condamnés à mort en leur faisant boire du suc de ciguë : c'est ainsi qu'ont péri deux de leurs plus grands hommes, Socrate et Phocion. On pense, sans en avoir la preuve certaine, que les Athéniens se servaient, pour cet usage, de la *grande ciguë* (fig. 169), plante bisannuelle, dont la tige, qui atteint et dépasse un mètre de hauteur, exhale une odeur suspecte. La *petite ciguë* ou *ciguë vireuse* a une taille bien moins élevée ; mais son nom dit qu'elle n'est pas moins dangereuse.

895. Caprifoliacées. — Cette famille comprend des végétaux herbacés et ligneux fort élégants, sinon fort utiles. Ils ont des fleurs irrégulières, composées d'un calice tubuleux à 5 dents, d'une corolle également tubuleuse à 5 divisions inégales, de 5 étamines.

Les genres chèvrefeuille et sureau sont les plus intéressants de la famille.

896. — Le *chèvrefeuille* (fig. 170) est un joli arbrisseau à tige grêle, flexible, ayant besoin, pour se soutenir, de s'enlacer dans les branches de quelque arbre. Il a des feuilles opposées, connées, c'est-à-dire unies par la base du limbe, et comme traversées par la tige. Ses fleurs, très élégantes, ont une longue corolle tubuleuse à divisions très inégales. Nous possédons en France deux espèces de chèvrefeuilles : *le chèvrefeuille des bois*, à fleurs jaunes inodores, et le *chèvrefeuille des jardins*, à fleurs odorantes, blanches et roses.

Fig. 170. Chèvrefeuille.

897. — Les *sureaux* sont des arbrisseaux d'un port plus ferme que celui des chèvrefeuilles. Leurs fleurs, d'un blanc un peu verdâtre, sont peu élégantes par elles-mêmes, mais font un assez bel effet par leur masse; car elles sont disposées en grandes ombelles si nombreuses que l'arbrisseau en est littéralement couvert. Les infusions de fleurs du *sureau noir* ou *sureau commun* sont employées comme sudorifiques. Les baies du *sureau hièble*, espèce à tige herbacée, contiennent un suc violet qu'on emploie à colorer les vins trop faibles en couleur.

898. Rubiacées. — Famille peu nombreuse, mais intéressante, puisqu'elle comprend, entre autres genres, la garance, le caféier et le quinquina.

Les fleurs des rubiacées ont un calice à 4, 5 ou 6 divisions, une corolle divisée de même et un nombre d'étamines égal à celui des divisions du calice et de la corolle. L'ovaire a 2 ou plusieurs loges contenant 1 ou 2 ovules.

899. — La *garance* (en latin *rubia*, de *ruber*, rouge), qui a donné son nom à la famille, est une plante peu agréable d'aspect, avec ses tiges et ses feuilles rudes, couvertes de poils piquants, ses fleurs sans éclat disposées en verticilles autour de la tige; mais elle est fort utile, à cause de sa racine tinctoriale, qui a presque fait oublier la cochenille, depuis que la précieuse rubiacée, importée dans nos départements du Midi, y est cultivée en grand. Il est vrai qu'en ce moment la garance elle-même est menacée par les matières tinctoriales extraites du goudron de houille.

900. — Le *caféier* ou *cafier* est un assez bel arbre, pouvant atteindre jusqu'à 8 mètres de hauteur, et dont les fleurs blanches sont disposées en bouquets à l'aisselle des feuilles. Les baies qui succèdent à ces fleurs sont vertes d'abord, puis rouges et enfin brunes au moment de la maturité. Elles contiennent chacune deux graines ayant la forme de la moitié d'un œuf : c'est le café, dont tout le monde connaît les usages.

L'infusion de café est tonique et peut être utile à la santé, lorsqu'on en use avec modération ; sans quoi il produit des irritations et une excitation nerveuse qui n'est pas sans danger. L'usage du café, emprunté au Levant, ne date chez nous que du xviie siècle.

901. — L'usage du quinquina nous vient du Pérou ; il remonte à peu près à la même époque que celui du café. Le *quinquina* est un arbrisseau dont l'écorce contient plusieurs alcaloïdes. L'un d'eux, la quinine, a la propriété de dissiper la fièvre. On prépare aussi, avec la même écorce, un vin dit de quinquina, qui ranime les forces des personnes affaiblies.

902. Composées. — On dit composées, par abréviation, au lieu de plantes à fleurs composées, pour désigner une famille de végétaux dont les fleurs, en effet, forment des groupes appelés capitules ou calathides (petites têtes ou corbeilles) et comprenant un grand nombre de fleurettes réunies sur un même réceptacle.

La famille des composées est de beaucoup la plus nombreuse de toutes ; elle ne contient pas moins de dix mille espèces.

Parmi leurs fleurs, les unes, appelées *fleurons*, sont tubuleuses, régulières et découpées sur leur bord en 4 ou 5 dents ; la corolle des autres, qu'on appelle des demi-fleurons, forme une sorte de languette allongée. Il y a des fleurs entièrement composées de fleurons : ce sont des fleurs *flosculeuses*; d'autres qui n'ont que des demi-fleurons : ce sont des fleurs *semi-flosculeuses;* d'autres enfin qui ont des fleurons au centre et des demi-fleurons sur le bord : ce sont des fleurs *radiées*, c'est-à-dire des fleurs rayonnées.

Le calice, dans les composées, est petit, tubuleux, souvent

terminé par de longs poils qui, dans certaines espèces, persistent après la maturité de la graine ; ce sont ces poils du calice qui, formant des sortes de globes ou de panaches floconneux, extrêmement légers, entraînent certaines graines à travers les airs et vont les semer à de grandes distances.

Les étamines des fleurons sont en nombre égal à celui des dents de la corolle. L'ovaire n'a qu'une loge contenant un seul ovule.

Parmi les genres presque innombrables des composées, nous ne pouvons en citer que onze : chardon, cardère, artichaut, centaurée, armoise, pissenlit, laitue, chicorée, souci, pâquerette, dahlia. Les cinq premiers ont des fleurs flosculeuses, les trois suivants des fleurs semi-flosculeuses, les trois derniers des fleurs radiées.

903. — Les *chardons*, considérés comme le type des mauvaises herbes, parce qu'ils envahissent rapidement les champs incultes, sont des plantes dont la tige, les feuilles, les fleurs mêmes sont hérissées d'épines ; car ce sont des épines, parfois très acérées, qui remplacent les bractées des capitules. Les fleurs flosculeuses du *chardon des champs* sont d'un rose violacé et ne manquent pas d'élégance ; celles du *chardon-Marie*, qui sont grandes et de couleur pourpre, sont réellement belles.

904. — On donne vulgairement à la *cardère* le nom impropre de chardon à foulon. Ce genre est remarquable en ce que le réceptacle de sa fleur flosculeuse porte de longues paillettes aiguës, souples, élastiques ; si bien que cette plante, naguère cultivée en grand, fournissait à l'industrie des draps de véritables cardes naturelles, auxquelles on préfère aujourd'hui des cardes d'acier.

905. — Dans l'*artichaut commun*, les bractées de l'involucre sont très nombreuses et en partie comestibles. Dans le *cardon*, autre espèce du genre artichaut, on mange les grosses côtes des feuilles.

906. — La *grande centaurée* était autrefois fort employée en médecine : c'est pour cela que le nom donné au genre rappelle celui du centaure Chiron, célèbre guérisseur de la mythologie grecque. La grande centaurée atteint 1 mètre 50 de hauteur. La *centaurée bluet*, autre espèce de proportions plus modestes, a de jolies fleurs bleues qui émaillent très souvent les blés mûrs.

907. — Le genre *armoise*, par lequel nous terminerons la série des composées flosculeuses, comprend trois espèces remarquables à divers titres : l'*armoise commune*, à fleurs jaunes, amère et aromatique dans toutes ses parties, rendant de sérieux services en médecine; l'*armoise estragon*, dont les feuilles servent de condiment; l'*armoise absinthe*, une des plantes qui ont été les plus funestes à l'humanité.

908. — Avec le *pissenlit*, nous abordons la série des composées semi-flosculeuses, dont les fleurs sont exclusivement composées de demi-fleurons. Les feuilles du pissenlit fournissent une salade saine et agréable. Ses fleurs jaunes ont un calice formé de poils soyeux disposés en forme d'aigrettes, et qui transportent la graine au loin, quand elle se détache du réceptacle.

909. — Les fleurs de la *laitue* sont petites et peu remarquables; mais les feuilles d'une espèce, la *laitue cultivée*, fournissent une des salades les plus estimées. La *laitue vireuse*, malgré son nom, ne paraît pas bien dangereuse. Du reste, toutes les espèces de laitues contiennent un suc laiteux plus ou moins narcotique.

910. — Les *chicorées* sont aussi des salades estimées, la *chicorée cultivée* notamment, dite aussi *chicorée endive*, dont il existe deux variétés : la *chicorée frisée* et la *scarole*. La *chicorée sauvage* (fig. 171) est aussi une salade très saine, quoique un peu dure; on la rend tendre et blanche en la cultivant dans l'obscurité, au fond d'anciennes carrières ou dans des caves; elle est alors appelée *barbe-de-capucin*. La racine d'une variété de la chicorée sauvage sert à la préparation d'une infusion analogue au café.

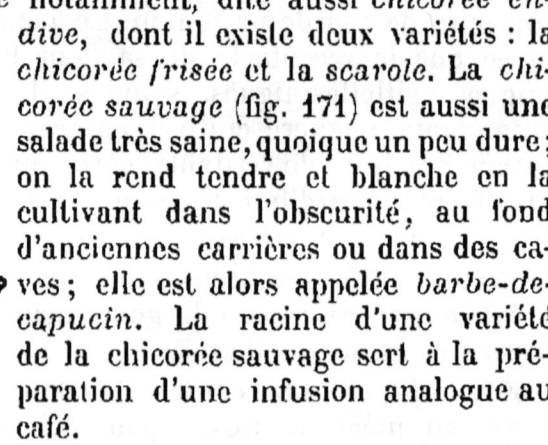

Fig. 171.
Chicorée sauvage.

911. — Le *souci* appartient à la série des composées radiées, c'est-à-dire dont les capitules sont entourés d'un cercle de petites fleurs à languette imitant une auréole de rayons. Les fleurs du *souci* *officinal* sont d'un beau jaune safrané; celles du *souci des champs* ont la même couleur, mais sont plus petites; le *souci pluvial* a des fleurs blanches qui se ferment à l'approche de la pluie ou, pour mieux dire, quand l'air est chargé d'humidité. Comme toutes les radiées, la fleur du souci est susceptible de doubler par la culture, non point par la transformation des étamines en pétales, puisque les fleurettes des composées sont tubuleuses, mais par la transformation des fleurons en demi-fleurons.

912. — La même transformation s'opère dans la *pâquerette*, jolie petite plante radiée vivace, et dans le *dahlia*, magnifique plante du Mexique, que l'on reproduit à l'aide de sa racine tuberculeuse, et qui, profondément modifiée, variée à l'infini par la culture, est un des plus beaux ornements de nos jardins.

913. **Éricinées**. — Cette petite famille doit son nom au genre bruyère (en latin *erica*), qui lui sert de type. Elle comprend des arbustes et des arbrisseaux dont les fleurs, presque toujours élégantes et quelquefois très belles, ont un calice et une corolle à 4 ou 5 divisions, 8 ou 10 étamines, un ovaire à plusieurs loges et un seul ovule dans chacune.

Les bruyères et les rhododendrons sont les genres les plus remarquables de cette famille.

914. — La *bruyère commune*, qui croît dans les sols arides et couvre d'immenses espaces, a de jolies fleurs en forme de grelots. Le *rhododendron*, dont le nom très faux signifie rosier en arbre ou arbre à roses, produit des fleurs qui n'ont rien de commun avec la rose, mais qui, richement colorées et groupées sur un bouquet de belles feuilles, produisent un effet superbe.

915. **Oléinées**. — Cette famille ne contient qu'un petit nombre d'espèces d'arbres et d'arbrisseaux dont les fleurs (fig. 172), toujours petites, ont un calice à 4 divisions, une corolle également à 4 divisions ou pas de corolle du tout, 2 étamines seulement, un ovaire à 2 loges contenant chacune 2 ovules.

Fig. 172. Fleur d'oléinée.

Les trois genres les plus intéressants de cette famille sont : l'olivier, le frêne et le lilas.

916. — L'*olivier* est un arbre de taille médiocre, d'un feuillage assez triste, produisant des fleurs peu remarquables, mais dont le fruit est extrêmement précieux, à cause de l'huile excellente qu'il contient. Les Grecs faisaient si grand cas de l'olivier qu'ils attribuaient sa création à Minerve. Aujourd'hui encore la culture de cet arbre est en honneur dans tout le Levant et sur presque toutes les côtes de la Méditerranée, notamment en Grèce, en Italie, en France et en Espagne.

Le fruit de l'olivier, l'olive, est immangeable à l'état naturel, mais on le rend excellent à l'aide de certaines préparations. Le bois du même arbre est dur, compact, d'une belle couleur jaune, et l'on peut en faire des meubles de grand prix.

917. — Le *frêne* atteint de très fortes proportions (35 à 40 mètres d'élévation pour 3 mètres de circonférence à la base). Le bois de frêne, qui est blanc, dur, élastique, est

Fig. 173. Frêne à fleurs.

fort employé dans la menuiserie. C'est une espèce du genre frêne, le *frêne à fleurs* ou *orne* (fig. 173), qui fournit une matière purgative très usitée en médecine et connue sous le nom de manne.

918. — Le *lilas* est un arbrisseau qui paraît originaire de l'Orient et que l'on cultive dans les jardins, à cause de ses beaux panicules de fleurs blanches, rougeâtres ou d'un rose vineux particulier. Le lilas fleurit tout à fait au commencement du printemps, et ses fleurs exhalent un parfum délicat.

919. Convolvulacées. — Le nom de la famille indique bien qu'elle se compose de plantes volubiles, c'est-à-dire dont la tige grêle s'enlace en tire-bouchon autour des végétaux ou des supports qui se trouvent à sa portée.

Le calice, dans les fleurs de convolvulacées, est formé de 5 sépales distincts. La corolle est campanulée, c'est-à-dire en forme de clochette ou d'entonnoir. Il y a 5 étamines, et l'ovaire est divisé en 2 ou 4 loges contenant 1 ou 2 ovules.

Nous mentionnerons deux genres de convolvulacées : le convolvulus à cause de sa beauté, et la patate à cause de son utilité.

920. — Le *convolvulus* ou *liseron*, qui a donné son nom à la famille, comprend plusieurs espèces : le *liseron des champs*, qui infeste nos cultures, où il se multiplie avec une déplorable facilité par ses tiges souterraines ; le *liseron des haies*, qui a à peu près le même défaut, mais qui est de plus grande taille et produit de belles fleurs blanches ; le *liseron tricolore* ou *volubilis* (fig. 174), qui ne produit pas de rhizome, meurt chaque année et porte de superbes fleurs bleues, violettes ou roses.

Fig. 174. Volubilis.

921. — La *patate*, plante originaire de l'Inde, produit un tubercule féculent qui rend de sérieux services pour l'alimentation.

922. Labiées. — Presque toutes les plantes de cette famille ont leur tige, leurs rameaux, leurs feuilles et leurs fleurs (fig. 175) tout imprégnés d'une huile essentielle qui exhale une odeur aromatique. Il nous suffira de rappeler, parmi les genres qui composent la famille des labiées : la lavande, la menthe, la sauge, le romarin et le thym.

Fig. 175. Fleur de labiée.

Chez les labiées, le calice, tubuleux, est divisé en 5 dents inégales; la corolle, également tubuleuse, en 5 lobes très inégaux, séparés en deux groupes dont chacun forme une sorte de lèvre. Les étamines sont au nombre de 4 au début, mais deux d'entre elles avortent régulièrement et il n'en existe plus que 2 au moment de la fécondation. L'ovaire a 4 loges dont chacune contient un seul ovule.

923. — La *lavande* est un petit arbrisseau qui porte de très petites fleurs groupées en épis. Toutes les parties de cette plante exhalent un parfum pénétrant et suave à la fois, qui n'a peut-être pas la propriété qu'on lui attribue vulgairement de détruire les mites, mais dont les parfumeurs tirent un très grand parti et que les abeilles aiment passionnément.

924. — La *menthe*, également très parfumée, est une herbe dont une espèce, la *menthe des jardins*, est quelquefois cultivée, mais dont les stolons envahissent et infestent le sol comme pourraient faire les rhizomes du chiendent. La *menthe poivrée* est cultivée aussi, surtout en Angleterre, pour la fabrication d'un alcool de menthe ou, pour mieux parler, d'un alcoolat de menthe, qui rend des services à l'hygiène.

925. — La *sauge* est un petit arbrisseau remarquable par sa tige tétragone ou à quatre angles, ses feuilles velues, ses fleurs bleues assez élégantes, son parfum énergique. Son nom latin, *salvia*, qui signifie *sauveuse*, rappelle l'opinion exagérée que les anciens médecins avaient de ses vertus. On allait jusqu'à lui attribuer le don de tout guérir, hormis la mort.

926. — Le *romarin* est encore un petit arbrisseau très commun dans toutes les contrées méditerranéennes. C'est au parfum de ses fleurs que les Grecs attribuaient les qualités exquises de leur miel du mont Hymette, et il est permis de croire que le miel de Narbonne lui doit une partie de sa réputation actuelle.

Le *thym* est un tout petit arbrisseau dont les rameaux parfumés ont un rôle assez important dans nos préparations culinaires. Les abeilles affectionnent beaucoup les fleurs de cet arbrisseau, tant celles du *thym commun* que celles du *serpolet*, qui est une autre espèce du même genre.

927. Solanées. — Les solanées sont presque toutes des herbes qui atteignent souvent une grande taille. Leurs fleurs, dont quelques-unes sont fort belles, ont un calice à 5 divisions, une corolle à 5 lobes plus ou moins marqués, 5 étamines souvent groupées en une petite pyramide d'or au-dessus de la corolle renversée, un ovaire divisé ordinairement en 2 loges, mais ayant souvent un plus grand nombre de compartiments.

On peut citer, parmi les genres remarquables à divers titres : le tabac, le piment, la morelle, la tomate et la belladone.

928. — Le *tabac* est une fort belle plante d'origine américaine, qui atteint 2 mètres de hauteur. Il contient de la nicotine, qui est un des poisons les plus violents que l'on connaisse; aussi l'habitude de fumer, que nous avons empruntée aux sauvages de l'Amérique, donne-t-elle souvent lieu à des accidents d'une extrême gravité; celles de priser et même de mâcher du tabac ont ajouté au danger général de son usage tous les inconvénients de la malpropreté.

929. — Le *piment* produit des capsules considérées dans quelques contrées comme un aliment et estimées presque partout comme condiment. Ces capsules ont une saveur âcre, violente, celles du *piment enragé* surtout, qui sont petites et allongées. Le *piment des jardins* a de grosses capsules irrégulièrement globuleuses, que l'on mange en salade, avant leur maturité, dans le midi de l'Europe.

930. — La *morelle commune* est une espèce franchement vénéneuse; mais le même genre contient une autre espèce, alimentaire celle-ci, et qui a rendu à l'humanité d'immenses services, puisqu'elle a presque fait disparaître de la surface du globe les famines qui le ravageaient autrefois périodiquement : c'est la *morelle tubéreuse* ou *pomme de terre,* originaire de l'Amérique, et dont les tubercules féculents sont une des principales matières alimentaires dont dispose le genre humain. Il n'est pourtant pas certain que cette plante elle-même soit entièrement exempte des propriétés malfaisantes communes à presque toutes les solanées; on regarde comme dangereux ses fruits, qui sont des baies rondes de couleur rouge, et même les parties vertes des tubercules qui ont crû accidentellement en plein air, au lieu de se développer sous la terre.

L'introduction de la pomme de terre en Europe n'a pas moins été un bienfait immense pour cette partie du monde, et Parmentier, qui l'a importée en France, est considéré à bon droit comme un des plus grands bienfaiteurs de notre pays.

931. — La *tomate* est encore une solanée. C'est ici le fruit lui-même qui se mange. Ce fruit, une grosse baie rouge, jaune quelquefois, est presque toujours de forme irrégulière.

932. — La *belladone* nous ramène aux solanées vénéneuses. Les fruits de cette plante, en effet, qui croît communément dans les lieux incultes et humides, sont des baies, vertes d'abord, puis rouges et enfin noires, ayant alors l'aspect d'une guigne, mais extrêmement vénéneuses.

La belladone n'est cependant pas une plante tout à fait inutile; les médecins l'administrent pour calmer les douleurs et pour faire dilater les pupilles avant l'opération de la cataracte. Les Italiennes l'employaient autrefois pour conserver leur beauté; d'où est venu à la plante le nom qu'elle porte encore, *bella donna,* en italien, signifiant belle dame.

933. Chénopodées. — Les herbes et les arbrisseaux qui composent cette famille produisent de petites fleurs verdâtres dépourvues de corolle, ayant un calice à 3 ou 5 divisions, un nombre d'étamines égal à celui des divisions du calice, un ovaire à une seule loge contenant un seul ovule.

Les genres épinard et betterave appartiennent à cette famille.

934. — L'*épinard*, qui doit son nom aux pointes dont ses graines sont armées, est une plante potagère fort connue.

935. — La *betterave* a une très grosse racine charnue qui sert à l'alimentation des bestiaux et un peu à celle de l'homme; mais depuis qu'on a réussi à extraire des racines de betteraves l'énorme quantité de sucre qu'elles contiennent, on ne cultive presque plus ces plantes que pour fabriquer du sucre.

936. Polygonées. — Le nom de cette famille, qui signifie plante anguleuse, lui vient de quelques-unes des espèces qui la composent et dont la tige est très noueuse. Les polygonées ont un calice de 3 à 6 sépales; pas de corolle; un nombre d'étamines variable, mais toujours au moins égal, souvent supérieur à celui des divisions du calice.

Trois genres de cette famille sont particulièrement intéressants: la rhubarbe, le sarrasin et l'oseille.

937. — La *rhubarbe* est une plante basse, mais dont les feuilles, très grandes, surtout dans certaines espèces, produisent beaucoup d'effet dans les jardins paysagers. La racine d'une autre espèce fournit un des purgatifs les plus anciennement usités.

938. — Le *sarrasin*, vulgairement connu sous le nom de *blé noir*, est cultivé en grand à cause de sa graine, qui contient une bonne farine très nourrissante. Les fleurs du sarrasin sont assez élégantes et répandent surtout une odeur fort agréable.

939. — L'*oseille* est cultivée à cause de ses feuilles, qui fournissent un aliment sain et agréable lorsqu'elles ont été corrigées, par une longue cuisson, de leur acidité excessive.

940. Laurinées. — La famille des laurinées ne contient que des végétaux ligneux, arbres ou arbrisseaux, tous à feuilles simples, persistantes, ce qui veut dire que ces végétaux ne se dépouillent pas pendant l'hiver. Les fleurs des laurinées n'ont pas de corolle, mais seulement un calice à 4 ou 6 divisions, et un nombre d'étamines tantôt égal à celui des divisions du calice, tantôt double, tantôt multiple.

Trois genres sont particulièrement intéressants: le laurier, le cannelier et le camphrier.

941. — Le *laurier* est un petit arbre élégant de forme, auquel les Grecs ont fait une grande réputation en le consacrant à leur dieu Apollon et l'adoptant comme un symbole de la victoire. Le laurier a un bois dur, odorant, dont on ne peut faire que de tout petits meubles, à cause des faibles dimensions du tronc. Ses feuilles sont communément employées pour parfumer les ragoûts, ce qui a valu au *laurier d'Apollon* le nom prosaïque de *laurier-sauce.*

942. — Le *cannelier* ressemble beaucoup au laurier commun, et certains botanistes en font une simple espèce du genre laurier. L'écorce du cannelier, connue dans le commerce sous le nom de cannelle, est un des condiments les plus estimés.

943. — Le *camphrier* n'est peut-être aussi qu'une espèce du genre laurier, car il ressemble également au laurier commun. On extrait du bois du camphrier une résine blanche très odorante, qui rend des services importants en médecine.

944. Euphorbiacées. — Les herbes, les arbrisseaux et les arbres de cette famille contiennent tous un suc laiteux plus ou moins vénéneux. Leurs fleurs sont toujours unisexuées. Tantôt les fleurs mâles et les fleurs femelles sont réunies sur un même pied, quoique distinctes les unes des autres : la plante est alors, comme on l'a vu, dite *monoïque;* tantôt les fleurs mâles et les fleurs femelles sont séparées sur des pieds différents : la plante est alors dite *dioïque.* Le calice de ces fleurs a trois ou six divisions, et la corolle le même nombre de pétales libres ou soudés entre eux. Les étamines des fleurs mâles sont en nombre indéfini, et l'ovaire des fleurs femelles a deux ou trois loges. Les graines des euphorbiacées contiennent généralement une huile vénéneuse.

En somme, les euphorbiacées sont des plantes fort dangereuses. Les genres dont se compose cette famille sont assez nombreux : euphorbe, mancenillier, ricin, siphonia, buis, etc.

945. — Les *euphorbes*, qui ont donné leur nom à la famille, sont des plantes fort singulières, en ce que leurs fleurs, dépourvues de calice et de corolle, se réduisent à une étamine pour les fleurs mâles et à l'ovaire pour les fleurs femelles; mais ces fleurs si simples forment une ombelle entourée d'une collerette de bractées colorées, qu'on pourrait aisément prendre pour une corolle, si l'on n'y mettait quelque attention.

946. — En Amérique, où croît le *mancenillier*, on raconte que l'ombre de cet arbre est mortelle à ceux qui se reposent sous ses branches. Il y a peut-être là quelque exagération ; mais il paraît néanmoins certain qu'au voisinage de ce terrible végétal, l'air est imprégné d'émanations malsaines. En tous cas, son tronc contient un suc laiteux extrêmement vénéneux, dans lequel les indigènes trempent la pointe de leurs flèches pour l'empoisonner et donner plus sûrement la mort à leurs ennemis.

947. — L'huile extraite des graines du *ricin* est un purgatif très utile. Les ricins sont des plantes arborescentes en Afrique, herbacées dans nos climats. On s'est mis depuis quelques années à les cultiver dans les jardins, à cause de la grande beauté de leurs feuilles entremêlées de grappes dont les fleurs mâles occupent la partie inférieure et les fleurs femelles le sommet.

948. — Dans la *siphonia*, la disposition des grappes florales est la même, mais chaque grappe ne contient qu'une seule fleur femelle. La *siphonia élastique* est un des arbres qui fournissent le caoutchouc.

949. — Le *buis* est un arbrisseau qui atteint une assez grande taille en Orient et même dans nos départements du Midi, mais qui reste tout à fait nain dans nos climats du Nord. Le bois du buis arborescent est un des plus durs que l'on connaisse et celui que l'on préfère à tous, à cause de l'extrême finesse de son grain, pour la gravure sur bois. Le buis est communément employé dans les jardins pour faire les bordures des plates-bandes.

950. Urticées. — Cette famille peu naturelle comprend des arbres, des arbrisseaux et des herbes dont les fleurs, dépourvues de corolle, ont un calice de trois ou cinq sépales et le même nombre d'étamines, un ovaire à une seule loge contenant un seul ovule.

Parmi les genres assez disparates qui composent cette importante famille, nous citerons : l'ortie, le chanvre, le houblon, le mûrier et le figuier.

951. — Dans le genre *ortie*, on distingue deux espèces : *l'ortie dioïque* ou *grande ortie* et *l'ortie brûlante*, toutes deux hérissées, dans toutes leurs parties, de poils aigus tout à fait analogues aux crochets venimeux de la vipère. Comme eux, en effet, ces poils de l'ortie reposent par leur base sur un petit sac plein de venin ; à la moindre pression, le sac se comprime, et une très petite goutte de venin monte dans l'intérieur du poil, qui est creux ; c'est pourquoi les piqûres d'ortie sont si cuisantes.

Toutes les espèces d'orties pourraient fournir une bonne matière textile ; malheureusement les deux espèces que nous venons de nommer seraient peu commodes à récolter et à travailler. Il n'en est pas de même de l'*ortie blanche* ou *china-grass*, espèce chinoise maintenant cultivée en Europe et qui donne lieu à une exploitation importante.

952. — Moins importante toutefois que celle du *chanvre*, plante dioïque cultivée en grand dans notre pays. Le chanvre ne donne pas seulement des fibres textiles avec lesquelles on fabrique du linge d'une très grande solidité, mais aussi des graines, le chènevis, dont on nourrit les petits oiseaux ; dont on extrait une bonne huile siccative et aussi, malheureusement, une espèce de résine, le haschisch, avec laquelle les habitants de certaines contrées orientales se procurent une ivresse qui les conduit à l'idiotisme.

953. — Les plantes utiles abondent dans cette famille. Avec les bractées qui sont disposées en forme de cône autour des fleurs femelles du *houblon*, on parfume la bière, grâce à l'espèce de résine jaune appelée lupuline qui se trouve entre ces bractées et qui se dissout dans le moût.

954. — Avec les feuilles du *mûrier* de la Chine on nourrit les vers à soie. Le mûrier est un arbre dioïque que l'on cultive en grand dans le midi de la France.

955. — Quant au *figuier*, tout le monde connaît son excellent fruit, qui est un sycone, c'est-à-dire une réunion de nombreuses fleurs mâles et de nombreuses fleurs femelles enveloppées dans un même réceptacle. C'est le réceptacle de ce fruit composé qui est la vraie partie comestible. Une autre espèce du genre figuier, le *figuier élastique*, est fréquemment cultivée dans nos serres ou nos jardins sous le nom de *caoutchouc*, à cause de ses grandes et belles feuilles d'un vert luisant. C'est, en effet, un des arbres qui contiennent du caoutchouc dans leur latex.

956. Amentacées. — Il n'existe aucune autre famille aussi importante que celle-ci par le nombre d'arbres grands et petits qu'elle contient. Elle est, du reste, fort naturelle et se distingue très bien par ses fleurs disposées en chatons. On a essayé néanmoins de la démembrer, à cause des genres très nombreux qu'elle comprend : chêne, hêtre, châtaignier, noyer, coudrier, muscadier, orme, bouleau, saule, peuplier, platane, etc.

957. — Le *chêne commun* ou *chêne pédonculé* est le plus grand arbre de nos climats; il s'élève jusqu'à 40 mètres. Son bois, très dur, rend d'immenses services. Les *chênes verts* ou à *feuilles persistantes*, tels que l'*yeuse*, le *chêne-liège*, le *chêne kermès*, sont d'autres espèces du même genre ; leur taille est très variée ; le dernier n'est qu'un petit arbrisseau. Tous les chênes produisent des glands.

958. — Le *hêtre*, un grand arbre encore, atteint 30 mètres d'élévation. Son fruit, appelé faîne, est enveloppé d'un involucre épineux et contient une huile comestible. Son bois, de médiocre qualité, est employé dans la menuiserie.

959. — Le bois du *châtaignier*, dur, élastique, est appliqué à de nombreux usages. Son fruit, la châtaigne, est formé d'un involucre épineux et contient de grosses graines très féculentes, qui jouent un rôle important dans l'alimentation.

960. — Le fruit du *noyer*, la noix, contient une bonne huile comestible, et son bois brun veiné de noir est un des plus beaux qu'emploie l'ébénisterie.

961. — Le *coudrier* ou *noisetier* produit un fruit, la noisette, composé d'une amande enfermée entre deux valves très fortement soudées. Cette graine contient une bonne huile, malheureusement peu abondante.

962. — Le fruit du *muscadier* est une noix à deux valves contenant une graine, la muscade, dure comme du bois et très parfumée. La coquille et l'amande sont séparées par une membrane également très parfumée, connue sous le nom de macis.

963. — Le bois de l'*orme* est fort estimé. Son fruit se réduit à une très petite graine entourée d'une membrane.

964. — Le *bouleau* est, de tous les arbres, le moins sensible au froid, celui qui s'avance le plus loin dans les régions polaires. Son écorce est employée au tannage des cuirs de Russie.

965. — Le *saule* affectionne le bord des eaux. Le *saule blanc* ou *saule commun* produit des rameaux flexibles utilisés dans les travaux de vannerie. Le *saule pleureur*, qui a des rameaux pendants, est fréquemment cultivé dans les cimetières, où il abrite les tombeaux.

966. — Le *peuplier* a une grande tige toute droite qui atteint 40 mètres. Son bois est mou et peu solide.

967. — Le bois du *platane* est assez dur et rend quelques services. Le platane a en outre un très beau feuillage et donne une ombre très épaisse. Le peuplier et le platane croissent volontiers au bord des eaux.

968. Conifères. — Cette famille, qui forme le passage entre les dicotylédonées et les monocotylédonées, a des fleurs réduites à la dernière simplicité, puisqu'elles sont dépourvues à la fois de calice et de corolle. Les fleurs mâles, toujours séparées des fleurs femelles, sont disposées en chatons écailleux ; les fleurs femelles sont réunies en groupes protégés par d'épaisses bractées qui deviennent tout à fait ligneuses en vieillissant, et dont l'ensemble forme un fruit ou plutôt un groupe de fruits qu'on appelle *cône* (fig. 176), parce qu'il a en effet, dans certaines espèces, une forme conique. Les graines, étroites, enserrées entre les bractées, sont souvent munies d'une aile ou expansion membraneuse.

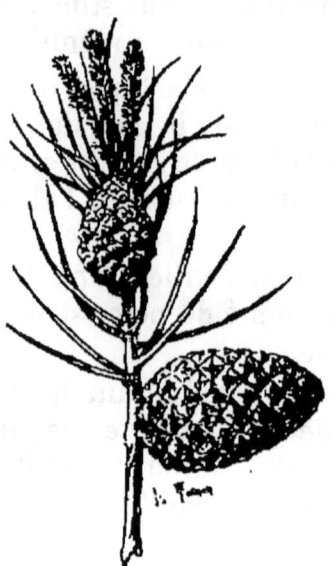

Fig. 176. Cônes de pin.

La famille des conifères ne comprend que des végétaux ligneux (arbres ou arbrisseaux), qui ont généralement une forme pyramidale et se couvrent de feuilles persistantes, simples, souvent linéaires.

Les grands arbres de cette famille, pin, sapin, mélèze, séquoia, cèdre, cyprès, fournissent la plus grande partie des bois employés par l'industrie humaine ; ceux mêmes d'une taille plus modeste, comme le genévrier et l'if, ne nous sont pas inutiles.

969. — Les *pins*, aussi bien le *pin sylvestre* que le *pin* maritime, ont un bois léger, mais de longue durée, comme la plupart des bois résineux. Avec leurs menues branches on fait du charbon, et l'on extrait de leur tronc presque toute la résine et à peu près tout le goudron employés dans diverses industries. Le *pin maritime* est un végétal précieux, qui croît volontiers dans le sable, ce qui a permis de mettre en culture d'immenses dunes autrefois inutiles, et qui menaçaient d'envahir complètement certaines contrées.

970. — Le *sapin*, plus utile encore que le pin, fournit à lui seul presque tout le bois commun employé en menuiserie, presque tout le bois de charpente, sans compter la résine et le charbon. Le sapin est un très grand arbre dont le tronc, tout droit, est entouré de branches pendantes qui vont en diminuant de la base au sommet, de façon à former une pyramide. Ce bel arbre affectionne les climats froids.

971. — Le *mélèze* est aussi un grand arbre dont le port rappelle celui du sapin. Son bois, qui rend de très grands services, est dur et solide. De sa résine on extrait la térébenthine de Venise.

972. — Le plus grand de tous les arbres est, sans contredit, le *séquoia*, dont le tronc mesure jusqu'à 300 mètres d'élévation et 55 de circonférence. Pourtant ce géant du règne végétal a failli disparaître de la surface de la terre. Ses derniers représentants, dont l'existence remontait vraisemblablement aux temps préhistoriques et qui avaient assisté aux dernières révolutions de notre globe, furent découverts dans un coin perdu de la Californie; on les a depuis multipliés partout, même en Europe, et la race est sauvée. Malheureusement, le bois de cet arbre, qui rendrait d'autant plus de services que sa croissance est très rapide, est mou, léger, cassant.

973. — Le bois du *cèdre* n'est pas dur non plus, mais il est durable, on disait même autrefois éternel, à cause de la résine qu'il contient. Il est odorant. Les anciens s'en servaient pour confectionner des coffrets de prix, des cercueils, des portes de temples, des statues de dieux, etc.

974. — Le cèdre passait pour le plus grand de tous les arbres avant qu'on eût découvert le séquoia. Ceux que l'on cultive maintenant en Europe sont originaires du Liban.

975. — Le *cyprès*, arbre des cimetières, où il a bien sa place naturelle, à cause de son feuillage sombre, presque noir, a aussi un bois odorant, considéré comme impérissable par les anciens et employé aux mêmes usages que le bois de cèdre.

976. — Le bois du *genévrier* est aussi dur et parfumé; mais le genévrier n'est qu'un grand arbrisseau, tout au plus un petit arbre, et son bois ne peut être utilisé que pour fabriquer de tout petits ustensiles. Ses baies, molles et charnues, servent d'aliment aux grives, dont la chair contracte ainsi un parfum très apprécié des gourmets. En faisant macérer ces fruits dans de l'eau-de-vie de grains, on prépare le genièvre ou gin des Anglais. Cette liqueur funeste empoisonne des populations entières, non point à cause de la résine de genévrier qu'elle contient et qui est inoffensive, mais à cause des qualités toxiques de l'alcool de grains.

977. — L'*if* est, comme le cyprès, une plante de cimetière, également à cause de la couleur sombre de son feuillage toujours vert. On a hésité à classer l'if parmi les conifères, car son fruit n'est réellement pas un cône et ressemble plutôt à une baie rouge et charnue. Il contient une seule graine, incomplètement couverte par la pulpe rouge, dans laquelle les botanistes ont reconnu, non un mésocarpe, comme on aurait pu être tenté de le croire, mais un réceptacle.

Le bois de l'if est dur, serré, flexible, durable, et rend de sérieux services, bien que l'arbre ne soit pas de grande taille : il atteint environ 15 mètres de hauteur.

QUESTIONNAIRE.

1. Quelle est l'importance, au point de vue du nombre des espèces, de la classe des dicotylédonées? — 2. Les dicotylédonées ont-elles toujours deux cotylédons? — 3. Quelle est la forme de la racine chez les dicotylédonées? — 4. Quelle est la composition de la tige des dicotylédonées? — 5. Quels sont le rôle et la composition du cambium, de l'écorce, du bois, de la moelle, chez les dicotylédonées? — 6. Quelles sont les formes des feuilles chez les dicotylédonées? — 7. Quelle est la composition ordinaire des fleurs chez les dicotylédonées? — 8. Quelles sont les principales familles de la classe des dicotylédonées? — 9. Quels sont les caractères distinctifs et les principaux genres de la famille des renonculacées? des nymphéacées? des papavéracées? des crucifères? des violariées? des caryophyllées? des linacées? des malvacées?

des hespéridées? des acérinées? des ampélidées? des géraniacées? des légumineuses? des rosacées? des myrtacées? des cucurbitacées? des cactoïdées? des ribésiacées? des ombellifères? des caprifoliacées? des rubiacées? des composées? des éricinées? des oléinées? des convolvulacées? des labiées? des solanées? des chénopodées? des polygonées? des laurinées? des euphorbiacées? des urticées? des amentacées? des conifères?

TROISIÈME SECTION

CLASSE DES MONOCOTYLÉDONÉES

978. Anatomie et physiologie des plantes monocotylédonées. — Ces plantes tirent leur nom de l'existence d'un seul cotylédon dans leur embryon. Cette circonstance pourrait paraître insuffisante pour caractériser toute une classe de végétaux; mais elle entraîne toujours, dans leur structure, des conséquences très importantes, ainsi que nous allons le voir en jetant un rapide coup d'œil d'ensemble sur les diverses parties de ces végétaux.

979. Racine. — Dans l'embryon même, la racine, appelée alors radicule, se distingue déjà de la racine des dicotylédonées. En effet, tandis que celle-ci est complètement nue et mise en contact direct avec le sol, dès qu'elle commence à se développer, la radicule des monocotylédonées est enfermée dans une sorte d'étui assez résistant qu'on appelle *coléorrhize* (fourreau de la racine), et qu'elle doit percer avant de se mettre en rapport avec le sol.

La racine ainsi sortie de son fourreau n'a pas un pivot central plus ou moins ramifié, comme celle des dicotylédonées; elle est toujours formée d'un faisceau de fibres directement attachées sur le collet de la tige. Cette racine, du reste, n'est pas définitive; elle ne tarde pas à périr et à être remplacée par des racines adventives qui naissent sur les premiers nœuds de la tige.

980. Tige. — Nous avons vu que la tige des dicotylédonées est toujours formée de couches concentriques dont le nombre va graduellement s'accroissant, dans les dicotylédonées vivaces, par l'addition de couches successives provenant de la solidification du cambium.

Dans les monocotylédonées, la structure de la tige (fig. 177), appelée stipe, est toute différente. L'écorce d'abord, au lieu d'être formée de plusieurs couches superposées dont la plus extérieure se renouvelle sans cesse, est réduite à une couche unique très mince et permanente, sur laquelle on distingue d'ordinaire les cicatrices laissées par les feuilles tombées.

L'intérieur de la tige est formé d'une masse celluleuse sans moelle centrale, et traversée en tous sens par des fibres innombrables, qu'on croirait d'abord distribuées au hasard. Si l'on coupe en travers le stipe d'une grande monocotylédonée ligneuse, d'un palmier par exemple, les fibres ainsi tranchées ne se montrent que par le bout coupé et forment comme des points épars sur la surface de la section du tronc. On ne peut ainsi rien apprendre sur leur véritable disposition; mais si l'on débite le même stipe en planches, dans le sens de la longueur, on s'aperçoit facilement que les fibres vont se recourbant du centre vers l'écorce d'une façon assez régulière, et que certaines d'entre elles, atteignant et perçant l'écorce, fournissent les pédoncules des feuilles, pédoncules qui ne sont guère, en effet, que des faisceaux de fibres.

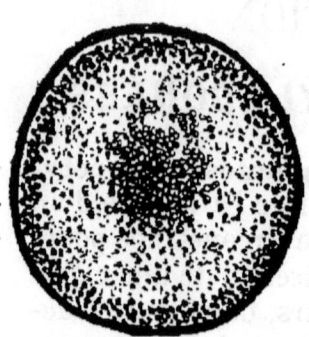

Fig. 177. Coupe d'une tige de monocotylédonée.

Nous avons dit que les tiges des monocotylédonées n'ont pas de canal médullaire proprement dit; ceci n'est pas entièrement vrai : beaucoup de ces tiges sont creuses, celles des roseaux par exemple, et parfois le vide intérieur est rempli par une masse cellulaire qui, dans certaines espèces, comme le sagoutier, est une matière alimentaire fort précieuse.

De la forme générale du stipe il résulte que le diamètre de cette tige, ne pouvant s'accroître par la superposition de couches annuelles, reste invariable lorsque les fibres ont atteint le plus grand développement qu'elles puissent prendre. Dès lors la tige continue à s'accroître en hauteur sans augmenter d'épaisseur. Aussi voit-on certains végétaux de cette classe, d'abord réduits à un gros tronc coiffé d'un panache de grandes feuilles presque au ras du sol, s'élever ensuite progressivement comme si une force secrète poussait en haut un tronc déjà tout formé dans le sol. Ces tiges des monocotylédonées ne sont presque jamais ramifiées.

981. Bulbes. — Chez un grand nombre de monocotylédonées, la tige se réduit à un petit disque ou plateau qui donne attache aux racines, et à une sorte de gros bourgeon ou *bulbe* (fig. 178), formé de tuniques épaisses, charnues, qui ne sont que des feuilles engainées, destinées à se développer.

982. Feuilles. — Dans la plupart des cas, du reste, les feuilles des monocotylédonées naissent directement sur la tige, soit en un bouquet unique qui en couronne le sommet, soit le long de la tige elle-même, qu'elles embrassent souvent à leur base. Dans ce cas, la tige est divisée, à l'endroit de la feuille, par une sorte de disque solide, si la tige est creuse; par une saillie extérieure, ou quelquefois par une simple dépression, si la tige est pleine.

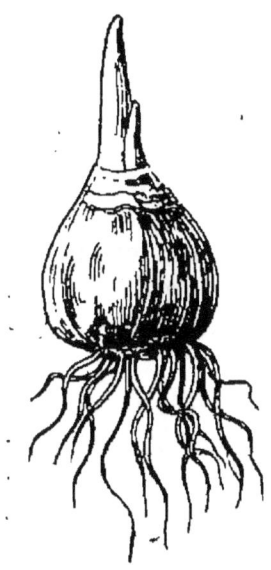

Fig. 178. Bulbe.

Dans tous les cas, le cercle qui sert d'attache à une feuille engainante s'appelle un nœud, et la portion de tige comprise entre deux feuilles, un entre-nœud.

La disposition des nervures, dans les feuilles des monocotylédonées, est toujours fort simple : tantôt ces nervures se réduisent à des fibres parallèles fournies par le pétiole, et parcourant la feuille dans toute sa longueur; tantôt elles sont divergentes, rayonnantes, au lieu d'être parallèles; tantôt enfin il existe une grosse nervure médiane sur laquelle naissent de petites nervures latérales disposées à angle droit, comme les divisions d'une arête de poisson.

Dans tous les cas, ces nervures ne sont pas réticulées, unies entre elles, comme dans les feuilles des dicotylédonées : elles sont entièrement indépendantes; il en résulte, pour le limbe de la feuille, un défaut de solidité qui fait que cette feuille se déchire facilement dans l'intervalle entre les nervures. Chez certains végétaux, les dattiers, par exemple, ces déchirures s'opèrent d'une façon tellement régulière que la feuille simple de ces arbres prend toutes les apparences d'une feuille composée.

983. Fleurs. — Les fleurs des monocotylédonées, sans différer essentiellement de celles des dicotylédonées, ont entre elles des ressemblances extrêmement frappantes. D'abord elles sont toujours dépourvues de corolles, ce qui veut dire, ainsi que nous l'avons expliqué ailleurs, qu'elles n'ont jamais qu'un seul périanthe, coloré ou non, fait que nous avons d'ailleurs remarqué déjà à propos de certaines dicotylédonées.

Le calice, chez les monocotylédonées, a toujours trois ou six divisions; les étamines sont au nombre de trois ou de six, et l'ovaire a trois loges. Cette division ternaire, comme on dit, c'est-à-dire par trois ou par multiple de trois, est un des caractères les plus remarquables des monocotylédonées.

984. Familles des monocotylédonées. — Bien moins nombreuses que les dicotylédonées et en grande partie particulières aux pays chauds, les monocotylédonées contiennent encore cependant un trop grand nombre de familles pour que nous puissions les passer toutes en revue; nous nous bornerons aux suivantes : orchidées, broméliacées, musacées, iridées, amaryllidées, liliacées, palmiers, joncacées, cypéracées, graminées.

985. Orchidées. — Dans cette famille, peu nombreuse, mais tout à fait remarquable, les racines sont souvent accompagnées de tubercules qui servent à la multiplication du végétal. Le calice (nous avons dit que les monocotylédonées n'ont jamais de corolle) est formé de six sépales imitant, par leurs dispositions, tantôt une abeille, tantôt un papillon, tantôt une araignée, tantôt un sabot, etc. Aussi la plupart des orchidées sont-elles, à cause de la beauté et de l'originalité de leurs fleurs, l'objet d'une culture très attentive de la part des horticulteurs. Il faut ajouter que cette culture n'est pas toujours facile et que, par suite, les belles collections d'orchidées sont rares et d'un prix extrêmement élevé. Les étamines, dans les fleurs des orchidées, sont au nombre de trois.

Nous ne mentionnerons que les genres orchis et vanillier.

986. — Les fleurs de toutes les espèces du genre *orchis* sont fort élégantes et groupées en épis. Leurs racines portent deux tubercules accouplés qui, dans certaines espèces, fournissent une fécule alimentaire. C'est le cas des tubercules de l'*orchis mâle*, dont on extrait le salep.

987. — Le *vanillier* est, sans contredit, l'une des plantes les plus curieuses à étudier. C'est d'abord un faux parasite, c'est-à-dire que, croissant sur d'autres végétaux, il ne se nourrit cependant point de leur substance, mais vit littéralement de l'air. Les crampons qui l'attachent aux branches des arbres ne sont, comme ceux du lierre, que de simples crochets et nullement des racines.

Le vanillier pousse néanmoins des racines, et même de longues racines; mais elles restent pendantes dans l'air, et il ne serait pas facile d'en dire l'usage, attendu qu'elles ne sont pas en contact avec le sol, à moins, ce qui est probable, qu'elles ne soient chargées d'aspirer l'humidité de l'air.

Les fruits du vanillier ou vanilles sont de longues capsules pleines d'une pulpe à peine odorante, à l'état frais; mais si on laisse ces capsules se dessécher, elles exhalent ce parfum exquis que tout le monde connaît, et dont les confiseurs et les pâtissiers tirent si grand parti pour parfumer leurs produits.

988. Broméliacées. — Cette famille ne figure ici qu'à cause d'un des genres qui la composent, et qu'il nous serait impossible de passer sous silence : le genre ananas.

La famille des broméliacées, peu nombreuse en espèces, comprend des plantes herbacées, à rhizomes vivaces, sur lesquels les feuilles naissent directement, sans tige apparente par conséquent. Les fleurs ont un calice à six sépales, dont trois colorés, ce qui leur donne tout à fait les apparences des pétales d'une corolle, et un ovaire à trois loges. Beaucoup de broméliacées sont parasites.

989. — Ce n'est pas le cas de l'*ananas*, grande plante herbacée dont les feuilles longues et garnies d'épines forment une touffe de forme régulière. Ce qu'on appelle le fruit de l'ananas ou ananas tout simplement est en réalité un groupe de fruits, une sorte de gros épi dont les épillets charnus sont soudés entre eux en forme de cône de pin couronné d'une touffe de petites feuilles. Le fruit de l'ananas est considéré comme un des plus exquis.

990. Musacées. — Autre famille que nous ne citons qu'à cause de l'un de ses genres, le bananier, auquel les botanistes donnent le nom de *musa*.

Les musacées sont des herbes gigantesques dont la tige, épaisse comme un tronc d'arbre, ressemble à un stipe de palmier. Les feuilles, très grandes, sont groupées en bouquet au sommet de la tige. Les fleurs ont un calice à six divisions, six étamines, un ovaire à trois loges. Elles forment une énorme grappe ou régime à l'aisselle des feuilles.

Fig. 179. Bananier.

991. — Le *bananier* (fig. 179), qui a la taille d'un arbre, n'est pas même une herbe vivace, puisqu'il périt dès qu'il a produit ses fruits; mais il se reproduit de lui-même par ses drageons. Ses feuilles, au nombre de huit ou dix, atteignent 3 mètres de longueur sur 50 centimètres de largeur. Les habitants de l'Inde s'en servent pour couvrir leurs cabanes, bien qu'elles se déchirent avec une telle facilité qu'elles pendent souvent en loques, même sur l'arbre. Les fibres de ces feuilles servent à faire des cordes et même à tisser des étoffes, assez grossières, il est vrai. Quant au fruit du bananier, il est maintenant trop connu en Europe pour qu'il soit nécessaire de le décrire.

Disons seulement que les bananes, qui ont la forme d'un tout petit concombre, sont groupées sur l'arbre en régimes énormes.

992. Iridées. — Les feuilles des iridées, fermées suivant leur nervure principale, ont la forme d'un sabre et croissent directement sur le collet de la racine, qui est tantôt fibreuse et tantôt bulbeuse.

Leurs fleurs ont un calice pétaloïde (coloré) à six divisions, trois étamines, un ovaire à trois loges.

L'iris, le glaïeul, le safran, toutes les iridées en général sont des herbes vivaces.

993. — Le genre *iris*, auquel on a donné le nom de l'arc-en-ciel, à cause de l'éclat et de la diversité des couleurs des fleurs de quelques espèces, produit de gros rhizomes charnus et tortueux sur lesquels naissent, de distance en distance, des groupes de feuilles. Les fleurs, d'une grande élégance de formes, ont six grands sépales pétaloïdes, dont trois dressés et trois pendants en dehors.

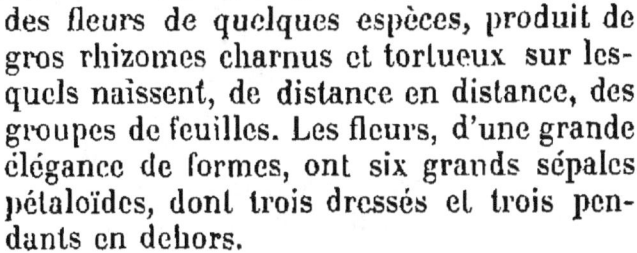

Fig. 180.
Iris germanique.

L'*iris germanique* (fig. 180) est cultivé dans presque tous nos jardins, à cause de la beauté de ses fleurs violettes. L'*iris de Florence* a un rhizome odorant avec lequel on fait une poudre dite poudre d'iris, fort usitée en parfumerie.

994. — Les *glaïeuls* ont une racine bulbeuse et produisent un grand nombre de fleurs toutes placées du même côté de la hampe.

995. — La racine des *safrans* comprend deux bulbes superposés d'où sortent des feuilles étroites et une hampe très courte. Le *safran printanier*, dont les fleurs ont des couleurs très variables, est une de nos plantes jardinières les plus précoces. Le *safran cultivé* a des fleurs violettes. Les stigmates du style, qui ont une couleur jaune particulière, sont employés en médecine, et les habitants du Midi s'en servent pour colorer leurs mets.

996. Amaryllidées. — Cette famille est tellement voisine de celle des liliacées, dont nous parlerons plus loin, qu'elle a été longtemps confondue avec elle. Les amaryllidées ont une racine bulbeuse ou fibreuse; leurs fleurs ont un calice pétaloïde à six divisions, six étamines, un ovaire infère à trois loges (ovaire infère signifie ovaire placé sous le calice).

Les principaux genres sont : l'amaryllis, le narcisse et la perce-neige.

997. — L'*amaryllis* diffère à peine du narcisse, et l'une de ses espèces, l'*amaryllis jaune*, est même désignée vulgairement sous le nom de narcisse.

Les vrais *narcisses* ont une hampe portant une ou deux fleurs un peu pendantes d'un même côté, et qui contiennent un suc mielleux, dangereux dans certaines espèces. Le *narcisse jonquille* est une espèce de petite taille dont les fleurs exhalent un délicieux parfum.

998. — La *perce-neige*, qui est la plus précoce de nos fleurs de jardins, porte une hampe qui, en effet, *perce* quelquefois *la neige*, en plein mois de février, et porte coquettement une petite fleur blanche inclinée vers le sol.

Fig. 181. Lis blanc.

999. Liliacées. — Comme nous l'avons dit d'avance, cette belle et nombreuse famille des liliacées a les mêmes caractères généraux que celle des amaryllidées: racine bulbeuse ou fibreuse, calice à six divisions, six étamines, ovaire à trois loges; mais l'ovaire est libre, c'est-à-dire non soudé au calice comme dans la précédente famille.

La famille des liliacées comprend un grand nombre d'herbes, quelques arbrisseaux et de rares arbres. Citons les genres suivants : lis, tulipe, jacinthe, muguet, aloès, ail, asperge.

1000. — Au genre *lis* appartiennent de nombreuses espèces, très belles pour la plupart, et dont quelques-unes sont vraiment splendides. Il nous suffira de mentionner le *lis blanc* (fig. 181), au grand calice d'un blanc pur, aux longues étamines d'or, au parfum suave, pénétrant jusqu'à produire de sérieux dangers pour les personnes qui le respirent en lieu clos. Il faut éviter d'enfermer des fleurs en général, des fleurs odorantes surtout et plus particulièrement des fleurs de lis dans les appartements.

1001. — La *tulipe* a une grande fleur unique au bout d'une hampe; cette fleur est dépourvue de parfum, ce qui n'a pas empêché qu'on ne cultivât avec passion, non pas notre *tulipe commune*, qui a pourtant d'assez belles fleurs jaunes, mais la *tulipe de Gessner*, espèce orientale dont les couleurs, grâce à la culture, sont plus variées que celles de l'arc-en-ciel.

1002. — La hampe de la *jacinthe* porte une jolie grappe de fleurs odorantes. Comme la tulipe, cette petite plante printanière a eu ses amateurs passionnés.

1003. — Le *muguet* a des proportions plus modestes encore que celles de la jacinthe; mais du milieu des touffes de feuilles qui croissent sur ses rhizomes s'élève une jolie grappe de fleurs blanches en forme de grelots et qui exhalent un parfum très doux.

1004. — Il faut un véritable effort d'attention pour reconnaître une liliacée dans l'*aloès*. Du milieu de ses feuilles épaisses, pointues, garnies d'épines sur les bords, s'élève une hampe portant une grappe de fleurs jaunes, rouges ou verdâtres. Ces feuilles contiennent un suc purgatif employé en médecine.

1005. — Le genre *ail* comprend : l'*ail commun*, plante vivace, à feuilles planes, dont le bulbe est formé de plusieurs caïeux, et dont les gousses ou caïeux exhalent une odeur particulière plus tenace qu'agréable; le *poireau*, espèce également à feuilles planes, d'une saveur âcre particulière, et dont le bulbe, à peine renflé, n'est pas divisé en caïeux; l'*oignon*, à feuilles cylindriques creuses, à bulbe unique et très renflé dans l'*oignon commun*, unique et moins renflé dans la *ciboule* et la *civette* ou *ciboulette*, multiple et divisé en caïeux dans l'*échalote*.

Toutes ces espèces du genre jouent un rôle important dans l'art culinaire.

1006. — L'*asperge* est une liliacée qui n'a pas de bulbes, mais bien un rhizome sur lequel poussent des griffes ou touffes de racines dont on se sert pour multiplier la plante. L'asperge est l'objet d'une culture très importante, à cause de ses jeunes pousses, que l'on mange cuites.

1007. Palmiers. — Les végétaux de cette famille ont généralement un port très remarquable et souvent d'une extrême élégance. Au sommet d'un stipe ligneux, parsemé de rugosités, s'étale un superbe bouquet de grandes feuilles ayant parfois jusqu'à 12 mètres de longueur, et qui, régulièrement déchirées entre les nervures, affectent, suivant les espèces, la forme de feuilles pennées ou profondément digitées. Avant son complet épanouissement, cette touffe de feuilles constitue, dans plusieurs espèces de palmiers, un énorme bourgeon que les habitants des régions tropicales, où croissent ces végétaux, mangent en guise de légume, sous le nom de chou-palmiste.

Les fleurs, groupées en spadices ou épis énormes, croissent à l'aisselle des feuilles et sortent du sommet du stipe, sur lequel retombent les fruits mûrs.

Les genres arec, rotang, sagoutier, dattier, cocotier appartiennent à cette grande famille, l'une des plus belles, sans contredit, de tout le règne végétal.

1008. — Les palmiers du genre *arec* produisent un fruit fibreux appelé noix d'arec, et qui resterait à peu près sans application, si les Malais n'avaient l'habitude de mâcher cette noix avec un peu de chaux, pour le plaisir de se donner une salive rouge. Ce mélange de noix d'arec et de chaux s'appelle du bétel, dans la langue du pays.

L'arec est un des palmiers qui produisent un chou-palmiste.

1009. — Le *rotang* est le plus bizarre de tous les palmiers. Sa tige, très grêle, atteint des longueurs prodigieuses (jusqu'à 300 mètres, dit-on). On comprend qu'une tige, dans ces conditions, ne puisse se soutenir par elle-même; aussi le rotang, s'il ne rencontre pas de soutien, s'étale-t-il sur le sol, en formant çà et là des touffes qui ne peuvent s'élever quelque peu qu'en s'étayant mutuellement. Si des arbres se trouvent à la portée du rotang, il les envahit, s'élève le long de leurs troncs, se mêle à leurs rameaux, redescend sur le sol, grimpe sur d'autres arbres; de sorte qu'un seul pied de rotang forme souvent des fourrés inextricables. Quand on parle de lianes, à propos de forêts vierges, ce sont souvent des rotangs que l'on veut désigner.

C'est avec les minces tiges de ce singulier palmier qu'on fait les cannes appelées joncs ou rotins. Les mêmes tiges, refendues, servent à fabriquer le siège des chaises faussement dites cannées. Enfin, c'est d'une espèce du genre rotang qu'on extrait la gomme-résine de couleur rouge appelée sang-dragon.

1010. — Le *sagoutier* est un palmier de taille médiocre (5 mètres au plus), qui a le port du dattier, dont nous parlerons tout à l'heure. Il a de très longues feuilles tout à fait semblables à celles du dattier et qui pendent jusqu'à terre. On les mange à l'état de chou-palmiste. On en fait aussi des nattes, des corbeilles, etc. La sève du sagoutier sert à fabriquer une liqueur fermentée qu'on appelle vin de palme. L'intérieur de son tronc est creux et contient une excellente fécule qu'on mange sous le nom de sagou.

1011. — Le *dattier* est le plus beau de tous les palmiers. Son stipe, qui s'élève parfois à 25 mètres de hauteur, porte un splendide panache de feuilles ou palmes, de forme pennée, que l'on porte dans la cérémonie de la fête des Rameaux, et qui servent à fabriquer des nattes, des corbeilles, des cordes, des étoffes grossières, des chapeaux dits chapeaux de paille.

Entre les pétioles de ces feuilles naissent de dix à vingt grappes de fleurs femelles ou de fleurs mâles; car les dattiers sont des végétaux dioïques, et les Arabes ont bien soin de recueillir du pollen sur les pieds mâles et de le porter sur les fleurs des pieds femelles, afin de les féconder. Les dattes, qui succèdent à ces fleurs, sont la nourriture à peu près exclusive de certaines tribus africaines.

On fait du vin de palme avec la sève du dattier; enfin son bois, dur et solide, est un excellent bois de charpente servant aussi à fabriquer de très beaux meubles.

1012. — Le *cocotier* (fig. 182), plus grand encore que le dattier, a des feuilles de 5 à 6 mètres de long et des spadices de fleurs qui atteignent 2 mètres. Son fruit, le coco, est énorme et pèse jusqu'à 25 kilogrammes. Le coco est une très grosse amande enveloppée d'une coquille extrêmement dure, formée de trois valves fortement soudées. Avant la maturité, l'intérieur de la coquille est plein d'un jus sucré qui passe pour être délicieux ; plus tard, l'amande se forme et devient même assez coriace. Elle contient néanmoins une huile concrète appelée beurre de coco, et qui est bonne pour la table, pour l'éclairage et pour la fabrication du savon. La coquille elle-même sert à fabriquer de petits ouvrages qui, entre des mains habiles, peuvent acquérir des formes très élégantes et un prix fort élevé.

Les feuilles, qu'on peut manger en chou-palmiste, c'est-à-dire avant le complet épanouissement du bourgeon, servent plus tard aux mêmes usages que celles du dattier.

La sève sert également à fabriquer du vin de palme et une eau-de-vie particulière appelée arak.

Le bois, enfin, extrêmement dur et solide, sert à faire des cannes, des bois d'armes à feu, des meubles de grand prix, etc.

Fig. 182. Cocotier.

1013. Joncacées. — N'était le genre jonc, trop connu pour qu'il nous soit permis de le passer sous silence, nous n'aurions rien dit de cette petite famille peu différente de celle des cypéracées, dont nous parlerons bientôt.

Les joncacées ont des rhizomes vivaces ; une tige cylindrique garnie de quelques rares feuilles engaînantes ; des fleurs ayant un calice à 6 divisions, 6 étamines, un ovaire à 3 loges.

1014. — On fait avec certains *joncs* des ouvrages de

vannerie assez grossiers, et l'on emploie les tiges d'une petite espèce pour attacher certaines plantes contre leurs tuteurs.

1015. Cypéracées. — La famille des *cypéracées* n'est guère plus importante que celle des joncacées. Ces plantes ont des rhizomes vivaces; des tiges cylindriques ou polygonales; des feuilles minces, très longues, engainantes; des fleurs sans corolle ni pistil, ayant ordinairement trois étamines et un ovaire à une seule loge.

Citons les genres laiche, scirpe et souchet.

1016. — Les *laiches* ont une tige triangulaire. Leurs feuilles, assez abondantes, fournissent un fourrage très médiocre et servent à fabriquer des nattes grossières.

1017. — Les feuilles des *scirpes*, assez résistantes, servent à remplir l'intervalle entre les douves des barriques. En se gonflant de liquide, elles deviennent imperméables et rendent les tonneaux étanches.

1018. — Dans le genre *souchet* nous rencontrons plusieurs espèces utiles : le *souchet commun*, dont le rhizome porte des tubercules comestibles; le *souchet odorant*, dont le rhizome est employé dans la parfumerie; le *souchet papyrus*, dont la tige contient des lames membraneuses qui furent longtemps le seul papier connu.

1019. Graminées. — En fait de familles utiles, aucune, croyons-nous, n'est comparable à la famille des *graminées;* aucune, du moins, ne joue un rôle aussi important dans l'alimentation de l'homme.

La tige des graminées, souvent herbacée, quelquefois ligneuse, n'a que quelques centimètres d'élévation dans quelques espèces, et atteint, chez d'autres, la taille des grands arbres.

Les feuilles sont longues, engainantes et soutenues par des nervures parallèles disposées dans le sens de la longueur.

Les fleurs sont formées d'épillets disposés tantôt en épis simples, tantôt en panicules.

Il faudrait mentionner tous les genres de cette grande famille; mais nous sommes contraint de nous borner aux suivants, qu'on peut considérer comme les plus importants : froment, ivraie, orge, seigle, avoine, riz, maïs, canne à sucre, roseau.

1020. — Sous le nom générique de *froment*, il faut comprendre non seulement le *blé* ou *froment commun*, mais aussi le *chiendent* ou *froment rampant* et l'*épeautre*.

Quand nous parlions de la grande utilité des graminées, c'était surtout à l'utilité du blé que nous pensions. La farine du blé est le principal aliment de l'homme, celui, voulons-nous dire, dont l'usage est le plus général. Quelques-uns ont affirmé que si la race humaine est sortie de l'état de nature pour s'organiser en sociétés, c'est au blé qu'elle le doit, les premières sociétés s'étant formées pour entreprendre d'une manière plus profitable la culture de cette précieuse céréale, qui demandait les efforts combinés d'un grand nombre d'hommes. La grande valeur de la farine de blé lui vient du gluten qu'elle contient, matière azotée, nutritive, qui est moins abondante dans les autres farines et manque complètement dans quelques-unes.

Quelle est, au vrai, l'origine du froment commun, qui n'existe plus aujourd'hui qu'à l'état cultivé, au moins sous la forme actuelle que la culture semble lui avoir donnée? On l'ignore; cependant quelques-uns osent affirmer que le *chiendent* ou *froment rampant* est la souche de notre froment cultivé.

Si cela était vrai, il faudrait reconnaître que le chiendent a bien changé de nature et de rôle. Avec ses terribles rhizomes qui infestent les cultures au point de ne pouvoir être extirpés, avec ses graines presque sans farine et qui se ressèment avec une déplorable facilité, le chiendent peut être regardé, parmi les plantes nuisibles, comme la plus nuisible de toutes. Ses rhizomes cependant servent à faire une tisane adoucissante et de rudes brosses utilisées dans les cuisines pour des lavages énergiques.

1021. — Quant à l'*épeautre*, qui est une autre espèce du genre froment, elle diffère du froment commun en ce que sa balle (enveloppe de la graine) est adhérente au grain, au lieu que celle du blé s'en détache spontanément. A cela près, la farine de l'épeautre est aussi bonne que celle du blé; mais elle est moins abondante.

1022. — Dans le genre *ivraie*, il importe de bien distinguer deux espèces, dont l'une est aussi nuisible à l'homme que l'autre lui est utile. C'est d'abord l'*ivraie enivrante*, ainsi dite parce que ses graines, moulues avec le bon grain, donnent à la farine des qualités malfaisantes et causent un empoisonnement accompagné de délire. Il faut se hâter de donner de l'eau vinaigrée à la personne ainsi empoisonnée.

L'*ivraie vivace*, le *ray-grass* ou herbe à rayons des Anglais, qui est l'espèce utile, forme, dans les champs, des pâturages entièrement comparables aux meilleurs, et, dans les parcs et les jardins, de magnifiques pelouses toujours vertes, auxquelles rien autre, en ce genre, ne saurait être comparé.

1023. — L'*orge* est une céréale extrêmement productive, mais dont le grain donne une farine grossière, avec laquelle on ne saurait fabriquer qu'un pain lourd et indigeste. Un meilleur emploi de l'orge est celui qu'on en fait dans la fabrication de la bière.

1024. — La farine de *seigle* est presque aussi grossière que celle de l'orge; de plus, les grains de seigle sont sujets à être dénaturés par un champignon, l'ergot, qui donne à la farine des qualités tout à fait malfaisantes. On peut employer le seigle, au lieu d'orge, à la fabrication de la bière; la paille de cette céréale, très longue, très résistante et très belle, sert à couvrir les habitations champêtres, à faire des liens pour l'agriculture, des tresses avec lesquelles on confectionne des chapeaux, etc.

1025. — L'*avoine* pourrait donner un assez bon pain; on l'emploie plus communément à l'alimentation des chevaux, qui en sont très friands.

L'avoine n'a pas des épis, comme toutes les graminées qui précèdent, mais bien des panicules tout à fait lâches.

1026. — Le *riz* est une graminée presque aquatique. Dans les pays qui le cultivent, on le sème généralement sur des terrains inondés exprès et couverts de quelques centimètres d'eau. Ceci est fâcheux pour ces pays, parce que cette eau, plus ou moins croupissante, engendre des fièvres de marais. Le riz est très riche en fécule, mais ne contient presque pas de gluten; aussi est-il très peu nourrissant. On n'en fait pas moins une immense consommation; pour certains peuples, les Chinois notamment, c'est un aliment presque exclusif. Avec la fécule de riz on fait une mauvaise eau-de-vie; avec sa paille, les plus beaux papiers que l'on connaisse et les chapeaux si estimés qu'on appelle communément chapeaux de paille d'Italie.

1027. — Le maïs ou *blé de Turquie* (fig. 183) produit d'énormes épis formés de beaux grains ronds et luisants. Ces épis, avant la fructification, ne contiennent que des fleurs femelles ; les fleurs mâles sont disposées en panache tout à fait au sommet de la tige.

Fig. 183. Maïs.

Les grains de maïs sont communément employés à nourrir la volaille. En quelques contrées, dans le nord de l'Italie notamment, les hommes font une grande consommation de farine de maïs, avec laquelle on prépare une bouillie épaisse appelée *polenta*. On attribue à ce genre d'alimentation une maladie grave, la pellagre, qui sévit dans ce pays, mais qui se rencontre aussi dans d'autres pays où le maïs est inconnu. Rien donc n'est moins certain que les propriétés malfaisantes attribuées à cette céréale.

Les feuilles de maïs servent à faire des paillasses, à nourrir les bestiaux, à fabriquer un papier grossier.

1028. — La *canne à sucre* est une graminée ligneuse, et même d'une assez belle taille, couronnée par une grande panicule de fleurs. De ses tiges écrasées on tire un suc, le vesou, qui contient une grande quantité de sucre ; de là les grandes cultures de cannes dans les colonies américaines, qui ont emprunté ce précieux végétal à l'Asie. Avec le suc de la canne, on ne fabrique pas seulement du sucre, mais aussi du rhum et du tafia.

1029. — Sauf les proportions, qui sont moindres, le port des *roseaux* et la disposition de leurs fleurs rappellent exactement la canne à sucre. La tige des roseaux est creuse et divisée, à chaque nœud, par une cloison intérieure. Le *roseau à balai* est un végétal très commun dans nos eaux. Le *roseau à quenouille* ou *canne de Provence* est une belle plante de grande taille et dont la tige sert à faire des lignes à pêcher, des peignes à tisser, des anches d'instruments à vent, des ouvrages de vannerie, etc.

1030. — Le vrai géant de la famille des graminées est le *bambou*, magnifique végétal qui atteint 25 mètres de hauteur. Sa tige, qui est creuse et a des nœuds cloisonnés comme les roseaux, est assez épaisse pour que les Chinois puissent en faire des seaux et divers ustensiles de ménage. Les Chinois, du reste, sont extrêmement habiles à tirer du bambou tout le parti possible. Ils en font des cannes, des ombrelles, des parapluies, des tambours, des meubles fort légers et fort élégants, et c'est avec la tige du bambou qu'ils préparent la pâte d'un de ces admirables papiers qu'on appelle papiers de Chine.

QUESTIONNAIRE.

1. Que signifie le mot monocotylédonées ? — 2. Quelle est la conformation de la racine des monocotylédonées et qu'appelle-t-on coléorrhize ? — 3. Quelle est la conformation de la tige des monocotylédonées ? de leurs feuilles ? de leurs fleurs ? — 4. Quelles sont les principales familles de la classe des monocotylédonées ? — 5. Quels sont les caractères généraux et les principaux genres de la famille des orchidées, des broméliacées, des musacées, des iridées, des amaryllidées, des liliacées, des palmiers, des joncacées, des cypéracées, des graminées ?

LIVRE III

DIVISION DES PLANTES CRYPTOGAMES OU ACOTYLÉDONÉES

1031. Anatomie et physiologie. — On pourrait définir les plantes cryptogames ou, pour mieux dire, les distinguer des phanérogames, par de simples négations : en général, pas de tige, ni de racine, ni de feuilles proprement dites, pas de fleurs surtout.

C'est à cette dernière circonstance que ces végétaux doivent leur nom ; car à une époque où l'on croyait que les fleurs sont les seuls organes reproducteurs, on fut frappé de ce fait que certains végétaux étaient dépourvus de fleurs, et comme on ne pouvait nier qu'ils possédaient un moyen de se reproduire, puisqu'ils se reproduisaient, on en conclut qu'ils possédaient des organes reproducteurs inconnus : c'est ce que veut dire le mot *cryptogame*, dont on se sert encore aujourd'hui, bien que les organes reproducteurs de ces végétaux soient maintenant connus.

1032. Tissus. — Tous les végétaux phanérogames ont des vaisseaux, c'est-à-dire des canaux dans lesquels circulent les liquides nécessaires à leur nutrition. Chez les cryptogames, le tissu purement cellulaire, c'est-à-dire exclusivement composé de cellules, joue un bien plus grand rôle que chez les phanérogames ; il existe même un très grand nombre de cryptogames (comme il existe des animaux, du reste) chez lesquels on ne distingue pas trace de vaisseaux, dans lesquels, par conséquent, il ne se fait aucune circulation de liquides, et qui se nourrissent par simple imbibition.

1033. Spores et sporanges. — Nous avons dit que l'on connaît aujourd'hui les organes reproducteurs des cryptogames ; on connaît même, dans la plupart des cas, des organes mâles et des organes femelles, parfois séparés, le plus souvent réunis dans un réceptacle commun, absolument comme les étamines et le pistil des phanérogames dans une même fleur. Mais entre les spores, qui sont les organes femelles des cryptogames, et le pistil, qui est l'organe femelle des phanérogames, il existe de profondes différences, et plus encore entre les anthéridies, organes mâles des cryptogames, et les étamines, organes mâles des phanérogames.

Fig. 184.
Sporange de cryptogame.

Les spores sont de petits corps tout d'une pièce, dans lesquels on ne distingue, après la fécondation, ni cotylédons, ni embryon ; mais, chose bizarre et qui a excité au plus haut point la surprise des premiers savants qui l'ont observée, ces spores sont quelquefois animées ou tout au moins douées de la faculté de se mouvoir, sinon volontairement, au moins sans cause connue distincte d'une volonté. Quand les spores ne sont pas réunies aux anthéridies dans un réceptacle, elles sont contenues dans des sporanges (fig. 184), qui sont alors comme les ovaires du végétal.

1034. Anthéridies et anthérozoïdes. — Qu'elles soient à part ou réunies aux spores, les anthéridies, organes mâles, contiennent toujours de petits corps, de petits êtres plutôt, animés de mouvements propres et qu'on a, pour cette raison, appelés des anthérozoïdes (fig. 185). Le moment de la fécondation venu, ces anthérozoïdes sortent de l'anthéridie, se dirigent vers les spores, s'attachent à l'une d'elles et se confondent avec elle. La spore est propre dès lors à reproduire le végétal.

1035. Familles des cryptogames. — Comme il existe, parmi ces végétaux élémentaires, un grand nombre d'espèces microscopiques et qu'on en découvre toujours de nouvelles assez difficiles à ranger dans des groupes formés d'avance, la classification des cryptogames est fort embarrassante et fort sujette à varier. Nous nous contenterons de passer rapidement en revue les principales familles : fougères, mousses, lichens, champignons et algues.

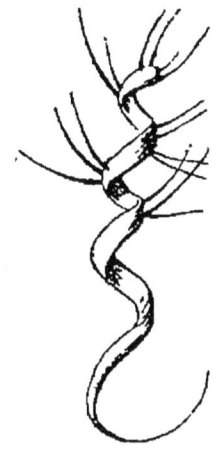

Fig. 185.
Anthérozoïde de cryptogame.

1036. Fougères. — Les cryptogames, avons-nous dit, sont généralement dépourvus de feuilles, de tiges et de racines. A ce compte, on pourrait être embarrassé pour classer les fougères; car, outre qu'elles ont de vraies tiges, tantôt aériennes, tantôt souterraines (ce sont alors des rhizomes), elles ont des expansions foliacées qu'il est bien difficile de ne pas prendre pour de véritables feuilles, bien que les botanistes leur aient donné le nom de *frondes*, pour les distinguer des feuilles des phanérogames. Ce qui distingue en réalité ces frondes des feuilles proprement dites, c'est que les sporanges ou organes reproducteurs sont fixés à la face inférieure de ces frondes, tandis que les fleurs, qui sont les organes reproducteurs des phanérogames, sont attachées sur les rameaux. Il serait donc très naturel de rapprocher les frondes des rameaux foliacés des cactus plutôt que des feuilles proprement dites.

Il existe environ trois cents espèces de fougères, dont plusieurs sont cultivées dans nos jardins, à cause de l'extrême élégance de leurs frondes contournées en forme de crosse d'évêque.

On compte dans cette famille peu de plantes utiles. Quelques-unes fournissent une fécule alimentaire. Leurs cendres, riches en potasse, servaient autrefois à la fabrication du verre; c'est pourquoi, dans les vieilles chansons, on dit souvent que le vin *rit dans la fougère*, ce qui signifie, dans la langue poétique du temps, qu'il pétille dans le verre. L'espèce de fougère dite *fougère mâle* était autrefois beaucoup employée contre le tænia ou ver solitaire, et on l'a reprise de notre temps pour le même usage.

Il existe, dans les régions tropicales, de magnifiques fougères grandes comme des arbres, dites *fougères arborescentes*. Leur tige (fig. 186), qui s'élève jusqu'à 20 mètres, a toutes les apparences extérieures d'un stipe de palmier; même elle est couronnée d'une superbe touffe de frondes, comme la plupart des palmiers sont couronnés d'une touffe de feuilles. Mais là s'arrête la ressemblance. Ce prétendu stipe, formé d'une simple écorce très dure, est vide ou rempli de parenchyme à l'intérieur.

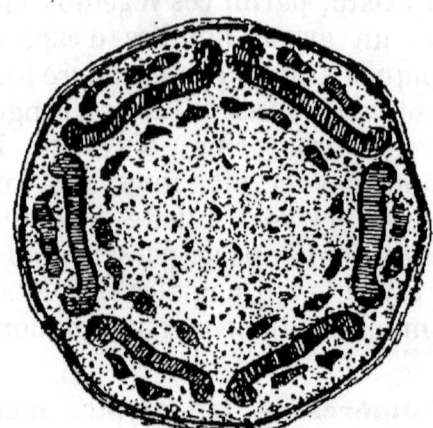

Fig. 186. Coupe d'une tige de fougère arborescente.

1037. Mousses. — Ici encore nous trouvons des racines, des tiges et même des feuilles sessiles, c'est-à-dire directement attachées sur la tige, sans l'intermédiaire d'un pétiole. On pourrait même, avec un peu de bonne volonté, voir un véritable fruit dans cette urne gracieuse des mousses (fig. 187) dont le couvercle cache un grand nombre de petites semences ou séminules, véritables graines sans cotylédon. Dans les mousses, les sporanges, organes mâles, et les anthéridies, organes femelles, sont sur des pieds distincts.

Les trois mille espèces de mousses que l'on connaît ne sont pour nous, en apparence, d'aucune utilité; mais elles rendent, en réalité, d'immenses services; car ce sont les premiers végétaux qui apparaissent sur les sols stériles. Elles décomposent le terrain et le fécondent, pour ainsi dire, en le préparant à recevoir des végétaux d'un ordre plus élevé.

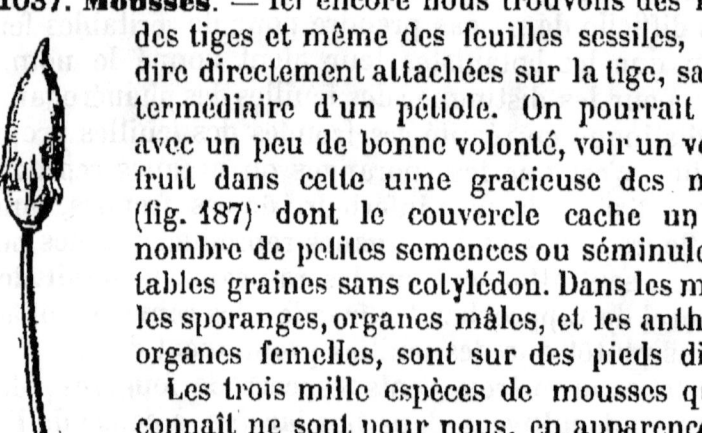

Fig. 187. Urne de mousse.

1038. Lichens. — Ici plus de racines, plus de tiges, plus de feuilles, plus de vaisseaux; au lieu de tout cela, de simples expansions foliacées, encroûtées d'une couche pierreuse et tirant de l'air seul toute leur nourriture, ce qui fait que les lichens peuvent se développer sur les rochers, sur les murs, sur les troncs des arbres, partout.

Dans le Nord, certaines espèces de lichens prennent de grandes dimensions et servent à la nourriture des rennes et de l'homme lui-même.

1039. — C'est le cas du *lichen d'Islande*, qui est aussi employé chez nous pour faire des tisanes et des pâtes pectorales. D'autres espèces de lichens, appartenant aux genres *roccelle* et *parmélie*, fournissent une matière tinctoriale, l'orseille, qui est d'une belle couleur pourpre.

1040. Champignons. — Cette famille de cryptogames continue la série des végétaux purement celluleux; mais, à mesure que nous descendons l'échelle botanique, les caractères distinctifs deviennent de plus en plus vagues et, par conséquent, il devient de plus en plus difficile de bien définir des familles de moins en moins naturelles.

Ainsi, dans la famille des champignons, on a réuni, entre autres genres : les agarics, les moisissures, l'oïdium, l'ergot et le végétal de la teigne, plantes extrêmement différentes entre elles. Nous dirons seulement quelques mots du premier de ces genres.

1041. — Dans l'*agaric comestible* ou *champignon de couche*, qui est le type du genre *agaric* (fig. 188), le vrai végétal n'est pas la partie visible, la partie comestible, qui est formée du pied et du chapeau; ce ne sont là, en réalité, que des organes reproducteurs remplaçant la fleur et le fruit dans ce cryptogame. Les spores, qui figurent les graines, sont contenues entre les lames rougeâtres disposées en rayons sous le chapeau. Le vrai végétal, enfoui en terre, est le mycélium ou blanc de champignon, qui est formé de filaments entre-croisés, et que l'on recueille pour le faire servir à reproduire le champignon.

Fig. 188.
Agaric comestible.

Quand un agaric vient à se montrer quelque part avec cette spontanéité, cette rapidité qui sont devenues proverbiales, puisqu'on dit pousser comme un champignon, c'est en réalité un agaric qui fleurit. Bientôt les spores fécondées tombent sur le sol, s'y enfouissent et s'y transforment en mycélium, c'est-à-dire en nouveaux végétaux.

L'agaric comestible est le seul champignon qu'on ait réussi à cultiver. Plusieurs espèces du même genre sont extrêmement vénéneuses ; il ne faut donc jamais manger de champignons sans les connaître parfaitement.

On recommande de traiter par les vomitifs et les purgatifs les personnes empoisonnées par les champignons, mais on ne doit jamais leur donner du vinaigre.

1042. Algues. — Nous arrivons aux plus simples des végétaux, et, par conséquent, aux plus difficiles à classer. On peut dire qu'on a rejeté en bloc, dans cette dernière famille, tous les végétaux plus ou moins élémentaires pour lesquels on n'a pu trouver une place dans les autres familles, tels que les fucus, les nostocs et les protococcus.

1043. — Les *fucus* ou *varechs*, très variés de formes, sont des plantes aquatiques qui se réduisent à des rubans foliacés ou à des expansions foliacées rappelant quelquefois, par leurs formes, les végétaux supérieurs. Les fucus rendent des services sérieux : on en fait des matelas économiques, on les emploie comme engrais, etc. Le *fucus crispé* sert à faire des tisanes. Le *fucus sargasse* envahit, dans certaines mers, des espaces de plusieurs centaines de lieues. On a mesuré des pieds qui avaient jusqu'à 100 mètres de longueur.

1044. — Les *nostocs* se réduisent à de simples masses gélatineuses qui apparaissent sur le sol après une pluie et auxquelles le peuple, embarrassé pour expliquer leur soudaine apparition, semble avoir attribué une origine burlesque en les appelant *crachats de la lune*. En réalité, quand les nostocs sont plus ou moins secs, ils se réduisent à des filaments épars, transparents, difficilement visibles ; si une pluie survient, ces filaments se gonflent, se colorent, se transforment en ces masses gélatineuses qu'on a peu poétiquement comparées à des crachats.

1045. — Les *protococcus*, végétaux réduits au dernier état de simplicité, sont, non plus des végétaux celluleux, mais de simples cellules, une sorte de farine végétale dont les grains (les cellules) se multiplient en se divisant.

Le *protococcus rouge de la neige*, espèce assez abondante parfois pour faire croire à la neige rouge, n'a qu'un trois-centième de millimètre de diamètre.

Ce genre de végétaux absolument, rigoureusement élémentaires, puisqu'ils se réduisent à la cellule, qui est l'élément unique, essentiel du végétal, clôt très naturellement la série du monde des végétaux.

QUESTIONNAIRE.

1. Quel est le caractère distinctif des végétaux de la division des cryptogames? — 2. Quelle est la nature des tissus des cryptogames? — 3. Qu'appelle-t-on spores? sporanges? anthéridies? anthérozoïdes? — 4. Quelles sont les principales familles de la division des cryptogames? — 5. Quels sont les caractères généraux des fougères et quelles sont les applications industrielles de ces plantes? — 6. Qu'appelle-t-on fougères arborescentes? — 7. Quels sont les caractères généraux et quelle est l'utilité des mousses? — 8. Quels sont les caractères généraux des lichens et les applications de quelques-unes de leurs espèces? — 9. Quels sont les caractères généraux des champignons? — 10. Quels sont les caractères des agarics et leur mode de reproduction? — 11. Quels sont les caractères généraux et les principaux genres des algues?

TROISIÈME PARTIE

MINÉRALOGIE ET GÉOLOGIE

LIVRE PREMIER

LES MINÉRAUX

PREMIÈRE SECTION

PROPRIÉTÉS GÉNÉRALES DES MINÉRAUX

1046. Définition des minéraux. — Si l'on s'en tenait à la signification propre du nom des minéraux, on pourrait croire que ce nom désigne tous les corps extraits des mines, ou, si l'on veut étendre un peu ce sens étroit, tous les corps enfouis dans le sol, signification à la fois trop vaste et trop limitée. Il y a, en effet, des minéraux liquides qui coulent à la surface du sol, et des minéraux gazeux épars dans l'atmosphère. D'autre part, il existe, dans les entrailles de la terre, des matières végétales ou même animales qui ne sont pas des minéraux proprement dits.

Pour rester dans l'exacte vérité, il faut donc dire que les minéraux, susceptibles de prendre les trois états, solide, liquide ou gazeux, sont des corps non vivants et qui n'ont jamais eu vie, ou qui, en se décomposant, ont perdu l'organisation propre aux corps vivants.

Pour cette raison, la houille, formée de végétaux à l'état fossile, n'est pas un minéral proprement dit, mais une substance minéralisée.

Un caractère commun aux minéraux et aux corps minéralisés ou, comme on dit encore, aux corps bruts inorganiques et aux corps bruts d'origine organique, c'est qu'ils ne sont pas susceptibles, comme les corps organiques privés de vie, de se décomposer spontanément, et qu'ils conservent indéfiniment leur état, si quelque cause étrangère ne vient ou les décomposer ou les faire entrer comme éléments dans quelque nouvelle combinaison.

1047. Composition chimique des minéraux. — Il existe, dans la nature, un petit nombre de corps simples, c'est-à-dire formés d'un élément unique; presque tous sont composés, c'est-à-dire formés de deux éléments ou d'un plus grand nombre.

La nature des corps en général, et des minéraux en particulier, est exactement déterminée par la nature des éléments dont se compose leur substance et par les proportions de ces éléments. Les chimistes ont donc un moyen sûr de reconnaître les minéraux, qu'il est au contraire très difficile, impossible, pour mieux dire, de distinguer les uns des autres par leurs apparences extérieures : c'est, lorsqu'il s'agit de corps simples, d'étudier leurs propriétés en les faisant entrer dans certaines combinaisons; pour les corps composés, d'isoler leurs éléments pour les reconnaître et en mesurer les proportions.

1048. Formes accidentelles des minéraux. — Les corps vivants ont la faculté de s'accroître en absorbant, transformant et associant à leur propre substance des corps étrangers; les minéraux, privés de cette faculté d'assimilation, ne peuvent s'accroître que lorsque des corps étrangers viennent se superposer à leur surface.

En outre, les corps vivants meurent, se décomposent, périssent, lorsqu'on détruit violemment leur forme générale, au lieu que la division mécanique des corps minéraux, fût-elle poussée jusqu'à la pulvérisation, n'altère nullement leur substance.

Il résulte de ces deux faits que la forme, essentielle aux corps vivants, est accidentelle chez les minéraux, et le plus souvent due à des causes de hasard.

C'est ainsi que les pierres entraînées par les eaux courantes usent leurs angles et prennent des formes arrondies (il s'agit alors de cailloux roulés); que les eaux calcaires, en séjournant dans les cavités du sol, y déposent des pierres qui prennent la forme de ces moules naturels (il s'agit alors de moulages); que les mêmes eaux, en coulant ou en séjournant autour de certains corps, les couvrent de dépôts pierreux qui en empruntent les formes (il s'agit alors d'incrustations), etc.

1049. Formes cristallines des minéraux. — Dans tout ce qui précède, il n'est question que des minéraux *amorphes*, c'est-à-dire n'ayant pas de forme propre, de forme naturelle, et prenant toutes les formes que leur donne le hasard ; mais la plupart des minéraux, tous probablement, sont susceptibles, lorsqu'ils se trouvent placés dans certaines conditions, assez rares il est vrai, de prendre des formes particulières, des formes définies, des formes régulières, des formes cristallines, comme on les appelle, qui peuvent servir à les distinguer les uns des autres.

Pas toujours cependant, et pour deux raisons : d'abord parce qu'une même forme n'est pas toujours propre à un seul minéral, que certains minéraux différents sont isomorphes, c'est-à-dire prennent les mêmes formes cristallines; en second lieu, parce que le même minéral, placé dans des conditions différentes, peut prendre deux ou même plus de deux formes cristallines différentes : c'est alors un cas de dimorphisme ou de polymorphisme. Le carbonate de chaux, pour ne citer que ce seul corps, cristallise de deux manières différentes; si bien que les minéralogistes, longtemps trompés, ont cru à l'existence de deux corps différents, et ont appelé l'un spath d'Islande, l'autre aragonite, tandis que ce ne sont en réalité, dans les deux cas, que des cristaux de pierre à chaux.

1050. Clivage. — Il existe encore une autre manière de reconnaître les espèces cristallisées, le clivage. Voici en quoi il consiste. Tout le monde a remarqué que certaines pierres, l'ardoise par exemple, ne se cassent pas au hasard, mais se divisent en lames plus ou moins régulières. Il se passe quelque chose de semblable quand on brise un cristal avec quelque précaution. Le corps, en ce cas, se divise en petites tables dont la forme varie souvent d'un cristal à l'autre, ce qui permet de reconnaître à quelle espèce minérale ils appartiennent.

1051. Couleur des minéraux. — La couleur est encore un bon moyen de reconnaître les minéraux; elle ne permet pas de confondre l'émeraude, qui est verte, avec le rubis, qui est rouge; avec le diamant, qui est incolore, etc. Mais ce n'est pas un moyen entièrement sûr, d'abord parce que plusieurs minéraux ont la même couleur, le rubis et le grenat par exemple; ensuite parce que certains minéraux sont susceptibles de prendre, en certaines occasions, des teintes autres que leur couleur naturelle : c'est ainsi qu'à côté du diamant incolore on rencontre, dans la nature, des diamants jaunes et des diamants noirs.

1052. Éclat des minéraux. — Il ne faut pas confondre l'éclat avec la couleur. La couleur, ainsi que l'expliquent les physiciens, est produite par la façon dont les corps se comportent avec les rayons du prisme, absorbant les uns et réfléchissant les autres. Le saphir est bleu, parce qu'il absorbe, éteint, si l'on veut, les rayons violets, indigos, verts, jaunes, orangés, rouges, et réfléchit les seuls rayons bleus. L'éclat, c'est la manière particulière dont la lumière fait briller la surface des corps plus ou moins polis, lorsqu'elle est réfléchie par eux. On dit, par exemple, qu'un corps a l'éclat métallique, ou vitreux, ou résineux, gras, nacré, soyeux, selon qu'il brille à la façon d'un métal poli, du verre, de la résine, de la cire, de la nacre ou de la soie.

1053. Poids spécifiques des minéraux. — Le poids spécifique est, pour les corps solides et liquides, le poids d'un volume donné de ce corps comparé à celui d'un même volume d'eau. C'est ainsi que 1 centimètre cube d'eau pesant 1 gramme, le poids du platine, pour un même volume, est 19,5, celui de l'or 19,26, celui du plomb 11,3523, celui de l'argent 10,17, celui du fer 7,788, celui de l'aluminium 2,56, celui du cœur de chêne 1,17, celui de l'huile d'olive 0,915, etc., etc., ce qu'on exprime en disant que la densité du platine est 19,5, celle de l'or 19,26, etc.

1054. Dureté des minéraux. — La dureté, enfin, est un des meilleurs caractères distinctifs des minéraux. On dit qu'un corps est plus dur qu'un autre lorsque le premier raye le second et que le second ne peut rayer le premier.

Le stras ressemble beaucoup au diamant; mais avec le diamant on peut rayer le stras et avec le stras on ne saurait rayer le diamant, ce qui suffit pour qu'on puisse les distinguer l'un de l'autre.

QUESTIONNAIRE.

1. Quel est le sens du mot minéral? — 2. Qu'est-ce qu'un minéral proprement dit? — 3. Qu'est-ce qu'un corps minéralisé? — 4. Qu'est-ce qu'un corps simple? composé? — 5. Comment détermine-t-on, par la chimie, la nature des minéraux? — 6. Qu'appelle-t-on formes accidentelles des minéraux? — 7. Qu'appelle-t-on formes cristallines des minéraux? minéraux amorphes? isomorphisme? dimorphisme? polymorphisme? — 8. La couleur est-elle un moyen sûr de distinguer les espèces minérales? — 9. Qu'appelle-t-on éclat? éclat métallique? vitreux? résineux? gras? nacré? soyeux? — 10. Qu'appelle-t-on poids spécifique et comment le poids spécifique sert-il à distinguer les minéraux? — 11. Comment compare-t-on la dureté des divers corps?

DEUXIÈME SECTION

LES PRINCIPAUX MINÉRAUX

1055. Classification des minéraux. — Les minéraux, qui sont dépourvus d'organes et ne diffèrent par conséquent entre eux que par la nature et les proportions de leurs éléments, sont bien plus difficiles à distinguer et à classer que les plantes et les animaux. Nous adopterons, selon un système assez généralement suivi, cinq classes de minéraux : minéraux combustibles, pierres, minéraux alcalins, métaux et minerais, corps minéraux d'origine organique.

CHAPITRE PREMIER

MINÉRAUX COMBUSTIBLES

1056. Soufre. — Le soufre est un corps jaune pâle ou légèrement verdâtre, que l'on trouve souvent à l'état natif, c'est-à-dire naturellement pur, au voisinage des volcans. On l'emploie en médecine contre diverses maladies de la peau à la destruction d'une maladie de la vigne, l'oïdium ; à la fabrication de la poudre et des allumettes, etc., etc.

1057. Arsenic. — Ce corps, classé maintenant par beaucoup de minéralogistes parmi les métaux, a, en effet, l'éclat métallique quand il a été fraîchement divisé, mais noircit rapidement à l'air et prend un aspect terreux. C'est un poison redoutable. L'acide arsénieux, combinaison d'arsenic et d'oxygène, est encore plus dangereux que l'arsenic lui-même. L'arsenic est employé en médecine et dans diverses préparations industrielles.

1058. Hydrogène. — C'est un corps gazeux, incolore, inodore, qu'on trouve très rarement à l'état libre dans la nature, mais qui se rencontre, associé à d'autres corps, dans presque tous les minéraux.

1059. Eau. — L'eau, qui est un des minéraux les plus importants, se trouve sur notre globe dans les trois états que peuvent prendre les corps : liquide, dans les mers, les lacs et les cours d'eau ; solide, sous forme de glaces perpétuelles, dans les régions polaires, et de neiges éternelles, sur les hautes montagnes ; gazeux enfin, à l'état de vapeur, dans l'atmosphère.

L'eau liquide ou solide n'est presque jamais pure et contient fréquemment divers sels en dissolution auxquels l'eau de mer doit sa salure, les eaux minérales la plupart de leurs propriétés médicinales, etc. L'eau se trouve aussi en combinaison dans certains corps solides qu'on appelle, pour cette raison, des corps hydratés, c'est-à-dire associés à l'eau. C'est le cas du gypse ou pierre à plâtre, que l'on transforme en plâtre en le débarrassant de l'eau qu'il contient.

1060. Hydrogène sulfuré. — Associé au soufre, l'hydrogène devient de l'*hydrogène sulfuré*, corps gazeux, incolore, exhalant une odeur d'œufs pourris. On trouve l'hydrogène sulfuré dans plusieurs eaux minérales, l'eau d'Enghien par exemple, qui lui doit son odeur nauséabonde et ses propriétés. L'hydrogène sulfuré se dégage du sol aux environs de beaucoup de volcans.

1061. Carbone. — Le carbone est un corps solide extrêmement abondant dans la nature et que l'on y rencontre à l'état pur sous deux formes différentes : le diamant et le graphite.

1062. Diamant. — Le *diamant* est du carbone cristallisé ; c'est le plus dur de tous les corps. Il est généralement incolore, transparent, limpide ; mais il y a aussi des diamants noirs et opaques, des diamants transparents colorés en jaune, en rose, en bleu ou en vert. Le diamant incolore est le plus estimé de tous dans la joaillerie. On le récolte avec le plus grand soin dans les terrains d'alluvion du Brésil, de l'Afrique, de la Sibérie, etc. Les plus gros diamants que l'on ait trouvés ne pesaient pas plus de 135 grammes, et comme leur forme est toujours très irrégulière, la taille qu'on est obligé de leur faire subir diminue beaucoup leur poids.

1063. Graphite. — Le nom de *graphite* a été donné à ce carbone parce qu'il sert à fabriquer des crayons (*graphein*, en grec, veut dire écrire, dessiner). On l'appelle aussi *plombagine* et *mine de plomb*, à cause de sa couleur gris de plomb, et bien qu'il n'y ait pas trace de plomb dans ce minéral. Le graphite est un carbone tendre, un peu onctueux et doux au toucher, laissant des taches sur les objets avec lesquels on le met en contact. On le trouve dans certaines mines, notamment en Sibérie et dans le Cumberland. Il sert, comme nous venons de le dire, à fabriquer des crayons dits de mine de plomb ; à lubréfier les machines en bois pour en faciliter le glissement ; à préserver le fer de la rouille ; à faire des creusets complètement infusibles, etc.

1064. Acide carbonique. — En se combinant avec l'oxygène, le carbone, qui est un corps solide, produit un gaz, l'acide carbonique, qu'on rencontre en petites quantités dans l'atmosphère ; qui existe à l'état gazeux au fond de certains puits et dans les mines abandonnées ; qui se dégage du sol de certaines cavernes, et notamment de la fameuse caverne du Chien, près de Naples. Un homme peut séjourner impunément dans cette caverne, parce que sa haute taille le met à l'abri du gaz délétère, qui, étant plus lourd que l'air, ne s'élève pas bien haut au-dessus du sol ; mais si un chien pénètre dans la grotte, il ne tarde pas à être asphyxié.

On trouve encore l'acide carbonique en dissolution dans certaines eaux minérales, celle de Seltz, par exemple, dans la vallée du Rhin. Comme ces eaux gazeuses ont de remarquables propriétés digestives, on fabrique aujourd'hui des eaux de Seltz artificielles, en dissolvant de l'acide carbonique dans l'eau ordinaire.

1065. Hydrogène carboné. — La combinaison du carbone et de l'hydrogène donne un gaz inflammable, identique au gaz d'éclairage et qu'on rencontre malheureusement dans les mines de houille, où il est connu sous le nom de grisou. Quand ce gaz est seul, il brûle doucement et sans produire aucun phénomène particulier ; mais s'il est mélangé à une certaine quantité d'air, il occasionne des explosions terribles, souvent funestes aux malheureux mineurs. Les lampes de sûreté, inventées par Davy, sont chargées de les préserver ou tout au moins de les avertir ; mais elles sont plus d'une fois impuissantes.

CHAPITRE II

PIERRES

1066. Pierres alumineuses. — L'alumine ou oxyde d'aluminium, que nous retrouverons plus loin sous des états très variés, n'existe à l'état pur que dans quelques pierres précieuses et dans l'émeri.

1067. Corindon. — On n'est pas bien d'accord sur l'étendue qu'il convient de donner à ce nom. Certains minéralogistes ne l'appliquent qu'à une pierre vitreuse, transparente, incolore, qui est la plus dure de toutes les pierres après le diamant ; d'autres considèrent le *rubis* comme un corindon rouge, le *saphir* comme un corindon bleu, la prétendue *topaze orientale* comme un corindon jaune, et même l'*émeri*, qui sert à polir les métaux, comme un corindon opaque et granuleux.

1068. Pierres siliceuses. — Silex. — La silice ou acide silicique est un des corps les plus abondants de la nature. Elle est la base des diverses pierres très dures connues sous le nom de *silex*, pierres dont on fait des trottoirs, des meules de moulin, etc., et avec lesquelles les hommes de l'âge de pierre, ne connaissant pas encore l'usage des métaux, façonnaient des haches, des flèches, des lances, des couteaux, toutes sortes d'instruments tranchants extrêmement grossiers.

1069. Quartz. — La silice pure, incolore, vitreuse s'appelle du *quartz*; quand elle est cristallisée, c'est du *cristal de roche* (fig. 189). Si le quartz est plus ou moins translucide sans être transparent, on lui donne le nom d'*agate*. Les agates sont de très belles pierres, dont les couleurs sont le plus souvent fort agréablement variées. Il en existe même qui contiennent dans leur masse des dessins imitant des rameaux d'arbres et qu'on appelle, pour cette raison, des agates arborisées (fig. 190).

Fig. 189. Cristaux de quartz.

1070. — Le *jaspe*, qui est une variété de quartz complètement opaque, n'est guère moins brillant que l'agate et a, comme elle, des teintes variées à l'infini.

1071. — Le *grès*, dont on fait des pierres et des meules à aiguiser, n'est pas du quartz pur, mais un amas de grains de quartz unis par un ciment calcaire. L'*opale*, aux teintes si douces, d'un bleu laiteux dans l'espèce commune, n'est que du quartz additionné d'eau. On trouve parfois de vrais troncs d'arbres qui ont été pénétrés par la silice et se sont transformés en opale; c'est ce qu'on appelle des bois opalisés.

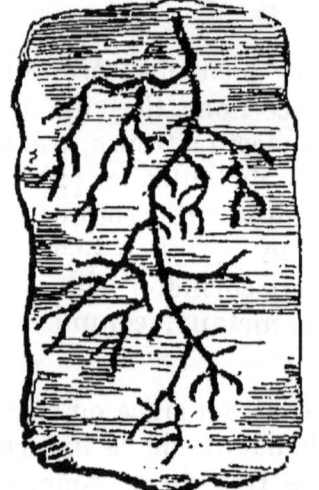

Fig. 190. Agate arborisée.

1072. Silicates alumineux. — Cette série de pierres constitue très certainement une des plus intéressantes familles de minéraux, par le nombre, la variété des espèces qu'elle contient et la beauté de plusieurs d'entre elles.

1073. Argile. — On y trouve l'*argile*, matière extrêmement abondante dans la nature et infiniment précieuse, puisqu'elle sert à fabriquer les briques et tous les genres de poteries. Il existe, du reste, un grand nombre de variétés d'argiles, notamment : l'*argile commune*, avec laquelle on fait les briques et les poteries grossières ; la *terre de pipe*, qui est une argile fine et blanche ; le *kaolin*, qui sert à la fabrication de la porcelaine ; la *terre à foulon*, argile calcarifère servant au dégraissage des draps ; la *pierre à détacher*, qui est une autre argile calcarifère, etc., etc.

1074. Mica. — Quand les silicates d'alumine sont en feuillets minces, élastiques, transparents, ordinairement superposés en plus ou moins grand nombre, on les appelle du *mica*, ce qui veut dire corps brillant. Il y a, du reste, des micas de toute couleur : blanc, jaunâtre, rose, rouge, violet, vert, noir, etc., sans compter le mica incolore, qui est le plus commun. Les anciens faisaient des carreaux de vitre avec du mica. Aujourd'hui cette matière est sans grande application ; on en fait cependant des verres de lampe qui ne cassent pas au feu, des rapporteurs pour le dessin linéaire et même, en certains pays, des carreaux de vitre pour les vaisseaux.

1075. Talc. — C'est une matière onctueuse, grasse au toucher, de couleur blanchâtre, grisâtre ou verdâtre, et que l'on trouve en feuillets ou en paillettes comme le mica.

Fig. 191.
Staurotide cristallisée.

1076. Feldspath. — Le *feldspath*, naturellement blanc, est souvent coloré par des corps étrangers.

1077. Staurotide. — Substance brune, tantôt transparente, tantôt opaque, surtout remarquable par la forme de ses cristaux, qui ressemblent à des croix (fig. 191).

1078. Émeraude. — L'émeraude, presque toujours

cristallisée, est une des pierres précieuses les plus estimées, l'émeraude verte surtout, et particulièrement celle qui nous vient du Pérou, laquelle est presque aussi chère que le diamant. Il y a des émeraudes de toutes couleurs, notamment des émeraudes bleues, qu'on appelle des aigues-marines, et des émeraudes d'un vert jaunâtre, auxquelles on donne le nom de béryls.

1079. Topaze. — C'est aussi une belle pierre employée en joaillerie. La variété ordinaire est d'un très beau jaune.

1080. Granit. — On le rencontre par grandes masses. Mélange très dur de quartz, de feldspath et de paillettes de mica, il est employé à faire des trottoirs qui durent éternellement. Les Égyptiens en faisaient des statues et des obélisques, qui, après un très grand nombre de siècles, n'ont rien perdu ni de leurs arêtes, ni des fines gravures dont on les avait couverts.

1081. Silicates magnésiens. — Stéatite. — Cette pierre est souvent confondue avec le talc, parce qu'elle est, comme lui, grasse et onctueuse au toucher. Elle est vulgairement connue sous le nom de *craie de Briançon*. Les tailleurs s'en servent pour tracer des raies blanches sur le drap avant de le découper; les cordonniers en frottent l'intérieur des bottes pour faciliter le glissement du pied.

1082. Amphibole. — Cette pierre est tantôt blanche, tantôt verte, tantôt noire. C'est à cette espèce qu'appartiennent l'*asbeste* et l'*amiante*, qu'on trouve en filaments soyeux et dont les anciens faisaient des tissus incombustibles. On en fait aujourd'hui des mèches de lampes qui durent toujours.

1083. Serpentine. — La *serpentine*, ainsi dite parce qu'elle est souvent tachetée comme une peau de serpent, est une matière tendre, douce au toucher, mais assez résistante. On en fait de fort beaux ouvrages : vases, dessus de tables, colonnettes, socles, etc. Sa couleur varie du vert au noir et au brun.

1084. Pierres calcaires. — Les pierres formées uniquement de carbonate de chaux, ou qui ont le carbonate de chaux pour base principale, sont de beaucoup les plus abondantes de la nature et rendent à l'homme les services les plus signalés. Nous rencontrons ici la plupart des matériaux qui servent à la construction de nos maisons et de nos monuments. On reconnaît la chaux carbonatée à ce caractère qu'elle fait effervescence, qu'elle bouillonne dans

Fig. 192. Stalactites et stalagmites.

le vinaigre, qui a la propriété de la décomposer en mettant en liberté l'acide carbonique; aussi faut-il bien se garder de laisser séjourner du vinaigre sur le marbre des meubles ou des cheminées.

La chaux carbonatée se dissout dans les eaux qui contiennent de l'acide carbonique; or, lorsque les sources souterraines qui contiennent de ce gaz et du carbonate de chaux dissous viennent au grand air, le gaz se dégage, le carbonate de chaux cesse alors d'être soluble, se précipite, et il se forme une couche de pierre. C'est ainsi que s'expliquent les incrustations pierreuses dont certaines sources, comme la fontaine de Saint-Allyre, couvrent les objets qu'on plonge dans leurs eaux; les stalactites (fig. 192), qui pendent en forme de glaçons aux voûtes des grottes d'où suintent des eaux calcaires, et les stalagmites (fig. 192), qui s'amassent sur le sol en forme de mamelons.

Enfin, quand on chauffe les carbonates de chaux, ils perdent de l'acide carbonique et se transforment en chaux : c'est tout le secret de la fabrication de la chaux, dont on se sert pour faire des mortiers et que l'on obtient en cuisant des pierres calcaires dans des fours spéciaux, dits fours à chaux.

1085. Calcaire ou pierre à bâtir. — Il en existe beaucoup de variétés plus ou moins dures, d'un grain plus ou moins fin, de couleur variable entre le blanc pur et le gris. Comme elles se taillent généralement au marteau ou se découpent à la scie avec plus ou moins de facilité, et que souvent elles ont la propriété de durcir à l'air en vieillissant, elles servent presque seules aux grandes constructions et rendent d'immenses services.

1086. Marbre. — C'est un carbonate de chaux à demi cristallisé, à moitié translucide, prenant un poli très brillant. Il en existe des variétés infinies : jaune antique, jaune de Sienne, rouge antique, noir, vert, bleu, etc. Quand il est d'un beau blanc, comme ceux de Paros et de Carrare, il sert à faire des statues ; les autres sont généralement employés à la décoration des édifices.

1087. Albâtre. — Il s'agit ici de l'albâtre calcaire, qui est une belle pierre très dure, prenant un magnifique poli, et dont on fait des vases, des statuettes, etc. ; il ne faut pas le confondre avec l'albâtre gypseux, pierre blanche et molle dont les Italiens font de petits monuments enfantins ornés de clinquant.

1088. Marne. — Nous plaçons cette espèce à la suite des calcaires, bien que ce ne soit pas un pur carbonate de chaux, mais un mélange de calcaire et d'argile. La marne est un précieux amendement pour les terres, car elle leur fournit à la fois deux des trois éléments qui sont nécessaires à la végétation.

1089. Sulfates. — La chaux combinée avec l'acide carbonique donne les carbonates dont nous venons de parler; avec l'acide sulfurique, elle forme les sulfates, corps beaucoup moins nombreux, beaucoup moins importants, mais dont un au moins mérite de nous arrêter.

1090. Gypse ou pierre à plâtre. — Cette pierre, assez commune dans la nature, est du sulfate de chaux hydraté. Quand on l'a chauffée dans les fours à plâtre, elle est privée de son eau et ne possède plus aucune consistance; mais si alors on la pulvérise et qu'on lui rende l'eau qu'elle avait perdue, elle reprend sa nature de pierre. C'est une pierre peu dure, il est vrai, peu résistante, mais d'une belle couleur blanche, et qui rend de grands services pour les constructions intérieures, à cause de la facilité que l'on a de la mouler, de la travailler à la truelle, au lieu de la tailler péniblement comme on est obligé de faire pour les pierres calcaires.

1091. Albâtre gypseux. — Ce faux albâtre, dont nous avons déjà dit un mot à propos du vrai, n'est autre chose que du gypse ayant subi un commencement de cristallisation. Il est mou comme le gypse commun, demi-translucide comme le marbre.

1092. Phosphates. — Phosphate de chaux. — Ce minéral est loin d'être aussi abondant dans la nature que le carbonate et même le sulfate de chaux. On exploite avec soin les trop rares gisements de cette matière, pour la faire servir à l'amendement des terres. Les os des vertébrés (les nôtres, par conséquent) sont du phosphate de chaux.

1093. Apatite. — On l'a prise longtemps pour une espèce particulière; mais ce n'est qu'une variété cristalline de phosphate de chaux, assez belle pour avoir été rangée au nombre des pierres précieuses.

1094. Phosphate d'alumine. — La *turquoise*, qui est un phosphate d'alumine, est une pierre précieuse estimée, bien qu'elle soit opaque, à cause de sa belle couleur bleu verdâtre. On trouve des dents et des os de mammifères dans lesquels l'alumine a remplacé la chaux, et qui sont devenus du phosphate d'alumine, de véritables turquoises.

CHAPITRE III

MINÉRAUX ALCALINS

1095. — Nous ne rangeons dans cette classe que les minéraux qui contiennent ce qu'on appelait autrefois des alcalis, c'est-à-dire de la soude, de la potasse ou de l'ammoniaque.

1096. Soude. — La soude ou oxyde de sodium (combinaison d'oxygène et d'un métal appelé sodium) a de nombreuses applications dans diverses industries, notamment dans la fabrication des savons et du verre. On la trouve à l'état naturel, sous le nom de *natron*, en Hongrie, en Arabie, dans l'Inde, en Égypte surtout. On l'a longtemps extraite des plantes marines, qui en contiennent de grandes quantités; mais on préfère maintenant la fabriquer de toutes pièces avec du sel marin.

1097. Chlorure de sodium, sel marin ou sel de cuisine. — C'est un sel incolore, bien connu de tout le monde, à cause du grand usage que l'on en fait dans la préparation des aliments. Il se trouve en quantités immenses dans les eaux de la mer, des lacs salés, des sources salées, d'où on l'extrait par évaporation; il en existe, sous le sol, de véritables mines. Le sel de cuisine de cette dernière provenance est vendu sous le nom de *sel gemme*.

1098. Borate de soude ou borax. — En dehors du borax qu'on sait aujourd'hui fabriquer par des moyens artificiels, on trouve des gisements de ce sel dans l'Inde, en Perse, en Tartarie. Le borax a une propriété curieuse fort utilisée par les chimistes, les métallurgistes, les essayeurs du commerce, etc.: c'est de rendre fusibles, à une température relativement basse, les métaux auxquels on l'associe. Ce n'est qu'à l'aide du borax qu'on peut obtenir certaines soudures métalliques. Les corps qui possèdent cette propriété s'appellent des fondants; le borax est le plus précieux de tous.

1099. Potasse. — La potasse ou oxyde de potassium ne se trouve pas à l'état isolé; mais elle existe dans toutes les matières végétales, et on la trouve en quantité importante dans les cendres des végétaux, ce qui explique comment on peut préparer la lessive (solution de potasse) avec les cendres de bois. Quand la potasse est débarrassée de l'acide carbonique, auquel elle est naturellement associée, on l'appelle potasse caustique (potasse brûlante).

1100. Azotate de potasse ou salpêtre. — Associée à l'acide azotique, ou nitrique, comme on disait autrefois, la potasse donne de l'*azotate* ou *nitrate de potasse*, communément appelé *salpêtre* (sel de pierre). On trouve un peu de salpêtre en efflorescence sur les murs des caves, sur les fumiers en fermentation, etc.; mais il en existe de grandes exploitations en Perse, en Arabie, en Égypte. Mêlé au soufre et au charbon, il constitue la poudre de chasse et de guerre.

1101. Sel ammoniac ou chlorhydrate d'ammoniaque. — Quand ce gaz suffocant, qu'on appelle l'ammoniaque et qui se dégage des urines et de certaines matières en putréfaction, vient à se combiner avec l'acide chlorhydrique, il en résulte un sel appelé sel ammoniac ou chlorhydrate d'ammoniaque. Ce sel se trouve tout formé dans les laves des volcans en activité et dans les mines de houille; mais l'industrie a trouvé depuis très longtemps le secret de le produire artificiellement, puisque son nom lui vient des fabriques autrefois établies en Libye, dans les environs du temple de Jupiter Ammon.

CHAPITRE IV

MÉTAUX ET MINERAIS

1102. Nature et utilité des métaux. — L'une des plus grandes difficultés de la chimie et de la minéralogie actuelles est la définition des métaux, et nous sommes contraint de les définir ici par des caractères qui passent aujourd'hui pour incertains et insuffisants, mais qui s'appliquent à la généralité des métaux dont nous aurons à parler dans ce chapitre.

Tel est l'éclat spécial des métaux, qu'on appelle *éclat*

métallique, chose qu'on ne saurait définir en elle-même, mais qu'on se représente fort bien quand on se rappelle l'éclat, la façon de briller du fer, du cuivre, de l'or, de l'argent, etc.

Telle est la *malléabilité*, caractère qui fait défaut à certains métaux nouveaux, mais qui était commun à tous les métaux anciens, le mercure excepté. La malléabilité consiste en ce que les corps qui en sont doués peuvent s'étendre plus ou moins, sans rompre, sous le marteau.

Telle est encore la *ductilité*, qui n'est qu'une autre forme de la malléabilité. Elle consiste en ce que les métaux qui la possèdent peuvent être étirés, sans rompre, en fils plus ou moins ténus.

Nous allons parcourir rapidement les principaux métaux et leurs principaux minerais, c'est-à-dire les principales substances dans lesquelles on les trouve engagés. Les métaux qu'on trouve isolés, c'est-à-dire séparés de toute autre matière, s'appellent des métaux natifs.

1103. Antimoine. — C'est un de ceux précisément que l'on rencontre à l'état natif. Il est blanc comme l'argent. En dehors de la médecine, qui le fait entrer dans la préparation de certains remèdes, son principal usage consiste à le fondre avec du plomb, pour en fabriquer des caractères d'imprimerie. Cet alliage a la propriété de fondre à basse température.

1104. Étain. — Ce métal, peu dur, mais remarquablement malléable, a une couleur qui, avec moins d'éclat, rappelle celle de l'argent. Il est très précieux pour couvrir le fer et le cuivre d'une couche inoxydable. Il ne se rencontre jamais à l'état natif.

1105. Cassitérite. — C'est l'oxyde naturel d'étain et le principal des minerais d'où l'on extrait le métal. Il en existe des mines abondantes en Angleterre. Celles de Malacca, dans l'Inde, sont les plus célèbres et donnent l'étain le plus pur.

1106. Manganèse. — Ce métal, qui ressemble au fer et a même été longtemps confondu avec lui, n'existe pas non plus à l'état natif.

1107. Pyrolusite ou peroxyde de manganèse. — C'est à peu près le seul minerai de manganèse. Il est gris d'acier, avec un éclat métallique prononcé. Sa poussière est noire. Il sert à la préparation du chlore et de l'eau de javelle, et rend de grands services dans les laboratoires de chimie.

1108. Fer. — Nous n'avons pas à insister beaucoup sur les propriétés de ce métal. Le fer, qu'on emploie en trois états différents, fer pur, fonte et acier, et qu'on rend ainsi à volonté admirablement dur, susceptible d'être moulé, forgé, limé, etc., est d'une ténacité incomparable et il durerait toujours s'il n'avait un ennemi, la rouille, dont on peut, du reste, le préserver à l'aide de quelques précautions. Aussi le fer est-il la matière industrielle par excellence, celle à laquelle l'espèce humaine doit la plupart de ses progrès.

Le fer natif est extrêmement rare ; on ne le trouve que dans les aérolithes qui ont été travaillés par le feu, et dans quelques houillères qui sont restées longtemps embrasées. Le feu seul, en effet, peut débarrasser le fer de l'oxygène, auquel il s'allie avec une extrême facilité, ce qui revient à dire qu'il se transforme très aisément en rouille ou oxyde de fer.

1109. Aimant ou fer oxydé magnétique. — Ce minerai, qui a la propriété si connue d'attirer le fer, fournit le métal le plus pur et le plus estimé. Il en existe des mines en Suède et en Norvège.

1110. Pyrite martiale ou sulfure de fer. — C'est un minerai très abondant, et d'autant plus précieux qu'il est très facile à traiter, qu'on a, en d'autres termes, très peu de peine à en extraire le métal.

1111. Sidérose ou fer carbonaté. — Il n'en est pas de même de celui-ci, dont le traitement est très difficile, et qui n'a jamais pu donner qu'un fer très impur, très peu estimé, tant qu'on n'a pas connu les moyens de fusion très puissants que l'on possède aujourd'hui.

1112. Fer oligiste ou peroxyde de fer. — Comme il n'y a ici que l'oxygène à chasser, le traitement est plus facile ; aussi ce minerai, qui est abondant en Suède, dans l'île d'Elbe et même dans notre pays, si pauvre en minerais, est-il l'objet d'une importante exploitation.

Quand le fer oligiste est associé à l'argile, il forme avec elle, suivant les proportions du mélange, de la sanguine, dont on fait des crayons rouges, ou de l'hématite, pierre rouge très dure avec laquelle on façonne des brunissoirs.

1113. Limonite ou peroxyde de fer hydraté. — Ce minerai, non moins précieux que le précédent, n'en diffère que par de l'eau qu'il contient en plus. La France et l'Italie surtout en possèdent d'assez grandes quantités. Associée à l'argile, la limonite forme la terre d'Italie, la terre d'Ombre, la terre de Sienne, trois matières employées par les peintres.

1114. Zinc. — Ce métal, d'un gris peu agréable, médiocrement malléable, presque pas ductile, peu tenace, a des qualités précieuses : il fond à une température peu élevée; s'extrait de ses minerais sans grande peine; se travaille, se lamine surtout très aisément; ne s'oxyde que superficiellement et se conserve longtemps, protégé qu'il est par la couche d'oxyde. Aussi est-il d'un grand usage pour la préparation des fers dits galvanisés, c'est-à-dire couverts d'une couche protectrice de zinc; pour la fabrication de nombreux ustensiles et surtout de couvertures d'édifices à la fois légères, durables et économiques.

Le zinc n'existe pas à l'état natif.

1115. Blende ou sulfure de zinc. — Ce minerai, de couleur brune ou jaunâtre, contient jusqu'à 60 pour 100 de métal. Il est l'objet d'une exploitation sérieuse.

1116. Calamine ou zinc carbonaté. — C'est le minerai qu'on exploite dans les mines célèbres de la Vieille-Montagne, près d'Aix-la-Chapelle, et aussi à Figeac et à Uzès, en France.

1117. Cuivre. — Ce métal rouge, universellement connu, est, après le fer, le plus employé de tous. Il a même été connu et travaillé avant le fer, parce qu'il est plus facile à fondre. Le cuivre est médiocrement dur, mais on augmente sa dureté en l'alliant au zinc pour le transformer en laiton, ou à l'étain pour en faire du bronze.

Le cuivre, à l'état naturel, a d'autres inconvénients que sa mollesse : il a une odeur désagréable; facilement attaqué par tous les acides, il donne avec eux des sels, carbonate, acétate, etc., connus sous le nom général de vert-de-gris, et qui rendent dangereux les ustensiles de cuivre employés à la cuisine, lorsqu'ils ne sont pas soigneusement étamés.

MINÉRALOGIE ET GÉOLOGIE 323

Le cuivre, le laiton, le bronze rendent de grands services dans la construction des machines, l'exécution des œuvres d'art, la fabrication des monnaies. Quoique le cuivre soit très mou, on l'allie à l'or et à l'argent pour leur donner de la dureté; car ces alliages sont bien plus durs que chacun des métaux qui les composent.

1118. Malachite ou cuivre carbonaté. —Cette matière, d'un vert splendide, sert à faire des vases, des dessus de cheminées, de petits meubles, etc., etc., d'un prix très élevé.

1119. Plomb. — Ce métal, peu malléable, très lourd, très mou, donne, quand il est en contact avec les acides, des sels très dangereux; il est cependant fort employé dans diverses industries, parce qu'il fond à basse température, qu'il est très abondant en un grand nombre de contrées, et qu'il se vend moins cher qu'aucun autre métal. On ne rencontre pas ou presque pas de plomb à l'état natif.

1120. Galène ou plomb sulfuré. — C'est le principal minerai de plomb, celui qui est le plus exploité. L'Angleterre est particulièrement riche en mines de galène.

1121. Bismuth. — Ce métal, qu'on ne trouve presque qu'à l'état natif, a été longtemps confondu tantôt avec l'étain, tantôt avec le plomb. Il est assez rare et peu employé. On s'en sert principalement pour préparer ce qu'on appelle le *métal de Darcet*, curieux alliage de bismuth, de plomb et d'étain, qui fond à une température inférieure à celle de l'eau bouillante. En plaçant dans les parois des chaudières des plaques dites de sûreté faites avec l'alliage de Darcet, on prévient tous les dangers des coups de feu, parce que la plaque fond et la vapeur s'échappe avant que la chaudière puisse être chauffée à une température dangereuse.

1122. Mercure. — C'est le seul métal liquide à la température ordinaire. On l'emploie dans les thermomètres, les baromètres, les cuves à mercure pour les laboratoires de chimie; il sert aussi à l'étamage des glaces, etc. On le trouve assez fréquemment à l'état natif.

1123. Cinabre ou sulfure de mercure. — Ce minerai, rouge ou brun, est employé en peinture. On en extrait facilement le métal en le chauffant.

1124. Argent. — D'une belle couleur blanche, d'un éclat magnifique quand il est poli, très ductile, très commode à travailler, l'argent est compté au nombre des métaux précieux. On en fait de la monnaie, de la vaisselle dite vaisselle plate (*plata*, en espagnol, veut dire argent), des objets d'art, des bijoux, etc. On argente, c'est-à-dire on couvre d'une mince couche d'argent les métaux plus communs auxquels on veut donner l'aspect de l'argent. On ne trouve que de petites quantités d'argent natif.

1125. Argyrose ou argent sulfuré. — C'est le principal minerai d'argent, bien qu'il ne se présente jamais en masses considérables. Il contient environ 87 pour 100 de métal.

1126. Or. — L'or, qui a tous les usages de l'argent, mais qui est beaucoup plus beau et environ quinze fois plus cher, est d'une couleur jaune magnifique. Il n'est pas très dur, surtout quand il n'est pas allié au cuivre; mais il est admirablement ductile et malléable. On le rencontre presque toujours à l'état natif, en petites paillettes charriées avec les sables des rivières.

1127. Platine. — Ce métal, dont la couleur, d'un blanc un peu gris, n'est pas des plus agréables, doit son prix extrêmement élevé à sa grande rareté d'abord, ensuite à sa résistance au feu, laquelle permet d'en faire de petites chaudières, de petits alambics, de petits creusets que l'on peut considérer comme infusibles. C'est aussi le plus lourd de tous les métaux. Les Russes ont une monnaie de platine.

CHAPITRE V

MINÉRAUX D'ORIGINE ORGANIQUE

1128. Nature des minéraux de cette classe. — Nous réunissons sous ce titre des corps qui ne sont pas des minéraux proprement dits, si l'on réserve ce nom aux corps qui n'ont subi aucun travail d'organisation. La plupart des substances dont nous avons à parler ici sont d'origine végétale, et beaucoup d'entre elles ont été soumises à un travail naturel de carbonisation analogue à celui que les bûcherons, dans les forêts, font subir aux bois pour les transformer en charbons. Ces substances peuvent donc être définies des charbons naturels, charbons très impurs pour la plupart.

1129. Anthracite. — C'est un charbon presque pur, presque entièrement dépourvu de matières volatiles, d'hydrogène, et, pour cette raison, brûlant très difficilement. En l'introduisant par grandes masses dans des fours de forme particulière, on réussit aujourd'hui à tirer de l'anthracite un excellent parti dans les fonderies ; car il donne des températures très élevées. Il existe des mines d'anthracite entre Nantes et Angers.

1130. Houille. — Tout le monde connaît le *charbon de terre*, qui rend d'immenses services, comme combustible, dans l'industrie et dans l'économie domestique. Il en existe des gisements immenses en Angleterre, en Allemagne, en Belgique et même en France.

Riche en hydrogène, la houille brûle aisément et sert, en outre, à la fabrication du gaz d'éclairage, qui n'est que de l'hydrogène associé à un peu de carbone. En la distillant, c'est-à-dire en la chauffant sans la brûler, on décompose la houille en gaz et en coke. Le coke est du charbon à peu près pur.

1131. Lignite. — C'est de la houille maigre, c'est-à-dire presque dépourvue de parties bitumineuses. Il a, du reste, les mêmes usages que la houille, bien que brûlant un peu difficilement. Le lignite est assez abondant en France.

1132. Tourbe. — D'origine plus récente que la houille, la tourbe représente un amas de végétaux herbacés dans un état de carbonisation incomplète. C'est un médiocre combustible, contenant beaucoup d'eau, donnant peu de chaleur et beaucoup de fumée. La tourbe n'en est pas moins exploitée très activement, en France, dans la vallée de la Somme, où elle est fort abondante.

1133. Bitumes et asphaltes. — Dans la plupart des houilles et matières carbonisées passées à l'état de minéraux, on trouve des carbures d'hydrogène, c'est-à-dire quelque chose de semblable à nos huiles végétales. Si la matière carbonisée disparaît et qu'il ne reste que des mélanges de carbures d'hydrogène rendus épais et visqueux par l'association de diverses substances, on a des bitumes ;

si ces mélanges sont secs et cassants, ce sont des asphaltes.

Il existe, en France et dans divers pays, des gisements assez abondants de bitume et d'asphalte. On les emploie à goudronner des toiles et des cordages pour les conserver, à fabriquer des dallages pour les trottoirs, etc. Les Égyptiens s'en servaient pour embaumer leurs morts.

1134. Naphte ou pétrole. — C'est encore un carbure d'hydrogène, mais qu'on trouve à l'état liquide, comme une véritable huile minérale, en France, à Gabian, près de Pézenas, d'où l'ancien nom d'huile de Gabian; en Italie, dans l'ancien duché de Parme; près des rivages de la mer Caspienne; en Perse; en Chine; en Amérique surtout, où il est l'objet d'une très importante exploitation. On l'emploie à l'éclairage.

1135. Succin ou ambre jaune. — C'est une résine d'une belle couleur jaune, souvent transparente, qui est évidemment d'origine végétale, sans qu'il soit possible d'expliquer d'une manière bien positive sa présence près des rivages de la mer Baltique et dans quelques autres endroits.

On fait, avec l'ambre jaune, des colliers, des chapelets, des tuyaux de pipe. Cette substance, qui s'électrise par le frottement, a donné son nom à l'électricité, car *elektron*, en grec, signifie ambre jaune.

1136. Guano. — Il y a lieu de douter si des amas de fientes d'oiseaux de mer que l'on trouve entassées, dans certaines îles du Pérou, par couches pouvant atteindre jusqu'à 15 mètres d'épaisseur, doivent être classés parmi les substances minérales d'origine organique, attendu qu'ils ne sont pas extrêmement anciens et qu'ils n'ont pas subi de transformations importantes.

Les mines de guano sont exploitées sur une grande échelle, et les matières qu'on en extrait, transportées jusqu'en Europe pour y servir d'engrais, ont fait la fortune du pays.

QUESTIONNAIRE.

1. Comment classe-t-on les minéraux? — 2. Quels sont les principaux minéraux combustibles? — 3. Quels sont les principaux caractères et les usages du soufre? de l'arsenic? de l'hydrogène, de l'eau et de l'hydrogène sulfuré? du carbone, du diamant, du

graphite, de l'acide carbonique et de l'hydrogène carboné? — 4. Quels sont les principaux types de pierres? — 5. Quels sont les principaux caractères et les usages du corindon? du silex? du quartz, du cristal de roche, de l'agate, du jaspe, du grès et de l'opale? de l'argile, de la terre de pipe, du kaolin, de la terre à foulon et de la pierre à détacher? du mica? du talc? du feldspath? de la staurotide? de l'émeraude? de la topaze? du granit? de la stéatite? de l'amphibole, de l'amiante et de l'asbeste? de la serpentine? — 6. Quelle est la composition et quels sont les principaux caractères des pierres calcaires? — 7. Comment se forment les stalactites et les stalagmites? — 8. Comment transforme-t-on les pierres calcaires en chaux? — 9. Quels sont les principaux caractères et les usages du calcaire? du marbre? de l'albâtre? de la marne? — 10. Quelle est la composition des sulfates? — 11. Quels sont les principaux caractères et les usages du gypse? — 12. Comment fabrique-t-on le plâtre? — 13. Qu'est-ce que l'albâtre gypseux? — 14. Quels sont les principaux caractères et les usages du phosphate de chaux? de l'apatite? de la turquoise? — 15. Quels sont les principaux minéraux alcalins? — 16. Quels sont les principaux caractères et les usages de la soude? du sel marin? du borax? de la potasse et du salpêtre? du sel ammoniac? — 17. Quelles sont la nature et l'utilité des métaux? — 18. Qu'appelle-t-on éclat métallique? malléabilité? ductilité? — 19. Qu'entend-on par minerais? — 20. Quels sont les principaux caractères et les usages de l'antimoine? de l'étain et de la cassitérite? du manganèse et de la pyrolusite? du fer, de l'aimant, de la pyrite martiale, de la sidérose, du fer oligiste et de la limonite? du zinc, de la blende et de la calamine? du cuivre et de la malachite? — 21. Quels sont les principaux alliages de cuivre? — 22. Quels sont les principaux caractères et les usages du plomb et de la galène? du bismuth? — 23. Qu'appelle-t-on alliage de Darcet? — 24. Quels sont les principaux caractères et les usages du mercure et du cinabre? de l'argent et de l'argyrose? de l'or? du platine? — 25. Quels sont les principaux minéraux d'origine organique? — 26. Quels sont les principaux caractères et les usages de l'anthracite? de la houille? du lignite? de la tourbe? des bitumes et asphaltes? du naphte? du succin? du guano?

LIVRE II
GÉOLOGIE

CHAPITRE PREMIER
FORME ET CONDITIONS ACTUELLES DU GLOBE

1137. Forme générale du globe. — La terre est sphérique, c'est-à-dire ronde comme une boule. Ce fait, longtemps méconnu, était cependant prouvé d'avance par le mouvement des astres qui circulent autour de la planète que nous habitons ; il a été rendu complètement évident depuis que l'homme a réussi à faire le tour du globe.

1138. Inégalités de la surface de la terre. — Quand nous disons que la terre est ronde, nous considérons l'ensemble de ses formes, sans tenir compte des irrégularités de la surface : montagnes, collines, vallées, ravins, différences de niveau.

Ces inégalités, du reste, sont peu considérables par rapport au volume du globe. La hauteur de la plus haute de toutes les montagnes ne dépasse pas 7800 mètres, de sorte que, sur un globe d'un mètre de rayon représentant très exactement la terre, le relief de ces montagnes ne dépasserait guère un millième de millimètre et ne pourrait être distingué qu'à l'aide d'un microscope très puissant. Lorsque, par conséquent, on compare la surface de la terre à l'écorce rugueuse d'une orange, on exagère encore d'une façon monstrueuse les dimensions des montagnes et les profondeurs des vallées. Mais il y a une autre raison pour laquelle on ne parle pas tout à fait rigoureusement quand on dit que la terre est une sphère : c'est qu'en réalité la terre est aplatie à ses deux pôles, précisément comme une orange est aplatie à l'endroit où était attaché le pédoncule et à celui où l'on voit une légère trace du calice.

Ici encore l'aplatissement est peu de chose relativement à la masse terrestre : dans notre globe d'un mètre de rayon, la différence du plus grand rayon et du plus petit ne dépasserait guère 3 millimètres.

1139. Dimensions de la terre. — On a pu, par des procédés que nous ne pouvons indiquer ici, mesurer les dimensions de la terre, et l'on a trouvé, pour un quelconque de ses méridiens, 40 millions de mètres; pour son rayon à l'équateur, 6 376 986 mètres, et, pour son rayon au pôle, 6 356 324 mètres, ce qui donne, entre son plus grand et son plus petit rayon, une différence de 20 kilomètres et demi environ. Son rayon moyen serait de 6 366 745 mètres, ce qui porte sa surface à 5 094 321 myriamètres carrés, soit environ 50 milliards d'hectares, dont les trois quarts environ sont recouverts par les eaux; son volume à 179 235 800 myriamètres cubes.

1140. Poids et densité de la terre. — Son poids (car on ne s'est pas contenté de mesurer la terre, on l'a pesée) est de 6 259 534 milliards de milliards de kilogrammes, et sa densité moyenne est à peu près 5,5.

1141. Température du globe terrestre. — Croûte solidifiée. — Notre globe est un astre qui était autrefois en pleine fusion, et qui, après avoir éclairé l'espace comme fait encore le soleil, s'est éteint et continue à se refroidir en se solidifiant. Mais il est certain que la croûte solide sur laquelle nous vivons n'est pas très épaisse; on l'évalue seulement à 30 ou 40 kilomètres, c'est-à-dire à la deux centième partie environ du rayon moyen.

1142. Chaleur centrale du globe. — La chaleur des matières en fusion au centre du globe n'est plus guère sensible à la surface; mais on a très bien remarqué que cette chaleur se manifeste de plus en plus à mesure que l'on s'enfonce dans le sol. Cette chaleur s'accroît d'une façon très régulière, de 1 degré centigrade par 33 mètres, au moins jusqu'aux profondeurs où l'homme a pu pénétrer. Si la température continuait à augmenter dans les mêmes proportions jusqu'au centre du globe, elle atteindrait en ce point environ 200 000 degrés; mais il est probable qu'une température à peu près uniforme tend à s'établir à l'endroit où commence la masse des matières en fusion.

1143. Glaces et neiges perpétuelles. — Si la surface du globe était chauffée uniquement par le feu central, sa température serait sensiblement la même à toutes les latitudes; mais c'est en réalité le soleil qui nous chauffe, et il nous chauffe très inégalement, non pas seulement suivant les saisons, mais aussi et surtout suivant les latitudes.

Il en résulte que les parties les moins chauffées, c'est-à-dire les plus voisines des pôles, sont occupées par des glaces qui ne fondent jamais, et qu'il existe, à toutes les latitudes, même à l'équateur, des neiges éternelles. Mais la hauteur où commencent ces neiges varie avec la latitude. Au Spitzberg, les neiges ne fondent pas au niveau même de la mer; dans les Alpes et les Pyrénées, les neiges éternelles commencent à 2700 mètres; à l'équateur, on ne les rencontre qu'à 4800 mètres.

QUESTIONNAIRE.

1. Quelle est la forme générale du globe terrestre? — 2. Quelle est l'importance relative des inégalités du sol? de l'aplatissement des pôles? — 3. Quels sont les dimensions du globe, son poids, sa densité? — 4. Quelle est l'épaisseur de la croûte solide du globe? — 5. Quelle est la température du globe aux diverses profondeurs? — 6. Quelle est la cause des glaces et des neiges perpétuelles? — 7. A quelles altitudes commencent les neiges éternelles?

CHAPITRE II

ACTION DU FEU SUR LA CONFIGURATION DU GLOBE

1144. Action des gaz intérieurs. — Si le globe terrestre, qu'une température excessive réduisait autrefois à l'état liquide, avait pu se refroidir graduellement et uniformément dans toute sa masse, il se serait contracté régulièrement et aurait fini par former une sphère compacte, aplatie aux pôles, unie sur toute sa surface et complètement couverte par les eaux. Mais les choses ne pouvaient se passer ainsi. Le refroidissement, qui s'opère toujours par rayonnement du calorique vers l'espace, devait nécessairement commencer par la surface, une croûte solide de plus en plus épaisse devait se former et opposer un obstacle de plus en plus grand au rayonnement. De là résultèrent deux phénomènes qui sont les deux causes des grandes révolutions du globe : les gaz qui se dégageaient continuellement de la partie intérieure du globe restée fluide exerçaient contre la croûte solide des pressions violentes qui produisaient, sur certains points, un soulèvement progressif, et, sur d'autres points, des ruptures amenant la projection au dehors des gaz et des matières en fusion.

D'autre part, lorsque le dégagement des gaz venait à cesser par suite du refroidissement progressif, par l'évacuation ou par toute autre cause, les gaz ainsi refroidis se condensaient, un vide intérieur se produisait entre la masse fluide et la couche solide ; si celle-ci n'avait atteint qu'un degré de résistance médiocre, elle s'affaissait lentement en suivant la contraction des gaz ; dans le cas contraire, il se produisait un affaissement brusque, une véritable chute.

Quand ces mouvements de la croûte du globe ont eu lieu, non pas sur un point limité, mais sur une vaste étendue, changeant la configuration d'une partie notable de notre planète, on leur donne le nom de révolutions géologiques.

1145. Soulèvements. — Ces révolutions, dont on ne saurait faire le compte, ont dû être extrêmement nombreuses, surtout dans les premiers temps de la solidification du globe. En étudiant les terrains, on a pu établir, non pas l'époque absolue, mais l'âge relatif de plusieurs de ces révolutions, c'est-à-dire l'ordre dans lequel elles se sont succédé. On a ainsi constaté, en France seulement, jusqu'à dix-sept grands soulèvements, dont le premier s'est produit en Bretagne et en Vendée, le dernier dans l'Auvergne et le Vivarais.

1146. Soulèvements lents et progressifs. — Niveaux des plaines. — Que des soulèvements de ce genre (fig. 193) aient eu lieu, il y a plusieurs raisons qui ne permettent pas d'en douter. D'abord il existe à de très grandes hauteurs, au-dessus du niveau de la mer, des plaines parfaitement régulières, tantôt horizontales, tantôt légèrement inclinées, où l'on rencontre des dépôts marins, notamment des coquilles et des zoophytes, et il est facile de comprendre que le niveau de la mer n'a pu s'abaisser, qu'il a dû plutôt s'élever notablement par la condensation des vapeurs résultant du refroidissement.

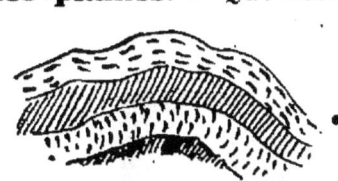

Fig. 193. Centre de soulèvement sans rupture.

En second lieu, ces soulèvements ne se sont pas seulement produits aux anciennes époques géologiques, ils se produisent encore de nos jours. Des observations très précises ont permis d'établir que le sol d'une partie de la Suède s'est élevé progressivement de plus d'un mètre dans un espace de cent cinquante ans : certains terrains de ce pays où l'on trouve actuellement de grands coquillages et qui, par conséquent, ont été couverts par les eaux de la mer, sont maintenant à quarante lieues du rivage.

Des mouvements du même genre, quoique moins prononcés, ont été observés au Spitzberg, dans le nord de la Grande-Bretagne, à Gênes, en Corse, en Sardaigne, dans l'archipel grec, etc., etc.

1147. Soulèvements violents. — Montagnes et vallées.
— C'est à des soulèvements de ce genre qu'il faut attribuer les réseaux ou systèmes de montagnes si nombreux sur notre globe, et qui semblent, lorsqu'on regarde une mappemonde, en former le squelette. Il est facile, lorsqu'on examine un de ces systèmes avec quelque attention, d'y remarquer une certaine régularité. Plusieurs chaînes ou longues arêtes de montagnes s'entre-croisent en un même lieu qui a été le centre du soulèvement, le point sur lequel l'effort a été le plus violent. L'effet du soulèvement va en décroissant à partir de ce point, et l'on peut, en quelque sorte, mesurer ou du moins comparer ces effets par l'élévation décroissante des crêtes; par l'étendue également décroissante des chaînons, qui s'embranchent sur les chaînes comme les arêtes d'un poisson sur son épine dorsale; par l'étendue encore décroissante des rameaux, qui sont les subdivisions des chaînons.

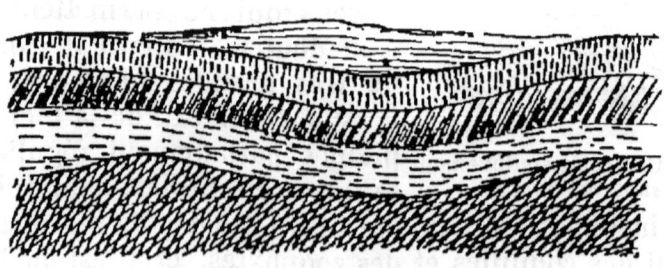

Fig. 191. Plissement des terrains.

Dans la formation des grands systèmes de montagnes, il y a toujours eu rupture des couches de terrain, et les intervalles vides ainsi produits sont devenus des vallées et des vallons. Souvent aussi les inégalités de terrain se sont effectuées sans rupture et par une sorte de plissement (fig. 194) opéré dans les couches du sol et provenant de la résistance inégale des roches à la force d'expansion des gaz.

Fig. 195. Soulèvement central avec rupture.

Les ruptures, du reste, quand elles se sont produites, ont pris des formes très variées, presque toujours en rapport avec la résistance des roches. C'est ainsi que certains soulèvements de terrains, dits *soulèvements centraux* (fig. 195), ont produit une double pente; que d'autres, appelés *soulèvements latéraux* (fig. 196), n'ont déplacé qu'une partie du terrain, en laissant intacte la partie contiguë, etc., etc.

Fig. 196. Soulèvement latéral avec rupture.

1148. Affaissements. — Nous avons indiqué d'avance la cause probable des affaissements du sol (fig. 197), qui doivent être dus à un vide intérieur créé par le refroidissement et la condensation des gaz. Quant à l'existence de ces affaissements, elle n'est pas moins certaine ni moins bien prouvée que celle des soulèvements.

Des observations faites avec le plus grand soin ont démontré que la partie sud de la Suède s'abaisse, en même temps que la partie nord s'élève, comme si le pays tout entier subissait un mouvement de bascule. Des abaissements de niveau ont été de même obser-

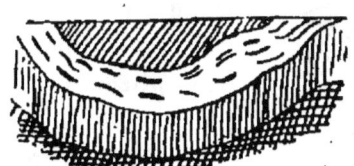

Fig. 197. Dépression de terrain par affaissement.

vés en Hollande, où la plus grande partie du pays se trouve au-dessous du niveau de la mer et n'est protégée contre l'envahissement de l'Océan que par un grand système de digues. Une partie de la Prusse est dans le même cas. Mais le fait le plus curieux est incontestablement celui des ruines du temple de Sérapis, près de Naples. Trois colonnes de ce temple, restées debout, ont été en partie couvertes par les eaux de la Méditerranée; car leur partie inférieure, jusqu'à une hauteur de sept mètres, est criblée de trous creusés par de petites coquilles marines qu'on trouve encore engagées dans le marbre, ces coquilles étant

Fig. 198. Plissement par condensation.

connues par l'habitude qu'elles ont de se creuser un logement dans les pierres les plus dures. Or ces colonnes sont aujourd'hui entièrement hors de l'eau; donc le sol s'est soulevé après s'être affaissé. Il est vrai que de pareilles oscillations du sol sont moins surprenantes dans le voisinage d'un volcan qu'elles ne le seraient ailleurs.

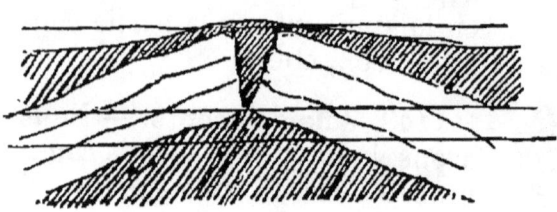

Fig. 199. Couches de déversement.

Quand la condensation s'opère sur des espaces restreints et séparés les uns des autres, ou seulement quand certaines parties du terrain résistent à l'affaissement, il se produit ce que l'on appelle des plissements par condensation (fig. 198). Quelquefois les couches solides,

Fig. 200. Matière refoulée, mais non déversée.

en s'affaissant, pèsent sur la matière fluide placée au-dessous et la font remonter, par les fissures qu'a produites la dislocation, à la surface du sol, donnant ainsi naissance à ce qu'on appelle des couches de déversement (fig. 199). Toutefois la matière en fusion n'atteint pas toujours la surface du sol (fig. 200).

1149. Volcans. — Sur les points du globe où les couches solidifiées, en contact direct avec la masse fluide qui exerce contre elles une épouvantable pression, viennent à céder à cet effort, il se produit un des plus terribles phénomènes qu'il ait été donné à l'homme de contempler.

Le sol se soulève en formant une colline plus ou moins haute, le sommet de la colline s'entr'ouvre, et, par la fissure, s'élancent, avec une force irrésistible, des minéraux en fusion qui se déversent le long de la colline, en formant des ruisseaux enflammés qui couvrent souvent toute une contrée et qui ont parfois englouti des villes, comme Herculanum, dans une masse de pierre liquide et brûlante ; des gaz divers, des vapeurs d'eau qui vont former au-dessus du volcan une couronne de nuages noirs d'où s'échappent des éclairs précédant des coups de tonnerre ; des colonnes d'eau bouillante, des cendres incandescentes que les vents emportent à des distances prodigieuses et qui peuvent, elles aussi, engloutir des villes entières (témoin Pompéi) ; des globes de pierre fondue (bombes volcaniques), etc., etc.

L'ouverture ou cratère qui donne issue à ces matières, successivement agrandie, s'évase en forme de coupe ; dans la concavité se trouve un cône (fig. 201) formé par les matières en fusion qui, refroidies au contact de l'air, se solidifient et s'amassent autour du jet de laves, de gaz

Fig. 201. Cône de volcan.

et de vapeur. Quelquefois il y a plusieurs cônes.

Des phénomènes en tout semblables à ceux que nous venons de décrire se produisent au fond des mers. Si le volcan n'émerge pas à la surface, tout se réduit, en apparence, à des bouillonnements tumultueux de la masse liquide, à la production d'épaisses vapeurs, à des scories qu'on voit surnager sur les flots ; mais souvent le fond de la mer est amené jusqu'à la surface des eaux : plusieurs îles, comme l'île Julia et le groupe tout entier des îles Santorin, n'ont pas d'autre origine que l'action des volcans sous-marins.

Le nombre des volcans a dû être prodigieux à des époques géologiques plus ou moins éloignées de la nôtre. Plusieurs contrées de la France, comme l'Auvergne, le Velay, le Vivarais, sont en partie couvertes de volcans éteints dont on reconnaît sans peine les cratères, les cônes et les couches de lave.

La violence des volcans en activité et la fréquence de leurs éruptions tendent naturellement à diminuer. Le nombre de ces volcans est cependant encore de quatre cents environ, dont cinq seulement en Europe : le Vésuve en Italie, l'Etna en Sicile, le Stromboli dans l'archipel des îles Lipari, l'Hécla et le Skapta-Jœkul en Islande. Le nombre de quatre cents que nous avons indiqué est toutefois fort incertain ; car tel volcan qu'on croyait éteint de temps immémorial s'est réveillé, et l'on ne sait jamais bien si ces terribles ravageurs sont morts ou en léthargie.

1150. Lacs circulaires et coniques. — On est souvent surpris, en parcourant certaines contrées montagneuses, de se trouver au bord de certains lacs de forme presque exactement circulaire et dont le fond affecte la forme d'un cône. On est très porté aujourd'hui à croire que ce sont d'anciens cratères envahis par les eaux ; cependant certains géologues seraient plutôt tentés d'admettre des affaissements partiels, tout à fait analogues à ceux qui se produisent souvent au-dessus des vieilles carrières, et qu'on appelle des fontis. Les deux hypothèses sont acceptables, et rien n'empêche de croire qu'elles se sont réalisées l'une et l'autre dans des cas différents.

1151. Tremblements de terre. — On appelle ainsi des trépidations, des oscillations du sol plus ou moins répétées à courts intervalles, et souvent accompagnées d'un roulement sourd imitant un tonnerre qui gronderait sous le sol.

Ces oscillations ont généralement une direction oblique alternative ressemblant à un balancement ; d'autres fois ce sont des secousses de bas en haut, analogues aux secousses qu'on donne à un sac de blé pour tasser les grains ; d'autres fois enfin les oscillations affectent un mouvement de tournoiement autour d'un centre, et les trois sortes de mouvements peuvent être combinées.

Quand le tremblement, qui accompagne ou annonce assez souvent des éruptions volcaniques, ne se produit que sur une faible étendue, on est porté à le considérer comme une sorte d'éruption volcanique avortée; mais il se fait souvent sentir à des contrées prodigieusement éloignées l'une de l'autre, ce qui semble alors supposer une cause plus générale. C'est ainsi que le tremblement de terre qui, en 1755, détruisit une partie de la ville de Lisbonne et fit, en six minutes, soixante mille victimes, fut ressenti en Afrique jusqu'à l'équateur, ébranla le sol de la Martinique, et causa des trépidations jusque dans le voisinage du pôle, dans la Laponie et le Groenland ; créant un peu partout des fissures, des affaissements du sol; faisant apparaître des lacs, etc., etc.

1152. Éruptions liquides et gazeuses. — Geysers. — Dans certains cas, les volcans (car ce sont encore ici de véritables volcans) projettent, non pas des minéraux en fusion, mais des colonnes d'eau chaude; on les appelle alors des geysers (fig. 202). L'Islande, qui est par excellence le pays des geysers, en possède près d'une centaine sur un espace circulaire de deux kilomètres et demi de rayon, et tel d'entre eux projette une colonne qui n'a pas moins de 60 centimètres de diamètre à la base et de 6 mètres de hauteur.

En général, une trépidation du sol accompagnée de roulements souterrains, un vrai tremblement de terre en petit précède l'éruption de ces colonnes d'eau bouillante, et l'eau elle-même est remplacée, après quelques secondes, par un terrible jet de vapeur. Les plus grands de ces geysers s'élèvent au milieu de véritables cratères, et, pour achever la ressemblance avec un vrai volcan, la colonne d'eau ou de vapeur monte dans l'axe d'un cône formé par des matières siliceuses que l'eau abandonne.

1153. Volcans de boue. — Les eaux de certains geysers, comme ceux de Java et de Quito, contiennent de l'acide sulfurique qui dissout les roches environnantes et les met en véritable bouillie. C'est donc de la boue et non de l'eau chaude qui jaillit de ces geysers.

1154. Salses, solfatares et fumarolles ou fumerolles.
— Ce sont des volcans de gaz ou de vapeur, avec cette différence entre eux que les salses de Modène et de Girgenti, où l'on trouve plus de cent cônes ayant jusqu'à 50 mètres

Fig. 202. Geyser.

d'élévation, émettent des mélanges de gaz, de vapeur et de boue ; que les solfatares de Pouzzoles, qui occupent d'anciens cratères, vomissent seulement de l'acide sulfureux ; que les fumarolles de Toscane jettent de blanches colonnes de vapeur tout à fait semblables à celles qui succèdent aux colonnes d'eau des geysers.

1155. Sources thermales. — Les sources d'eau chaude, si nombreuses sur le globe, s'expliquent tout naturellement par l'existence de feux souterrains situés à assez faible distance des eaux souterraines pour en élever notablement la température. Nous avons, en France, des sources thermales ou sources d'eau chaude à Vic et à Chaudesaigues, dans le Cantal; à Aix-en-Provence, etc.

QUESTIONNAIRE.

1. Comment les gaz intérieurs agissent-ils sur la configuration du globe? — 2. Combien compte-t-on en France de grands soulèvements? — 3. S'est-il produit et se produit-il encore des soulèvements lents et progressifs? — 4. De quoi se compose un système de montagnes? — 5. Quelles sont les origines des vallées et des vallons? — 6. Comment se sont produits les plissements? — 7. Qu'appelle-t-on soulèvement central? latéral? — 8. Quelle est la cause des affaissements? S'en produit-il encore? — 9. Qu'appelle-t-on plissement par condensation? couches de déversement? — 10. Quelle est la cause des volcans et quels phénomènes produisent-ils? — 11. Qu'appelle-t-on volcans sous-marins? — 12. Quel est le nombre des volcans en activité dans le monde entier? en Europe? — 13. Quelle est l'origine des lacs circulaires et coniques? — 14. Quels sont les phénomènes qui accompagnent les tremblements de terre? — 15. Qu'appelle-t-on geysers? Quels sont les phénomènes qui accompagnent ces éruptions? — 16. Qu'appelle-t-on salses? solfatares? fumarolles? — 17. Quelle est la cause de la température des sources thermales?

CHAPITRE III

ACTION DE L'ATMOSPHÈRE ET DES EAUX SUR LA CONFIGURATION DU GLOBE

1156. Action de l'atmosphère. — Vents. — Si l'on ne considérait que l'action mécanique de l'air, si l'on ne tenait compte que de ses déplacements, c'est-à-dire des vents, on pourrait croire que l'atmosphère n'a qu'une faible action sur la configuration du sol; tout au plus aurait-on à considérer le déplacement des dunes ou collines de sable qui, recevant sans cesse du côté de la mer des couches sans cesse emportées par le vent, cheminent vers l'intérieur des terres, en faisant de 20 à 25 mètres de chemin par an.

Telle était la vitesse de déplacement des dunes dans le département des Landes, avant qu'on se fût avisé de les fixer en y plantant des pins.

1157. Variations de la température. — L'atmosphère a une autre action bien autrement puissante par les alternatives de chaud et de froid qu'elle produit à la surface du sol. La glace, en divisant violemment les roches par l'augmentation de volume qu'elle subit au moment où elle se forme; le dégel, en désagrégeant les terres et préparant leur entraînement par les eaux, sont, pour le relief du sol, des causes assez actives de dégradation.

1158. Action des eaux. — État des eaux terrestres. — Quand la masse terrestre était en fusion, il n'y avait pas place à sa surface pour les eaux, qui, à son contact, se dissipaient aussitôt en vapeur. Il pleuvait sans doute, mais l'eau ne séjournait jamais sur le sol. Plus tard, quand le refroidissement fut devenu suffisant, une couche d'eau uniforme enveloppa le globe de toutes parts. Mais bientôt survinrent les révolutions du globe produisant des soulèvements, des affaissements, des différences de niveau, des chaînes de montagnes et des vallées : les eaux gagnèrent les parties les plus basses, et l'Océan, qui avait envahi tout le globe, eut sa place limitée.

En même temps, comme l'évaporation continuait, comme les vapeurs se condensaient dans les hautes régions de l'atmosphère et retombaient en pluies, des ruisseaux commencèrent à couler dans les ravins, se réunirent en nombre dans les vallées et formèrent des rivières qui, réunies en fleuves, coulèrent à la mer.

Comme ces cours d'eau ne pouvaient être alimentés que par les pluies provenant de l'évaporation, il y eut d'abord de grandes irrégularités, de grands chômages, de grandes sécheresses succédant à d'épouvantables inondations; mais enfin la végétation apparut; la terre végétale se forma; le sol, les racines retinrent les eaux; des infiltrations souterraines se produisirent et créèrent des réservoirs qui ne s'écoulèrent que graduellement au dehors par les sources;

le mouvement des eaux terrestres devint, sinon entièrement régulier, au moins continu, et il s'établit des bassins ou systèmes d'eaux courantes, comme il y avait des systèmes de montagnes.

Le refroidissement continuant, les neiges apparurent, puis les glaces, qui finirent par envahir complètement les régions polaires.

Les eaux elles-mêmes devinrent une cause de dégradation pour le globe. Les eaux courantes désagrègent les terres, détachent des fragments de roche, entraînent à la mer des masses énormes de limon et de cailloux. L'Amazone charrie une telle quantité de boue que les eaux de la mer en sont troublées à deux cents lieues des côtes. Le Gange charrie à la mer une quantité de limon estimée à 180 millions de mètres cubes par an. Le profil des côtes en est profondément modifié; des deltas, amas de matières entraînées par les eaux, se forment à l'embouchure des fleuves.

Fig. 203. Falaise.

D'autre part, la mer, en mouvement perpétuel par l'effet des vents et surtout des marées, chasse vers le rivage les matières amenées par les fleuves et forme, en certains points, des amas de galets ou de sable qui gagnent sans cesse sur les eaux; tandis que, sur d'autres points, les vagues attaquent les rivages, envahissent les terres, rongent les montagnes par le pied et finissent par précipiter les roches à la mer, en créant de grands murs appelés falaises (fig. 203). Tout le monde connaît les grandes falaises blanches qui bordent une partie de la Manche en France et en Angleterre.

C'est grâce à l'envahissement des eaux par les terres que la ville d'Adria, port célèbre dans l'antiquité, est maintenant à plus de vingt kilomètres de la mer; c'est grâce à l'envahissement des terres par les eaux que le Zuyderzée, golfe de Hollande, fut créé en 1782, par une grande marée dans laquelle furent engloutis 72 villes ou villages.

QUESTIONNAIRE.

1. Quelle est l'action des vents sur la configuration du globe? — 2. Quelle action exercent les alternatives de froid et de chaud? — 3. Quelle est l'origine des eaux terrestres? — 4. Quelle est l'action des eaux courantes et des eaux de la mer sur la configuration du globe? — 5. Quelle est la cause des deltas? des amas de galets? des falaises? — 6. Quelle est l'origine du Zuyderzée?

CHAPITRE IV

TERRAINS GÉOLOGIQUES

§ Ier

CONSTITUTION GÉNÉRALE DU GLOBE

1159. Définition et origine des roches. — Toute masse minérale jouant, dans la constitution du globe, un rôle de quelque importance, prend le nom de roche.

On assigne généralement à la composition actuelle des roches deux causes différentes : l'action du feu, qui a déterminé et diversement modifié l'association de leurs éléments; l'action de l'eau, qui s'est elle-même associée à ces éléments ou en a déterminé l'agrégation par dépôt.

1160. Métamorphisme. — Il est nécessaire d'ajouter que, dans un grand nombre de cas, l'action du feu est venue, après coup, modifier celle de l'eau et a changé la nature des roches. C'est par une action de ce genre que des calcaires ont été transformés en marbres, que des sables ont été vitrifiés et sont devenus du grès, que des argiles ont été cuites et durcies comme des poteries, que des métaux fondus avec des matières pierreuses ont produit des minerais, etc., etc.

1161. Histoire des roches. — Un savant d'une merveilleuse pénétration, M. Élie de Beaumont, a pu écrire l'histoire des révolutions du globe et déterminer, non point par leur date, mais par l'ordre de leur succession, la série des époques géologiques, c'est-à-dire des périodes de calme pendant lesquelles se sont formés les divers terrains.

1162. Ages relatifs des roches. — Un des moyens employés pour déterminer l'âge relatif des terrains est l'examen de la disposition de leurs couches. Il est certain, par exemple, qu'un simple coup d'œil jeté sur la figure 204 permet de constater immédiatement deux choses : premièrement, que les couches 1, 2 et 3 d'une part, 4, 5 et 6 de l'autre, étant superposées dans l'ordre où nous les indiquons, ont dû être déposées dans le même ordre ; secondement, que les couches 1, 2 et 3, ayant subi un soulèvement que les couches 4, 5 et 6, qui sont horizontales, n'ont pas subi, la formation de ces dernières est postérieure au soulèvement et, par conséquent, aux couches soulevées, ce qui permet de conclure que les six couches se sont produites dans l'ordre des numéros par lesquels nous les avons désignées.

Fig. 204. Ages des roches.

1163. Stratifications et redressements. — Quand des matières solides gagnent le fond des liquides où elles étaient tenues en solution ou en suspension, elles s'y disposent en couches horizontales (fig. 205) ; c'est certainement le cas des roches qui, dans la suite des âges, se sont déposées au fond des eaux terrestres ; mais cette horizontalité a été souvent dérangée par des soulèvements ou par des affaissements.

Fig. 205. Couches horizontales.

Quand les couches ainsi inclinées ou courbées, concaves ou convexes, selon qu'il s'agit d'un soulèvement ou d'un affaissement, sont restées parallèles entre elles comme elles étaient primitivement, on dit que les stratifications sont concordantes (fig. 206) ; dans le

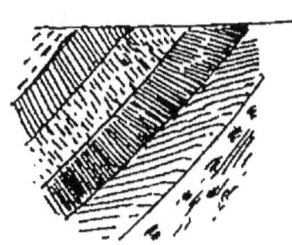
Fig. 206. Stratifications concordantes.

cas contraire, qui s'est produit lorsqu'il y a eu plusieurs dérangements successifs ou des formations successives, les stratifications sont dites discordantes (fig. 207). Parfois les couches sont complètement disloquées (fig. 208).

Fig. 207. Stratifications discordantes.

Les causes qui ont ainsi modifié les dispositions des

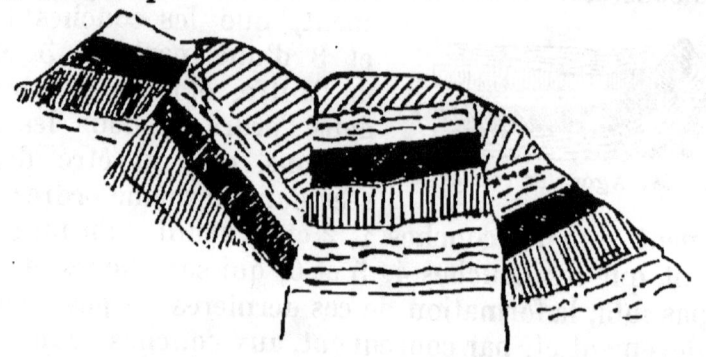

Fig. 208. Stratifications disloquées.

couches ont presque toujours produit des solutions de

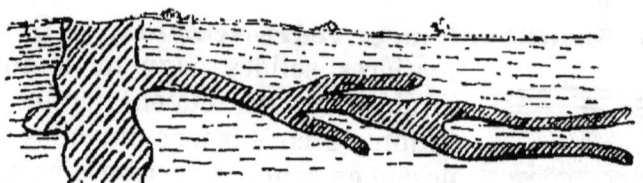

Fig. 209. Filon simple.

continuité ; lorsque de nouvelles roches se sont moulées dans ces lacunes accidentelles, elles y ont formé ce qu'on appelle des dépôts adventifs, dépôts qui prennent le nom de filons lorsqu'ils occupent une faille simple (fig. 209) ou des failles plus ou moins compliquées (fig. 210).

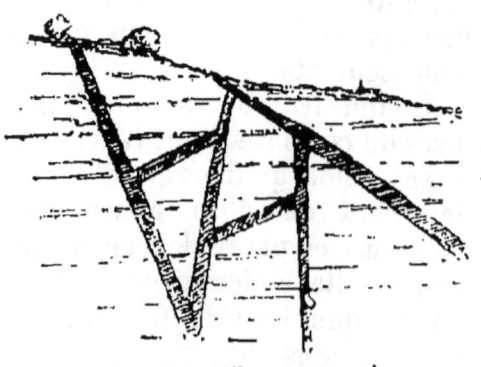

Fig. 210. Filon composé.

1164. Fossiles. — Les plantes et les animaux, qu'on trouve en quantités énormes dans la masse des roches ou interposés entre deux roches contiguës, sont une grande ressource pour établir leurs âges relatifs. Parfois, au lieu de restes d'êtres vivants, on trouve de simples traces de leur passage, par exemple des empreintes de pieds de mammifères ou de pieds d'oiseaux (fig. 211), évidemment imprimées sur la roche avant sa complète solidification. On trouve aussi de petites traces circulaires qu'on attribue, avec toute probabilité, à des gouttes de pluie (fig. 212).

Fig. 211. Empreinte d'un pied d'oiseau.

La conservation des coquilles fossiles s'explique d'elle-même ; mais pour que les matières végétales et certaines matières animales aient pu garder leurs formes à travers un grand nombre de siècles, il a fallu qu'elles subissent ou des actions chimiques qui les ont rendues infermentescibles ; ou une dissolution progressive qui a créé un véritable moule dans lequel s'est coulée une matière imputrescible ; ou une infiltration qui a pénétré les tissus et y a introduit une matière pierreuse, laquelle a subsisté après la destruction de la matière organique dont elle avait emprunté les formes. Tels sont les divers phénomènes de fossilisation.

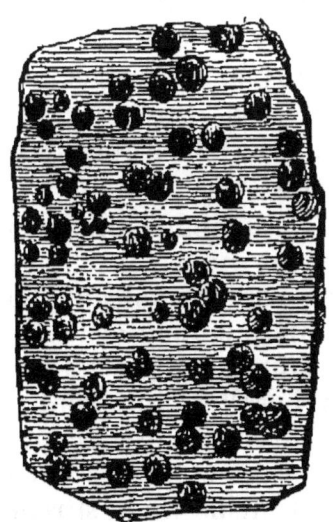

Fig. 212. Empreintes de gouttes de pluie.

1165. Classification des terrains. — On a imaginé, pour les terrains géologiques, de nombreux systèmes de classifications; celui que nous résumons dans le tableau suivant nous paraît le plus simple, en même temps qu'il est un des plus naturels.

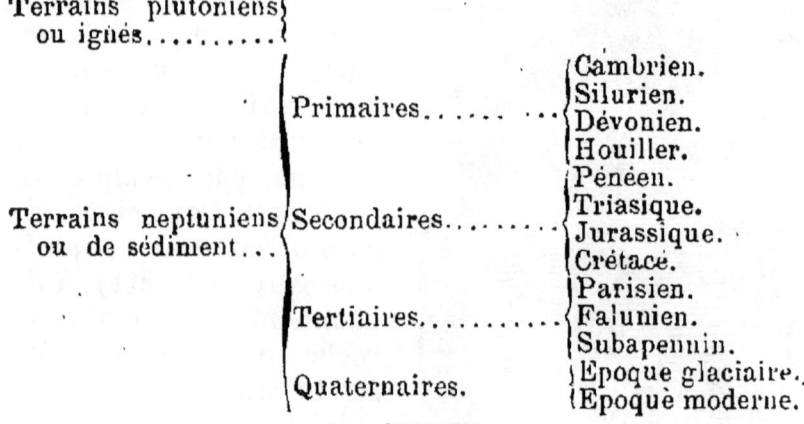

§ II

TERRAINS PLUTONIENS OU IGNÉS

1166. Terrain primitif. — On serait bien embarrassé de dire aujourd'hui quelle était la nature des premières roches qui formèrent la couche solide du globe, car il est certain qu'elles durent être complètement bouleversées par les continuelles éruptions des matières en ignition.

1167. Roches ignées. — Il est plus facile de reconnaître d'anciennes roches qui ont été fortement travaillées et en partie cristallisées par l'action du feu, telles que les granites, les porphyres et divers silicates.

1168. Dépôts volcaniques. — On distingue plus facilement encore des roches généralement moins anciennes et appartenant aux matières rejetées par les volcans, telles que les laves qui ont formé des coulées le long des collines volcaniques, et dont la nature minéralogique varie, du reste, d'un volcan à l'autre; les basaltes, qui sont une lave compacte, noire ou grise, curieusement divisée en colonnes prismatiques souvent juxtaposées et posées debout, sans qu'on puisse bien expliquer cette disposition, si remarquable dans la grotte de Fingal (fig. 213), située dans l'île de Staffa (Hébrides); la pierre ponce, sorte de scorie de la lave, poreuse, légère, flottant sur l'eau, et formant des montagnes presque entières dans certaines contrées volcaniques.

Fig. 213. Grotte de Fingal.

§ III

TERRAINS PRIMAIRES

1169. Détermination de l'âge des terrains de sédiment. — L'âge relatif des terrains de sédiment, c'est-à-dire, ainsi que nous l'avons expliqué, l'ordre de leur formation, se détermine par la superposition des couches, par la composition des roches, par la nature des fossiles qu'elles contiennent.

Dans l'ordre de leur apparition sur la surface du globe, ces terrains sont : le terrain cambrien, le silurien, le dévonien et le houiller.

1170. Terrain cambrien. — Le nom donné à ce terrain rappelle l'ancienne Cambrie, aujourd'hui le Cumberland, où les roches de cette époque géologique, composées de schistes grossiers, d'argiles durcies par l'action du feu, de matières quartzeuses, atteignent une énorme épaisseur. Comme ce terrain, le plus ancien des terrains de sédiment, remonte à une époque où la température de la surface du globe était encore très élevée et où la vie, par conséquent, y était presque impossible, on n'y rencontre que de rares fossiles : algues, madrépores, mollusques des plus simples.

Très commun en Angleterre, le terrain cambrien se rencontre aussi dans le Finistère et le Morbihan. Au moment de sa formation, la France et l'Angleterre se réduisaient à quelques îlots de roches éruptives qu'on reconnaît encore aujourd'hui au milieu des formations ultérieures de roches sédimentaires. Ces îlots étaient alors perdus au milieu d'une mer immense.

1171. Terrain silurien. — Ce nom est emprunté aux Silures, qui furent les premiers habitants connus du pays de Galles. En France, le terrain silurien se rencontre dans les départements de la Marne, de l'Orne, de Maine-et-Loire, des Ardennes, des Vosges, de l'Aube, du Var, et dans toute la région qui règne le long de la chaîne des Pyrénées.

A l'époque de la formation silurienne, le sol de la France se réduisait à une bande de terrain comprenant : le golfe de Saint-Malo, une partie de la Bretagne, de la Normandie, de l'Auvergne et du Limousin.

Les principales roches qui composent ce terrain sont : des schistes argileux ou argiles durcies et feuilletées, tels que les ardoises d'Angers et des Ardennes; des calcaires travaillés par le feu, tels que les marbres des Pyrénées; des minerais d'argent, comme ceux de la Bretagne; des minerais de cuivre et d'étain, comme ceux du Cornouailles.

Dans ce terrain, les fossiles commencent à se multiplier. On y trouve des trilobites, les premiers et les plus singuliers de tous les crustacés, nombreux dans les ardoises d'Angers; quelques mollusques à coquille très simple, notamment des orthocères, des lituites et des térébratules.

1172. Terrain dévonien. — Le Devonshire ou pays de Devon a donné son nom à ce terrain, qui existe à peine en France, sur les bords de la Loire, dans le Maine et sur la frontière belge, mais est extrêmement abondant en Angleterre. Il est particulièrement caractérisé par le grès rouge, dont la couleur est due à de l'oxyde de fer, et par l'anthracite.

Il contient un millier de fossiles: orthocères, térébratules, parmi les mollusques; trilobites (peu nombreux), parmi les crustacés; les premiers vertébrés qui aient apparu sur le globe: salamandres géantes et poissons de formes bizarres. On y trouve aussi quelques plantes de la famille des fougères et de celle des équisétacées ou prêles.

1173. Terrain houiller. — La houille, qui est devenue de nos jours le combustible par excellence, a une origine végétale très certaine, ou plutôt est exclusivement formée de végétaux agglomérés et carbonisés.

Ces végétaux, entraînés par les eaux dans les golfes ou dans les lacs, s'y sont accumulés, sont entrés en fermentation, et, grâce à la chaleur développée par cette fermentation, grâce aussi peut-être au calorique fourni par la partie incandescente du globe, se sont lentement carbonisés, c'est-à-dire transformés en charbon.

Les masses très considérables du terrain houiller, qui a succédé au terrain dévonien, occupent un deux-centième de l'étendue superficielle du sol de la France, un vingt-quatrième de celui de la Belgique, un vingtième de celui de l'Angleterre. Le reste de l'Europe en possède peu. Il faut ajouter que, ce terrain se trouvant généralement à de grandes profondeurs, il est probable qu'il reste encore des gisements très considérables à découvrir.

Les principaux gisements français se rencontrent en Bretagne, en Auvergne, dans les Ardennes et dans le Var.

La flore des terrains houillers est d'une assez grande richesse. Elle comprend des lycopodiacées, deux cent cinquante espèces de fougères (fig. 214) dont plusieurs arborescentes, des équisétacées de très grande taille, des cycadées, des conifères.

Fig. 214. Fougère fossile.

Cette riche végétation s'explique très bien par l'énorme quantité d'acide carbonique qui a dû exister à cette époque. Mais cette atmosphère si favorable aux plantes l'était infiniment moins aux animaux. Aussi ne trouve-t-on, dans les terrains de cette époque, ni mammifères, ni oiseaux, ni reptiles terrestres; on y rencontre, en revanche, de nombreux reptiles aquatiques et cent cinquante espèces de poissons appartenant à la famille des squales et à une famille presque entièrement disparue, celle des poissons sauroïdes (poissons semblables à des lézards).

On n'a jusqu'ici trouvé qu'une seule libellule, parmi les insectes, et qu'un seul scorpion, parmi les arachnides.

Les coquilles elles-mêmes sont rares; elles se réduisent à quelques espèces de coquilles marines et de coquilles d'eau douce.

On distingue, dans le terrain houiller, deux dépôts différents : celui du calcaire carbonifère et celui du grès houiller.

1174. Calcaire carbonifère. — Il caractérise, en grande partie, le terrain houiller de la France (mines du Nord), de la Belgique et de l'Angleterre. Ce calcaire, qui est noir, compact, susceptible d'être poli, a été quelquefois transformé en marbre par l'action du feu. Tel est le cas des marbres de Flandre, qui sont noirs, veinés de blanc et de gris.

1175. Grès houiller. — Les dépôts de grès houiller, qu'on trouve dans les mines d'Anzin (Nord) et de Rive-de-Gier (Loire), sont formés de grès ordinaire alterné avec des couches d'argiles schisteuses noires et de houille.

§ IV

TERRAINS SECONDAIRES

1176. Classification des terrains secondaires. — Parmi ces terrains, qui occupent le tiers de l'étendue superficielle de la France, on compte : le terrain pénéen, le terrain triasique, le terrain jurassique et le terrain crétacé.

1177. Terrain pénéen ou permien. — Le nom de pénéen, qui veut dire pauvre (du grec *penès*, pauvre), a été donné à ce terrain géologique parce qu'il est très pauvre en minerais. On l'appelle aussi terrain permien, parce qu'il compose en grande partie le sol des environs de Perm, dans la Russie d'Europe.

Le terrain pénéen, qui ne se rencontre en France que dans les environs des Vosges, comprend, entre autres roches, des grès rouges, du calcaire magnésien et du grès vosgien. En fait de fossiles, il contient les mêmes familles végétales que le terrain houiller : fougères, lycopodiacées, conifères ; mais il est bien plus riche en animaux ; on y trouve notamment de grands sauriens, entre autres, le mégalosaure, sorte d'immense crocodile qui avait la taille d'une baleine.

Fig. 215. Empreinte des pieds du chirothérium.

1178. Terrain triasique. — Son nom lui vient des trois étages qui le composent : grès bigarrés, calcaire conchylien, marnes irisées.

Dans ce terrain, qui compose presque toute la partie occidentale des Vosges, une partie de la Lorraine, de l'Aveyron et du Var, on trouve des gisements de sel marin. La flore comprend des fougères arborescentes, des conifères, des cycadées ; la faune, avec des chéloniens, un énorme batracien, le chirothérium (bête à mains), connu seulement par l'empreinte de ses pieds (fig. 215).

1179. Terrain jurassique. — Abondant partout, et particulièrement en France, où il constitue à lui seul une grande partie de la chaîne du Jura, ce terrain comprend deux systèmes : le système du lias et le système oolithique.

1180. Système du lias. — Il est formé de trois étages : le grès ; le lias propre, qui est un calcaire gris ou bleuâtre ; la marne spéciale qui sert à la fabrication de la chaux et du ciment hydrauliques, notamment du ciment de Vassy.

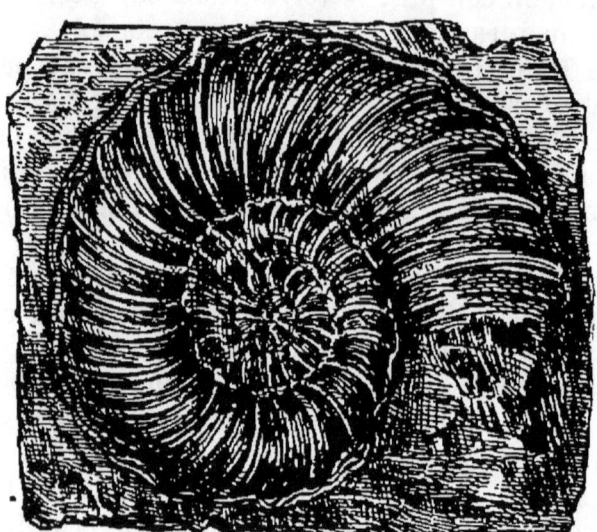

Fig. 216. Ammonite fossile.

Les animaux fossiles sont nombreux dans ce terrain. On y trouve : parmi les mollusques, des ammonites (fig. 216); des gryphées (fig. 217); des bélemnites (fig. 218), qui sont des os de seiches ; des poulpes, etc.; parmi les reptiles, des ichthyosaures (fig. 219) ou poissons lézards, grands sauriens nageurs à tête énorme, avec des yeux grands comme une tête d'homme, des mâchoires armées de 180 dents.

Outre le squelette de cet animal monstrueux, on trouve de ses excréments en assez grande abondance pour qu'ils servent

Fig. 217. Gryphée fossile.   Fig. 218. Bélemnite.

à l'amendement des champs, par le phosphate de chaux dont ils sont presque exclusivement composés. Ces excréments, que les géologues appellent des coprolithes (fig. 220), contiennent des écailles, des dents, des arêtes de poissons et jusqu'à des os de jeunes ichthyosaures, ce qui donne à penser que ces sauriens étaient d'une voracité monstrueuse.

Les autres sauriens du même terrain sont

Fig. 220.
Coprolithe d'ichthyosaure.

Fig. 219. Ichthyosaure.

le mégalosaure (fig. 221), déjà cité, et le ptérodactyle, sorte de grand lézard qui avait un bec d'oiseau et des ailes de chauve-souris.

Fig. 221. Mégalosaure.

La végétation fossile reste la même que dans le terrain triasique.

1181. Système oolithique. — La roche type de ce système, l'oolithe (pierre d'œufs), qui lui a donné son nom, est un calcaire composé de menus grains arrondis comme de petits œufs; mais on y trouve aussi des marnes, des argiles, des pierres lithographiques, des minerais de fer, etc.

La végétation fossile est la même que dans les terrains précédents. On y trouve aussi des plésiosaures, des ptérodactyles, des crocodiles, et les premiers mammifères, des marsupiaux, y font leur apparition.

1182. Terrain crétacé. — La craie (en latin *creta*), qui a donné son nom à ce terrain, ne constitue que son étage supérieur; les deux autres sont l'étage du grès vert et l'étage néocomien, composé de dépôts abandonnés par des eaux douces.

1183. Étage néocomien. — Il tire son nom de Neuchâtel, l'ancien Neocomium, en Suisse, et se rencontre dans toute la partie orientale de la France. On y trouve, en fait de fossiles, outre les mollusques des terrains précédents, des turrilites, des baculites (fig. 222) et un grand nombre de coquilles et de poissons d'eau douce; des iguanodons, qui sont d'énormes reptiles; divers oiseaux, etc.

1184. Étage du grès vert. — Peu riche en fossiles, cet étage est surtout caractérisé par des bancs de grès de couleur variée, parsemé de grains verts entre lesquels on trouve intercalés des nodules de phosphate exploités pour les besoins de l'agriculture.

Fig. 222. Baculite.

1185. Étage de la craie. — La craie, qui compose cet étage, est du carbonate de chaux en grande partie formé de carapaces d'animaux microscopiques. Cette espèce minérale, dont l'industrie tire un très bon parti, est abondante en France dans un grand nombre de localités, notamment en Champagne, dans l'Aube, qui lui doit son nom latin (*Alba*, la Blanche); près de Paris, où les couches de craie atteignent des épaisseurs prodigieuses, etc.

Dans la population végétale de ces terrains, où l'on rencontre encore des prêles et des conifères, apparaissent les palmiers; parmi ses coquilles, les nummulites. On y trouve aussi d'énormes dents de squales de 12 centimètres de longueur, ce qui donne à supposer, en comparant ces dents (fig. 223) à celles des requins actuels, que ceux de l'époque de la craie n'avaient pas moins de 30 mètres de longueur.

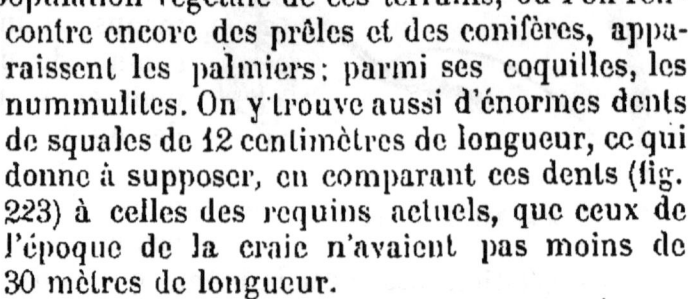
Fig. 223. Dent fossile de requin.

§ V

TERRAINS TERTIAIRES

1186. Classification des terrains tertiaires. — On y distingue trois étages: l'étage éocène, l'étage miocène et l'étage pliocène.

1187. Étage éocène ou parisien. — Cet étage, auquel

appartient le bassin de Paris, se compose de marnes, d'argiles, de calcaire grossier ou pierre à bâtir déposés par les eaux de la mer, de gypses déposés par les eaux douces. Il est donc facile de voir que l'emplacement de Paris a été un golfe recevant des cours d'eau, et que les dépôts de ces eaux douces, ajoutés aux dépôts marins, ont fini par combler ce golfe.

Les fossiles, dans le terrain éocène, sont extrêmement abondants. Aux conifères et aux palmiers des âges précédents s'ajoutent maintenant des ormes et des plantes des familles des légumineuses, des malvacées, des cucurbitacées. Les dicotylédones ont donc fait leur apparition sur le globe.

Les coquilles, au nombre de deux mille environ, comprennent des cérites (fig. 224), des cythérées, des turritelles (fig. 225), des cyclostomes (fig. 226), des lymnées (fig. 227), etc.

A côté des tortues et des crocodiles se montrent les premiers serpents. Les

Fig. 224. Cérite. — Fig. 225. Turritelle. — Fig. 226. Cyclostome. — Fig. 227. Lymnée.

oiseaux sont identiques à ceux d'aujourd'hui. Les dauphins annoncent les cétacés. Parmi les mammifères, on observe le palæothérium et l'anoplothérium, animaux disparus; des pachydermes très voisins du tapir actuel; enfin, un premier singe, du genre macaque.

1188. Étage miocène ou falunien. — Ici les coquilles sont tellement abondantes que leurs débris, amassés en couches énormes sous le nom de falun, ont donné leur nom à l'étage. Outre ces débris caractéristiques, utilisés pour l'amendement des terres, l'étage miocène contient des mollasses (calcaires très grossiers), des sables et des grès. Les grès de Fontainebleau, qui fournissent le pavé de Paris, appartiennent à cet étage.

La flore se rapproche de plus en plus de la flore actuelle et comprend, avec les conifères et les palmiers, nombre de végétaux dont l'espèce s'est conservée : orme, noyer, chêne, érable, bouleau, charme, peuplier, laurier, bambou, etc.

Parmi les mammifères se montrent : le dinothérium, le plus grand des mammifères terrestres ; le mastodonte, éléphant disparu ; un grand singe voisin de l'orang-outang ; on sent l'approche de l'homme.

1189. Terrain pliocène ou subapennin. — Dans ce terrain, qui est à peu près de la même nature que le précédent, les plantes dicotylédones appartenant aux espèces actuellement vivantes se multiplient ; on trouve des chênes, des aulnes, des hêtres, des bouleaux, des tilleuls, des peupliers, des tulipiers, des plaqueminiers, des savonniers ; ce qui devient infiniment rare, ce sont les espèces disparues.

De même pour les animaux, parmi lesquels on trouve des carnassiers : ours, hyènes, chiens, chats ; des ruminants : bœufs, cerfs, antilopes ; des pachydermes : éléphants, hippopotames, rhinocéros.

§ VI

TERRAINS QUATERNAIRES

1190. Composition des terrains quaternaires. — L'époque quaternaire, qui clôt la série des époques géologiques, qui atteint et comprend l'époque actuelle, est principalement caractérisée par les débris de toute nature, inorganiques et organiques, entremêlés même des produits de l'industrie humaine, que les eaux ont charriés et déposés en couches plus ou moins puissantes au fond des vallées et des étangs.

Les dernières grandes révolutions du globe ont aussi eu lieu à cette époque, de laquelle datent le soulèvement de la chaîne des Alpes, la séparation de la France et des Iles-Britanniques, celle de l'Océan et de la Méditerranée jusque-là confondus en une seule mer, etc.

1191. Époque glaciaire. — Un fait extraordinaire et jusqu'ici mal expliqué, c'est un abaissement énorme, et anormal en apparence, de la température du globe dans la période dont nous parlons. Quelle qu'en soit la cause, il est certain qu'après une période où la température terrestre avait été assez élevée pour que les plantes et les animaux actuels des tropiques pussent vivre dans le voisinage du pôle, survint une autre époque où le mammouth, le renne, l'élan, l'aurochs, tous les mammifères des régions glaciales envahirent, avec les glaces, la Russie, l'Allemagne, l'Angleterre et la France.

L'homme était né à cette rude époque, car on trouve les premiers produits de son industrie, des poteries grossières, des armes en silex, mêlés aux ossements des animaux que nous venons de nommer; finalement, après avoir douté longtemps de l'existence de l'homme fossile, on a trouvé des squelettes humains admirablement conservés et entièrement fossilisés.

1192. Cavernes à ossements. — C'est à l'époque glaciaire qu'il faut faire remonter les nombreux et intéressants débris découverts dans des cavernes qui servirent successivement de repaire aux animaux féroces et à l'homme lui-même; car les haches en silex s'y trouvent mêlées aux ossements du rhinocéros à toison; de l'ours des cavernes, qui était grand comme un taureau; de l'hyène des cavernes, ancêtre de notre hyène rayée; du chat des cavernes, plus grand que notre tigre et que notre lion; du mammouth, éléphant à crinière qui atteignait 6 mètres de hauteur, etc.

1193. Brèches osseuses. — Dans certains cas, les ossements que nous venons de nommer ont été empâtés, avec des cailloux, des graviers, etc., dans des dépôts calcaires et ont formé avec eux de véritables roches, qu'on appelle des brèches osseuses.

1194. Blocs erratiques. — Souvent aussi, au milieu des terrains entièrement modernes, on trouve des quartiers de roches anciennes qu'on est surpris de rencontrer à d'énormes distances, des centaines de lieues quelquefois, de la masse d'où ils ont été détachés. Il n'y a qu'une explication possible de ce phénomène : à la fin de l'époque glaciaire, ces masses de rochers, engagées dans les glaces, furent entraînées par elles, tantôt en glissant avec elles le long des pentes des vallées, tantôt en flottant avec elles au-dessus des eaux. Ce dernier phénomène se produit encore dans les régions glaciales, où des rocs détachés des montagnes sont transportés au loin, sur la mer.

1195. Époque moderne. — La fonte des glaces a dû profondément modifier la surface du globe et donner aux eaux courantes leur régime actuel. Les transformations du globe se sont continuées depuis, mais plus lentement, par le déplacement des matériaux que les eaux ont entraînés, ainsi que par le travail de certains êtres vivants.

1196. Formations madréporiques. — Les polypiers réunis sous le nom générique de madrépores sont, en effet, formés par d'innombrables colonies d'animaux incrustés de sécrétions calcaires dont les dimensions vont sans cesse s'accroissant. Dans les endroits où la mer n'atteint pas une profondeur de plus de 10 à 12 mètres, autour des îles surtout, des polypiers formés sur le fond s'élèvent en grandissant vers la surface et forment des ceintures de récifs souvent dangereux. Des îles et des archipels tout entiers sont dus à l'incessant accroissement de ces travailleurs patients et infatigables.

QUESTIONNAIRE.

1. Qu'appelle-t-on des roches et quelles sont les causes de leur formation? — 2. En quoi consiste le métamorphisme? — 3. Comment établit-on l'âge relatif des roches? — 4. Comment se sont modifiées les dispositions des couches et qu'appelle-t-on stratifications concordantes? discordantes? dépôts adventifs? filons? — 5. Qu'appelle-t-on fossiles? empreintes fossiles? fossilisation? — 6. Comment peut-on classer les terrains géologiques? — 7. Peut-on connaître la nature des terrains primitifs? — 8. Quels sont les principaux dépôts d'origine ignée et à quoi les reconnaît-on? — 9. Quels sont les principaux dépôts volcaniques? — 10. Comment détermine-t-on l'âge des terrains de sédiment? Comment les divise-t-on? — 11. Quels sont les caractères du terrain cambrien? silurien? — 12. A quoi se réduisait la France à l'époque cambrienne? Quelles sont les roches et quels sont les fossiles de cette époque? — 13. Quelles sont les roches et quels sont les fossiles du terrain dévonien? — 14. Comment se sont formés les terrains houillers? — 15. Quels sont les principaux gisements houillers en France? — 16. Quels sont les fossiles du terrain houiller? — 17. Quels sont les deux dépôts du terrain houiller? — 18. Quels sont les terrains secondaires? — 19. Quelles sont les roches et quels sont les fossiles du terrain pénéen? triasique?

jurassique? — 20. Quels sont les systèmes du terrain jurassique — 21. Quelles sont les roches et quels sont les fossiles du lias? de l'oolithe? — 22. Quels sont les étages du terrain crétacé? — 23. Quelles sont les roches et quels sont les fossiles de l'étage néocomien? du grès vert? de la craie? — 24. Quels sont les étages des terrains tertiaires? — 25. Quelles sont les roches et quels sont les fossiles de l'étage éocène? miocène? pliocène? — 26. De quoi se composent les terrains quaternaires? — 27. Quels sont les fossiles de l'époque glaciaire? des cavernes à ossements? des brèches osseuses? — 28. Comment explique-t-on l'existence des blocs erratiques? — 29. Quelles sont les formations de l'époque moderne? — 30. Comment se produisent les récifs madréporiques?

QUATRIÈME PARTIE

PHYSIQUE ET CHIMIE

1197. Définition de la physique et de la chimie. — Il se passe, dans la nature, deux ordres différents de phénomènes. Les corps changent de place, de volume, de température, de couleur, s'attirent, se repoussent, sans que leur nature en soit modifiée; la science qui traite de ces phénomènes modifiant la situation, l'apparence, certaines propriétés des corps sans altérer leur nature s'appelle la physique.

1198. — Dans d'autres cas, au contraire, les corps ne sont pas seulement modifiés dans leur situation et leur apparence, mais dans leur constitution intime; la science des phénomènes qui changent la constitution des corps s'appelle la chimie. Nous traiterons brièvement de chacune de ces sciences dans deux sections séparées.

LIVRE PREMIER

NOTIONS DE PHYSIQUE

CHAPITRE PREMIER

POIDS ET VOLUME DES CORPS

1199. Pesanteur. — **Nature de la pesanteur.** — Il existe, dans la nature, une force générale qui attire les unes vers les autres les molécules, c'est-à-dire les éléments des corps réduits à leur plus extrême petitesse. Cette force, étant exercée par chaque molécule, augmente naturellement avec le nombre des molécules ou, en d'autres termes, avec la masse des corps. Il en résulte que notre globe, qui a 1 079 235 800 myriamètres cubes, attire à lui tous les corps qui sont situés autour de lui. Cette force d'attraction qui appelle les corps vers la terre s'appelle la pesanteur.

1200. Direction de la pesanteur. — Comme la terre est sphérique, toutes les forces d'attraction s'exercent d'une façon symétrique perpendiculairement à sa surface, et la force attractive du globe s'exerce comme si elle résidait en un seul point situé à son centre. Tous les corps *tombent* donc vers le centre de la terre.

Il en résulte qu'un corps retenu par un cordon donne à celui-ci une direction verticale, c'est-à-dire perpendiculaire à la surface de la terre (l'ensemble du corps pesant et du cordon s'appelle un pendule). Une horizontale est une ligne droite perpendiculaire à la verticale; on peut donc déterminer une verticale au moyen d'un *niveau* (fig. 228), petit instrument qui contient un pendule ou fil à plomb passant par un point déterminé d'avance sur la base, quand cette base est horizontale.

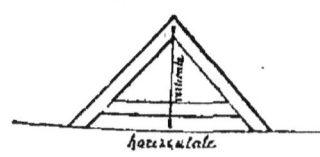
Fig. 228. Niveau.

1201. Poids ou intensité de la pesanteur. — La pesanteur s'exerce isolément sur chaque molécule; son intensité est donc proportionnelle au nombre des molécules. La somme de ces actions sur un corps déterminé s'appelle le poids de ce corps. Elle n'est pas proportionnelle au volume pour des corps différents, mais proportionnelle à leur masse, c'est-à-dire au nombre de leurs molécules. On mesure ce poids en le comparant à celui de certains corps conventionnels, au moyen d'un instrument appelé balance, auquel nous reviendrons quand nous aurons parlé du levier.

1202. Densité. — Plus un corps est dense, c'est-à-dire plus il contient de molécules sous un même volume, plus il pèse. On appelle donc densité d'un corps son poids pour l'unité de volume, ou, en d'autres termes, son poids divisé par son volume. Étant donné qu'un litre d'eau pure, aussi dense que possible, c'est-à-dire à 4 degrés au-dessus de 0, pèse 1 kilogramme, et la densité de l'eau étant prise pour unité, si l'on pèse 3 décimètres cubes d'argent fondu (l'argent laminé est naturellement plus lourd), on trouve qu'ils pèsent $31^{kg},41$; on en conclut que 1 décimètre cube d'argent pèse trois fois moins, c'est-à-dire $10^{kg},47$, ou que la densité de l'argent, comparée à celle de l'eau, est 10,47.

On trouve de même que la densité de l'huile de lin est 0,94, que celle de l'air est 0,001295; mais pour éviter des nombres pareils à ce dernier, on aime mieux prendre pour unité la densité de l'air, autrement dit, déterminer d'après cette densité celle de tous les gaz.

1203. Principe d'Archimède. Navires, ballons, aréomètres. — Un corps soutenu ne tombe plus; il a donc perdu son poids. S'il est incomplètement soutenu, son poids est seulement diminué. Il en résulte que s'il est plongé dans un liquide ou dans un gaz, son poids sera d'autant plus diminué que le fluide opposera plus de résistance à sa chute. Archimède a eu l'honneur de préciser ce principe de la manière suivante : *Un corps plongé dans un fluide perd de son poids un poids égal à celui du fluide qu'il déplace.* Donc si un corps plongé dans l'eau ou dans l'air pèse plus, est plus dense que l'eau ou que l'air, il tombe; s'il pèse autant, il reste stationnaire; s'il pèse moins, il s'élève. Par conséquent, un navire flotte parce qu'à volume égal, il est moins lourd que l'eau; un ballon s'élève parce qu'à volume égal, il pèse moins que l'air.

On s'est fondé sur ce principe pour fabriquer de petits instruments qu'on appelle des aréomètres (fig. 229), et qui servent à mesurer la densité des liquides. Comme ces aréomètres sont moins lourds que les liquides dont on veut connaître la densité, ils s'y enfoncent plus ou moins selon que le liquide est moins dense ou plus dense, et l'on peut lire la densité du liquide en observant, au moyen de la graduation du tube, le point où affleure le liquide.

Fig. 229. Aréomètre.

1204. Chute des corps. — Tous les corps, s'ils ne sont retenus, tombent vers le centre de la terre, et s'ils tombent en chute libre, c'est-à-dire si rien ne met obstacle à leur chute, s'ils tombent dans le vide (le frottement de l'air est un obstacle), ils tombent tous avec la même vitesse, pour un même point du globe; car cette vitesse varie avec les dimensions du rayon terrestre.

Cependant elle n'est pas uniforme, quelle que soit son intensité; elle s'accroît comme le carré des temps; de façon que, pour un temps double, la vitesse est quadruple; pour un temps triple, la vitesse est neuf fois plus grande, etc. A Paris, l'intensité de la pesanteur, c'est-à-dire l'espace que parcourt un corps dans l'unité de temps, en tombant dans le vide, est de $4^M,9044$ pour la première seconde. Pour avoir sa vitesse après 2, 3, 4, etc. secondes, il faut multiplier 4,9044 par 2^2 ou 4, par 3^2 ou 9, par 4^2 ou 16, etc.

1205. Levier. — On appelle levier une tige rigide, susceptible de basculer autour d'un point fixe ou point d'appui.

Si, le point d'appui étant situé entre les deux extrémités du levier, on applique une force à l'une des extrémités et à l'autre une résistance, par exemple un poids à soulever, pour que la force et la résistance se fassent équilibre, il faut qu'elles soient inversement proportionnelles à leur distance au point d'appui; c'est-à-dire que si la force est à une distance double, triple, quadruple, etc. de celle de la résistance, celle-ci doit être double, triple, quadruple, etc. de la force. Ainsi, soit un levier dont le grand bras aurait 3 mètres et le petit 1 mètre : un poids de 1 kilogramme suspendu à l'extrémité du grand bras ferait équilibre à un poids de 3 kilogrammes suspendu à l'extrémité du petit bras. Si les bras étaient égaux, les poids devraient être égaux pour s'équilibrer. C'est le cas de la balance ordinaire, dont le fléau est un véritable levier à deux bras égaux.

Quand le point d'appui est placé à l'une des extrémités du levier, la force ou la résistance à l'autre extrémité et la résistance ou la force entre les deux, le principe est exactement le même; mais alors l'un des bras du levier est égal au levier tout entier, et l'autre va du point d'appui à la force ou à la résistance située entre les deux extrémités.

1206. Équilibre des liquides. — **Vases communiquants**. — Les liquides ne font pas exception à la loi générale : ils tombent, c'est-à-dire tendent vers le centre de la terre, quand ils ne sont pas soutenus; or, comme leurs molécules n'ont presque aucune adhérence entre elles, elles tombent, pour ainsi dire, isolément; aussi ne suffit-il pas, comme pour beaucoup de solides, de soutenir un des points des liquides pour les empêcher de tomber, il faut soutenir toutes leurs molécules.

Fig. 230. Vases communiquants.

C'est la mobilité des molécules des liquides qui fait que leur surface forme un plan horizontal, et que si l'on introduit un liquide dans des vases de formes et de dimensions quelconques, si ces vases communiquent entre eux dans une partie située au-dessous du niveau du liquide, celui-ci atteint une même hauteur dans les vases communiquants (fig. 230).

1207. — C'est sur ce principe qu'est fondé le niveau d'eau, instrument de nivellement formé de deux tubes de verre reliés entre eux, dans leur partie inférieure, par un long tube de métal.

Fig. 231. Baromètre.

1208. Pression atmosphérique. — On n'a pas pu déterminer bien exactement la hauteur de l'atmosphère gazeuse qui enveloppe la terre; mais on connaît exactement son poids, qui fait équilibre à une colonne d'eau de $10^M,33$ ou à une colonne de mercure de $0^M,76$.

1209. Baromètre. — Si, en effet, on fait le vide dans un tube de verre courbé en U ayant une longue branche fermée, une petite branche ouverte, et qu'on introduise du mercure dans ce tube, le liquide s'élèvera dans la longue branche fermée à $0^M,76$ ou à peu près, au-dessus de son niveau dans la branche ouverte. Il en sera de même si l'on introduit dans un vase plein de mercure l'extrémité inférieure d'un tube fermé par le haut et dans lequel on aura fait le vide (fig. 231). C'est pour lui faire équilibre que, dans l'un et l'autre cas, l'air qui pèsera sur le mercure le fera monter.

Tel est le principe du baromètre, instrument qui, par ses variations, permet de mesurer les variations correspondantes de la pesanteur de l'air. Comme la colonne d'air devient de moins en moins pesante à mesure qu'on s'élève dans l'atmosphère, on a pu faire servir le baromètre à mesurer la hauteur des montagnes ou celle à laquelle s'élèvent les ballons, en observant l'abaissement proportionnel de la colonne de mercure.

1210. Pompes. — Pompe aspirante. — Voici une autre application de la pesanteur de l'air. Si l'on plonge un tube dans un liquide, qu'on enfonce dans ce tube un piston en remplissant bien exactement la capacité, l'air contenu dans le tube, entre l'eau et le piston, sera comprimé ; or, si l'on a ménagé dans le piston une ouverture avec une soupape pouvant s'ouvrir de bas en haut seulement, et une autre soupape s'ouvrant de même à l'entrée du corps de pompe, l'air comprimé soulèvera la soupape du piston et se dissipera dans l'atmosphère. Si l'on soulève ensuite le piston, le vide se fera entre celui-ci et le liquide ; alors l'eau, pressée tout autour du tube ou corps de pompe par l'air extérieur, montera dans ce corps de pompe comme le mercure monte dans le baromètre.

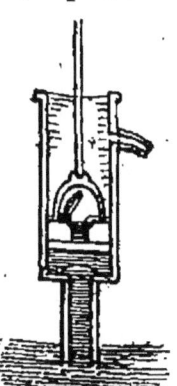
Fig. 232.
Pompe aspirante.

En renouvelant ce manège, l'eau finira par déborder au-dessus du piston, sera soulevée avec lui, et s'écoulera par l'ouverture ménagée dans le corps de pompe. Nous venons de décrire une pompe aspirante (fig. 232).

1211. Pompe foulante. — Si le corps de pompe plonge entièrement dans l'eau, et si le piston, n'exerçant aucune aspiration, n'a d'autre rôle que de refouler l'eau dans un tube spécial dit tube d'ascension, on a une pompe foulante (fig. 233).

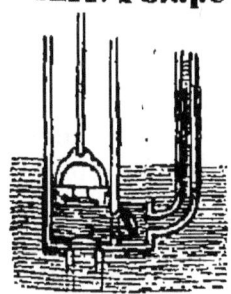
Fig. 233.
Pompe foulante.

1212. Pompe aspirante et foulante. — Si le piston est plein et qu'une soupape s'ouvrant de bas en haut soit établie au bas du corps de pompe, une autre s'ouvrant de dedans en dehors à l'entrée du tube d'ascension, le piston aspirera l'eau en montant et la refoulera en descendant; la pompe sera alors aspirante et foulante (fig. 234).

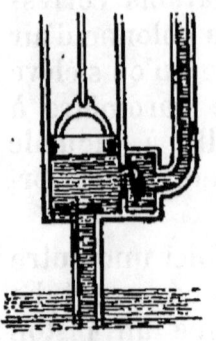

Fig. 234.
Pompe aspirante
et foulante.

1213. Machine pneumatique. — C'est une vraie pompe à gaz destinée à faire le vide, ou du moins à raréfier l'air dans un récipient. Elle sert à exécuter un grand nombre d'expériences, notamment à démontrer la pesanteur de l'air, en faisant le vide dans un manchon de verre fermé par une membrane : au moment où celle-ci ne peut plus supporter le poids de la colonne d'air, elle éclate avec un grand bruit.

1214. Compressibilité et force élastique des gaz et des vapeurs. — Quand on comprime des gaz ou des vapeurs dans un récipient, ils se condensent, c'est-à-dire diminuent de volume, mais en réagissant, pour écarter les parois du récipient, avec une énergie d'autant plus grande que leur volume est plus réduit et que leur température est plus élevée. C'est cette force d'expansion qui fait éclater les obus et quelquefois les chaudières à vapeur.

1215. Son. — Vibrations des corps sonores. — Lorsque deux corps se choquent mutuellement, lorsque, par exemple, on frappe une plaque de cuivre avec un petit marteau, les deux corps, le cuivre surtout, dans le cas présent, entrent en vibration, c'est-à-dire exécutent à droite et à gauche de petits mouvements très rapides qu'on appelle des vibrations.

Ces mouvements se communiquent à l'air ambiant et se propagent à de grandes distances; si notre oreille vient à en être frappée, notre tympan se met à vibrer à l'unisson, le nerf auditif est impressionné, et nous entendons.

1216. Vitesse du son. — En observant un phénomène lumineux accompagné de bruit, on a pu mesurer la vitesse du son. Si, par exemple, on tire un coup de canon à 5000 mètres de distance, on observera qu'entre la perception de la lumière, qui est comme instantanée, et celle du son, il s'écoule 15 secondes; d'où l'on conclut que le son parcourt 5000 mètres en 15 secondes ou 333 mètres par seconde. C'est la raison pour laquelle, lorsqu'il se produit un coup de foudre lointain, il s'écoule un temps plus ou moins grand entre l'éclair et le bruit du tonnerre.

1217. Intensité et hauteur du son. — Il ne faut pas confondre ces deux phénomènes: l'intensité du son dépend de l'amplitude, c'est-à-dire de l'étendue des vibrations; sa hauteur dépend de leur nombre, c'est-à-dire que le son est d'autant plus aigu que les vibrations sont plus précipitées. Si leur nombre descend au-dessous de 32 ou s'élève au-dessus de 70000 par seconde, le son cesse d'être perceptible pour la généralité des hommes; mais ces chiffres varient d'une personne à l'autre : il est des gens ayant l'oreille fort bonne qui n'entendent pas le *cri* aigu de certains insectes pendant la nuit.

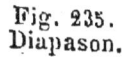

1218. Intervalles musicaux. — Les notes de la gamme sont produites par des nombres de vibrations qui ont entre eux des rapports assez simples. Ainsi, le diapason (fig. 235), petit appareil dont les musiciens se servent pour régler leurs instruments et qui donne le *la* de la gamme normale, produit 870 vibrations par seconde; le *do* inférieur de la même gamme en donne 522 ; le *sol*, une fois et demie autant ou 783; le *do* supérieur, le double ou 1044, etc.

Fig. 235. Diapason.

1219. Instruments de musique. — Ces instruments sont des corps très sonores réglés de façon à produire des sons musicaux, lorsqu'on les frappe, comme le tambour et les cymbales; ou qu'on les frotte, comme le violon et la contrebasse; ou qu'on les pince, comme la guitare; ou qu'on souffle dedans pour mettre en vibration une colonne d'air qui communique elle-même ses vibrations aux parois de l'instrument, comme la flûte et le trombone.

Dans les instruments à cordes, la hauteur du son augmente à mesure que l'épaisseur et la longueur de la corde diminuent. Dans les instruments à vent, pour que le son se produise, il faut que l'air s'échappe par une ouverture étroite; la hauteur du son augmente à mesure que le diamètre du tuyau diminue (fig. 236).

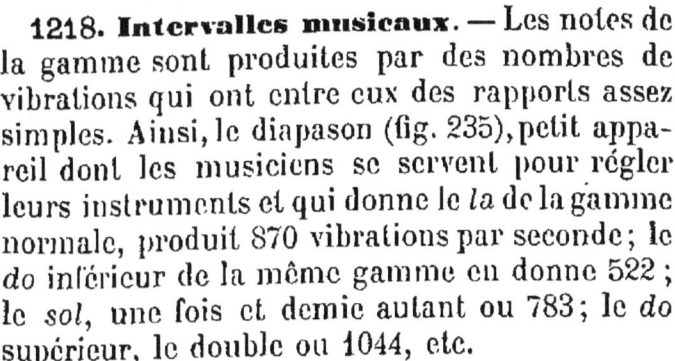

Fig 236. Tuyau d'orgue.

1220. Réflexion du son. — Échos. — Quand l'air en vibration vient à rencontrer un obstacle, il se réfléchit, c'est-à-dire rebondit comme une balle et change de direction, en parcourant alors un chemin plus long, car une ligne brisée est plus longue qu'une ligne droite; mais comme cette marche en zigzag n'empêche pas d'autres vibrations de marcher en même temps en ligne droite, et, par conséquent, d'arriver plus vite, **une personne convenablement placée peut percevoir deux et même plus de deux fois le même son.**

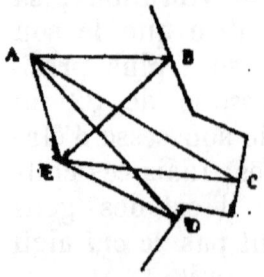

Fig. 237.
Écho multiple.

La personne placée en A, dans la figure 237, perçoit, outre le son direct venu de E, le même son réfléchi en B, en C et en D.

Le son réfléchi s'appelle écho; il y a des échos simples, doubles et multiples.

QUESTIONNAIRE.

1. A quels ordres de phénomènes les corps sont-ils soumis? — 2. Qu'est-ce que la physique? la chimie? — 3. En quoi consiste la force appelée pesanteur? — 4. Quelle est la direction de la pesanteur? — 5. Comment détermine-t-on une verticale? — 6. Qu'est-ce que le poids? la densité? Avec quels instruments les détermine-t-on? — 7. Quel est le principe d'Archimède? Quelles sont ses applications? — 8. Quelle est la loi de la chute des corps? — 9. Quelle est à Paris l'intensité de la pesanteur? — 10. Qu'appelle-t-on levier? force? résistance? point d'appui? bras du levier? — 11. Quel est le rapport de la force à la résistance? — 12. Quel est le principe de l'équilibre des liquides dans les vases communiquants et le niveau d'eau? — 13. Quelle est l'intensité de la pression atmosphérique? — 14. Qu'est-ce qu'un baromètre et quelles sont ses applications? — 15. Qu'est-ce qu'une pompe? Combien y en a-t-il d'espèces? — 16. Qu'est-ce qu'une machine pneumatique? — 17. Qu'appelle-t-on compressibilité et force élastique des gaz et des vapeurs? — 18. Quelle est la cause des sons? Quelle est leur vitesse? — 19. Qu'appelle-t-on intensité et hauteur du son? — 20. Quel rapport y a-t-il entre le nombre des vibrations et la hauteur des sons de la gamme? Qu'appelle-t-on diapason? — 21. Comment produit-on le son dans les divers instruments de musique? — 22. De quoi dépend la hauteur du son dans les instruments à cordes? à vent? — 23. Comment se produisent les échos?

CHAPITRE II

CHALEUR

1221. Nature du calorique. — Quand un corps a une température supérieure à celle de notre propre corps, nous disons qu'il est chaud; dans le cas contraire, nous le déclarons froid; mais quelle est la cause du froid et du chaud? On attribuait autrefois ces phénomènes à un fluide spécial qu'on appelait *calorique;* on a retenu ce nom, mais on attribue maintenant la chaleur aux vibrations d'un fluide invisible, impondérable, qu'on appelle *éther*, et qui aurait la propriété de vibrer sous l'action des corps en combustion, comme le soleil, une lampe, un charbon incandescent, etc.

1222. Rayonnement de la chaleur. — Les corps chauds, c'est-à-dire ceux dont la température est supérieure à celle du milieu dans lequel ils se trouvent, ont la propriété de rayonner leur chaleur, de la disperser autour d'eux dans toutes les directions. C'est pour cela qu'un feu de cheminée nous chauffe, que le soleil chauffe la terre à quarante millions de lieues de distance, qu'un corps chaud éloigné de la source de chaleur se refroidit graduellement, etc.

1223. Corps bons et mauvais conducteurs. — Tous les corps ne rayonnent pas leur chaleur avec la même intensité. Ceux qui sont les plus lents à se chauffer sont aussi les plus lents à se refroidir. Une barre de fer toute rouge se refroidit en quelques minutes, si on la retire du feu; un vase rempli d'eau chaude conserve une partie de sa chaleur pendant plusieurs heures; les laves rejetées par les volcans restent chaudes pendant des années, etc.

Les corps qui absorbent rapidement la chaleur et l'abandonnent de même sont de bons conducteurs du calorique, les autres sont de mauvais conducteurs. On peut tenir une bougie allumée à la main parce que la matière de la bougie est mauvaise conductrice du calorique, mais non pas un morceau de fer chauffé par un bout, parce que le fer est bon conducteur.

1224. Dilatation des corps par la chaleur. — Tous les corps se dilatent, c'est-à-dire augmentent de volume quand ils s'échauffent; tous, par conséquent, se contractent ou perdent de leur volume en se refroidissant. Les gaz sont plus dilatables que les liquides et ceux-ci sont plus dilatables que les solides.

Il y a des exceptions à cette règle de la dilatation des corps par la chaleur et à leur contraction par le froid. Ainsi, l'eau se contracte en se refroidissant jusqu'à ce qu'elle soit descendue à environ 4 degrés au-dessus de 0; mais, à partir de cette température, elle se dilate jusqu'à 0 degré, c'est-à-dire jusqu'au moment où elle se congèle. C'est pourquoi la glace nage sur l'eau; c'est aussi pourquoi l'on dit que l'eau à 4 degrés au-dessus de 0 est à son maximum de densité, c'est-à-dire a le plus fort poids possible pour un même volume, ou le plus petit volume possible pour un même poids.

1225. Thermomètre. — C'est sur le principe de la dilatation des liquides par la chaleur qu'est fondé le thermomètre ordinaire (thermomètre signifie mesureur de chaleur). Dans un tube de verre entièrement fermé, vide d'air et terminé inférieurement par une boule creuse, on a introduit, avant de boucher ce tube, une certaine quantité de mercure ou d'alcool. Quand le thermomètre se refroidit, le liquide se contracte et redescend vers la boule; quand le thermomètre s'échauffe, le liquide se dilate et s'élève dans le tube. En appelant 0 la température de la glace fondante, qui est constante, et 100 degrés la température de l'eau bouillante, également constante, et divisant l'intervalle entre ces deux extrêmes en 100 parties égales, qu'on peut répéter ensuite au-dessous de 0 et même au delà de 100 degrés, on a un thermomètre centigrade. Dans le thermomètre de Réaumur, peu usité aujourd'hui, l'intervalle entre les mêmes températures extrêmes est de 80 degrés au lieu de 100.

1226. Liquéfaction des solides et vaporisation des liquides. — Quand on élève la température des corps solides à un certain degré, qui est toujours le même pour un même corps, et qu'on appelle sa température de fusion, il passe à l'état liquide; si l'on élève la température d'un liquide jusqu'à sa température de vaporisation, il passe à l'état de vapeur.

1227. Machines à vapeur. — Toute vapeur chaude possède une tension, c'est-à-dire une force d'expansion qui se perd, en même temps que la chaleur, à mesure que la vapeur se dilate. On a utilisé cette propriété de la vapeur d'eau pour construire des machines motrices fort puissantes. Si l'on introduit de la vapeur chaude sous un piston placé dans un cylindre, elle se dilate et repousse le piston vers l'extrémité opposée du cylindre. Pour ramener le piston, on peut refroidir la vapeur; le vide se fait alors sous le piston, et la pression atmosphérique le repousse en sens contraire : la machine est alors à simple effet. On peut aussi faire agir la vapeur elle-même, qu'on introduit sur la face opposée du piston : la machine est alors à double effet. Dans un cas comme dans l'autre, le piston, en se mouvant alternativement dans deux sens opposés, met une machine en mouvement.

1228. Vapeurs atmosphériques. — Nuages et brouillards. — L'eau se résout complètement en vapeur à 100 degrés au-dessus de 0; mais, à toutes les températures, elle émet des vapeurs. Ces vapeurs dégagées continuellement des eaux terrestres s'élèvent dans l'atmosphère ou restent à proximité du sol, et, en subissant un commencement de condensation par le froid, elles deviennent visibles et forment des nuages dans le premier cas, des brouillards dans le second. Les nuages, comme les brouillards, sont composés d'eau vésiculaire, c'est-à-dire de petits globules d'eau qui se soutiennent en l'air comme des ballons.

1229. Pluie. — Si ces globules viennent à se réunir, ils forment de l'eau liquide, qui ne peut se soutenir dans l'air et retombe en pluie sur le sol.

1230. Neige. — Grêle. — Quand les globules de vapeur se congèlent dans l'air et se réunissent pour former des flocons blancs composés de petits cristaux, on a de la neige; si la cristallisation est indistincte, ou plutôt s'il y a congélation de l'eau sans cristallisation, il se produit de la grêle.

1231. Rosée, givre et gelée blanche. — Quand les vapeurs atmosphériques se résolvent en gouttelettes liquides au contact des corps froids, elles forment de la rosée; si cette rosée se congèle sur le sol, sur les herbes, sur les arbres, etc., elle forme de la gelée blanche ou du givre.

QUESTIONNAIRE.

1. Qu'appelle-t-on corps froids et corps chauds? — 2. Quelle est la cause de la chaleur? — 3. En quoi consiste le rayonnement de la chaleur? — 4. Qu'appelle-t-on corps bons conducteurs et corps mauvais conducteurs de la chaleur? — 5. Tous les corps se dilatent-ils sous l'influence de la chaleur? — 6. Quel est le principe du thermomètre et comment est-il gradué? — 7. Quelle est la cause de la liquéfaction et de la vaporisation des corps? — 8. Quel est le principe des machines à vapeur? — 9. Qu'appelle-t-on machines à simple et à double effet? — 10. Quelle est la cause des nuages? des brouillards? de la pluie? de la neige? de la grêle? de la rosée? du givre et de la gelée blanche?

CHAPITRE III

LUMIÈRE

1232. Nature de la lumière. — Comme pour la chaleur, on a cru longtemps, pour la lumière, à un fluide spécial, et l'on pense aujourd'hui que les phénomènes lumineux sont produits par de simples vibrations de l'éther, qui sont peut-être les mêmes qui produisent la chaleur. Il est certain, du moins, que tout foyer qui produit de la lumière produit aussi de la chaleur.

1233. Vitesse de la lumière. — La lumière et la chaleur se propagent avec une prodigieuse rapidité, puisqu'un rayon lumineux fait 70 000 lieues à la seconde, qu'il ferait huit fois le tour de la terre dans le même espace de temps, et qu'il nous vient en huit minutes du soleil, dont nous sommes éloignés de quarante millions de lieues.

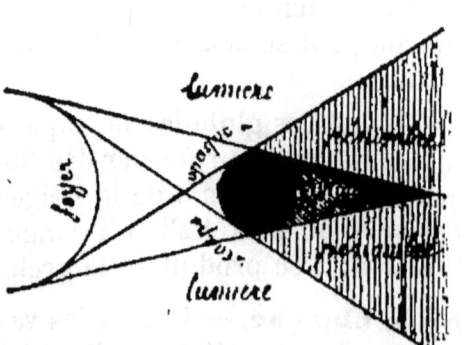

Fig. 238. Lumière, ombre et pénombre.

1234. Lumière, ombre, pénombre. — La lumière, comme la chaleur et comme le son, marche en ligne droite. Lorsqu'elle rencontre un corps opaque, c'est-à-dire un corps à travers lequel elle ne peut se propager, un corps qui ne vibre pas sous le choc des rayons lumineux, l'espace situé en arrière de ce corps et qui ne reçoit aucun rayon lumineux s'appelle l'ombre. Entre la partie de l'espace qui est complètement éclairée et celle qui ne reçoit pas du tout de lumière, il existe, quand le foyer lumineux a une étendue appréciable, comme le soleil, par exemple, un espace qui reçoit seulement une partie des rayons qui l'atteindraient si le corps opaque n'existait pas; cette partie est dans la pénombre (fig. 238).

1235. Réflexion de la lumière. — Miroirs. — La lumière se réfléchit comme le son, c'est-à-dire rebondit comme lui contre les obstacles en faisant deux angles égaux (fig. 239) dits angle d'incidence (I) et angle de réflexion (R). Quand cette réflexion se fait bien régulièrement, ce qui arrive quand le corps réflecteur est un miroir, c'est-à-dire une surface bien polie, comme celle d'une glace étamée, par exemple, il y a un véritable écho de la lumière. L'œil atteint par les rayons réfléchis perçoit alors l'image de l'objet qui a émis ces rayons sur le prolongement des rayons réfléchis, en grandeur égale, si le miroir est plan

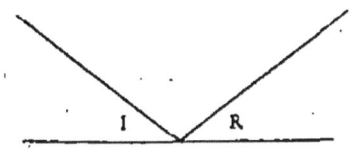
Fig. 239. Réflexion de la lumière.

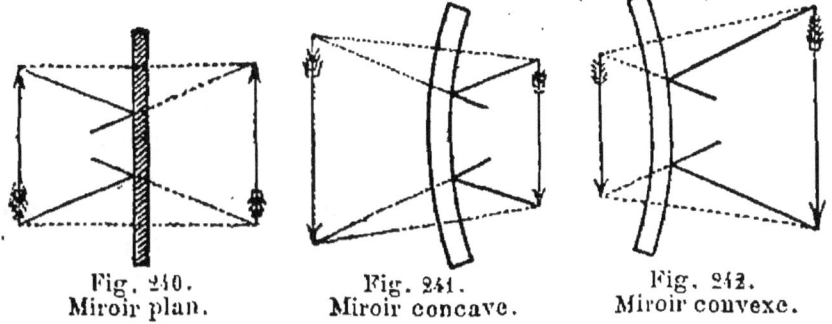

Fig. 240. Miroir plan. Fig. 241. Miroir concave. Fig. 242. Miroir convexe.

(fig. 240), mais retournée, la gauche de l'objet étant à droite et *vice versa*. Si le miroir est concave ou creusé en dedans (fig. 241), il agrandit l'image; s'il est convexe ou bombé en dehors (fig. 242), il la rapetisse.

1236. Réfraction de la lumière. — La lumière, avons-nous dit, se propage en ligne droite. Toutefois, si le rayon lumineux (fig. 243) traverse des milieux transparents de densités différentes, il éprouve des résistances inégales et change de direction, en s'éloignant ou se rapprochant de la verticale, suivant que le milieu dans lequel il pénètre est

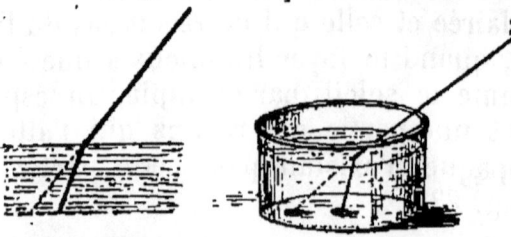

Fig. 243. Réfraction d'un rayon lumineux.
Fig. 244. Effet de la réfraction.

plus ou moins dense que celui qu'il a traversé. C'est pour cette raison qu'un bâton plongé obliquement dans l'eau paraît coudé brusquement à la surface du liquide (fig. 244); c'est aussi pour cette raison que le soleil est visible pour nous quelques minutes avant qu'il soit levé et quelques minutes après qu'il est couché.

1237. Lentilles convergentes. — Les rayons lumineux qui traversent des corps transparents à surfaces parallèles (fig. 245), étant réfractés deux fois, à leur entrée et à leur sortie, mais en sens contraires, reprennent une direction, non pas identique, mais parallèle à la première. Si, de plus, les deux surfaces sont régulièrement convexes, les rayons, à l'entrée et à la sortie, sont déviés dans le même sens, et tous les rayons partis d'un même point vont se réunir en un autre point appelé foyer. Les corps transparents biconvexes (fig. 246), s'appellent des lentilles convergentes. L'œil placé au foyer d'une lentille convergente voit l'objet lumineux, non plus avec ses dimensions ordinaires, mais agrandi. C'est tout le secret des besicles des presbytes, des loupes, des microscopes, des lunettes d'approche, de tous les instruments grossissants, dont les plus compliqués sont formés avec une combinaison de plusieurs lentilles convergentes.

Fig. 245. Réfraction par un corps à surfaces parallèles.

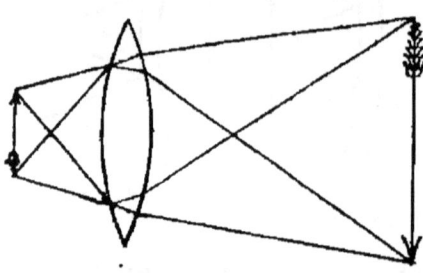

Fig. 246. Lentille biconvexe.

1238. Lentilles divergentes. — Quand les surfaces des

lentilles sont concaves (fig. 247) au lieu d'être convexes,

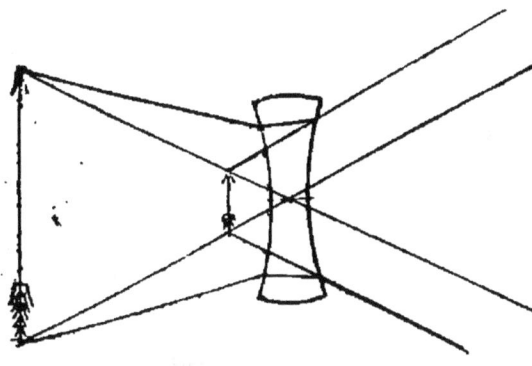

Fig. 247. Lentille biconcave.

celles-ci sont divergentes au lieu d'être convergentes, et l'œil placé à leur foyer voit l'objet lumineux plus petit qu'il n'est en réalité. C'est le cas des besicles de myopes, qui ne font voir les objets avec leurs dimensions naturelles qu'aux personnes qui ont la vue courte.

1239. Chambre noire. — Lorsque des rayons lumineux pénètrent par une ouverture très étroite dans un lieu

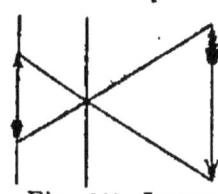

Fig. 248. Image de la chambre noire.

obscur, ils se croisent dans cette ouverture, et s'ils rencontrent en arrière un mur blanc, un écran, ils y forment une image renversée : c'est la chambre noire (fig. 248). On peut rapetisser l'image et la rendre plus nette en mettant une lentille convergente dans l'ouverture agrandie et plaçant l'écran au foyer de cette lentille.

Notre œil est une véritable chambre noire et sa rétine un écran sur lequel vient se former l'image des objets extérieurs. La photographie est tout simplement l'art de fixer les images de la chambre noire.

1240. Décomposition de la lumière. — **Prisme.** — Un

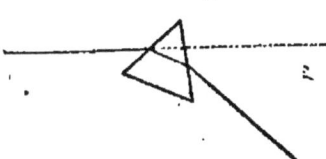

Fig. 249.
Réfraction par le prisme.

prisme triangulaire traversé par un rayon lumineux brise deux fois ce rayon (fig. 249).

Si l'on place en arrière de l'ouverture d'une chambre noire un prisme triangulaire de verre et qu'on recueille sur un écran le rayon qui a traversé le prisme, on remarque avec surprise que ce rayon, qui devrait former un petit rond lumineux de couleur blanche, forme une figure allongée magnifiquement colorée. On reconnaît ainsi que la lumière ordinaire, la lumière blanche, est composée de rayons colorés des trois couleurs fondamentales : le bleu, le jaune et le rouge, dont la combinaison donne : le vert (bleu et jaune), le violet (bleu et rouge), l'orangé (jaune et rouge), l'indigo (bleu et violet) (fig. 250).

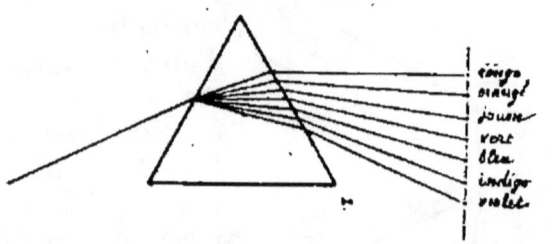

Fig. 250. Décomposition de la lumière par le prisme.

1241. — Le spectre, qui est l'image d'un rayon blanc décomposé par le prisme, contient ces sept couleurs fondamentales dans l'ordre suivant :

Violet, indigo, bleu, vert, jaune, orangé, rouge.

C'est un vers de douze syllabes qu'il faut retenir.

Pour prouver que le blanc est bien la réunion de toutes les couleurs du prisme, on fait l'expérience suivante. On divise un disque de carton en sept parties égales ou secteurs par sept rayons menés du centre ; on colore chaque secteur d'une des couleurs du prisme ; on fait tourner rapidement le disque à l'aide d'une ficelle qui le traverse près de son centre, et le disque, pendant sa rotation, paraît complètement blanc.

1242. — L'arc-en-ciel, qui a aussi les couleurs du spectre, n'est que de la lumière décomposée par un nuage jouant le rôle du prisme, ou plutôt par des gouttelettes de pluie dont chacune est un petit prisme.

1243. Corps colorés. — Les corps, en général, ont la propriété, quand ils sont frappés par la lumière blanche, d'absorber certains rayons colorés et de réfléchir les autres. Ceux qui réfléchissent tous les rayons sont blancs ; ceux qui les absorbent tous sont noirs ; ceux qui se laissent traverser par eux sans en réfléchir aucun sont incolores ; ceux qui ne réfléchissent que des rayons rouges, ou bleus, ou verts, etc., sont rouges, ou bleus, ou verts, etc.

QUESTIONNAIRE.

1. Qu'est-ce que la lumière ? — 2. Quelle est la vitesse de la lumière ? — 3. Qu'appelle-t-on ombre ? pénombre ? — 4. Comment se produit l'image réfléchie par les miroirs plans ? concaves ? convexes ? — 5. En quoi consiste la réfraction de la lumière ?

— 6. Qu'appelle-t-on lentilles convergentes? divergentes? — 7. Qu'est-ce qu'une chambre noire? — 8. Quelle est l'action du prisme sur les rayons lumineux? — 9. Quelles sont les couleurs du spectre? — 10. Comment prouve-t-on qu'un rayon blanc se compose des divers rayons colorés? — 11. Quelle est la propriété des corps blancs? noirs? colorés?

CHAPITRE IV

ÉLECTRICITÉ ET MAGNÉTISME

1244. Nature de l'électricité. — Certains corps, appelés mauvais conducteurs de l'électricité, l'ambre jaune, le verre, les résines, etc., s'électrisent lorsqu'on les frotte, c'est-à-dire qu'ils attirent alors les corps légers situés à peu de distance. Tel est le phénomène électrique que les anciens avaient observé dans l'ambre jaune, et qui leur fit donner le nom d'électricité (*elektron*, en grec, veut dire ambre jaune) à un fluide mystérieux qui serait la cause de ce phénomène d'attraction.

Plus tard, on s'aperçut que la faculté de s'électriser appartient à d'autres substances (nous avons cité le verre et les résines), et l'on fit bien d'autres découvertes.

1245. Électrisation des corps bons conducteurs. — On s'aperçut, par exemple, que si certains corps, dits bons conducteurs, les métaux, l'eau, le charbon, etc., sont mis au contact ou seulement à proximité du verre ou de la résine électrisés, ils s'électrisent eux-mêmes, quand on a pris la précaution de les isoler, c'est-à-dire de les séparer de tout autre corps en les faisant reposer sur du verre, de la résine, de la soie, ou sur tout autre corps mauvais conducteur.

1246. Électricités de noms contraires. — On observa aussi ce fait curieux qu'un corps ainsi électrisé au moyen du verre repousse un autre corps électrisé de la même manière, et attire les corps électrisés avec de la résine. On en conclut : 1º qu'il existe deux espèces d'électricités, l'électricité vitrée ou positive et l'électricité résineuse ou négative; 2º que les électricités de même nom se repoussent et que les électricités de noms contraires s'attirent.

1247. Pouvoir des pointes. — Quand un corps électrisé

ou ne contenant qu'une espèce d'électricité (vitrée ou résineuse) se trouve en présence d'un corps non électrisé, c'est-à-dire dans lequel les deux électricités sont combinées et s'annihilent, il attire à lui l'électricité de nom contraire, qui, si la résistance n'est pas trop grande, s'élance sur le corps électrisé ; dans ce cas, la combinaison des deux électricités se fait avec bruit et avec production d'une étincelle.

Si la résistance est faible, ce qui arrive lorsque le corps non électrisé se termine par une ou plusieurs pointes, l'écoulement se produit d'ordinaire tout doucement, et la combinaison a lieu sans étincelle et sans bruit.

1248. Machine électrique. — On a profité de toutes ces observations pour construire une machine (fig. 251) au moyen

Fig. 251. Machine électrique.

de laquelle on électrise les corps à volonté. Elle consiste en un grand plateau de verre qu'on fait tourner entre des coussinets de crin. Des pointes de métal qui touchent presque le plateau dans le voisinage des coussinets fournissent au verre, à mesure qu'il s'électrise positivement, de l'électricité négative, aux dépens d'un ou de plusieurs cylindres métalliques isolés sur des pieds de verre, et qui se trouvent ainsi chargés d'électricité positive.

Les corps mis en contact avec ces cylindres s'électrisent

eux-mêmes, s'ils sont isolés. Une personne même posée sur un tabouret à pieds de verre ne tarde pas à s'électriser, et l'on peut tirer des étincelles de ses vêtements, de ses cheveux, de ses doigts, de son nez, etc.

1249. Foudre, éclairs, tonnerre. — On n'a pas tardé à remarquer la plus grande ressemblance entre les phénomènes qui se produisent sur une machine électrique et ceux qui accompagnent l'explosion de la foudre ; on en a conclu que celle-ci n'est que l'effet de la combinaison des deux électricités entre un nuage et la terre ou entre deux nuages chargés d'électricités contraires.

L'éclair, c'est l'étincelle qui accompagne d'ordinaire cette combinaison ; le tonnerre, c'est le bruit qui se produit quand cette combinaison a lieu brusquement.

1250. Paratonnerre. — De tout ceci Franklin tira cette conclusion, que si l'on mettait le sol en communication avec les nuages orageux, au moyen d'une pointe et d'un corps bon conducteur de l'électricité, une chaîne de fer par exemple, l'électricité de nom contraire à celle du nuage s'écoulerait sans violence de la terre au nuage, celui-ci se trouverait désélectrisé, et l'éclat de foudre serait prévenu. Le paratonnerre, qui protège aujourd'hui tous les édifices de quelque importance, était inventé.

1251. Piles électriques. — Volta, en empilant des disques de cuivre, des disques de zinc et des rondelles de drap imbibées d'un acide, dans l'ordre où nous venons de les indiquer ; en disposant deux fils de laiton rattachés l'un au premier disque de cuivre, l'autre au dernier disque de zinc, réussit à accumuler de l'électricité positive dans les disques de cuivre et de l'électricité négative dans les disques de zinc. Ces deux électricités se combinaient sans produire aucun phénomène sensible, quand les deux rhéophores (porte-courants) étaient reliés l'un à l'autre ; mais si l'on venait à interrompre le courant en mettant un léger intervalle entre les deux fils, la combinaison se faisait violemment, une étincelle jaillissait entre les rhéophores.

1252. — On a profondément modifié depuis l'appareil de Volta, tout en lui conservant le nom de pile, qui ne lui convient plus guère. Dans la pile de Bunsen (fig. 252), par exemple, chaque couple, autrefois formé de deux disques métalliques et d'une rondelle de drap, se compose : d'un vase de faïence contenant de l'eau à laquelle on a ajouté de l'acide sulfurique; d'une feuille de zinc courbée en cylindre incomplètement fermé; d'un vase de terre poreuse plein d'acide azotique et placé dans le cylindre de zinc; d'un cylindre de charbon portant une lame de cuivre et posé dans le vase poreux. Tout cet ensemble forme un couple de la pile, et plus les couples sont nombreux, plus la pile est puissante. Il va sans dire que tous les couples sont reliés entre eux, et que le premier cylindre de zinc, qui forme le pôle négatif, est relié par un rhéophore au pôle positif, c'est-à-dire au dernier charbon.

Fig. 252. Pile de Bunsen.

Avec une pile de Bunsen suffisamment puissante, on peut fondre un fil de platine, métal presque infusible, en le plaçant entre les deux rhéophores; décomposer de l'eau en ses deux éléments, hydrogène et oxygène; porter un charbon à l'incandescence et produire la lumière électrique; mouvoir à des milliers de lieues de distance les rouages d'un télégraphe électrique dont les fils sont des rhéophores; transmettre au loin, par exemple de Paris à Bruxelles, au moyen du téléphone, la parole, le chant, la musique; décomposer des sels d'or ou d'argent et dorer ou argenter tous les métaux par les procédés galvaniques, etc.

1253. **Aimants.** — Il existe, dans la nature, des minerais de fer, appelés fer magnétique, qui ont la propriété d'attirer le fer et l'acier.

Si avec un aimant naturel on frotte une barre d'acier, elle devient elle-même un aimant avec lequel on peut de même produire d'autres aimants. On a remarqué que ces aimants possèdent deux pôles dont chacun attire un des pôles seulement des autres aimants et repousse l'autre. Les pôles qui s'attirent sont dits pôles de nom contraire, l'un pôle positif et l'autre négatif; les pôles qui se re-

Fig. 253. Aimant.

poussent sont dits pôles de même nom. Dans es aimants qu'on fabrique le plus souvent et auxquels on donne la forme d'un fer à cheval, les pôles sont situés près de chaque extrémité de l'instrument (fig. 253).

1254. Boussole. — La terre est un aimant gigantesque dont les pôles, dits pôles magnétiques, sont situés non loin du pôle nord et du pôle sud. Il s'ensuit qu'une barre de fer aimantée, ayant un de ses pôles attiré par le pôle de nom contraire du globe, tend à se placer dans la direction du méridien magnétique, qui ne diffère pas beaucoup du méridien géographique. Pour lui faire indiquer le nord à peu près, il suffit donc de rendre cette barre fort légère, de la poser par son milieu en équilibre sur un pivot, afin de supprimer autant que possible les frottements. On aura ainsi une boussole dont l'aiguille aimantée indiquera le nord, si l'on a soin de tenir compte de la différence de direction entre le pôle terrestre et le pôle magnétique, différence d'ailleurs calculée et connue sous le nom de déviation de l'aiguille aimantée. Les Chinois ont imaginé cela ou quelque chose d'analogue de temps immémorial.

1255. Électro-aimants. — En entourant d'une bobine de fil métallique une tige de fer isolée et mettant cet appareil en relation avec une source d'électricité, on a réussi à transformer cette tige de fer en aimant.

Cet aimant, il est vrai, qui a, comme les autres, la propriété d'attirer le fer, ne conserve cette propriété qu'autant qu'il est en rapport avec l'appareil électrique, et la perd instantanément dès que cette communication cesse. C'est donc un aimant instable, un électro-aimant, comme on dit ; mais c'est de cette instabilité même qu'on a tiré un parti véritablement miraculeux : en lançant et interrompant tour à tour, à des distances quelconques, un courant électrique, on a pu, avec un électro-aimant, attirer et repousser un morceau de fer, donner et recevoir des signaux, correspondre, écrire même d'un bout du monde à l'autre.

Telle est la véritable merveille du siècle présent et de tous les siècles : le télégraphe électrique.

1256. — Enfin, on a trouvé en dernier lieu le moyen de se passer des anciennes piles, en transformant, à l'aide de machines dites *dynamo-électriques*, la force en électricité.

QUESTIONNAIRE.

1. Par quel phénomène s'est révélé le fluide électrique? — 2. Qu'appelle-t-on corps bons conducteurs et mauvais conducteurs de l'électricité? Comment électrise-t-on les uns et les autres? — 3. Qu'appelle-t-on électricité vitrée ou positive, résineuse ou négative? — 4. Quelle est l'action des pointes? — 5. En quoi consiste une machine électrique? Quels phénomènes produit-elle? — 6. Quels sont les rapports de la foudre avec l'électricité? — 7. Comment agissent les paratonnerres? — 8. Quelle fut la première pile électrique? Comment était-elle composée? — 9. Comment est composée la pile de Bunsen? Quels effets en tire-t-on? — 10. Qu'est-ce qu'un aimant naturel? artificiel? — 11. Qu'est-ce qu'une boussole? Quel service en tire-t-on? — 12. Qu'appelle-t-on électro-aimant? Quelle est la principale application des électro-aimants?

LIVRE II

NOTIONS DE CHIMIE

CHAPITRE PREMIER

DES CORPS SIMPLES ET DE LEURS COMPOSÉS EN GÉNÉRAL

1257. Définition de la chimie. — La chimie, à peu près inconnue des anciens, est la science des phénomènes qui président à la composition et à la décomposition des corps. Elle décompose les corps par l'analyse, en isolant leurs éléments ; elle les recompose par la synthèse, en combinant leurs éléments.

1258. Corps simples et corps composés. — Les corps simples devraient être ceux qui ne contiennent qu'un seul élément, qu'une seule espèce de matière, et les corps composés, ceux qui contiennent plusieurs éléments, plusieurs espèces de matières combinées; mais comme l'homme n'a d'autre façon de reconnaître les corps simples que d'essayer de les décomposer à l'aide des moyens très probablement imparfaits qu'il possède, il est réduit à considérer provisoirement comme simples les corps qu'il n'a pas réussi à décomposer. C'est pourquoi les anciens n'admettaient que quatre corps simples ou éléments : le feu, l'air, la terre et l'eau, dont le premier n'est pas un corps, mais un phénomène, et les trois autres sont des corps composés.

Le nombre des corps simples est donc sujet à varier. On en admet actuellement environ 66, dont 51 métaux ou à peu près (car c'est surtout la série des métaux qui est sujette à varier), et 15 corps non métalliques qu'on appelle assez improprement des métalloïdes.

1259. Corps composés. — Les corps sont sujets à s'associer entre eux de deux manières différentes : par combinaisons et par mélanges. On distingue les combinaisons à deux caractères. D'abord les éléments qui concourent à les former ne s'associent qu'en proportion définie. Si l'on verse de l'acide acétique sur de la craie et que l'on n'emploie pas juste la proportion voulue d'acide et de craie, une partie de l'acide ou une partie de la craie n'entrera pas dans la combinaison. Si, au contraire, on fait un mélange d'eau et d'alcool, le mélange aura toujours lieu, quelque quantité d'eau ou d'alcool qu'on y introduise.

De plus, quand on fait une combinaison, il se produit un corps vraiment nouveau, qui ne retient rien des propriétés de ses éléments. L'eau, qui est un corps liquide composé de deux gaz, n'a aucune des propriétés de l'un ni de l'autre, au lieu que l'eau-de-vie, qui est un mélange d'alcool et d'eau, possède, à un degré moindre, toutes les propriétés de l'alcool et toutes celles de l'eau.

QUESTIONNAIRE.

1. Qu'est-ce que la chimie ? — 2. Qu'appelle-t-on corps simples et corps composés ? — 3. Combien connaît-on de corps simples ? de métaux ? de métalloïdes ? — 4. Comment distingue-t-on les combinaisons des mélanges ?

CHAPITRE II

DE QUELQUES CORPS SIMPLES ET DE LEURS COMBINAISONS

1260. Oxygène. — Ce corps, qui n'existe qu'à l'état gazeux quand il est isolé, est le corps comburant par excellence, c'est-à-dire celui qui, en s'associant aux autres corps, en détermine la combustion. Combustion, dans le langage des chimistes, veut dire oxydation, combinaison avec l'oxygène. Si l'on introduit dans l'oxygène pur une bougie ou une allumette qu'on vient de souffler, elles se rallument instantanément, pourvu qu'il existe un seul point en ignition. Si l'on plonge dans le même gaz un fil d'acier auquel on a attaché un morceau d'amadou allumé, l'acier s'échauffe, rougit et brûle en lançant des étincelles éblouissantes.

1261. Acides et oxydes. — Une combinaison d'oxygène avec un métalloïde s'appelle un acide ; une combinaison d'oxygène avec un métal s'appelle un oxyde (1). Quand l'oxygène donne deux combinaisons différentes avec un même métalloïde, on désigne par un mot en *eux* celle qui contient le moins d'oxygène (*acide sulfureux*), et par un mot en *ique* celle qui en contient le plus (*acide sulfurique*).

1262. Sels. — Les acides associés à certains corps qu'on appelle des bases, corps composés d'un métal et d'un métalloïde, produisent des sels. Si l'acide du sel est en *eux*, le nom du sel est en *ite* : *sulfite de potasse*, combinaison d'acide sulfureux et de potasse. Si l'acide est en *ique*, le sel est en *ate* : *sulfate de potasse*, combinaison d'acide sulfurique et de potasse.

1263. Hydrogène. — Ce corps, également gazeux, est un combustible, ce qui veut dire qu'il brûle en se combinant avec l'oxygène. Comme sa densité, comparée à celle de l'air, n'est que de 0,0691, c'est-à-dire quatorze fois et demie moindre, on en ferait d'admirables ballons n'étaient les difficultés de sa fabrication. On préfère donc pour cet usage le gaz de l'éclairage, que l'on fabrique en distillant la houille, et qui est de l'hydrogène associé à un peu de carbone.

1264. Eau. — L'eau est une combinaison de deux volumes d'hydrogène et d'un volume d'oxygène ; aussi se produit-il de l'eau liquide ou de la vapeur d'eau quand on brûle de l'hydrogène, c'est-à-dire quand on associe ce gaz avec l'oxygène.

1. Il y aurait des restrictions à faire sur ces définitions, dont nous sommes contraint de nous contenter dans ces éléments.

1265. Azote. — Ce corps, dont le nom veut dire destructeur de la vie, ne peut, quand il est seul, servir à la respiration ; mais il est indispensable à l'alimentation des végétaux et des animaux. Les corps enflammés que l'on plonge dans l'azote s'éteignent immédiatement.

1266. Acide azotique. — Cette combinaison d'oxygène et d'azote, connue sous les noms d'eau-forte et d'acide nitrique, est un liquide d'une extrême violence, qui attaque et détruit toutes les matières organiques et la plupart des métaux.

1267. Air. — Ce n'est pas une combinaison, mais bien un mélange d'oxygène et d'azote, mélange qui possède, à un moindre degré, les propriétés de l'oxygène, celle notamment de servir à la combustion des corps et à l'entretien de la vie. La preuve que l'air n'est qu'un mélange, c'est qu'on peut y faire varier les proportions des deux gaz, bien que l'air normal contienne environ 20,9 d'oxygène et 79,1 d'azote. On trouve aussi dans l'air, mais pas toujours ni en quantité définie, de l'acide carbonique et de la vapeur d'eau.

1268. Ammoniaque. — C'est un composé d'azote et d'hydrogène, qui se dégage des corps en putréfaction. C'est lui qui donne presque toute leur valeur aux engrais et qui, en se décomposant, fournit aux plantes une grande partie de l'azote qui leur est indispensable.

1269. Soufre. — Le soufre est un corps solide d'une teinte jaune pâle ; on le trouve communément au voisinage des volcans.

1270. Acide sulfureux. — C'est le gaz suffocant qui se dégage du soufre en combustion. Il a la propriété de décolorer les corps et, pour cette raison, est employé au blanchiment des soies et des laines.

1271. Acide sulfurique. — Celui-ci est liquide, et on l'appelle communément *huile de vitriol*. Comme il s'associe à l'eau avec une extrême énergie, il détruit toutes les matières organiques en s'emparant de l'eau qu'elles contiennent toujours.

1272. Sulfates. — Les sels que donne l'acide sulfurique en s'associant aux bases sont extrêmement nombreux ; nous citerons seulement le sulfate de fer, ou vitriol vert, ou couperose verte, et le sulfate de cuivre, ou vitriol bleu, ou couperose bleue. Le premier de ces deux sels est employé à la fabrication de l'encre ordinaire.

1273. Chlore. — Les gaz sont généralement incolores; celui-ci est coloré en jaune verdâtre. C'est un puissant décolorant dont il ne faut pas abuser, car il détruit les tissus.

1274. Acide chlorhydrique. — On appelle ainsi une combinaison liquide de chlore et d'hydrogène.

1275. Eau régale. — Les alchimistes ont donné ce nom, qui veut dire la reine, la plus puissante de toutes les eaux (*eau* est ici pour *liquide*), à un mélange d'acide azotique et d'acide chlorhydrique, mélange qui possède seul la propriété de dissoudre l'or et le platine.

1276. Phosphore. — Le nom de ce corps, qui veut dire *porte-lumière*, lui vient de la propriété qu'il possède de se combiner lentement avec l'oxygène de l'air, en produisant un peu de lumière. Le moindre frottement l'enflamme; on a profité de cette propriété dans la fabrication des allumettes chimiques.

1277. Carbone. — Ce corps se trouve dans beaucoup de minéraux et dans toutes les matières organiques. Le charbon de bois, la houille, la suie, la plombagine, le diamant sont du carbone pur ou presque pur.

1278. Oxyde de carbone. — 3 parties de carbone et 7 parties d'oxygène donnent un gaz, l'oxyde de carbone (il faudrait dire l'*acide carboneux*), qui se dégage de presque toutes les matières en combustion et qui est un poison terrible. Évitons de chauffer les appartements avec des réchauds ou avec des poêles qui tirent mal, si nous voulons échapper à tout danger d'asphyxie; car l'oxyde de carbone ne peut être évacué que par un puissant tirage.

1279. Acide carbonique. — Moins dangereux que l'oxyde de carbone, parce qu'il contient plus d'oxygène (8 parties au lieu de 7), l'acide carbonique n'est pas non plus inoffensif par lui-même, sans compter que sa présence dans un logement exclut celle d'une partie de l'oxygène nécessaire. On sait combien de personnes ont péri dans les caves où fermentaient du vin et de la bière; or l'asphyxie n'était due, en ce cas, qu'à l'acide carbonique dégagé par le liquide en fermentation.

1280. Calcium. — Le calcium est un métal difficile à isoler. Son oxyde, connu sous le nom de chaux, est une des matières les plus abondantes et les plus utiles de la nature. Le marbre, la pierre à bâtir, la craie sont des carbonates de chaux; le gypse, qui sert à fabriquer le plâtre, est un sulfate de chaux.

1281. Potassium. — Nous dirons du potassium exactement ce que nous avons dit du calcium. Son oxyde, la potasse, qui existe en abondance dans les matières végétales et se retrouve dans leurs cendres, entre dans la composition du salpêtre ou azotate de potasse; il possède la propriété de rendre solubles les corps gras, ce qui le fait employer dans la préparation des lessives et dans la fabrication du savon et du verre.

1282. Sodium. — Il faut en dire autant, toutes proportions gardées, de la soude ou oxyde de sodium, qu'on préparait autrefois en brûlant des plantes marines, et qu'on fabrique aujourd'hui de toutes pièces avec du sel marin ou chlorure de sodium.

1283. — Il nous resterait à étudier ici une infinité d'autres corps intéressants et même nécessaires à connaître; mais n'oublions pas que les éléments que nous venons de parcourir et qui doivent clore les notions de sciences naturelles abordables aux jeunes élèves, sont faits pour les préparer à étudier, non pour les dispenser de nouvelles études.

QUESTIONNAIRE.

1. Quelles sont les propriétés de l'oxygène? — 2. Qu'appelle-t-on acides et oxydes? — 3. Qu'entend-on par acides en *eux* et en *ique*, par sels en *ite* et en *ate*? — 4. Quelles sont les propriétés de l'hydrogène? — 5. Quelle est la composition de l'eau? — 6. Quelles sont les propriétés de l'azote? — 7. Quelle est la composition de l'acide azotique? de l'air? de l'ammoniaque? — 8. Qu'est-ce que le soufre? — 9. Quelles sont les propriétés de l'acide sulfureux? de l'acide sulfurique? des sulfates de fer et de cuivre? — 10. Quelles sont les propriétés du chlore? de l'acide chlorhydrique? de l'eau régale? — 11. Quelles sont les propriétés du phosphore? du carbone? de l'oxyde de carbone? de l'acide carbonique? de la chaux? de la potasse? de la soude?

FIN.

TABLE GÉNÉRALE DES MATIÈRES

Pages.

Introduction 1

PREMIÈRE PARTIE

ZOOLOGIE

Notions préliminaires. 3
Livre Ier. Vertébrés 5
  Ire SECTION. Mammifères. 6
    Chapitre Ier. Bimanes. 7
      § Ier. Formes générales et mouvements du corps humain 7
      § II. Charpente du corps humain. 9
      § III. Fonctions générales de l'être humain. . . . 20
        A. Digestion. 21
        B. Circulation. 32
        C. Respiration 36
        D. Sécrétions 43
        E. Assimilation 44
        F. Excrétion. 46
      § IV. Fonctions de relation 46
        A. Système nerveux. 47
        B. Sensibilité 50
        C. Volonté, instinct, intelligence 62
      § V. Variétés de l'espèce humaine. 64
    Chapitre II. Quadrumanes 66
      § Ier. Caractères généraux des quadrumanes. . . 66
      § II. Famille des singes 69
      § III. Famille des ouistitis. 70
      § IV. Famille des lémuriens ou makis 71
      § V. Famille des galéopithèques 73

	Pages
Chapitre III. Chéiroptères.	73
Chapitre IV. Insectivores.	76
Chapitre V. Rongeurs.	78
Chapitre VI. Carnivores.	84
§ Ier. Caractères des carnivores.	84
§ II. Famille des plantigrades.	85
§ III. Famille des digitigrades.	87
Chapitre VII. Amphibies.	93
Chapitre VIII. Pachydermes.	95
§ Ier. Caractères et divisions de l'ordre des pachydermes	95
§ II. Famille des proboscidiens.	96
§ III. Famille des pachydermes ordinaires	99
§ IV. Famille des solipèdes.	103
Chapitre IX. Ruminants.	106
§ Ier. Caractères généraux des ruminants.	106
§ II. Famille des ruminants à cornes creuses.	107
§ III. Famille des ruminants à cornes pleines.	110
§ IV. Famille des ruminants sans cornes.	112
Chapitre X. Édentés.	114
Chapitre XI. Cétacés.	116
§ Ier. Caractères généraux des cétacés.	116
§ II. Famille des cétacés herbivores.	117
§ III. Famille des cétacés carnivores.	118
§ IV. Famille des baléniens.	120
Chapitre XII. Marsupiaux.	121
§ Ier. Caractères généraux des marsupiaux.	121
§ II. Famille des marsupiaux proprement dits	122
§ III. Famille des monotrèmes.	124
IIme SECTION. Oiseaux.	126
Chapitre Ier. Rapaces.	129
Chapitre II. Passereaux.	134
Chapitre III. Grimpeurs.	142
Chapitre IV. Gallinacés.	145
Chapitre V. Échassiers.	147
Chapitre VI. Palmipèdes.	151
IIIme SECTION. Reptiles.	155
Chapitre Ier. Chéloniens.	157
Chapitre II. Sauriens.	160
Chapitre III. Ophidiens.	165
IVme SECTION. Amphibiens.	167
Vme SECTION. Poissons.	170

TABLE GÉNÉRALE DES MATIÈRES

Pages.

Chapitre Ier. Poissons osseux.	172
Chapitre II. Poissons cartilagineux.	178
LIVRE II. Annelés.	180
Ire SECTION. Insectes.	182
IIme SECTION. Myriapodes.	192
IIIme SECTION. Arachnides.	193
IVme SECTION. Crustacés.	195
Vme SECTION. Annélides.	198
VIme SECTION. Rotateurs.	200
VIIme SECTION. Entozoaires.	201
LIVRE III. Mollusques.	203
Ire SECTION. Mollusques proprement dits.	204
IIme SECTION. Tuniciers ou molluscoïdes.	209
LIVRE IV. Rayonnés ou zoophytes.	212
LIVRE V. Protozoaires.	216

DEUXIÈME PARTIE

BOTANIQUE

LIVRE Ier. Des plantes en général.	219
Chapitre Ier. Composition et nutrition des plantes.	219
Chapitre II. De la culture des plantes.	222
Chapitre III. Classification des plantes.	226
LIVRE II. Phanérogames.	228
Ire SECTION. Anatomie et physiologie des plantes phanérogames.	228
IIme SECTION. Classe des dicotylédonées.	244
IIIme SECTION. Classe des monocotylédonées.	281
LIVRE III. Division des plantes cryptogames ou acotylédonées.	297

TROISIÈME PARTIE

MINÉRALOGIE ET GÉOLOGIE

LIVRE Ier. Les minéraux.	304
Ire SECTION. Propriétés générales des minéraux.	304
IIme SECTION. Les principaux minéraux.	308
Chapitre Ier. Minéraux combustibles.	308
Chapitre II. Pierres.	311

Chapitre III. Minéraux alcalins. 318
Chapitre IV. Métaux et minerais. 319
Chapitre V. Minéraux d'origine organique. 324
LIVRE II. Géologie. 328
Chapitre Ier. Forme et conditions actuelles du globe. 328
Chapitre II. Action du feu sur la configuration du globe. 330
Chapitre III. Action de l'atmosphère et des eaux sur la configuration du globe. 339
Chapitre IV. Terrains géologiques 342
§ Ier. Constitution générale du globe. 342
§ II. Terrains plutoniens ou ignés. 346
§ III. Terrains primaires. 348
§ IV. Terrains secondaires 351
§ V. Terrains tertiaires 354
§ VI. Terrains quaternaires. 356

QUATRIÈME PARTIE

PHYSIQUE ET CHIMIE

LIVRE Ier. Notions de physique. 360
Chapitre Ier. Poids et volume des corps. 360
Chapitre II. Chaleur 369
Chapitre III. Lumière. 372
Chapitre IV. Électricité et magnétisme 377
LIVRE II. Notions de chimie 382
Chapitre Ier. Des corps simples et de leurs composés en général. 382
Chapitre II. De quelques corps simples et de leurs combinaisons 383

FIN DE LA TABLE GÉNÉRALE DES MATIÈRES

PARIS. — IMPRIMERIE CHARLES BLOT, RUE BLEUE, 7.

www.ingramcontent.com/pod-product-compliance
Lightning Source LLC
Chambersburg PA
CBHW050431170426
43201CB00008B/633